KB188462

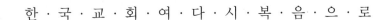

빌리 그래함
한 영혼을 위한 발걸음

그랜트 왜커 지음
서동준 옮김

BILLY
RAHAM

신한성지기

빌리 그래함
: 한 영혼을 위한 발걸음

초판 1쇄 인쇄 2021년 8월 26일
초판 1쇄 발행 2021년 8월 31일

지은이 그랜트 왜커
옮긴이 서동준

펴낸이 한정숙
펴낸곳 선한청지기
등 록 제313-2003-000358호
주 소 서울특별시 마포구 동교로12길 41-13(서교동)
전 화 02)322-2434 (대표)
팩 스 02)322-2083
S N S https://www.facebook.com/sunhanpub
이메일 kukminpub@hanmail.net

기독교 총판 생명의 말씀사

ⓒ 그랜트 왜커, 2021

ISBN 979-11-87022-39-8 03230

네이선 해치, 로리 매플라이-킵,
조지 마스덴, 마크 놀 그리고 스킵 스타우트에게

하나님은 어느 곳에나 계시지만,
영혼의 단짝들은 그렇지 않습니다.

2019년 빌리 그래함에 대한 탁월한 전기가 그랜트 앨버트 왜커 (Grant Albert Wacker, 1945-)에 의해 간행되었다. 이 책은 빌리 그래함 전기의 결정판이라고 할 수 있다. 원서 출간 후 좋은 평가를 받았을 뿐더러 이번 한글판 출간 또한 고무적이고 시의적절하다. 이를 여섯 가지 측면으로 살펴보고자 한다.

첫째, 빌리 그래함을 현대 미국의 사회와 문화, 역사 전반에 대한 통시적 안목을 가지고 기술했다. 미국의 종교사 분야의 수많은 저술을 통해 미국 전반에 대한 넓은 안목과 깊은 통찰을 증명한 저자는 이번 책을 통해서 빌리 그래함에 대한 전기적 조명을 넘어 그를 통해 미국의 기독교 역사를 이해할 수 있도록 독자를 인도한다.

둘째, 역사를 다루는 저자의 탁월한 학문적, 역사적, 문화적 안목을 본서에서 만날 수 있다. 스탠포드대학에서 학부를 마치고 하버드대학에서 박사학위를 마친 왜커는 1977년부터 2015년까지 무려 42년간 노스캐롤라이나대학과 듀크대학에서 교수 사역을 감당한, 그야말로 미국 기독교사 분야 최고의 권위자로 평가를 받고 있다. 이 책에는 그의 학문성이 그대로 녹아 있다.

셋째, 그러면서도 빌리 그래함의 전 생애와 사역을 읽기 쉽게 대중적으로 풀어냈다는 사실이 놀랍다. 이미 2014년 빌리 그래함에 대한 전기(America's Pastor: Billy Graham and the Shaping of a Nation)를 출간한 바 있는 저자는 이번 책을 통해서 독자들에게 전문성과 더불어 대중성 또한 확실히 제공하고 있다.

넷째, 빌리 그래함에 대한 균형 잡힌 시각을 제시하려는 저자의 노력이 돋보인다. 저자는 전반적으로 빌리 그래함에 대한 높은 평가를 전제하고 글을 전개하지만 그렇다고 무조건 긍정만 하지도 않았다. 때로 그의 약점을 언급하는 것도 주저하지 않았다. 한 인물을 우상시하거나 혹은 약점만 드러내 폄하하려 하는, 역사가들의 흔한 잘못을 이 책에서는 발견할 수 없다.

다섯째, 빌리 그래함의 전 생애를 '한 영혼'을 사랑하는 전도자라는 분명한 주제를 가지고 매우 훌륭하게 풀어냈다. 책의 서두에서부터 그 주제가 잘 드러난다. 한 영혼에 대한 사랑 때문에 빌리 그래함은 수많은 예찬을 받았고, 때론 그 목적을 위해 소중한 기독교 가치를 희생시킨다는 혹독한 비판도 받았다. 빌리 그래함의 '협력전도'가 대표적인 사례이다.

　　마지막으로 한국 관련 기록들이 이 책에서 의미 있게 그러면서도 빌리 그래함의 생애 속에서 매우 소중한 부분으로 기술되었다. 한국전쟁이 한창 진행되던 1952년에 한국을 처음 방문한 빌리 그래함은 1973년 빌리그래함 서울 전도 대회, 1984년 한국선교 100주년대회 등으로 여러 번 한국에서 부흥의 불을 붙여 오늘날 한국교회의 놀라운 발전과 복음주의 해외 선교 운동을 진작시키는 귀한 공헌을 하였다. 저자는 이렇게 1973년 빌리그래함 서울 전도 대회를 평가한다.

　　"1973년 5월 30일부터 6월 3일까지 한국에서 열린 전도 대회는 여러 면에서 그래함의 국제 전도 대회 사역들 가운데 가장 중요한 사건이었다. 5일 동안 그래함은 도합 300만 명의 참석자들 앞에서 말씀을 전했고, 그중 7만 2,000명이 결신했다."

　　세계 복음주의 운동과 로잔대회를 비롯한 현대 세계 선교 운동은 물론이고 한경직, 김장환, 조동진, 김명혁 등 한국의 복음주의 지도자들, 아세아연합신학대학원, 한국 복음주의 운동, 한국 복음주의 해외 선교 운동은 빌리 그래함에게 참으로 큰 빚을 졌다.

한국의 위상을 영국과 독일, 호주와 뉴질랜드 등과 대등하게 다룬 것도 눈에 띈다. 왜커의 빌리 그래함에 대한 전기가 한국교회 대중 전도 운동의 기폭제가 된 1973년 빌리그래함 서울 전도 대회 50주년을 앞둔 이 중요한 시점에 한국교회의 부흥의 작은 불씨가 되기를 소망한다.

2021년 8월 19일
박용규 목사
(총신대학교 명예교수, 전 총장대행, 현 한국기독교사연구소 소장)

빌리 그래함 박사는 감동적인 복음 메시지로 나의 삶과 사역에 지대한 영향을 미친 신앙의 선배이다. 그가 우리에게 남겨 준 십자가 복음의 신앙 유산을 알아 가는 작업이 그 어느 때보다 한국교회에 필요한 시대가 되었다. 본서를 번역하는 수고를 감당한 서동준 목사에게 감사를 전하며 기쁜 마음으로 본서를 추천한다.

– 김명혁 목사(강변교회 원로목사, 한국복음주의협의회 명예회장)

"20세기 최고의 전도자이자 가장 영향력 있던 기독교 지도자" 빌리 그래함을 묘사하는 데 이보다 더 적합한 표현이 있을까? 그는 수억 명에게 복음을 전했고, 미국 대통령들을 포함해 전 세계 수많은 리더와 교제하며 영향을 미쳤다. 성경의 권위에 대한 절대적 인정과 설교한 바에 걸맞은 철저한 자기 관리의 삶은 좌표를 잃고 방황하는 우리 시대의 크리스천들로 하여금 자신의 삶과 생각을 되돌아보게 만든다. 이런 영적 거인에 대해 누구보다 깊이 연구한 탁월한 종교 역사학자 그랜트 왜커의 글이 마침내 출간되었다. 꼭 읽어 보기를 권한다.

– 박성민 목사(한국CCC 대표)

이 평전의 주인공 빌리 그래함은 우리에게 매우 친숙하다. 그러나 본서는 단순한 부흥전도자의 생애를 넘어, 인간 그래함의 총체적 진면모를 교회사학자다운 고증과 필치로 세밀하게 그려 냈다. '복음전도자 빌리 그래함'이 되기까지 그가 겪은 굴곡의 여정, 전도 열정만큼이나 교회 연합을 강조했던 그의 폭넓은 외연, 그에 대한 칭송과 비난이 여과 없이 담겨 있다. 생전의 그래함에게서 그가 외친 복음 메시지를 들을 수 있었다면, 본서에서는 죽고 난 후 기억되는 그의 삶이 전하는 메시지를 들을 수 있다.

– 박형진 교수(횃불트리니티신학대학원대학교 교회사)

빌리 그래함은 우리나라가 6.25전쟁의 화염에 휩싸였을 때, 트루먼을 찾아가 눈물로 호소했다. "예수 믿는 50만 명의 한국 성도들이 나라를 구해 달라고 기도하는데, 포기하십니까?" 이 한마디를 기점으로 UN 16개국이 참전하면서 우리는 자유민주주의를 지킬 수 있었다. 이 사건만 보아도 그는 얼마나 많은 생명과 영혼을 구원했는가. 1973년 여의도, 100만 명이 모인 그래함 전도 대회는 한국교회 대부흥시대를 여는 서곡이었다. 이런 그의 영혼 사랑과 구령의 열정을 엿볼 수 있는 책이 출간되어 기쁘다. 책장을 넘길 때마다 영혼을 향한 위대한 전도자의 땀과 눈물이 느껴진다.

– 소강석 목사(새에덴교회 담임, 예장합동 총회장, 한교총 대표회장)

20세기를 오롯이 살며, 한 세기를 대표하는 복음전도자로 자리매김했던 빌리 그래함에 대한 최신 평전이 번역되었다. 기독교 역사상 가장 유명하고 영향력 있는 20세기 복음주의 아이콘이었기에, 무오한 성인부터 정치적 목사까지 그에 대한 평가는 다양하다. 미국 교회사의 일급 학자답게 그랜트 왜커는 사료와 연구문헌을 치밀하게 다루며 이 모든 평가를 포괄적으로 다루었다. 대중적 글쓰기 능력 역시 발군이라 흥미진진하게 읽을 수 있다. 확신컨대 본서는 앞으로 빌리 그래함 및 현대 미국 교회사의 핵심 참고문헌으로 자리매김할 것이다.

– 이재근 교수(광신대학교 교회사)

지금도 나는 영혼에 대한 사랑이 식었다 느껴지면 빌리 그래함의 설교를 찾아 듣는다. 그럼 가슴이 뜨거워지며 마음이 회복된다. 그의 강력한 설교는 수많은 사람들로 십자가 복음 앞에 무릎 꿇게 했다. 복음과 그의 삶이 함께 전달되기 때문이다. 한 명 앞에 서든 수만 명 앞에서든, 그가 전하는 복음은 한 사람 한 사람의 마음을 두드리고 영혼을 무장 해제시킨다. 2,000년 전에 죽은 바울이 그러하듯, 빌리 그래함 역시 주님 품에 안겼지만 그의 유산은 계속 모두의 심령을 흔든다. '복음의 삶'이 궁금하다면 본서를 반드시 읽어야 한다. 복음을 전할 뿐 아니라 복음을 살아 내고 싶은 사람도 마찬가지다. 빌리 그래함의 삶이 궁금해 독서를 시작했다가, 예수 그리스도를 만나며 마지막 페이지를 넘기게 될 것이다.

– 최병락 목사(강남중앙침례교회 담임,
『부족함』, 『쏟아지는 은혜』, 『어둠속에 부르는 노래』의 저자)

"'복음전도자'라는 단어를 들을 때, 내 머릿속엔 언제나 빌리 그래함의 얼굴이 가장 먼저 떠올랐다. 그리고 세계의 종교 지형을 크게 변화시킨 그래함에 관한 면밀한 연구를 생각할 때면, 저명한 역사 연구가 그랜트 왜커의 이름만이 떠오른다. 이 통찰력 있는 책에서 왜커는 그래함이 그토록 특별한 영향력을 발휘할 수 있었던 이유를 설명해 준다. 본서는 지나치게 감상적이거나 회의적인 접근 모두를 주의하면서, 다음 세대들이 사도 바울 이후로 가장 중요했던 복음전도자의 삶을 배울 수 있는 기회를 제공한다."

– 러셀 무어(『폭풍 속의 가정』의 저자)

"쉽게 읽히는 이 전기는 빌리 그래함에 관한 신화적 묘사를 거부하고, 한 인간이었던 복음전도자의 모습을 그려 낸다. 왜커는 그래함에 관한 신문 기사들, 그의 성공적인 전도 대회와 백악관 방문 너머의 이야기들로 독자들을 안내한다. 더 나아가 왜커는 그래함의 내밀한 심리, 시대적 영향, 그를 가장 성공한 20세기 설교자 중 하나로 만든 내면적 모순들 그리고 그의 지지자 비평가들이 오늘날까지도 논쟁하는 그의 복잡한 유산에 대한 통찰력 있는 분석을 제공한다."

– 몰리 워든(『이성의 사도들: 미국 복음주의 권위의 위기』의 저자)

"왜커의 전기는 그래함 그 자신만큼이나 따뜻하고 매력적이다. 하지만 그래함이 범한 실수와 잘못된 판단도 진솔하게 다룬다. 쉽게 읽을 수 있는 간략한 그래함 전기로는 단연 최고다."

– 케네스 L. 우드워드(『종교인이 된다는 것: 아이젠하워 시대에서부터
트럼프 시대까지의 신앙, 문화 그리고 정치』의 저자)

"그랜트 왜커는 오늘날 세계 최고의 빌리 그래함 연구자다. 본서는 그의 저술답게 명료하고, 간결하며, 매우 정교하다. 왜커는 그래함과 그의 경이로운 설교 사역을 모든 부류의 독자에게 생생하게 와 닿도록 기술한다. 20세기 말, 21세기 초 복음주의 부흥이라는 놀라운 이야기에 관심 있는 이들이라면 반드시 읽어야 하는 책이다."

– 해리 스타우트(예일대학교 교회사)

"현시대 가장 탁월한 미국 종교사학자 중 하나인 왜커가 저술한 이 책은 타의 추종을 불허하는 빌리 그래함의 복음전도 사역을 아주 정교하고, 설득력 있으며, 매우 통찰력 있게 기술한다. 역사적 '장면' 그리고 그래함에 대한 생생하고 통찰력 있는 분석을 담고 있는 '막간'으로 구성된 본 전기는 그래함의 사역을 개괄적으로 훑어 주는 현존 최고의 책이다. 일반 독자들과 학술 계통에 있는 이들 모두에게 강력히 추천한다."

– R. 마리 그리피스(존 C. 댄포스 종교–정치 연구소 소장)

머리말

　지난겨울의 어느 주일 아침, 나는 내가 다니는 작은 감리교회 안으로 들어섰다. 그때 은퇴한 트럭 운전수이자 내 오랜 친구인 밥 매드리가 다가왔다. "이번 주, 소중한 친구 한 명을 떠나보냈다네." 밥이 말했다. "빌리 그래함은 나를 예수님께로 인도했어. 그래함은 내 생명의 은인일세." 밥은 잠시 멈춘 뒤 이어 말했다. "나는 그와 악수 한 번 나눠 보지 못했지만 말일세."

　그로부터 몇 주 뒤, 나는 밥에게 그가 언제 어디서 회심을 경험했는지 기억하냐고 물었다. 질문을 듣는 즉시 그는 정확한 시기를 내게 말해 주었다. "1973년 9월 26일 수요일 저녁, 랄리Raleigh에서였네." 그 순간 나는 밥의 사례가 전 세계에 있는 무수히 많은 평범한 사람들의 이야기를 대변한다고 생각했다. 그들은 그래함을 개인적으로 만난 적이 없었지만, 그래함의 사역은 그들의 삶을 변화시켰다.

　내가 밥과 대화를 나누기 나흘 전인 2018년 2월 21일 수요일, 그래함은 노스캐롤라이나 몬트리트에 있는 자택에서 잠자는 가운데 조용히 죽음을 맞이했다. 그의 나이 99세였다. 그 주 토요일, 그래함의 시신을 실은 영구차는 몬트리트부터 샬럿까지 약 209㎞를 이동했다. 영구차가 이동하는 여정 동안 고속도로 순찰대는 목재 바리케이드와 노란색 테이프로 진입 차선을 통제했다. 소방차들은 고가 다리 위에 주차되어 있었고 반대 차선의 차량들은 길 한쪽에 세워졌다. 경찰관들은 경례를 했고 어떤 이들은 눈물을 훔쳤으며, 또 다른 이들은 조용히 손수건을 흔들며 영구차를 배웅했다.

그다음 주, 그래함의 시신은 총 세 장소에 운구되었다. 가장 첫 번째로 그의 시신은 과거 그래함의 유년시절 생가가 소재한 곳이자, 빌리그래함 도서관이 세워진 샬럿에 안치되었다. 그 주 월요일에 조지 W. 부시 전 대통령과 로라 부시 전 영부인이 그곳을 방문했다. 화요일에는 빌 클린턴 전 대통령이 방문해 조의를 표했다. 수요일이 되자 시신은 미 국회의사당 로툰다 홀로 옮겨졌고, 그곳에서 2일간 '명예 조문'을 받았다. 그래함은 미국 역사상 명예 조문을 받은 네 번째 민간인이자 첫 번째 종교 지도자였다. 시신은 목요일에 다시 샬럿에 있는 빌리그래함 도서관으로 옮겨졌고, 다음 날 장례식이 열리며 그는 그곳에 안장되었다.

장례 예배는 복음주의 풍의 국장과도 같았는데 8.5㎞ 평방의 천막에서 진행되었다. 이 천막은 1949년 그래함의 성공적인 로스앤젤레스 전도 대회가 열렸던 천막을 연상시켰다. 장례식에는 그 당시 현직이었던 도널드 트럼프 대통령과 멜라니아 트럼프 영부인, 마이크 펜스 부통령과 카렌 펜스 여사, 노스캐롤라이나 주지사 로이 쿠퍼, 전직 노스캐롤라이나 주지사 팻 맥크로리, 리처드 버 상원의

원과 톰 틸리스 상원의원 등이 참석했다. 또한 500명의 언론 관계자들과 55개국의 대표들 그리고 게이더 부부와 기독교 가수 마이클 W. 스미스를 비롯해 장례 예배 참석 티켓을 소지한 1,800명의 정치·경제·연예·종교계 친구들이 참석했다. 버락 오바마 전 대통령은 장례식에 참석하지 않았지만, 그는 "그래함은 수 세대에 걸쳐 미국인들에게 희망과 삶의 방향을 제시해 주었다"라고 말했다. 조지 H. W. 부시와 지미 카터 전 대통령들은 연로한 나이로 인해 장례식에 참석할 수 없었으나 그의 죽음에 애도의 뜻을 표했다.

그래함에 대한 이러한 관심은 특별히 놀랄 만한 일이 아니었다. 17년 전 빌리그래함 도서관을 개관할 때, 전직 대통령 조지 H. W. 부시는 그래함을 "미국의 목사"라 불렀고, 이러한 별칭은 계속해서 그를 따라다녔다. 그래서 그래함이 세상을 떠났을 때에도 많은 사람들이 그를 '미국의 목사'라고 칭했다. 일부 기자들은 이 별칭 사용에 의문을 제기했다. 혹자는 다원화된 미국 사회에 비추어 볼 때 그 표현은 무의미하다고 말했다. 소수의 미국인들은 강경한 목소리로 그래함이 그 칭호를 받을 자격이 없을 뿐 아니라, 미국에 중대한 손해를 끼쳤다고 주장했다. 하지만 분명한 사실은 대다수가 그래함의 그 별칭을 받아들였다는 것이다. 단순한 사회학적 사실로써든 실제로 그래함이 그러한 인물이라고 생각했던 것이든, 아니면 둘 다 때문이든 말이다.

그래함의 죽음은 종교 지형에 끼친 그의 영향력이 얼마나 지대했는지를 보여 주었다. 인도계 시리아인 기독교 신학자 사피르 아티알은 "그의 메시지는 그가 한 말들뿐 아니라, 그의 삶을 통해 우리에게 전달되었다"라고 말했다. 뉴욕의 로마 가톨릭 대주교 티모시 돌란의 발언은 많은 기자들, 그리고 다수의 미국인들과 셀 수 없이 많은 세계 각지 그리스도인들의 생각을 대변했을 것이다. "1950~1960년대에 자란 사람들이라면 누구나 이렇게 말할 것이다. '그 당시 빌리 그래함 목사에 대해 들어 본 적 없거나, 그에게 감명받지 않기란 굉장히 어려운 일이다'라고 말이다." 또한 그는 이렇게 덧붙였다. "그래함은 언제나 동일한 메시지를 설교했다. '예수님은 당신의 구세주이시고, 그분은 당신이 그분과 함께 영원토록 행복하길 원하십니다.'"

요낫 시므론 기자는 《릴리전 뉴스 서비스》에 기고한 기사에서 그래함의 성공을 좀 더 역사적인 관점에서 바라봤다. 그녀는 "그래함은 열정, 진정성 그리고 친절함으로 사역했습니다. 그 결과 그는 전 세계 지지자들을 얻게 되었습니다"라고 언급했다. 어째서인지 수백만의 사람들에게 그래함은 당대 당파적 논쟁의 틀에서 벗어난 인물, 마치 비범한 역할을 감당하는 평범한 사람으로 여겨진 듯하다.

* * *

빌리 그래함은 여러 면에서 대단한 삶을 살았다. 종교 지도자들 아니, 어떤 면에선 모든 영역의 지도자 가운데 그래함만큼이나 광범위한 거리를 이동하고 많은 사람을 만나며, 그 시대의 긴급한 사안들에 대해 그토록 많이 발언했던 이는 달리 없을 것이다. 그에 관한 이야기 전부를 담아내려면 두꺼운 여러 권의 책이 필요할 정도다. 따라서 나는 지면의 한계와 책의 일관성을 고려하여, 한 가지 주제에 집중해 그래함의 이야기를 압축적으로 독자들에게 전달하고자 한다. 그래함이 스스로 다루고 싶었을 내용을 소개함으로써 말이다.

어쨌든 거의(more or less) 그렇게 진행할 것이다. 여기서 "더"(more)의 부분은 아마 그라면 다루지 않으리라 생각되는 세부 정보들, 그가 너무 겸손해서 드러내고 싶어하지 않는 사건들, 또는 그가 명백히 잊기를 원하는 일화들을 종종 더한다는 것이다. "덜"(less)의 부분은 주로 그래함의 공적 영역, 즉 모든 이들이 보고 들을 수 있도록 공개적으로 행하고 말한 것들에 집중한다는 뜻이다. 하지만 둘로 인해 [공적 영역에 집중하겠다는] 약속을 완벽하게 지킬 수는 없었다. 먼저는 그래함의 아내, 루스 벨 그래함Ruth Bell Graham이다. 루스는 본서에서 여러 번 언급된다. 이는 그만큼 그래함의 공적인 모습에 있어서 그녀가 차지하는 비중이 컸기 때문이다. 그리고 후반부 챕터들에 등장하게 될 그의 아들 프랭클린도 마찬가지였다.

이를 제외하고는, 그래함이 언급하고 싶어 했을지도 모르는 그의 일상생활과 관련된 여러 흥미로운 이야기들을 거의 다루지 않았다. 그가 앓았던 만성 불면증 혹은 그가 사랑한 햇빛이 내리쬐는 해변과 레몬 케이크, 빅맥 등 그의 소박한 일면들 말이다. 이러한 내용들이 흥미로운 것은 사실이지만 중요한 주제는 아니다. 그래함에 관한 중요한, 그리고 100년 후의 사람들이 그래함에 관해 알고 싶어 할 주제는 다름 아닌 그의 공적인 삶이다.

본서는 가능한 한 그래함의 삶의 주요한 사건들을 실제 발생한 순서 그대로 훑어갈 것이다. 물론, 대부분의 사람들과 마찬가지로 그 래함이 단순한 연대기적 순서에 따라 삶을 살았던 것은 아니다. 사건 들이 중첩되는 경우들도 있다. 하지만 전기 작가는 다양한 이야기들 을 한꺼번에 펼칠 수 없다. 따라서 각 챕터- 개인적으론 장면(scene)이 라 부르는 것을 선호한다 -에서는 주요한 하나의 주제를 강조할 것 이다. 그래함이 강조하고 싶어 했을 중요한 주제들 말이다. 그리고 해 당 장면의 이해를 돕기 위해 필요할 경우, 나는 그 주제와 관련된 배 경을 자세히 묘사하거나 관련된 결과들을 아주 살짝 언급할 것이다.

본서는 2014년에 출간한 『미국의 목사: 빌리 그래함 그리고 미 국의 형성』America's Pastor: Billy Graham and the Shaping of a Nation의 축 약판이 아니라는 것을 강조할 필요가 있다. 그래함에 관한 상세한 주제 연구서인 그 책은 그래함과 미국 문화의 관계성에 주목했다. 그러나 나는 여기서 그래함이라는 인물 자체에 집중한다. 어쩔 수 없이 이 두 권의 책은 그래함에 대한 기본 정보나 의견에 있어서 일부 겹치기도 한다. 하지만 본서에서 그 내용들을 다른 방식들로, 그리고 다른 목적들을 위해 새롭게 기술했다.[1]

오늘날 그래함 전기 작가들은 그래함의 아들 프랭클린이 지 니고 있는 여러 이미지들이 그래함에게 투영되어 있는 현 상황 속 에서, 진정한 그래함의 모습이 무엇인지 찾아낼 줄 알아야만 한다.

1_ 본서가 제시하는 이야기들에 대한 증거 자료들은 빌리 그래함에 대한 나의 또 다 른 저술인 『미국의 목사』와 다른 기사들을 통해 손쉽게 찾아볼 수 있다. 내가 저술 한 기사 목록은 본서의 뒷부분에 실린 "추가 참고 자료 목록"에서 확인할 수 있다.

영향력 있는 복음전도자이자, 인도주의자 그리고 문화 전쟁의 전사로 일간 뉴스에 등장하는 프랭클린이 지니고 있는 이미지들로부터 말이다. 왜냐하면 어떤 면에서 빌리와 프랭클린은 정말 닮았지만 또 어떤 면에서 그 둘은 전혀 다른 인물이었기 때문이다.

이처럼 복잡한 둘의 관계를 살펴보는 것은 그 자체로 가치 있는 연구일 테지만, 그것은 이 책의 범위를 넘어서는 것이다. 본서가 쓰인 목적 가운데 하나는 독자들이 그래함이라는 인물을 그가 살아간 시대 속에서 그때 그 모습으로 볼 수 있도록 돕는 것이기 때문이다. 그러니 프랭클린에 대한 연구는 다음으로 남겨 둘 것이다.

최대한 이야기를 객관적으로 기술하고자 노력했지만, 내가 지니고 있는 관점이 그래함의 삶을 기술해 나가는 과정에 필연적으로 영향을 주었다. 이제 내가 본서를 써 내려가는 관점에 대해 짧은 설명을 덧붙이려 한다.

나는 넓은 의미에서 미국 복음주의 전통에 서 있는 사람이다. 그래함이 형성에 크게 기여했던 바로 그 복음주의 전통 말이다. 더 나아가 스스로를 신학적으로나 정치적으로 복음주의 전통 내에서도 진보 진영에 서 있다고 생각한다. 하지만 복음주의 전통은 무척이나 크고 다양하기에, 나는 이 전통에 속한 모든 이들을 하나의 가족으로 여긴다.

이 넓은 의미의 복음주의 전통의 관점에서 그래함은 가장 영향력 있는 20세기 그리스도인들 가운데 한 명이자, 가장 영향력 있는 복음주의 개신교인이다. 그는 전 세계 수많은 사람들에게 영적인 메시지를 전달했던 위대한 인물인 동시에 다른 모든 위대한 인물들이 그러했듯, 심각한 성격적 결함들을 지니고 있었으며 중대한 실수들을 저지르기도 했다. 그러나 나는 그가 지닌 장점들이 그의 약점들을 훨씬 능가한다고 확신한다. 그의 이러한 입체적인 모습 자체가 현대 사회에서 신앙생활을 하는 것이 얼마나 복잡한 것인지를 가르쳐 주는 것이라 할 수 있다.

그럼에도 나는 본서에서 그래함에 대한 직접적인 평가를 내리지 않으려 한다. 오히려 나는 그래함이 스스로 지향한 고귀한 가치들에 부합했던 순간과 부합하지 못했던 순간 모두를 고스란히 독자들에게 들려주되, 모든 평가는 독자의 몫으로 남겨 둘 것이다.

* * *

본서의 제목(One Soul at A Time)은 《샬럿 옵저버》 기자로 오랫동안 그래함의 전도 대회들을 보도한 켄 가필드의 말에서 따왔다. 2013년, 가필드는 그래함에 대해 이렇게 말했다. "전도 대회에 참여한 사람들은 그래함이 그들을 소중히 여기는 것을 느낄 수 있었다. 한 영혼, 한 영혼을 동시에 말이다." 가필드는 유대교인이었고 복음주의 기독교로 개종할 생각도 없던 사람이었다. 하지만 그는 사람들을 새롭게 신앙의 길로 들어서게 하거나 차갑게 식어 버린 그들의 신앙을 되살아나도록 만든 그래함의 온화하고 포용적인 정신에 감사를 표했다. 5년 뒤 그래함이 죽음을 맞이하게 되었을 때,

가필드는 이렇게 말했다. "그에 대한 감사를 담아 그의 죽음에 조의를 표한다. 그는 지구상 가장 먼 곳에 떨어져 있는 사람에게까지 예수님의 약속과 위로를 전달했다."

더욱이 그래함은 '동시에 한 영혼'이라는 특유의 방식으로 청중들에게 다가간 마지막 인물인 듯하다. 대중 전도의 기술을 완벽히 소화했던 그래함은 전도 대회와 위성 생중계를 통해 185개국, 총 2억 1,500만 명에게 말씀을 전한 것으로 알려져 있다. 직접 대면하여 말씀을 전한 것만 세어도 70개 이상의 국가에서 7,700만 명에게 말씀을 전했고[2] 300만 명 이상의 영혼들이 그리스도에 대한 신앙을 고백하라는 그의 초대에 응답했다.[3] 그래함은 집회가 진행된 지역 및 시설의 최대 관중 기록들을 여러 번 갱신했다. 가끔 단일 집회에 참석한 10만 명 이상의 참석자들 앞에서 직접 설교하기도

2_ 빌리그래함 전도협회는 전도 대회의 참가 인원을 파악하기 위해 입장권, 회전문 계수, 항공사진, 경찰과 기자들의 추산치를 활용했다. 그러나 여전히 정확한 인원수는 분명하지 않다. 왜냐하면 집회에 재방문한 인원들을 가려낼 방법이 없었고, 또한 단일 집회의 경우엔 계수조차 하지 않았기 때문이다. 그래함이 방문했던 국가 수를 파악하는 일도 어렵다. 그래함이 그룹의 일원으로서 참여한 행사에서 설교한 곳들도 목록에 포함시켰는지, 공식적인 설교가 아니라 즉흥적으로 가벼운 메시지를 전했던 곳들도 목록에 포함시켰는지 여부가 불분명하기 때문이다. 다행인 것은 그래함이 60년 동안 전 세계에 전도 집회를 개최하며 수백 개의 지역 조직 위원회와 함께 사역을 해 왔다는 것이다. 그들은 투명하고 다양한 방식으로 정보를 수집했다. 덕분에 내가 파악하고 있는 그래함이 설교한 국가들의 수는 미국과 캐나다 이외에 70개국이 넘는다. 나의 판단 기준과 다른 세부 정보들은 본서의 "부록 2 그래함이 설교한 국제 행사 목록"에서 확인할 수 있다.

3_ 빌리그래함 전도협회는 320만 명의 사람들이 전도 대회에서 '초대에 응답했다'고 밝혔다. 이 수치는 집계된 결신 카드를 통해 얻어진 결과이기 때문에 다른 수치들보다 더 신뢰할 만하다.

했는데, 100만 명 이상이 참석한 단일 행사만 두 번이나 있었다.

만일 그래함의 책이나 잡지, 신문 칼럼 또는 영화나 라디오·TV 프로그램을 통해 그를 접한 사람들까지 포함시킨다면 그 수는 기하급수적으로 늘어날 것이다. 수억 이상, 어쩌면 수십억이 될지도 모른다. 《타임》 종교부 기자 데이비드 반 비에마는 이렇게 말했다. "그래함은 현시대에 그 어떤 이보다 더 많은 사람들을 예수님께로 인도했고, 역사상 그 어느 누구보다 많은 사람들에게 예수님의 영광을 전했다."

하지만 그래함은 언제나 이름 모를 다수의 청중이 아닌, 한 영혼 한 영혼을 향해 설교했다고 말했다. 그리스도를 따르겠다는 결단을 통해 근원적인 변화를 경험해야 하는 영혼 하나하나를 향해 말이다. 이러한 점에서 그래함은 이렇게 말하길 좋아했다. "이것은 대중 전도가 아니라, 대규모의 개인 전도입니다."

빌리 그래함은 지구상에 존재하는 모든 사람들이 복음을 영접하도록 그들을 초대하기를 무척이나 바랐던 사람이었고, 또한 그들이 사회를 전체적으로 변혁시키는 일에 힘쓸 수 있도록 독려했다. 하지만 그가 이 모든 일을 위해 추구한 방법은 언제나 동일했다. "한 영혼, 한 영혼을 동시에."

감사의 말

대체로 책을 저술하는 과정에서 가장 쓰기 어려운 부분은 감사의 말이다. 지난 40년 동안 미국 종교사를, 그리고 그중 10년 동안은 빌리 그래함을 연구해 온 나에게 여러 의견들을 나눠 주거나, 격려를 전해 준 사람들이 헤아릴 수 없이 많기 때문이다.

그래도 감사의 말이 너무 길어지지 않도록, 동시에 내게 도움을 준 이들에 대한 나의 감사가 희석되지 않도록 감사를 전해야 할 이들의 목록을 최대한 간결하게 추렸다. 지면의 제약으로 인해 미처 언급하지 못했지만 이곳에 언급된 이들 외에도 나를 도와준 수많은 이들이 있었음을 우선 강조하고 싶다.

언제나처럼 처음 감사는 그들의 업무가 요구하는 것 이상의 도움을 준 사서들과 기록보관소 담당자들에게 전하고 싶다. 그래함을 진지하게 연구하는 거의 모든 사람들이 그러하듯, 나 역시 휘튼대학교 내 빌리그래함 기록보관소의 담당자 밥 슈스터에게 가장 먼저 감사를 전한다. 밥은 잘 알려지지 않은 자료들을 소개해 주었을 뿐 아니라, 본서에 관한 좋은 아이디어들도 나누어 주었다. 빌

23

리그래함 기록보관소 소장 폴 에릭슨은 지혜로운 조언을 해 주었다. 공립 기록보관소 담당자 캐서린 그레이버는 내가 전화를 걸거나 메일을 보낼 때마다 신속한 도움으로 응답했다.

노스캐롤라이나주 몬트리트에 거주하며 그래함의 비서로 근무한 데이비드 브루스에게 받은 도움은 아무리 강조해도 지나치지 않다. 비록 상투적인 표현이지만, 때로는 이런 표현이야말로 감사를 표하기에 가장 적합한 표현이다. 그만큼 그에게 받은 도움은 귀중했다.

존 에이커스, 데이비드 브루스, 진 그래함 포드, 레이튼 포드, 아론 그리피스, 조지 마스덴, 마크 놀 그리고 앤 블루 윌스는 원고를 모두 읽은 후 책이 사실적 오류와 불분명한 개념, 과도한 찬사나 비평이라는 실수에 빠지지 않도록 도와주었다. 그들은 '가장 친한 친구란 책이 나오기 전, 솔직한 비평이라는 최고의 처방을 주는 존재'라는 점을 분명히 보여 주었다. 게다가 시의적절한 작은 격려가 그 환자의 건강을 되찾아 준다는 사실 또한 증명했다.

본서가 출간되는 데 중요한 도움을 준 또 다른 이들이 있다. 고등학교 시절부터 친구였던 스콧 켈리, 다이애나 랭스턴 그리고 레이 우디는 책을 구상하던 시기에 여러 차례 통찰력 있는 질문을 내게 던졌다. 이디스 블럼호퍼, 앨리슨 브라운, 켄 가필드, 짐 루츠와일러, 데이브 앤서니 슈미트 그리고 나의 연구 조수 막스 페일러는 혼자서는 결코 찾지 못할 자료의 조사에 도움을 주었다.

또한 빈센트 바코트, 유타 발비에, 캐서린 브레쿠스, 앤시아 버틀러, 엘리샤 코프먼, 해더 커티스, 대런 도첵, 베치 플라워즈, 스펜

24

서 플루만, 마리 그리피스, 데이비드 하임, 브룩스 홀리 필드, 존 허프먼, 헬렌 진 김, 케이티 로프톤, 맨디 맥마이클, 크리스토퍼 노리스, 데이나 로버트, 존 로버츠, 가스 로셀, 네이션 월튼 그리고 토드 본 헬름스는 그래함의 유산을 새로운 방식으로 생각할 수 있도록 도왔다. 낸넬 그리피스는 1953년 채터누가에서 열린 그래함 전도 대회에서의 기억을 나눠 주었다. 어드만스 출판사의 종교 전기 시리즈의 편집자인 히스 카터와 마크 놀은 나에 대한 신뢰를 바탕으로 원고의 내용을 보기도 전에 나를 시리즈의 기고자로 불러 주었다.

오랜 대화 상대이자 절친한 친구인 랜달 발머, 마틴 마티, 매슈 서튼 그리고 켄 우드워드는 각각 미국 성공회, 루터회, 비기독교, 가톨릭을 대변하는 그들의 목소리를 통하여 내게 이 책이 그래함의 복음주의 전통 밖에 있는 독자들에게 받아들여지지 못한다면, 그래함이 그의 삶에서 보여 준 모습과 동떨어진 책이 되리라는 것을 되새겨 주었다.

듀크대학교에서 정기적으로 함께 커피를 마시는 친구인 케이트 보울러, 스탠리 하우어워스, 리처드 헤이스, 딕 하이젠라터, 그렉 존스, 시 리안, 릭 리스처 그리고 윌 윌리몬은 "요즘 책 쓰는 건 어떻게 되어 가는가?"라고 주기적으로 질문했고, 그 덕분에 게을러지지 않을 수 있었다. 9살 된 나의 손자 헨리 벡도 내게 뼈 있는 질문을 던지곤 했다. "할아버지, 빌리 그래함 목사님 책 쓰시는 건 다 끝나셨어요?"

『빌리 그래함: 미국인 순례자』*Billy Graham: American Pilgrim*를 함께 편집한 앤드루 핀스튜엔과 앤 블루 윌스는 작업의 2/3 이상을 담당했음에도, 나를 동등한 작업 파트너로 여겨 주었다. 그들이 베푼 너그러움은 미국 종교사 연구가 동료들의 깊은 애정 가운데 탄생한다는 사실을 깨닫게 했다.

이 책을 헌정한 다섯 명의 친구들은 그들에 대한 나의 마음이 말로는 다 표현될 수 없다는 사실을 알고 있다. 그럼에도 불구하고 나는 그 마음을 표현해야만 한다.

교열 담당자 톰 라베는 칭찬받아 마땅한 수고스러운 일들을 감당해 주었다. 그는 본서의 당혹스러운 실수들을 바로잡았고, 과도한 산문체도 지적해 주었다. 내가 쓴 글들의 일부는 그에 의해 편집되어 본문에서 빠지게 되었지만, 이는 나뿐만 아니라 독자들도 그에게 감사를 표현해야 할 지점이다.

어드만스 출판사의 편집장 데이비드 브렛에게 받은 도움은 가늠하기 어려울 정도이다. 데이비드는 내가 몇 년 전 출간한 그래함에 대한 자세한 주제 연구가 남긴 숙제, 곧 간결한 그래함 전기의 필요성에 공감해 주었다. 그리고 이 책의 제목을 선정하고 문장을 다듬어 주었고, 본서를 구성하고 있는 두 개의 핵심 질문을 내게 제안했다. 또한 그는 논쟁의 여지가 있는 사안에 대해 나의 입장을 분명히 이야기할 수 있도록 격려해 주었고, 불필요해 보이는 문단을 편집했으며, 직접 만나거나 통화를 통해 여러 아이디어를 함께 토론하는 파트너가 되어 주었다. 본서의 분량이 점점 늘어나고, 그의 예상보다 더 저술에 오랜 시간이 걸렸음에도 이를 인내해 주었다. 이 모든 과정을 통해 그는 내게 좋은 편집자일 뿐 아니라 좋은 친구가 되어 주었다.

무엇보다 나는 빌리 그래함에게 감사를 표하고 싶다. 그래함이 80대 후반, 90대 초반일 당시 그를 만나기 위해 노스캐롤라이나 몬트리트 근방에 있는 산꼭대기 집으로 네 차례나 찾아간 적이 있다. 이때 그와 함께한 시간은 나의 기억 속에 깊이 아로새겨져 있다. 나는 그의 연로한 나이로 인해 그를 '인터뷰'할 시도조차 하지 못했다. 그런데 놀랍게도 오히려 그래함이 나를 인터뷰했다. 그는 강아지들이나 자녀들, 손주들 그리고 블루 데빌스[역주- 미식축구 팀]와 같은 주제를 포함해 나의 삶에 관해 여러 질문을 던졌다. 가장 기억에 남는 것은 그래함이라는 위대한 인물이 가진 비범한 겸손과 친절, 그리고 그 영적인 깊이를 직접 경험할 수 있었다는 것이다.

나의 아내 캐서린 왜커는 이 책을 쓰는 내내 단 한 글자도 타이핑해 주지 않았고, 머리말 뒤로는 한 페이지도 읽지 않았다. 마치 "이미 다 작업해 봤던 거잖아요"라고 말하는 듯했다. 그러나 실상 그녀는 지난 50년 동안 내가 다음 문장을 뭐라고 쓸지 고민할 때마다 인내하며 함께해 주었다. 그녀로 인해 나는 성경에 등장하는 "극히 값진 진주"(마태복음 13:46)라는 표현을 완전히 새로운 차원에서 이해할 수 있었다.

노스캐롤라이나 케리에서
2019년 3월
그랜트 왜커

차례

부를 잃는다면 전혀 잃지 않는 것이다.

건강을 잃는다면 조금 잃게 되는 것이다.

그러나 도덕적 신뢰를 잃는다면 전부 잃는 것이다.

- 빌리 그래함

일러두기

◆ 본서의 성경 번역은 개역개정판을 사용했습니다.

◆ 본서는 단행본을 겹낫표(『 』)로, 그 외 논문이나 칼럼, 설교와 강연, 성명서 등 기타 문서를 홑낫표(「 」)로 표기했습니다. 음악이나 영화와 다큐멘터리 작품은 홑화살괄호(〈 〉)로, 신문과 잡지, 방송 매체는 겹화살괄호(《 》)로 표기했습니다.

◆ 역주와 편주의 경우, 본문의 대괄호([ ]) 속에 '역주' 혹은 '편주'라는 단어와 함께 표기했습니다. 해당 단어가 없는 것은 모두 저자가 작성한 내용입니다.

◆ Billy Graham은 빌리 그레이엄으로 쓰일 수도 있으나, 한국 빌리그래함 전도협회의 요청을 따라 그의 한국어 표기는 '빌리 그래함'이라고 통일시켰습니다.

◆ 빌리그래함 전도협회, 빌리그래함 도서관, 빌리그래함 중앙 기록보관소 등 빌리 그래함의 이름을 딴 기관 또는 단체명에서 그의 이름은 가독성을 위해 '빌리그래함'이라고 붙여 쓰였습니다.

◆ 색인에서 두 가지 약어(S.와 n.)를 사용하였습니다. S.는 본문을 이루는 각 장면(Scene)을 뜻하고, 괄호 안의 n.은 본문 아래 달린 주(note)를 가리킵니다

그래함의 삶을 조망하다

빌리 그래함의 나이가 30세가 되었을 무렵, 당시 성인이었을 미국인 대다수는 한 번쯤 그래함에 대해 들어 보았을 것이다. 그가 35세가 되었을 때 그의 이름은 전 세계에 알려졌고, 40세가 되었을 때 그는 전 세계 기독교계를 대변하는 상징적인 인물이 되어 있었다. 이러한 그래함의 위상은 그가 공적인 사역에서 사실상 은퇴한 2005년도까지 유지되었다.

아마도 그래함만큼 많은 사람에게 설교했던 인물은 없을 것이다.[4] 여러 수치들을 통해 우리는 그래함이 종교적으로 얼마나 중요한 인물이었는지를 쉽게 알 수 있다.

그래함은 다른 방식으로도 여러 기록들을 세웠다. 갤럽이 실시한 '가장 존경받는 인물 10인' 명단에 그래함은 1955년부터 2017년까지 총 61번이나 등재되었다. 그래함의 기록에 가장 근접했던 로

4_   교황 요한 바오로 2세가 더 많은 사람들 앞에서 미사를 집전했을지도 모르지만 그래함처럼 '설교'를 한 것은 아니었다.

널드 레이건 대통령은 리스트에 '고작' 31번 등재되었고, 지미 카터 대통령과 요한 바오로 2세는 각각 27번 리스트에 이름을 올렸을 뿐이다.

그래함이 만들어 낸 미디어 제국의 규모가 어느 정도였는지 청취자·시청자·독자의 정확한 수치를 규명한다는 것은 무척이나 어려운 일이다. 하지만 각 매체에 대한 정보 수집 방식의 차이를 감안하고 계산한다면 대략적인 수치를 파악할 수 있다.

우선 방송부터 살펴보자. 주간마다 진행되던 신디케이트 라디오 프로그램 《결단의 시간》Hour of Decision은 1950년 11월에 처음 방송되었다. 150개의 ABC 계열 라디오 방송국들이 그 첫 번째 방송을 내보냈고, 몇 주 만에 약 2,000만 명의 청취자들이 그래함의 라디오 프로그램을 듣기 시작했다. 2010년에도 이 프로그램은 여전히 전 세계 약 1,000여 개의 라디오 방송국을 통해 5개 국어로 방송되고 있었다.[5] TV 프로그램은 라디오 프로그램명과 동일한 이름으로 1957년 6월에 시작되었다. 이 전국적 신디케이트 TV 프로그램은 시작된 지 얼마 지나지 않아 미국에서 가장 광범위하게 시청되는 종교 방송 가운데 하나가 되었다.[6]

한편 그래함은 방송보다 인쇄물이 자기가 전하고자 하는 메시지를 더욱 오랫동안 보존시켜 줄 것이라 믿었고, 이에 출판 시장에 큰 에너지를 쏟아붓기 시작했다. 그는 1952년 「나의 답변」My Answer

---

5_ 마지막 라디오 방송은 2014년, 온라인 형태의 마지막 방송은 2016년이었다.

6_ 《결단의 시간》의 파일럿 방송은 대개 스튜디오에서 촬영되었고, 1951년부터 1954년까지 방송되었다.

이라는 일간 신문 칼럼을 쓰기 시작했고, 곧 73개의 신문에 게재되었다. 전해지는 바에 따르면 이 칼럼은 200곳을 통해 1,500만에서 2,000만 명에 달하는 독자들에게 배부되었다.

그로부터 4년 뒤, 격주로 발간되는 《크리스채너티 투데이》 Christianity Today가 주류 복음주의의 목소리를 대변하는 잡지를 표방하며 창간되었다.[7] 그래함이 세상을 떠난 2018년 기준, 《크리스채너티 투데이》는 12만 500부가 판매되었고- 3만 6,000부는 무료 배포되었다 -24만 명의 구독자를 보유하고 있으며 온라인판 잡지를 보기 위해 매월 500만 명이 잡지사 사이트를 방문했다.

월간 잡지인 《결단》Decision은 1960년에 3개 국어- 이후 6개 국어 -로 출간되었고 점자 도서로도 발행을 시작했다. 일반 대중을 독자층으로 삼은 이 잡지는 사진들을 매우 잘 활용한 것으로 유명했고 1975년까지 500만 명의 구독자 수를 거느린 잡지로 성장했다. 여호와의 증인이 발행한 두 출판물을 제외하면 이 잡지는 세계에서 가장 광범위하게 유통된 기독교 잡지였을 것이다.[8]

1947년 발간된 첫 번째 책 『젊은이들을 그리스도께로』Calling

7_ 엘리샤 코프먼(Elesha Coffman)을 따라 본서에서 '대중적'(mainstream)이라는 용어는 2차 세계대전 이후 미국의 유동적 복음주의 전통에 영향을 주었던 중도-우파적 신학 지향성을 의미한다. 그런데 남북전쟁 이전 남부지역에서는 이 용어 사용이 약간 까다롭다. 역사적이고 제도화된 침례회, 장로회, 감리회 교단들이 사회문화적으로는 '주류 교단'(mainline)이었으나, 신학적으로는 특히 도심지역에서 '대중적'(mainstream)이었기 때문이다.

8_ 2018년에 이르러 《결단》의 판매 부수는 42만 5,000부까지 떨어지게 되었다. 그럼에도 종교 분야 대중 출판물들과의 치열한 경쟁을 고려해 볼 때 이 판매 부수는 여전히 대단한 것이었다.

*youth to Christ*부터 90대 후반의 나이로 2015년에 출간한 마지막 저술 『내가 있는 곳』*Where I Am: Heaven, Eternity, and the Life Beyond*에 이르기까지, 그래함은 평균적으로 거의 매년 책을 출간했다. 그가 직접 저술하거나 그의 공인을 받아 저술된 책들은 모두 34권이었고, 이 책들은 적어도 50개의 언어로 번역되어 수백만 권이 판매되었다.[9] 그 저술들 중 세 권은 각 100만 부 이상씩 팔렸고, 그래함이 세 번째로 저술한 책인 『하나님과의 평화』*Peace with God*는 1953년에 출간되었고, 200여 페이지 밖에 안 되는 얇은 책이지만 200만 권 이상 팔렸으며 38개 국어로 번역되었다.[10]

그래함은 해리 트루먼에서 도널드 트럼프에 이르기까지 총 13명의 대통령을 개인적으로 알고 지내던 인물이기도 하다.[11] 그들 대부

9_ 그래함의 이름으로 출간된 책들의 원작자를 정확히 규명하는 것은 쉽지 않다. 왜냐하면 책의 어느 지점에서 그래함이 저술을 중단했는지, 그리고 어느 지점에서 다른 사람이 글을 쓰기 시작했는지를 파악하기 어렵기 때문이다. 특히 그의 사역 후반부에 출간된 책들의 경우 더욱 그렇다. 하지만 그가 소천했을 당시 《크리스채너티 투데이》 빌리 그래함 추모판은 "직원의 도움을 받아 그래함 자신이 직접 집필한 책은 총 24권"이라고 말했다.

10_ 또 다른 자료에 의하면 이 책은 1952년에 출간되었고 500만 부가 판매되었으며, 50개 언어로 번역되었다고 한다. 이러한 수치상의 차이는 책의 각기 다른 형태들, 예를 들면 종이책, 전자책, 발췌본 또는 축약본 등을 계수하는 방식이 각기 다르기 때문이다.

11_ 이 문장은 검증이 필요하다. 실제로 트루먼 대통령을 그래함의 친구라고 생각하기는 어렵고, 오바마 대통령과 그래함은 그저 한 차례 사석에서 35분간 오붓한 대화를 가졌을 뿐이기 때문이다. 트럼프 대통령은 노스캐롤라이나 애슈빌의 그로브 공원 호텔에서 열린 그래함의 95번째 생일 기념행사에 참석해 그의 곁에 자리했지만, 당시 트럼프는 대통령이 아니었을뿐더러 그와 그래함이 이후 추가로 대화를 나눴다는 증거도 없다. 즉, 현실적으로 생각했을 때 그래함은 10명의 대통령을 친구로 여겼고, 4명- 존슨, 닉슨, 레이건, 아버지 부시 -의 대통령과 영부인들- 버드, 팻, 낸시, 바버라 여사 -을 개인적으로 가까운 친구들로 여겼다고 짐작할 수 있다.

분은 그래함의 친구였으며 일부와는 막역한 사이가 되었다. 그래함이 세상을 떠났을 당시, 그의 고향인 노스캐롤라이나주에서는 국회의사당에 세워져 있는 두 동상 가운데 찰스 에이콕의 것을 그래함으로 바꾸려는 복잡한 절차에 착수하기도 했다.

어떤 면에서 이런 통계들이나 그가 받은 상, 훈장 목록보다도 그래함과 관련된 간단한 정보들과 흥미로운 일화들이 그가 지녔던 영향력을 더 잘 보여 줄 수도 있다. 먼저 그래함과 관련된 간단한 정보부터 살펴보자. 1950년대 중반, 2년 동안 그래함은 대통령을 포함해 미국 내 어떤 인물보다 잡지와 신문에 많이 등장했다. 또한 빌리그래함 전도협회의 사진 기록보관소는 110만 개 이상의 사진 원본 필름들을 소장하고 있다. 이는 사진사들이 그를 찍기 좋은, 그리고 잘 팔리는 촬영 대상으로 인식하고 있었기 때문이다.

두 번째는 그래함과 관련된 흥미로운 일화들이다. 이 일화들은 그래함의 종교적 영향력을 또 다른 각도에서 보여 준다. 그중에서도 아래 두 일화는 특히 주목할 만하다. 예일대학의 뛰어난 인문학자인 해럴드 블룸Harold Bloom은 그래함에게 그리 호의적인 인물이 아니었다. 그럼에도 그는 1999년 《타임》 표지 기사였던 「20세기 가장 중요한 인물 100인」에서 그래함의 영향력을 훌륭하게 포착했다. "미국에서 빌리 그래함에 대한 의심 혹은 비판의 시각을 드러내면서 공직에 출마하는 사람은 없을 것이다."

2014년, 밥 딜런은 《AARP 더 매거진》에서 음악인으로서 자신의 전설적인 성공담을 회고하는 가운데 그래함에 대해 특별한 언급을 다음과 같이 덧붙였다.

[그래함은] 제 생애 가장 위대한 설교자이며 복음전도자였습니다. 그는 영혼들을 구원해 내는 설교자였습니다. 저는 1950년대 혹은 1960년대 그래함의 전도 대회에 두세 번 정도 참석했습니다. 그는 전형적으로 로큰롤 정신을 가진 사람이었습니다. 열정적이고, 역동적이었죠. 로큰롤 가수 같은 헤어스타일과 분위기, 웅변술을 지닌 그가 말할 때면 사람들은 모두 그에게 주목했습니다. 그를 통해 구원받은 사람의 수가 3만 명에서 4만 명에 이르기도 했습니다. 만일 당신이 그 자리에 있었다면, 당신도 완전히 변화되었을 겁니다. 지금껏 그래함 같은 설교자는 없었습니다. 그는 미식축구 경기장 여러 곳을 사람들로 가득 차게 했고, 심지어 자이언츠 미식축구 팀보다 더 많은 사람들을 자이언츠 경기장에 모이게 했습니다. 오래전 이야기이긴 하지만요. 믹 재거가 노래를 부르고, 브루스가 기타를 치기 훨씬 이전에, 그래함이 보여 준 로큰롤 정신은 제 음악의 일부가 되었습니다. 저는 빌리 그래함을 실제로 보았고 그의 크고 또렷한 음성을 직접 들었기 때문에 그럴 수밖에 없었죠.

하지만 모든 사람들이 그래함을 인정했던 것은 아니었다. 세속 비평가들은 현대 사상의 관점으로 본 그의 신학이 터무니없다고 지적했다. 개신교와 가톨릭의 주류 교단 설교자들은 복음에 대한 자신의 해석을 굽힘 없이 이야기하는 그래함의 모습에 불쾌감을 느꼈다. 근본주의자들은 대중성을 얻기 위해 진보적 개신교도들이 가톨릭교도와 협력했다며 그래함을 비판했다.

그 외에도 그는 부자나 유명인들과 자주 어울렸다. 베트남전쟁에 대해 초기에는 강경 지지를 했다가 이후에 모호하게 불분명한 입장을 취했고, 워터게이트 사건이 벌어진 무렵 닉슨 대통령을 완강하게 옹호했다. 이런 일례의 모습들과 1972년 닉슨 대통령 집무실에서 나눈 유대인과 언론에 대한 그래함의 사적 발언들은 그의 명성에 먹칠을 했다. 그는 이에 대해 거듭 사과했지만 이미 흠집이 나 버린 명성은 회복되지 못했다.

죽음도 그를 향한 비판들을 막지 못했다. 그래함의 사망 이후, 역사가 매슈 서튼Matthew A. Sutton은 《가디언》에 기고한 글에서 그래함을 '역사를 퇴보시킨 인물'이라 평하면서, "그의 퇴행적 자세는 아마 그의 가장 중요하고도 슬픈 유산일 것이다"라고 말했다. 역사가 데이비드 홀링거David A. Hollinger는 《뉴욕타임스》에서 그래함의 영향력에 대해 "대체로 잘못된 목적을 위해 사용되었고 유치한 종교적 감정과 반反계몽주의적 사상을 양산했다"라고 말했다.

이러한 그래함에 대한 비판 행렬에는 역사가들만 존재했던 것은 아니다. 보수 칼럼니스트인 조지 윌George F. Will은 「빌리 그래함은 선지자가 아니었다」Billy Graham Was No Prophet라는 그래함 부고 관련 칼럼에서 내가 저술한 『미국의 목사: 빌리 그래함과 미국의 형성』의 부제목이 부적절하다고 주장했다. 그가 보기에 그래함은 미국 문화를 형성하기는커녕 미국 문화에 의해 형성된 사람이며, 그 문화 역시 양질의 것이라고도 할 수 없었기 때문이다. 물론 윌은 그래함이 "많은 사람들에게 위안을 주고 어쩌면 몇몇 이들의 삶을 나아지게 했을지는 모른다"라고 인정했지만, 결코 선지자나 신학자는 아니었다고 주장했다. 윌은 그래함이 대통령들과 관계하는 방식을 예로 들면서 그를 '자만심과 순진함이 뒤섞인 인물'이라고 평했다.

몇몇 기자들은 그래함의 죽음을 비판의 기회로 썼다. 《롤링스톤》에 게재된 기사 「영혼을 파괴하는 빌리 그래함의 유산」The Soul-Crushing Legacy of Billy Graham에서 기자 밥 모서Bob Moser는 그래함을 "권모술수에 능한 밀실의 배후자며 ⋯ 평신도 수준의 성경 이해를 가졌으며 이를 통해 본인의 욕망을 채우려 했던 위선자이자, 세속적 권력에 대한 욕구가 강한 인물"이라고 말했다. 한편, 여배우 니아 바달로스가 그래함의 죽음에 관해 남긴 짧은 문장은 어느 비평들보다 더 날카로웠다. "빌리 그래함, 평안히 영면하소서." 그녀는 이어서 말했다. "하나님께서 당신을 리버라치와 2층 침대에서 함께 자게 하시길 바랍니다[역주– 동성애를 반대한 그래함이 동성애자로 알려진 미국의 피아니스트 리버라치와 천국에서 한 침대를 사용하길 바란다며 비꼬는 것이다]."

* * *

위에서 언급한 그래함을 향한 비평들에도 불구하고, 본서는 역사가 마틴 마티Martin Marty가 2013년에 그래함의 모교인 휘튼대학교 모임에서 한 발언이 옳았음을 증명할 것이다. 그는 "빌리 그래함은 미국 종교사 버전의 러시모어산Mount Rushmore에 자리할 인물이다[역주- 이 산에는 존경받는 역대 미국 대통령 4명의 얼굴이 조각되어 있다]"라고 말했다. 전 세계의 수많은 복음주의자들이 그의 견해를 기준점으로 삼아 여러 논쟁들을 해결할 정도로, 그의 말이 성경의 근거 구절들이라도 되는 양 그의 말을 해석하며 '빌리 그래함이 정말로 의미했던 바가 무엇이었는지'를 놓고 논쟁할 정도로 그래함의 영향력은 대단했다.

기자들은 그래함을 개신교에 교황이 있다면 그 위치에 가장 근접해 있는 인물이라 칭했고, 칼럼니스트 머레이 캠프턴은 그래함에게 '복음주의 개신교의 교황'이라는 별명을 붙였다. 이러한 호칭들은 그래함이 손쉽게 개신교의 상징으로 언급될 수 있는 인물이었을 뿐 아니라, 그가 지니고 있던 부인할 수 없는 영향력에 기인한 것이었다. 그래함이 세상을 떠났던 시기에 인도인 아쉬시 이트예라 조셉이 추모 글에서 공정히 평가했듯, 개신교인들에게 있어 그래함은 '가톨릭에게 있어 마더 테레사와 같은 존재', 곧 개신교의 성인이었다.

하지만 그래함이 악당이었는가 아니면 성인이었는가 하는 문제는 아마도 그에 대한 가장 중요한 역사적 논점은 아닐 것이다.

오히려 정말 중요한 점은 미국 안팎의 수많은 사람들이 그래함을 어떻게 평가하느냐에 따라 그들의 종교 및 문화 지형도상의 위치가 결정됐다는 점이었다. 이러한 맥락에서 역사가 조지 마스덴George Marsden은 "복음주의자는 빌리 그래함을 좋아하는 사람으로 정의될 수 있을 것이다"라고 말했다. 이 재기 넘치는 표현이 흥미를 자아내는 이유는 꽤나 사실에 근접한 표현이었기 때문이다. 또 다른 역사가 다니엘 실리만Daniel Silliman은 이렇게 말했다. "50년이 넘는 세월 동안 그래함은 대단히 유명했기에, 사람들은 그래함에 관해 각자 나름대로 견해를 지니고 있어야만 한다고 느꼈다. 즉, 그들이 그래함을 좋게 평가했든 나쁘게 평가했든 그래함은 그들의 종교적 정체성을 규정하는 기준점 같은 인물이었다." 그리고 본서에 담긴 이야기는 그래함이 그러한 존재가 될 수 있었던 이유가 무엇인지 이해하는 데 도움을 줄 것이다.

본서는 다음 두 가지 질문을 살펴볼 것이다. 첫 번째 질문은 간단하다. 동시대의 복음전도자들, 더 나아가 18세기 조지 휫필드George Whitefield를 제외하고 미국 역사상 존재했던 모든 복음전도자들과 그래함의 차이는 무엇인가?[12] 물론 그래함은 교육기관, 신문과 잡지, 라디오 프로그램이나 선교 단체, 굳건히 세워진 교단들 그리고 시골 목회자들과 유명 설교자들, 대중매체 속 유명인들 마

12_ 나는 몇몇 미국 종교사학자들이 18세기 초 미국과 영국 모두에서 유명했던 순회 복음전도자였던 조지 휫필드나 찬송 작사가 찰스 웨슬리를 그래함보다 중요하게 생각할 수도 있다는 것을 인정한다. 이러한 인물의 중요성에 대한 모든 판단은 (당연한 말이지만) 당사자가 강조하려는 기준이 무엇이냐에 따라 결정되기 때문이다.

지막으로 그래함 자신 같은 순회 설교자라는 오래되고 풍성한 전통의 영향을 받은 인물이었다. 하지만 그래함이 30살이 채 되기 전인 1940년대 후반에 그는 동시대 복음전도자들을 빠르게 앞서 나갔고, 그로부터 60년간 그에 필적할 만한 존재는 없었다.

그 이유가 뭘까?

그래함의 놀라운 성공은 그가 지니고 있던 비상한 능력 덕분이다. 다시 말해 그에게는 시대를 관통하는 흐름을 수용하는 능력 그리고 그 흐름들을 복음전도와 도덕 개혁이라는 자신의 목적에 맞게 활용하는 능력이 있었다.

물론, 성공한 복음전도자라면 누구나 그러한 능력이 있지만 그래함은 다른 누구보다도 더 그 능력을 잘 사용했고 실수도 적었다. 그는 한 번에 다양한 청중들 곧 정치인, 기자, 교단의 지도자와 지역교회 목회자 그리고 진지한 구도자부터 열렬한 회의론자에 이르는 평범한 대중 모두에게 메시지를 전했다. 그리고 이 능력 덕분에 모든 청중이 그가 전하는 메시지를 쉽게 받아들였다.

이 능력에 있어 그래함은 누구보다 탁월했고, 이는 그를 다른 복음전도자들과 구별되는 존재로 만들었다. 즉, 시대의 흐름을 활용할 줄 아는 그의 독특한 능력이 그를 계속 적실한 존재가 될 수 있도록 한 것이다. 모든 이들이 그러하듯 그래함도 점차 나이 들었고 그에 따른 변화가 찾아왔지만, 희한하게도 그는 다른 사람과는 달리 오랜 세월 적실한 존재로 남았다.

본문에서 살펴보게 될 두 번째 질문은 이것이다. 그래함은 어떻게 그토록 오랜 시간 동안 그토록 많은 사람들과 그토록 강력하게 연결되어 있었던 것일까? 본서는 전도 대회 무대를 누볐던 그래함의 다양한 모습들을 독자들에게 보여 줄 것이다. 끊임없이 변화하는 그래함의 능력은 각기 다른 삶의 시기를 보내고 있는 수많은 사람들에게 (대체로 긍정적으로, 때로 부정적으로) 다가갈 수 있게 만들었다. 그리고 그래함을 실제로 알고 있는 사람은 아주 소수뿐이었음에도 그들 모두는 자신들이 그래함을 개인적으로 알고 있다고 느꼈다.

어떻게 이러한 일이 가능했을까? 가장 먼저, 그래함 자신이 세월의 흐름 속에서 지속적으로 변화했기 때문이다. 1945년부터 2005년에 이르는 세월 동안 그래함은 대중들 앞에 적어도 네 가지 모습으로 등장했다. 본서의 챕터 제목들이기도 한 이 모습들은 "젊은 순회전도자", "일류 복음전도자", "제사장 같은 선지자", 마지막으로 "영향력 있는 원로"다.

이 네 가지 모습들은 그래함 자신의 변화에서 이루어진 결과기도 하지만 또 다른 요인이 있다. 즉, 전도 대회 진행자들이 그를 소개하는 방식, 대중매체에서 그를 묘사하는 방식 그리고 대중들이 그를 바라보는 방식이 변화했기 때문이다. 물론 이 네 가지 모습들은 상당히 중복되는 면이 있다. 하지만 그래함의 인생을 거시적으로 조망해 보면, 우리는 이 네 가지 모습을 선명하게 발견할수 있다.

더욱이 그래함은 상황에 따라 변화한 인물이기도 하다. 사실상 모든 지도자들이 그리하지만 그래함의 변화는 좀 더 극적이었다. 정확히 말하자면, 그래함은 서로 다른 사람들에게 여러 모습들을 거의 동시에 보여 주었다. 그렇다면 여러 모습들 중 과연 어떤 모습이 진짜 그래함이란 말인가? 전통적인 복음전도자 아니면 대형 사업체의 대표? 전형적인 시골뜨기 아니면 부유한 지역의 유행을 선도하는 사람? 겸손한 복음의 전달자 아니면 유명인사들을 잘 아는 듯 거들먹거리는 백악관의 협력자? 이에 관해 역사가 스티븐 밀러Steven P. Miller는 적절한 답을 제시한다. "그는 미국에서 가장 복합적이면서 '순수한' 사람, 다시 말해 가식과는 거리가 멀며 어정쩡한 입장을 내놓기 일쑤였던, 그러나 언제나 진실했던 사람이다."

요컨대 본서에서 계속해서 제기되며, 그래함의 기나긴 사역 여정을 특징짓는 두 가지 질문은 다음과 같이 압축될 수 있다. 첫째, 미국 종교사에서 (휫필드를 제외한다면) 그래함이 차지하고 있는 유일무이한 위치를 어떻게 설명할 것인가? 둘째, 사람들과 연결되는 그의 능력을 어떻게 설명할 것인가? 이 두 질문에 대한 설득력 있는 답변을 이렇게 요약하겠다. 그의 독특성은 시대의 흐름을 자신의 목적을 위해 활용하는 그의 탁월한 능력으로 인해 형성되었고, 사람들과 연결되는 그의 능력은 그가 세월에 따라 그리고 매 상황마다 변화를 거듭한 결과였다. 그리고 이로써, 그래함 시대의 사람들은 그가 그들 인생의 모든 순간을 어루만지는 목회자라고 느끼게 된 것이다.

* * *

1부로 넘어가기 전, 우리는 짧게 한 가지 사안을 더 살펴봐야 한다. 험프티 덤프티Humpty Dumpty[13]는 앨리스에게 이렇게 말한다. "내가 한 단어에 그렇게 많은 일을 시킬 때는 시간외 수당을 지급하지." 앞으로 '복음주의적'(evangelical)이라는 단어는 본서에서 굉장히 자주 등장할 것이다. 그러니 나는 마치 시간외 수당을 주듯, 이곳 서문에서 본서에 사용된 이 단어의 정의를 짧게 설명하고자 한다.

나는 '복음주의적'이라는 용어를 하나님과 사람 그리고 세상에 대한 모든 질문들에 있어 성경이 최종적 권위를 지닌다고 믿는 사람들을 가리키는 데 사용한다. 복음주의자들은 성경이 회개, 그리스도에 대한 믿음, 거룩한 삶, 선교 사역 그리고 영생에 관한 약속을 이야기하고 있으며, 이러한 교리 모두가 구원에 관한 복음(혹은 좋은 소식)을 이룬다고 생각한다.

이것은 '복음주의적'이라는 용어에 대한 신학적인 정의다. 이 용어를 좀 더 사회문화적 또는 역사적 측면에서 정의하는 것 역시 유용한데, 그것은 이후 본서에서 다루게 될 것이다. 그리고 이 정의들에는 그래함의 흔적이 많이 묻어 있음을 발견하게 될 것이다.

13_ 영국의 전래 동요 ⟨nursery rhyme, Mother Goose rhyme⟩에 나오는 주인공으로, 담벼락에서 떨어져 깨진 달걀을 의인화한 캐릭터. 단어의 의미를 제멋대로 바꿔서 사용하며, 1871년에 출간된 루이스 캐럴의 소설 『거울 나라의 앨리스』에도 등장한다.

1부

젊은 순회전도자

미국 남부의 농촌 소년

빌리 그래함에 관해 우리가 기억해야 할 중요한 사실들 중 하나는 그가 미국 남부지역 출신이라는 것이다. 1918년 11월 7일에 태어난 빌리 프랭크Billy Frank- 그래함의 가족들은 그를 이렇게 부르는 걸 좋아했다 -는 자신이 남부 출신이라는 것을 늘 자랑스럽게 여겼고, 사람들에게 종종 자신의 출신에 관해 이야기하곤 했다.

1997년에 발간된 그의 자서전 『빌리 그레이엄 자서전: 내 모습 이대로』Just as I am에서 그래함은 자신의 양가 할아버지 두 분을 소개했다. 두 사람은 모두 남부 연합군으로 미국 남북 전쟁에 참전했고, 평생 전쟁의 상흔을 몸에 지니고 살아갔다. 한 분은 한쪽 다리에 총상을 입었고, 또 다른 분은 전쟁으로 다리와 눈을 하나씩 잃었다. 두 할아버지 모두 노예제에 대해 각자 어떠한 말도 하지 않았지만, 그들의 출생지였던 남부지역은 지킬 만한 가치가 있는 곳이라는 확신을 갖고 계셨다고 그래함은 말했다. 그래함 역시 남부

지역이 암울한 인종차별의 역사를 인정하고 받아들이는 일을 미국의 그 어느 지역들보다 가장 잘했다며 제 출신에 대한 애정을 드러냈다.

그래함의 집안은 미국 남부 출신 소설가 플래너리 오코너의 표현을 빌리자면 '괜찮은 시골 사람들', 좀 더 구체적으로 말하자면 남부지역 시골에 사는 꽤 부유한 집안이었다. 그래함의 아버지인 윌리엄 프랭클린 그래함William Franklin Graham은 교육이라곤 초등학교 3학년까지 받은 것이 전부였지만 성실히 일하는 사람이었고 규율에 엄격하며 상황 판단이 빠른 사업가이자 친절한 이웃이었다. 그의 어머니 모로 코페이 그래함Morrow Coffey Graham은 샬럿에 있는 퀸즈대학교에서 1년(어쩌면 그 이상) 동안 교육을 받았고, 이후 개인 피아노 교습을 하며 가정의 생계를 도왔다. 빌리 프랭크는 이들 부부의 4남매 중 장남으로 태어났으며 그 뒤로 멜빈,Melvin 캐서린Catherine 그리고 진Jean이 태어났다.

그래함은 남부지역 특유의 억양을 끝까지 유지하며 살았는데, 그를 직접 만나 본 사람들은 그래함이 전국적 혹은 국제적인 청중들 앞에서 설교할 때보다 일상적인 대화를 할 때 더 확연하게 남부의 억양을 사용한다는 것을 알고 있었다. 뉴욕의 어느 기자는 이러한 그의 억양을 '캐롤라이나 스타일의 영어'라고 부르기도 했다. 이 말이 무슨 뜻이었는지 정확하게 알 수 없으나 아마도 도심지역의 느낌이 약간 섞인 남부의 억양을 표현했던 것으로 보인다.

이 독특한 억양이 남부의 또 다른 강력한 특징과 결합해 빛을 발하는데, 그것은 바로 대중 연설이었다. 비록 그래함이 윌리엄 제닝스 브라이언처럼 반反진화론 운동에 관여했던 적은 없었으나 마치 브라이언이 1925년 푹푹 찌는 테네시주의 법정에서 극적인 표현을 사용해 언론과 대중들에게 진리의 말씀에 대해 말하는 것을 아주 편안하게 느꼈듯, 그래함도 대중 연설을 무척 편안하게 느꼈다. 왜냐하면 에너지 넘치는 대중 연설의 현장은 그래함이 성장한 남부의 지역적 특징이었고, 그는 그 분위기를 고스란히 체득해 왔기 때문이다.

친근하면서도 격식이 없는 그래함의 연설 스타일 또한 고향인 노스캐롤라이나의 영향을 받은 것이었다. 이 점에서 그래함은 그와 거의 동일한 시대의 사람이자 같은 노스캐롤라이나 출신인 배우 앤디 그리피스와 많이 닮아 있었다. 실제로 사람들은 그래함이 얼마나 다가가기 편한 사람이었는지에 대해 종종 이야기하곤 했다. 과거 그래함은 유명한 설교자에게 사인을 요구했다가 퇴짜를 맞은 경험이 있다. 그 일을 겪은 후, 자신은 절대 그리하지 않겠다고 다짐했던 그는 어느 면으로 보나 그 다짐을 훌륭하게 지켜 낸 셈이다.

* * *

그래함의 아버지는 낙농업자로서 가족을 부양했다. 농장은 번창했고, 그래함은 안정적인 중상위층 집안에서 큰 어려움 없이 성장했다. 121만 ㎡에 달하는 부지와 400명의 단골손님, 75마리의 젖소는 그래함 집안이 어떻게 지역에서 가장 먼저 자동차를 소유하고 전화기를 설치할 수 있었는지에 대한 이유였다. 대공황이 절정이던 시절 아버지가 모아 둔 돈을 다 잃으면서 농장이 큰 어려움에 직면하기도 했지만, 그 어려움도 그리 길지 않았다. 성인이 된 빌리 그래함이 항상은 아니지만 대체로 좋은 환경에서 자라 왔음을 스스로 인정한 것도 바로 이러한 맥락에서였다.

한편, 그래함의 가족들은 인근에 있던 차머스기념장로교회 Chalmers Memorial Associate Reformed Presbyterian Meeting House에서 예배를 드렸다. 이 교회는 작지만 스코틀랜드에 기원을 둔 연합개혁장로교회Associate Reformed Presbyterian Church 교단 소속의 건강한 교회였다. 철저한 칼빈주의 신학과 엄격한 주일 성수, 하루도 거르지 않는 가정 예배와 찬송가보다 반주 없이 시편 찬송을 부를 것을 강조했던 이 교단은 비록 규모면에서는 소수였지만, 남부지역의 개신교 주류 교단들을 구성하던 꽤 훌륭한 교단이었다.

신학적으로 진보적이었던 미국 북부지역의 개신교 주류 교단들과 달리, 남부 교단들은 대체로 보수적 신학을 강조했는데 특히 연합개혁장로교회가 더욱 그런 편에 속했다. 그들은 사회적, 문화적으로도 남부지역 내에서 중도 혹은 중도 우파적 입장을 취했으며 이 교단들에 소속된 열정적인 지지자들은 대체로 지역사회에 영향력을 행사하는 예의가 바른 사람들이었다. 그렇기에 그래함의 전도 대회들, 특히 그의 사역의 중후반에 열린 전도 대회들이 감정적이기보다 점잖았던 것은 그리 놀랄 만한 일이 아니었다.

전기 작가들은 그래함이 유년시기부터 특출 난 무언가를 지니고 있었을 것이라 생각하며 이를 찾기 위해 노력하지만 이러한 노력들은 사실 헛된 것이다. 왜냐하면 빌리 그래함은 딱히 뛰어났던 학생도 아니었고, 그렇다고 엉망인 학생도 아니었기 때문이다. 그는 대체로 평균적인 성적으로 샤론고등학교를 3년 만에 졸업했는데, 이는 당시 일반적인 것이었다.

빌리 그래함은 유·청소년 시절 자신이 시골에서 해 오던 고된 노동에 대해 종종 이야기했다. 꼭두새벽에 일어나 젖소들의 젖을 짜고, 학교에 다녀 온 뒤 다시 오후부터 그 일을 반복하는 것이 그의 일상이었다. 어렸을 때 고향에서 배운 이러한 근면한 삶의 습관은 말년까지 지속되었지만 알다시피 언제까지나 농장에 머물러 있지는 않았다. 실제로 그래함이 훗날 절대 일하지 않으리라고 다짐했던 곳이 두 곳이 있었는데, 바로 장례식장과 농장이었다.

그래함은 자신의 10대를 평범한 남자들처럼 혈기왕성했던 시절로 묘사했다. 그중에서도 야구는 그 시절 그래함에게 가장 중요한 주제 가운데 하나였다. 베이브 루스의 경기를 본 이후 스포츠 업계에서 일하고 싶어 했다던 그는 비록 프로급의 실력은 아니었지만 지역의 마이너리그 팀과 2회 차 경기를 할 수 있었을 만큼 자신이 야구를 잘했다고 자랑하기도 했다. 또한 빠르게 달리는 자동차에 대한 관심도 빼놓을 수 없는 주제였다. 시골 도로를 질주하다가 차를 도랑에 빠트렸던 사건들은 아주 작은 일면에 불과하다. 무엇보다 젊은 시절, 그래함은 평화주의자가 아니었다. 그는 피투성이가 되도록 주먹다짐을 하고 터프가이인 양 센 척했던 자신의 옛 모습들을 회고했고, 결혼한 직후 자신의 집에 도둑이 들자 그에게 즉각 22구경 소총을 겨누었던 기억을- 결국 그 도둑은 도망쳤다 -떠올리기도 했다.

놀랄 것도 없이 청소년 시절 그래함의 기억에서 가장 큰 비중을 차지한 것은 젊은 여성들이었다. 대부분의 사람들이 모르고 있던 이야기를 하자면, 오랜 세월이 지나고 그는 교제했던 많은 여성들 중에서도 한 명을 특별히 좋아했다고 밝힌 적이 있다. 그러나 그래함은 과거 교제했던 여성들과 여러 번 포옹과 키스는 했어도 그 이상의 선을 넘지는 않았다고 언제나 주장했고, 이는 의심할 이유가 없다.

그래함의 가족 사업은 그에게 다양한 인종적, 민족적, 경제적 배경을 지닌 사람들을 만날 수 있는 기회를 제공했다. 이들 중에는 아프리카계 미국인 감독관과 그의 아내, 적어도 한 명의 히스패닉계 노동자와 그 외에 다양한 농장 노동자들이 포함되었다. 자서전에서 그가 인정했듯이 1920년대와 1930년대 남부지역에서 자란 청년이었던 그래함은 흑인 친구들과 즐거운 시간을 함께 보냈지만, 그들과 사회적으로 동등한 위치에 있다고 생각하진 않았다.

* * *

의외로 그래함의 어린 시절에 종교는 그다지 큰 비중을 차지하지 않았다. 그러나 1934년 가을, 신앙에 대해 미지근했던 그의 태도에 변화를 준 사건이 발생했다. 그 사건은 한 부흥 집회에서 발생했다. 당시 빌리 그래함의 아버지와 지역 사업가들은 켄터키와 오클라호마주 출신의 모르데카이 함Mordecai Ham이라는 단정하고 열정적인 복음전도자를 초청하여 부흥 집회를 열었다. 집회는 8월 30일부터 12월 25일까지 12주에 걸쳐 진행되었다. 집회 장소는 5,000명이 앉을 수 있는 크기로, 양철로 된 지붕과 톱밥이 깔린 통로가 있는 목조 구조의 이동식 예배당이었다. 그리고 그곳은 그래함 가족의 농장으로부터 약 9.6㎞가량 떨어진 곳에 위치해 있었다.

매일 밤마다 함은 음주와 육신의 죄악들을 꾸짖었다. 이 집회는 (종종 그 지역 목회자들을 겨냥한) 열정적인 설교와 야간 집회를 행했고, 영혼을 뒤흔드는 찬양 그리고 설교 말미에 죄인들이 그리스도께 나아와 자신의 삶을 그분께 드릴 것을 다짐하는 것이 특징적이었는데 이는 전통적인 부흥 집회의 형태였다.

처음에 그래함은 이 집회에 가는 것조차 거부했다. 우선 장소가 너무 멀고 집회 분위기가 너무 감정적이어서였다. 그러다 부흥 집회 기간이 끝나 갈 무렵, 함께 집회에 가자는 친구의 끈질긴 노력에 굴복한 그래함은 결국 집회가 열리는 시내로 향하게 되었다.

몇 번의 예배를 드리는 동안 그는 성가대 찬양에 참여하게 되었고 그 과정에서 무엇보다 함의 설교가 바로 자신의 이야기라는 것을 인식하게 되었다. 그러자 그래함의 영혼이 크게 요동치기 시작했다. 그러던 중, 16번째 생일을 맞이하기 6일 전이었던 1934년 11월 1일. 그래함은 복음성가의 마지막 구절인 "거의 설득되었네, 그리고 이제는 믿네"Almost Persuaded, Now to Believe를 부를 때, 스스로 일어나 예배당 앞을 향해 걸어 나갔다. 그리고 그날 그래함은 그리스도께 자신의 삶을 드리기로 결심했다. 그 이후로 그가 그 결심에서 돌아서는 일은 결코 없었다.

훗날, 그래함은 그날 저녁이 바로 자신이 회심한 순간이었다고 말했다. 물론 그래함이 기억하기로는 어려서부터 기독교 신앙을 고백했고 기독교인으로서 삶을 살아가고자 노력하기도 했다. 하지만 자신의 죄를 분명히 회개하지도, 또한 직접적이고 인격적인 방식으로 자신의 중심을 그리스도께 드리지도 않았었다. 그런데 그것이 모두 함의 부흥 집회에서 일어난 것이다. 당시 그래함의 회심은 눈물을 동반한 회심이 아니었다. 다음 날, 자신의 내면이 갑자기 세상이 뒤집히듯 바뀌었던 것도 아니라고 그래함은 회고했다. 그러나 그는 이전과는 확연히 다른 눈으로 세상을 바라보기 시작했다.

그래함의 회심 사건은 아마도 어둠에서 빛으로 바뀌듯 갑작스럽고 전형적인 변화가 아니었을 것이다. 오히려 진지하게 자신을 성찰하는 기나긴 과정을 거치던 사람이 종국에 이르러 변화되는 종류의 회심이었다. 즉, 그래함은 줄곧 인생의 전환점을 눈앞에 두고 오랜 기간 고민의 시간을 가지다, 부흥 집회를 계기로 그리스도께 진정으로 자신의 삶을 드리게 되었던 것이다.

사실 회심을 통해 그가 획기적으로 변해야만 했던 영역들은 그리 많지 않았다. 왜냐하면 그래함은 이미 그의 가족과 교회의 품 안에서 기독교인으로서 굳건한 도덕적 원칙과 칼빈주의 신학의 기초를 삶과 마음속에 지니고 있었기 때문이다. 하지만 복음전도자 함이 도시에 가지고 왔던 독립적 부흥운동은 그래함에게 이전의 것들과는 명백히 다르게 다가왔다.

고등학교를 졸업한 후 맞이한 여름, 그래함은 사우스캐롤라이나에서 풀러 브러시 사의 제품을 방문 판매하게 되었다. 그런데 어찌나 그 일을 능숙하게 해냈는지 그해 여름이 끝나 갈 무렵에 사우스캐롤라이나에서 최고의 판매 기록을 달성했다. 그는 여기서 중요한 교훈 하나를 배웠다. 만일 판매하려는 상품이 최상급이라면 모든 힘과 기량을 발휘해 그것을 팔아야 한다는 것이었다. 그리고 이 교훈은 앞으로 다가올 일들에 대한 하나의 전조와 같았다.

그 후, 그래함은 대학교에 입학하게 된다. 입학하기 전이었던 고등학교 3학년 때, 남부 출신 복음전도자 밥 존스Bob Jones가 그래함이 다니던 학교에 설교자로 초빙되었다. 당시까지만 해도 그래함은 샬럿에서 북동쪽으로 약 3시간 정도 떨어진 채플 힐의 노스캐롤라이나대학교에 진학할 생각이었다. 하지만 존스의 영향력과 어머니의 권유를 따라 결국 1936년 가을, 테네시주의 클리브랜드에 있는 밥존스성경대학교Bob Jones Bible College에 입학하게 된다.[14] 당시 그의 나이 17살이었다.

14_ 밥존스대학교는 현재 사우스캐롤라이나 그린빌에 위치해 있다.

세 개의 대학에서 배운 것

그래함이 밥존스성경대학에서 보낸 4개월은 그다지 행복한 시간이 아니었다. 존스는 학교를 엄격한 방식으로 운영하고 있었다. 융통성이라고는 전혀 없어 보이는 교칙들, 특히나 학생 간 이성교제에 대한 엄격한 교칙은 그래함에게 불합리하게 느껴졌다. 암기 교육을 강조하는 모습도 이해하기 어려웠다. 더구나 그래함은 수학에서 낙제점을 받기까지 했다. 하지만 무엇보다도 그를 괴롭게 한 것은 습하고 추운 날씨였다. 그래함은 그곳에서 감기를 오랫동안 떨쳐 내지 못했다. 파란 하늘과 온화한 날씨를 좋아했던 한 청년에게 이런 환경은 결코 사소한 문제가 아니었다.

그즈음, 템파 근방 플로리다주 템플 테라스에 있는 플로리다성경학교Florida Bible Institute, FBI가 그래함 앞에 대안으로 나타났다.[15] 플

15_ 이 복음주의 초교파 학교는 현재 플로리다트리니티대학교(Trinity College of Florida)라는 이름으로 플로리다주 트리니티에 위치해 있다.

로리다성경학교를 다니던 고등학교 동창이 그 지역의 햇빛과 오렌지나무들에 대한 이야기를 그래함에게 들려주었으며, 그래함의 어머니 또한 《월간 무디》라는 잡지에 실린 광고를 보고 이 학교에 관심을 가졌다. 그의 어머니는 플로리다성경학교가 기독교선교연합교단Christian and Mission Alliance(줄여서 '연합 교단')과 친밀히 연결되어 있다는 점을 좋게 생각했다. 작지만 건강한 이 교단은 개인의 경건생활과 해외 선교, 신적 치유와 전천년설적 재림 그리고 기독교 예배를 위한 실제적 훈련을 강조했다.

결국 그래함은 존스에게 대학을 옮기고 싶다고 털어놓았다. 이에 존스는 만약 학교를 옮긴다면 '아주 외진 시골의 가난한 침례교 설교자'가 되고 말 것이라며 그래함에게 쏘아붙였다. 하지만 그는 이에 굴하지 않았고 봄 학기 초에 계획한 대로 플로리다성경학교에 입학했다. 그래함은 인접한 골프장에서 골프를 치거나 힐스버러강에서- 무척 위험한 독사가 많았음에도 -수영을 하고 학교 근방을 달리며 캠퍼스 생활을 만끽했다.

그래함의 설명에 의하면, 햇빛의 주州라고 불리는 플로리다에서 그는 이성 관계에 관한 첫 번째 쓰라린 좌절을 경험하게 된다. 당시 겨우 19살이었던 그래함은 동급생이었던 에밀리 카바나에게 청혼했다. 그녀는 승낙했지만 머지않아 다른 청년을 사랑하게 되었다. 그래함의 회고에 따르면, 큰 상심에 빠져 슬픔을 안고 골프장으로 향한 어느 날, 달빛이 비추고 이끼로 뒤덮인 나무들이 둘러싼 그곳에서 그는 무릎을 꿇은 채 전임 기독교 사역자로 사는 데 평생을 바치기로 다짐했다고 한다. 수년이 흐른 뒤 한 기자가 에밀리에게 실연당했을 당시, 그녀가 실수를 저질렀다고 생각했었는지 물었다. 이에 그래함은 활짝 웃으며 답했다. "저는 '항상' 그녀가 잘못된 선택을 했다고 생각했습니다."

* * *

플로리다성경학교에서 정서적으로 성숙해진 그래함은 그곳에서 복음전도가 무엇보다 중요하다는 사실을 배웠다. 하지만 그렇다고 해서 플로리다성경학교가 성경의 사실성이나 그리스도와의 인격적 관계 형성, 임박해 오는 재림 또는 "온 천하를 다니며 만민에게 복음을 전파하라"라는 명령과 같은 교리에 무관심했다는 것은 아니다. 조지 마스덴의 표현을 빌리자면, 이 시점의 그래함은 여전히 '순혈 근본주의자'였다. 하지만 여기서 중요한 사실은 그래함이 신학적 입장을 가지고 있었음에도 그는 세부적인 신학 이야기로 다른 사람과 다투거나 자신의 입장을 타인에게 강요하지 않았다는 것이다.

그가 플로리다성경학교에서 배운 다른 한 가지는 바로 설교의 기술이었다. 우리가 쉽게 망각하는 사실은 빌리 그래함도 처음부터 오늘날 우리가 알고 있는 모습으로 존재했던 것이 아니라는 점이다. 어떤 분야의 대가들이 모두 그러하듯, 그래함 역시 사역을 위한 도구들을 연마해야 했다. 그래함은 설교단 위에 섰던 수년간 자신이 무슨 말을 해야 할지 당최 모르겠다고 느낀 적이 많았으며, 그저 자신의 입술에 할 말을 넣어 주실 성령만을 의지해야 했다고 말했다. 그래함 스스로는 그렇게 느꼈을지도 모른다. 하지만 그 당시에도 그는 무엇을 말해야 할지 그리고 내용 못지않게 중요한, '어떻게' 말해야 할지를 너무나 잘 알고 있었다.

그래함의 전문적인 설교 사역은 이때부터 서서히 시작되었다. 템파의 라디오 방송, 길모퉁이, 트레일러촌村, 심지어는 교도소까지, 그는 장소를 가리지 않고 설교를 하러 다녔다. 강둑에 서식하던 악어들도 그의 설교를 들을 정도였다. 설교의 타이밍이나 몸짓을 완벽하게 체득하겠다는 결심을 한 그래함은 거울 앞에서 자신의 모습을 보며 셀 수 없을 만큼 많은 설교 연습을 했다. 또한 근본주의 베테랑 설교자들의 구절들을 따서 외웠고, 겨울방학 동안에는 유명 목회자들의 버릇을 유심히 관찰하여 이를 따라 하기도 했다.

그래함이 비교적 큰 규모의 집회에서 설교한 첫 번째 전도 대회는 부활절 주일이었던 1937년 3월 28일, 플로리다주 펄랫카의 보스트윅침례교회에서 열렸다. 젊은 화염방사기The young flamethrower[젊음과 열정으로 가득 찬 빌리 그래함]는 바지 뒷주머니에 네 편의 설교를 지니고 있었고, 각각의 설교는 45분씩으로 예정되어 있었다. 하지만 그래함은 그 네 편의 설교를 정확히 8분 만에 전부 해치워 버렸다.

플로리다성경학교 학생 시절 그래함은 그 지역에서 설교할 기회들을 여러 번 얻었다. 그리고 이 기회들을 통해 그래함은 누군가의 진지한 반대도 처음으로 맛보게 되었다. 사람들에게 야유를 받기도 했고, 심지어 한 번은 누군가에게 맞아 땅에 쓰러지기도 했다. 그는 결코 이를 앙갚음하지 않았지만, 그러한 사람들의 반대에 물러서지도 않았다.

여기에서 우리는 잠시 그래함의 삶에 나타나는 여러 역설들 가운데 하나에 주목해 볼 필요가 있다. 먼저, 그래함은- 호의적이지 않은 환경에서의 설교를 포함해 -사람들의 반대가 두렵다는 이유로 공적 설교 사역을 피하려 한 적이 없다. 그는 자신을 반대하던 이들과도 평화를 추구했다. 그래함은 많은 사안들, 교리나 그 밖의 다른 사안들에 대해 대부분 확고한 입장들을 가지고 있었다. 그러나 그는 공식적인 논쟁들에 거의 나서지 않았고 그에 대한 사적인 언쟁들도 일절 하지 않았다.

얼마 후, 그래함은 길모퉁이에서 설교하던 시절을 지나 목재로 된 설교단에서 설교를 하게 되었다. 설교의 대부분은 템파와 플로리다 중부에 있던 남침례 교단과 연합 교단 소속의 교회들에서 이루어졌다. 플로리다성경학교에서의 마지막 해였던 1938년, 그는 침례교 전도 대회 중 실버 호수에서 성인 침례를 받았고 그다음 해에 침례교 집사들에게서 목사 안수를 받았다. 침례교 소속 교회들에서 설교를 하려면 침례교 소속이 되어야 했다. 그래함은 그런 현실적인 이유 때문에 장로교에서 침례교로 소속을 옮기게 되었음을 거리낌 없이 인정했다.

(뒤에 살펴보게 될) 아주 잠깐의 예외를 제외하면 그래함은 평

생 남침례 교단에 충실히 남아 있었다. 하지만 그래함은 침례교 특유의 신앙 요소들을 거의 강조하지 않았다. 또한 자신의 정체성을 결코 침례교 안에 가두려 하지도 않았다. 심지어 수년 후, 어느 인터뷰에서 자신은 복음주의 계통의 성공회가 가장 편안하게 느껴진다고 말하기도 했다. 이처럼 적어도 그래함의 마음속에 가장 중요한 정체성은 언제나 넓은 의미에서의 '복음주의 기독교인'이었다.

* * *

그래함은 학구적인 사람이 아니었고, 학구적인 사람인 척 행동하지도 않았다. 하지만 플로리다성경학교에서의 생활이 끝나 갈 즈음 그는 스스로 좀 더 훈련이 필요하다고 생각했다. 그래함의 어머니는 그가 휘튼대학교Wheaton College로 진학하길 바랐는데, 그 대학은 시카고 시내에서 서쪽으로 32km 떨어져 있는 노먼 록웰Norman Rockwell[편주— 미국인이 가장 사랑한 일러스트레이터로, 미국 중산층의 모습을 사실적이고 따뜻하게 표현했다] 풍의 작은 도시, 일리노이주 휘튼에 위치해 있었다. 근본주의적인 신학을 고수하며 철저한 학문적 분위기를 지닌 휘튼대학은 국가로부터 완전한 인가를 받은 학교였다. 때마침 그래함이 3학년이던 시절, 그는 추위를 피해 플로리다성경학교에 방문했던 휘튼대학 관계자들의 골프 캐디 역할을 하게되었고 그들 중 한 명으로부터 첫 해 학비를 지원해 주겠다는 제안을 받았다.

그렇게 1940년 5월 그래함은 플로리다성경학교에서 신학 학사 학위로 졸업했고, 그해 가을 2학기 신입생으로 휘튼대학에 입학하게 되었다. 비록 그는 성경학교에서 3년간 교육— 1학기는 밥존스대학에서, 나머지 5학기는 플로리다성경학교에서 —을 받았지만, 휘튼대학은 이를 1학기분의 학점으로만 인정했다. 그도 그럴 것이 휘튼대학은 까다로운 입학 정책을 시행하고 있던 유일한 복음주의 대학으로, 근본주의 진영의 하버드라고 불렸던 곳이었기 때문이다. 예상과 달리 그래함은 휘튼에서 성경 혹은 신학이 아니라 문화인류학을 전공으로 택했는데, 후에 인간 문화의 다양성을 공부하며 선교 사역을 준비하고 싶었기 때문이었다고 말했다.

우리는 그의 성적에 관해서는 아는 바가 없다. 하지만 은사주의 계통의 망명한 러시아인으로, 펜실베이니아대학교에서 인류학으로 박사 학위를 받은 지 얼마 되지 않았던 알렉산더 그리골리아가 그래함의 지도 교수였다는 사실은 널리 알려져 있다. 그의 지도하에 그래함은 진지하게 인류학을 공부했는데, 지금까지 보관되고 있는 당시 그의 교재에는 잘 그어진 밑줄과 세심한 필기가 남아 있다.

물론 휘튼대학의 근본주의적 학업 환경을 고려해 볼 때, 아마도 그래함은 그리골리아에게서 문화상대주의에 대해 거의 배우지 못했을 것이다. 하지만 희소하게나마 그가 이곳에서 문화적 차이에 관해 폭 넓게 배웠다는 것을 시사해 주는 기록들은 존재한다. 또한 그는 문화적 차이가 존재하더라도 그리스도만이 주실 수 있는 죄로부터의 구원은 모두에게 필요하다는 보편적 진리에 대해서도 배웠다.

휘튼대학의 3학년부터 4학년 때까지 그래함은 휘튼 타운 스퀘어에서 약간 떨어진 마소닉 홀을 임대해 그곳에서 예배를 드리고 있던 기독교선교연합 교단 소속의 교회에서 임시 목사로 섬겼다.[16] '더 탭'The Tab으로 널리 알려진 연합복음교회United Gospel Tabernacle는 200-300명가량이 모이는 교회로 에너지 넘치는 복음전도 예배가 유명했다. 그래함은 매주 수요일 저녁과 주일 아침, 저녁에 설교를 했고 이때의 정기적인 사역이 자신의 설교 기술을 연마하는 데 도움을 주었지만, 학업 성적에는 좋은 영향을 끼치지 못했다고 고백했다.

그래함이 휘튼대학에 입학했을 당시, 그는 학생증에 자신의 소속을 '기독교선교연합 교단'으로 명시했다. 이러한 소속 표기와 남침례 교단에 공식적으로 소속되어 있던 그의 상태가 어떻게 조화를 이룰 수 있었는지에 대해 그래함은 한 번도 설명해 주지 않았다. 어쩌면 그는 몇 해 동안 그저 두 깃발을 한 번에 흔들고 있었던 건지도 모르겠다.

잠시 동안이었지만 그래함이 지녔던 이중적 교단 정체성은 큰 함의를 지닌다. 그것은 당시에 두 교단 전통들 간의 경계가 분명하게 세워지지 않았다는 것, 그리고 그 외의 많은 복음주의 전통들도 마찬가지였다는 것이다. 그들은 모두 동일한 복음을 설교했고

16_ 마소닉 홀의 독특한 중동 건축 양식으로 인해 그래함이 사실 숨겨진 프리메이슨이라는 허위소문이 수년간 그를 따라다녔다.

동일한 복음 성가를 불렀다. 그래함에게는 그 사실만이 중요한 지점이었던 것이다.

* * *

휘튼에서 대학 생활을 보내며 그래함은 취미로 레슬링을 했고, 맥베스 연극 제작에 참여해 연기도 했으며, 가구를 옮기는 아르바이트도 했다. 하지만 그는 여전히 뼛속 깊이 남부지역 시골 출신이었다. 타지에서 지독한 외로움을 느꼈고, 휘튼의 격식에 미치지 못하는 자신의 촌스러운 옷차림을 부끄러워했다. 그래함은 진지하게 학교를 그만두고 고향으로 돌아갈까 고민했다. 그러나 이내 휘튼에 남아 있을 이유를 발견하게 되었다. 바로 루스 벨Ruth Bell이었다.[17]

1920년, 루스 벨은 남부 장로교 전통에 깊이 뿌리를 내리고 있는 집안에서 태어났다. 그녀의 부모인 넬슨 박사Dr. L. Nelson Bell와 버지니아 맥큐 벨Virginia McCue Bell은 보수적 남부 장로회 소속의 중국 선교사였으며 그녀는 중국 장쑤성江蘇省에 있는 칭장푸구淸江浦區에서 자랐다. 아버지 넬슨은 외과 의사로, 아내와 함께 펄 벅의 아버지 압살롬 사이든스트리커가 1880년대에 설립한 사랑과 은혜

17_ 루스에 관한 여러 언급들은 앤 블루 윌(Anne Blue Will)이 쓴 루스의 전기에 크게 영향을 받았다. 이 전기는 어드만스 출판사의 '종교 전기 도서관 시리즈'(Library of Religious biography series)의 하나로 곧 발간될 예정이다.

병원을 운영했다.

루스는 영국과 미국 고전 소설을 읽고 때때로 큰 소리로 서로에게 낭독해 주는 것이 익숙한 가정에서 자라났다. 그리고 그녀는 한동안 가족들과 편지를 주고받으며 성장해야 했다. 왜냐하면 루스가 고등학교에 입학할 준비가 되었을 때, 루스의 부모님은 그녀의 바람과는 달리 루스를 북한에 있는 유명한 선교사 기숙학교인 평양외국인학교로 보냈기 때문이었다.

이후 루스는 상류층 선교사 자녀들의 선택지 가운데 하나였던 휘튼대학교에 입학했다. 빌리 그래함이 입학하기 2년 전 일이었다. 하지만 루스는 결핵을 심각하게 앓았던 언니 로사의 간병을 돕기 위해 2학년 때 휴학을 하게 된다. 루스가 휘튼에 돌아왔을 때, 그녀는 그래함과 동급생이 되어 있었고 종종 만남을 가졌다.

루스 벨은 유머와 지성을 겸비했으며 경건하고 강한 의지를 지녔다. 어느 면에서 보나 많은 사람들의 관심을 끄는 인물이었다. 당연히 그들 가운데 그래함도 있었다. 그래함은 그런 그녀를 '엷은 갈색의 눈을 가진 신인 배우'라고 불렀다. 루스에게 첫눈에 반한 빌리 그래함은 그녀를 열정적으로 따라다녔고, 루스도 이내 그에게 관심을 보였다. 하지만 둘의 교제는 험난했다. 그래함이 훗날 인정했듯, 그래함은 루스를 가부장적으로 대했고 루스는 이를 달가워하지 않았다. 게다가 티베트 선교사가 되려 했던 루스의 입장에서 미국 복음전도자의 아내가 되어 살아간다는 것은 그녀가 꿈꿨던 삶이 아니었다. 하지만 그래함은 포기하지 않았고, 결국 둘은 함께 대학을 졸업하고 3개월 뒤인 1943년 8월에 결혼했다.

결혼식은 노스캐롤라이나 몬트리트에서 열렸다. 이곳은 2차 세계대전의 발발로 중국을 강제로 떠나게 된 루스의 부모님이 거주하고 있던 지역으로, 애슈빌 근방 블루릿지산맥에 둘러싸인 남부 장로교인들의 휴양지였다. 일리노이주의 웨스턴스프링스에서 2년을 보낸 이 젊은 부부는 곧 몬트리트로 이사했다. 때는 1945년 가을이었다. 머지않아 그들은 다섯 아이의 부모가 되었다. 지지란 별명을 지녔던 버지니아Virginia(1945), 앤Anne(1948), 버니란 별명을 지닌 루스Ruth(1950), 프랭클린Franklin(1952), 그리고 네드Ned(1958)였다.

그래함 부부는 이사한 초창기에 루스의 부모님과 함께 살았지만 이내 길 건너편의 집을 구입했다. 하루가 다르게 자라나는 아이들을 무료로 돌보아 주신다는 사실이 아마 그들과 가까운 곳에 살았던 이유 중 하나였을 것이다. 빌리와 루스의 두 번째 집은 약 50만 ㎡의 크기였고 첫 번째 집이 있던 시내보다 높은 지대인 산꼭대기에 위치해 있었다. 그들은 집값으로 대략 1,600달러를 지불하기 위해 대출을 받았으며 루스는 지역 산장의 주민에게서 버려진 목재와 벽난로 돌을 구입하는 등 공사 전반을 감독했다.[18] 1954년에 시작된 공사는 그로부터 2년 뒤 완공되었다. 그래함 가족은 리틀 파이니 코브Little Piney Cove라는 애칭을 갖고 있는 이 새집으로 이사를 갔고, 이곳에서 그래함과 루스는 여생을 보냈다.

18_ 빌리와 루스는 후에 30만 ㎡ 규모의 인근 부지를 구입했다.

그래함이 기꺼이 몬트리트라는 외딴 지역에서 지낸 가장 큰 이유는 처부모님과의 강한 유대감이었다. 하지만 더 중요한 사실이 있다. 이러한 유대감은 곧 그래함에 대한 넬슨 벨의 큰 영향력을 보여 준다는 것이다. 그래함은 그의 가장 잘 알려진 저서 『하나님과의 평화』를 그의 장인어른에게 헌정했다. 후에 그는 넬슨이 자신의 인생에 가장 영향력 있는 인물이었다고 말하며, 벨이 죽음을 맞이하는 해인 1973년에는 그를 '벨 박사님'이라고 불렀다.

YFCYouth for Christ

결혼 초창기 무렵, 빌리와 루스는 오하이오주를 순회하며 부흥 집회를 시작했다. 하지만 시작한 지 얼마가 채 되지 않았을 때 루스가 병에 걸리고 말았다. 병세는 악화되어 병원에 입원할 정도가 되었는데, 그래함은 그녀를 지역 병원에 데려다 놓고는 홀로 다시 집회 현장으로 떠났다.

가정보다 사역을 앞세우는 그래함의 모습은 그의 사역 전반에 나타났다. 그는 평균적으로 1년 중 8개월을 집 밖에서 보냈고, 첫 아이의 탄생을 지켜보지도 못했다. 노년이 된 그래함은 자신의 빈번하고도 길었던 부재를 후회하기도 했다. 하지만 그의 이런 면모는 복음전도를 위해 가정을 기꺼이, 또는 적극적으로 희생하는 이들이 떠받들던 복음주의 신앙 전통의 모범이 되었다.

1943년 6월, 결혼을 앞둔 그래함은 등록 교인이 30명 정도 있던 한 침례교회의 목회자가 되어 달라는 제의를 수락했다. 휘튼과 시카고 시내 중간쯤에 위치한 작은 도시인 일리노이주 웨스턴스프링스에 있는 교회였다. 루스는 자신과 상의 없이 제안에 승낙한 그래함에게 몹시 실망했다. 그 사안을 반대했기 때문이 아니라, 그래함이 자신의 의사를 묻지도 않았기 때문이었다. 이에 그래함은 다시는 그러한 일이 없도록 하겠노라고 루스에게 맹세했다.

웨스턴스프링스침례교회는 그래함이 전임 목회자로 섬겼던 유일한 교회였다. 젊은 회중을 목회하는 짧은 시간 동안 그래함은 다양한 재능을 드러냈는데 이 재능들은 향후 60년 동안 그의 사역이 가진 중요한 특징들이 된다. 바로 호감 가는 성격, 상황판단이 빠른 사업가적 기량, 미디어 매체를 활용하는 재능 그리고 쉬지 않고 움직이는 그의 두 발이었다.

그래함은 자신이 시무하는 교회를 사람들에게 널리 알리고, 더욱 매력적으로 보이기 위한 여러 조치들을 취했다. 먼저 교회 이름을 좀 더 초교파적으로 보이도록 빌리지교회Village Church로 바꿨다. 그리고 지역의 지도자들과의 저녁 식사 모임을 매월 진행했다. 그래함은 이 모임을 서부 교외지역 전문인들의 모임이라고 불렀다. 이 모임에는 《루터란아워》Lutheran Hour의 진행자 월터 메이어와 《시카고 데일리 뉴스》의 퓰리처상을 수상한 만화가 본 슈메이커와 같은 유명인들이 함께했다. 비록 그래함이 대놓고 그렇게 말한 적은 없었지만, 그가 유명인들을 모임에 끌어들이려 했던 이유가 그들을 통해 얻게 될지도 모르는 재정적 후원과 유명세 때문이었다는 것을 어렵지 않게 알아차릴 수 있다.

뜨거운 열정이 가득했던 그래함은 다른 사역에도 손을 뻗었다. 그는 지속적으로 중서부의 북부지역을 순회하며 근본주의 교회들과 외부 집회들에서 부흥회를 인도했다. 그가 너무나 자주 교회를 비우고 돌아다녔던 나머지, 사실상 다른 사역자가 정기적으로 빌리지교회에서 그래함의 빈자리를 대신해야만 했다. 한편 그래함은 얇은 월간 잡지 《한밤의 찬양》을 발행했는데, 이 잡지는 교회에서 진행하는 다양한 행사들을 요약해 사람들에게 전달하는 역할을 했다.

1944년 1월, 그래함은 재정적으로 어려움을 겪고 있던 주간 라디오 방송을 하나 인수했다. 월간 잡지와 동일한 이름의 그 방송은 시카고 시내에 있는 한 교회에서 시작되었는데, 잡지가 발행되기 18개월 전에 이미 그 이름으로 송출되던 프로그램이었다. 그래함은 매주 주일 저녁 10시 15분에서 11시까지 대예배실에서 방송을 진행했다. 방송은 그 이름에 걸맞게 오르간 연주자와 킹스 캐롤러스 여성 4중창단, 캐나다 출신 찬송 가수 조지 베벌리 셰이George Beverly Shea의 라이브 찬양으로 40분간 채워졌고, 그래함의 짧은 4분 설교로 마무리되는 구성이었다. 기부를 요청하는 내용이 방송에 담기지 않았기에 청취자의 흐름을 방해하는 일도 없었다.

웨스턴스프링스에서 그래함이 했던 가장 중요한 결정은 단연코 《한밤의 찬양》 방송에 특출 난 노래 실력을 가진 가수 셰이- 일명 베브(Bev)로 알려졌던 -를 합류시킨 것이었다. 그래함보다 10살이 많았던 그는 무디성경대학의 전용 통신 방송국 WMBI

에서 일일 프로그램 《예배실에서의 찬양》을 진행하고 있었다. 진행자로서 이미 지역 내에서 큰 인기를 얻고 있었기에 그를 찾는 사람도 많았고, 그래함 또한 그 사실을 알고 있었다. 셰이는 1944년에 WMBI를 떠나 클럽 알루미늄 회사가 후원하는 전국 찬양 방송 《클럽 타임》에 합류하게 되었는데 이 프로그램은 ABC 방송망과 군무선 라디오 방송국을 통해 널리 방송되었다.

그 당시 셰이는 그래함보다 더 널리 알려져 있었다. 그렇기에 지역광고에서 그의 이름이 먼저 언급되는 것은 당연했다. 그래함은 셰이가 자신의 라디오 사역의 발전과 교회 확장에 큰 도움을 줄 수 있을 것이라 판단했다. 그의 목소리는 진한 당밀같이 낮은 바리톤으로 마치 옛 복음 성가들을 노래하기 위해 타고난 것 같았다. 셰이의 라이브 찬양을 라디오 프로그램에서 들려주자는 그래함의 발상은 전도자로서 천재적인 감각을 증명한 셈이었다.

빌리지교회에서의 경험은 그래함에게 매우 유용했다. 그는 지역교회 목회자가 겪는 일상적인 우여곡절을 경험했고, 대중매체를 활용해 자신의 메시지를 사람들에게 능숙히 전하는 방법도 배웠다. 하지만 그래함의 멈출 줄 모르는 활동은 빌리지교회 성도들보단 그래함 자신에게 유익했고, 차츰 그에 따른 갈등들을 낳고 말았다. 후에 그래함도 자신이 훌륭한 목회자는 아니었음을 인정했다. 그렇게 그래함과 교회는 그의 재능들이 다른 곳에서 쓰이기를 바란다는 원만한 결정과 함께 길을 달리하게 되었다.

그래함은 빌리지교회에서 약 16개월간 사역했고, 1944년 가을 무렵 사실상 교회를 떠났다. 그의 공식적인 사역 종료일은 1945년 10월 내외였다고 알려져 있다. 하지만 모든 사람들이 그즈음 그래함의 마음이 이미 다른 곳에 가 있다는 사실을 알고 있었다.

* * *

그래함의 눈부신 공적 사역이 항상 정치적 진공 상태에서 펼쳐진 것은 아니다. 그래함은 매일 아침신문에서 2차 세계대전의 참상을 목도했고, 군 복무를 소명처럼 받아들였던 수많은 미국인들처럼 그 또한 군종 목사 훈련에 지원했다. 하지만 군은 체중 미달을 이유로 그를 거절했고, 두 번째 시도 끝에 그래함은 비로소 소위로 임관하게 되었다.

하지만 그래함은 실제 훈련을 시작하지 못했다. 1944년 10월에 이하선염[역주- 귀밑샘에 생기는 염증]을 크게 앓게 되었기 때문이다. 병세가 얼마나 심각했던지 의사들과 그 자신이 생명을 걱정했을 정도였다. 두 달간의 회복 기간을 가졌을 때는 이미 전쟁이 끝나 가던 상황이었기에 그래함은 장교직을 사임하기로 결정했고, 군 역시 이에 동의했다. 그리고 그는 이제 막 조직되었던 독립 복음전도 기관에서 전임 사역을 시작하게 되었다.

1941년에 설립된 YFCYouth For Christ는 주말에 휴가를 나와 도시를 배회하고 있는 군인들 혹은 배우자나 가족 없이 군 복무를 끝내고 전역한 군인들을 위한 초교파 사역 단체였다. 그들은 애국심을 고취시키면서도 활기차고 긍정적인 여흥거리들을 제공하는 것을 목표로 삼았으며, 스스로를 청소년 범죄를 해결하기 위한 사역 단체로 인식하기도 했다.

YFC는 강건한 기독교 운동Muscular Christianity[역주- 19세기 중엽 영국에서 시작된 운동으로 애국심과 규율, 자기희생, 남자다움, 육체 건강의 중요성 등을 강조했다]을 대변하던 기독교 단체였다. YFC가 개최하는 집회에는 유명 체육인들, 곡예, 음악과 같은 사람들의 흥미를 끄는 것들로 가득했다. 마일 런 종목[역주- 육상 경주 중 하나로 1마일 경주를 뜻함]에 미국·세계 기록을 보유하고 있는 '날아다니는 목사'Flying Parson 길 도즈와 같은 운동선수들이 YFC를 대표하는 인기 게스트였다. YFC의 주요 강사들은 파스텔 톤의 정장과 핸드프린트된 넥타이 등 무척이나 화려한 의상을 입었다. 사람들의 관심을 끌기 위한 전략이었다. 그래함도 이 전략에 열정적으로 가담했다.

그래함이 설교자로 나섰던 첫 번째 주요 전도 대회는 YFC의 지원 아래 이루어졌다. 최상의 효과를 내기 위해 언제나 열심이었던 YFC 측 집회 준비 위원회는 전도 집회를 1944년 현충일 직전 토요일 밤, 시카고의 유명한 오케스트라 홀에서 개최하기로 계획했다.[19] 자신의 메시지를 듣고자 모인 3,000명의 참석자들을 바라보면서, 이 젊은 목회자는 두려움을 삼키며 무대로 걸어 나갔다. 집회 말미에는 40명이 앞으로 걸어 나와 자신의 삶을 그리스도께 드렸

19_ 그해 현충일은 5월 30일 화요일이었다.

는데, 그리 오래 지나지 않아 모든 사람들은 '사람들을 결단하게 끔 돕는 것'이 복음전도자로서 그래함이 지닌 최고의 재능이라는 점을 알게 되었다.

　YFC는 돌아다니면서, 대화하고, 뜨겁게 설교하는 일에 아주 큰 재능을 지니고 있던 그래함에게 더할 나위 없이 적합한 단체였다. 1944년 가을, 엄밀히 따지자면 그가 여전히 빌리지교회의 목사였을 때 그래함은 YFC의 이름을 내걸고 순회하며 말씀을 전했다. 그다음 해에 그래함은 YFC의 첫 번째 전임 복음전도자가 되었는데, 그가 YFC 전임 복음전도자로서 미국 유나이티드 항공을 타고 이동한 거리만 21만 7,000㎞가 넘었다. 이는 다른 어떤 민간인 승객들보다 훨씬 먼 거리였다. 이윽고 그는 미국 47개 주와 영국 전역에서 YFC의 이름으로 설교하게 된다.

　YFC와의 협력 사역을 통해 그래함이 획득했던 가장 중요한 소득 가운데 하나는 클리프 버로우즈Cliff Barrows와의 우연한 만남이었다. 1945년 애슈빌에서 열린 YFC 대회에 찬양인도자로 예정되어 있던 누군가가 대회에 참석하지 못하게 되었다. 그때 버로우즈는 그의 아내 빌리 버로우즈Billie Barrows와 산악지역에서 신혼여행을 하던 중 우연히 YFC 대회에 참석하게 되었다. 그는 그곳에서 찬양인도자가 부재하다는 소식을 듣게 되었고, 이에 자신은 훈련받은 음악가는 아닌 것을 강조하며 조심스럽게 찬양인도자로 자원했다. 버로우즈는 "그래함은 나의 두 손을 꼭 잡고 '지금은 뭘 따질

시간이 없어요!'라고 말했다"라며 당시를 회상했다.[20]

1923년 중부 캘리포니아에서 태어난 버로우즈는 당시 그래함과 마찬가지로 근본주의 신학을 지닌 침례교인이었다. 비록 버로우즈는 셰이나 그래함만큼 키가 그다지 크지는 않았으나, 그들처럼 잘생기고 무탈한 기혼자였다. 무엇보다 버로우즈도 비상한 재능을 가지고 있었다. 역사가 이디스 블럼호퍼Edith Blumhofer가 언급하는 것처럼 이제 곧 드러나게 될 버로우즈의 재능은 다음과 같았다. 그래함의 집회를 조직하고 운영하는 능력, 성가대를 지휘하는 능력, 친근한 찬양으로 회중을 인도하는 능력, 그래함의 라디오와 TV 방송에서 아나운서로서의 진행 능력, 집회 게스트로 초대할 예술가들을 선정하는 능력, 마지막으로 점점 더 복잡해지는 기계들을 매끄럽게 다루는 능력.

* * *

YFC는 노골적으로 모순적인 비유가 담긴 "시대를 향해, 반석에 닻을 내린다"라는 표어를 내걸었다. 이 모토는 사회보장번호[역주- 우리나라의 주민등록번호와 같다]처럼 이내 복음주의자들의 내면에 깊숙이 자리 잡았다. 그래함은 이 문구를 개발한 사람이 아니었다. 하지만 이 모토는 미국과 전 세계를 그리스도께 데리고 오겠

20_ 그래함의 정확한 표현이 무엇이었는지에 대한 말들은 각기 다르다. 하지만 요점은 모두 동일하다.

다는 그의 당찬 포부에 용기를 북돋아 주었다. 그래함은 마치 이 모토를 자신이 만든 것인 양 강한 확신을 가졌다.

하지만 그래함이 지닌 탁월한 선견지명은 그가 어느 한곳에 오랫동안 머물지 못하도록 만들었다. 1947년 12월 그래함은 그의 고향 샬럿에서 YFC와 무관하게 진행된 첫 번째 독립 부흥 집회를 열었다.[21] 한 동안 자신의 이름으로 개최한 부흥 집회와 YFC 부흥 집회 모두를 동시에 섬기던 그래함은 1948년 YFC 부흥 집회를 몇 차례 더 가졌다. 그리고 그해 9월 아이오와주 디모인Des Moines에서 열린 YFC 집회를 마지막으로, 본격적인 독립 복음전도 사역을 감당하게 된다. 그래함이 YFC와 갈등을 빚었다는 증거는 어디에도 없다. 오히려 그래함 개인이 YFC를 능가하는 듯 보였다는 사실이 그가 YFC로부터 독립하고자 했던 이유였을 것이다. 또한, 의심할 여지없이 성공적인 사역에 대한 자부심도 독립의 한 요인으로 작용했다. 그래함은 자신의 사역이 어느 정도 궤도에 올랐고, 더 이상 YFC는 필요하지 않다는 것을 알고 있었다. 무척이나 정치적인 발언이니, 그래함이 직접 그렇게 언급하지는 않았지만 말이다.

YFC는 여러 방면에서 그래함이 복음전도자로서 최정상에 오를 수 있도록 도와주었다. YFC와 함께 사역하는 기간 동안 그래함은 수많은 설교문을 남겼고, 많은 청중들 앞에서 마치 적은 청

21_ 그래함의 첫 번째 도시 전역 부흥 집회는 1947년 9월에 미시간주 그랜드래피즈에서 열렸다. 이 집회는 종종 최초의 독립 미국 집회로 여겨지는데 어떤 점에서는 정말 그러했지만, 사실 그 집회는 그래함이 독자적으로 개최된 것이 아니라 YFC의 지원하에서 진행된 행사였다.

중들을 마주한 듯 설교하는 법도 배웠다. 또한 그는 자신이 인도할 전도 집회의 준비를 지역 위원회들에게 맡기는 지혜를 얻었고, 언론을 다루는 기술을 연마했으며, 비난에 둔감해지는 법을 익혔다. 그리고 가장 중요한 기술, 떠오르는 복음주의 지도자들과 관계를 형성하는 법을 숙달했다.

과연 그래함이 YFC를 만들었는가 아니면 YFC가 그래함을 만들었는가는 중요한 질문이다. 하지만 어느 쪽이든 2차 세계대전 이후 6년 동안 미국과 유럽의 문화적 호황 속에서 둘은 긴밀히 연결되어 있었다.

영국의 부름을 받아

1940년대 중반에 개최되었던 YFC 전도 대회들에서 성공을 거둔 그래함은 좀 더 넓은 사역의 현장으로 부름받고 있다고 느꼈다. 이에 그래함과 네 명의 친구는 YFC의 지원하에 1946년 3월 영국과 유럽 대륙을 짧게 순회하는 전도 여행을 떠나게 되었다.[22]

큰 포부를 지니고 있던 이 팀의 구성원으로는 시카고에서 영향력 있는 YFC 소속 목사 토레이 존슨과 유명세를 지닌 YFC 복음전도자 찰스 템플턴, YFC 솔리스트 연주자 J. 스트라튼 슈펠트 그리고 《허스트 신문》 기자 웨슬리 하트젤이 있었다. 영향력 있는 목사와 유명한 설교자, 호평을 받고 있는 연주자 그리고 전문 기자가 모였다는 점에서 이 팀이 미국에서 큰 성과를 거두었던 숙련된 마케팅 전략들을 이 전도 여행에서 어떻게 활용할지 분명히 보여

22_ 그들은 스칸디나비아 국가들과 벨기에, 룩셈부르크, 네덜란드 그리고 프랑스를 방문했다.

주는 대목이었다.

그래함과 그의 친구들은- 다른 이들의 기준에서는 적다고도 할 수 있겠지만 -그들이 예상했던 것보단 많은 관심을 받았다. 하지만 관심의 종류는 상이했다. 영국인들은 왜 이 젊은 미국인들이 15세기 동안 기독교가 번성했던 영국 제도까지 와서 자신들의 영적인 생활을 뒤바꿔야 한다고 말하는 건지 이해하지 못했다.

또한 이들은 그래함의 접근 방식을 낯설게 느꼈다. 태브 칼라와 검은 예복을 입은 성직자에게 익숙해져 있는 영국인들은 그의 화려한 복장에 눈살을 찌푸렸다. 그들의 눈에 그래함의 전도 팀은 마치 상품을 판매하는 양 종교를 판매하려 드는 미국인들로 비추어졌다. 그러나 일부 지역들에서 열린 그래함과 YFC 전도 대회에는 꽤 많은 사람들이 모였고, 수백 수천 명의 사람들이 그리스도께 대한 새로운 헌신을 다짐했다. 46일 동안 전도 팀이 개최한 전도 대회의 참석자 수는 총 10만 명에 달했다.

첫 영국 방문으로부터 그리 오래 지나지 않은 1946년 가을, 그래함은 복음을 온 세계에 알리겠다는 포부와 함께 다시금 영국으로 향했다. 이번 여정에는 버로우즈와 그의 아내 빌리, 셰이와 일정 관리인이 함께했다. 그래함의 아내 루스도 이후 팀에 합류했다. 이번 방문은 첫 번째 때보다 결과가 더 좋았다. 지난번을 교훈 삼아, 그래함은 청중들에게 차분하게 다가갔고 전통적인 언어들을 사용했으며 평범한 정장 차림으로 설교를 했다. 영국 청중들은 점차 그래함의 인간적인 솔직함과 사역의 진실함을 높이 평가하기 시작했다. 일부 영국 성공회 사제들은 그를 다시금 초대하기도 했다. 6개월 동안 총 360번의 전도 대회를 개최한 이번 영국 방문은 이후 50년의 그래함의 사역에서 두드러지게 나타나는 특징 하나를 보여 주었다. 그것은 바로 그래함의 놀라운 지구력이었다.

영국에서 그래함이 거둔 놀라운 성공 소식은 영국 해협을 건너, 독일과 프랑스의 복음주의 목회자들에게까지 전해졌다. 그들은 그래함이 일으킨 부흥의 물결이 그들의 국가에도 이어지길 바라며 그를 초청했다. 그의 유럽 대륙을 순회의 초기 결과에 대한 자료는 많지 않다. 하지만 그래함은 당시의 유럽 순회를 상당히 만족스러워했다. 유럽 대륙 순회 중이었던 1946년 12월, 리비에라 해안의 화창한 해변에서 루스와 보낸 휴가는 이 순회에 대한 그의 만족도를 더욱 높인 요소였다. 이 점은 결코 사소한 정보가 아니다. 왜냐하면 이 사실은 그래함의 일대기에서 과소평가된 특징들 가운데 하나를 내포하고 있기 때문이다. 분명 그래함은 한평생 지나치다 싶을 만큼 열심히 일했지만, 동시에 짧게라도 안식을 갖는 것이 매우 중요하다는 사실을 잘 알고 있었다.

영국 순회 여행은 예상치 못하게 그래함의 남은 사역 인생에 매우 중요한 결과를 낳았다. 간단히 말하면 그래함은 이 여정을 계기로 순회 복음전도에 더 헌신하게 되었다. 또한 집을 오랫동안 떠나 있으면서 느끼는 외로움, 영국의 언론과 다른 종교 지도자들에게서 받았던 맹렬한 비난들로 그래함은 더욱 단단해졌다.

그뿐 아니라 2차 세계대전 직후의 영국에서 몇 달간 지내며 목도하게 된 궁핍한 현지 상황들은 그래함이 미국에서 상상하거나 직접 경험했던 것들을 무색하게 만들었다. 영국의 수많은 가정과 교회들이 겪고 있던 생활고에 편안한 삶을 영위하고 있던 미국인 그래함은 말문이 막힐 수밖에 없었다.

집 문을 두드릴 때마다 사람들의 냉대를 마주하는 젊은 몰몬교 선교사들처럼 그래함은 복음전도라는 일이 대체로 고되지만, 특히 유럽에서는 더욱 그렇다는 사실을 새롭게 깨달았다. 하지만 그래함은 포기하지 않았고, 또한 포기를 고려하는 기색조차 보인 적이 없었다. 그렇게 그래함은 복음전도 사역을 결코 멈추지 않으리라는 어떤 확신과 함께 1947년 3월, 집으로 돌아왔다.

'빌리 그래함'이 되다

이번 장면에서 보여 주는 그래함의 행보는 그의 생에서 가장 낯선 행보처럼 보일 것이다. 그리고 그 사실은 그 당시에도 그랬을지도 모르겠다. 근본주의 진영의 대표적 인물이었던 윌리엄 벨 라일리는 그래함에게 자신이 40여 년 전에 설립한 미네아폴리스의 노스웨스턴학원North-western Schools을 인수해 달라고 부탁했다. 그 학원은 성경 훈련 학교와 인문대학 그리고 신학교를 포함하고 있었다. 간곡한 부탁에 그래함은 마지못해 그 간청을 승낙했다. 당시 29살이었던 그래함이 미국에서 가장 어린 대학 총장이 된 것이다.

그래함의 결정이 특이했던 이유는 단지 그가 어렸기 때문만은 아니었다. 그의 최고 학력은 휘튼대학에서 받은 학사 학위(BA)였다. 이 학위는 물론 복음주의 세계 안에서 높이 평가된다. 그러나 이 학위만으로는 대학과 신학교 둘 다는 고사하고, 둘 중 하나라도 제대로 운영하기에는 부족했다. 하지만 그래함은 총장직을 어떻게

든 감당했으며 어느 정도 성공도 거두었다. 그래함의 리더십 아래 학생 수는 늘어 갔다. 새로운 건물들이 지어졌고 심지어 라디오 방송국도 개설됐다. 방송국을 계속 유지하기 위해 그는 후원자들의 주소록을 따로 만들어, 사무담당자에게 "이 이름들을 정확히 기록해 두어야 합니다"라며 신신당부했다.

하지만 노스웨스턴에서 어떤 성공을 이루었든 간에, 그곳에서의 경험은 자신이 대학 총장이 아니라 설교자에 훨씬 적합한 사람이라는 사실을 스스로에게 더욱 분명히 각인시켜 주었다. 4년이 조금 넘는 시간이 지난 뒤 그래함은 총장직을 사임했다. 그 이후로 그는 제법 많은 총장직 제안을 받게 되는데, 그 가운데 자신의 이름을 딴 빌리그래함대학도 있었다. 빌리그래함대학은 그에게 두 번이나 총장직 위임을 간청했지만 그는 언제나 제안을 거절했다.

* * *

복음전도자라는 그의 1차적 소명은 심지어 그가 노스웨스턴 총장직을 수행하는 동안에도 멈추지 않고 지속되었다. 1948년 가을, 그래함은 그의 사역 인생에서 매우 중요한 행동을 하나 하게 된다. 당시 그래함은 버로우즈, 셰이 그리고 협력 복음전도자 그레이디 윌슨과 함께 캘리포니아 모데스토에서 전도 대회를 열고 있었다. 어느 날 저녁, 그들은 호텔에 모여 복음전도자가 흔히 걸려 넘어지고 마는 사역적 유혹들에 대해 이야기를 나누기 시작했다.

이야기를 끝내고 함께 기도까지 마친 그들은 복음전도자들이 가장 많이 겪는 공통적인 유혹을 네 가지로 정리했다. 재정 남용, 성적 부도덕, 다른 사역자들에게 비협력적 태도 그리고 숫자에 대한 부정직이었다. 그들은 이러한 유혹에 넘어지지 말자고 약속했고, 이 약속은 「모데스토 선언서」Modesto Manifesto라고 알려지게 되었다. 그래함은 그 약속을 선언서라 부른 적도 없었고, 누군가 그 내용을 문서로 작성하지도 않았다. 하지만 이 약속은 선언서가 정말 그들에게 주어진 것처럼 작용했다.

그들의 첫 번째 약속은 복음전도자에게 씌워진 엘머 갠트리 Elmer Gantry 이미지, 곧 돈에 집착하는 사기꾼이라는 이미지를 없애자는 것이었다. '엘머 갠트리'는 싱클레어 루이스가 쓴 소설의 주인공이자 책 제목인데, 미국 대중문화 속에서 추종자들이 힘들게 번 돈을 술과 여자로 탕진하는 순회설교자를 상징했다.

그래함은 돈의 위험성을 알고 있었다. 그래서 그는 YFC에 있을 당시 전도 대회에서 모이는 헌금들을 모두 YFC 후원 위원회로 돌렸고, 자신은 단체에서 주는 봉급을 받았다. 하지만 이제 자신만의 독립된 전도 대회를 개최하게 되면서 대부분의 복음전도자들이 하는 것과 동일한 방식으로 돈을 받았다.

복음전도자들은 대부분 예배 말미에 '사랑의 헌금'을 위한 모자를 돌렸다. 이 종교 관행은 설교자가 감정 섞인 호소를 함으로써 가능한 한 많은 헌금을 짜내는 방식으로 악용되곤 했다. 그리고 보통 현금으로 들어왔기에 이중 얼마가 사역자들의 봉급으로 쓰이는지 등 헌금에 대한 공인된 회계 과정이 존재하지 않았다.

당시 그래함은 이 문제를 어떻게 다루어야 할지 정확히 결론 짓지는 못한 상태였다. 그러나 들어온 헌금에 손을 대지 않고, 되도록이면 지역 내 준비 위원회가 사전에 모금해서 그들에게 제공하는 자금만을 운용할 것을 약속했다.

두 번째 약속은 성윤리에 관한 것이었다. 빌리 그래함 일행은 '복음전도자는 사기꾼에 난봉꾼'이라는 갠트리의 부정적인 이미지 속에서 많은 복음전도자들이 힘겹게 사투하고 있다는 사실을 알고 있었다. 동시에 다른 청년들과 다름없이 그들도 성적 유혹에 취약하며 특히 오랜 기간 가족을 떠나 있는 상황에서는 더욱 그렇다는 것을 인정했다. 그러나 자신들의 실제 행동 혹은 의지와는 관계없이, 부적절한 행동에 관한 소문이 야기하는 파괴력도 잘 알고 있었다. 그래서 그들은 가족이 아닌 여성과 절대 단둘이 식사하거나 동행하지 않음으로써 그 죄 자체는 물론이고, 부적절한 소문이 생길 수 있는 일말의 가능성 자체를 차단하기로 약속했다.

이 두 번째 약속은 이내 기자들의 관심을 끌었고 그 바람에 두 번째 약속이 나머지 약속보다도 더 중요한 것인 양, 마치 최우선의 약속이라도 되는 것처럼 잘못 소개되었다. 그들은 또한 그래함이 이 원칙을 상식적인 선에서 지키려고 했다는 사실을 다루지 않은 채 보도했다. 이 약속의 요점은 업무와 동떨어진 상황에서 이성과 은밀하게 식사하지 말자는 것이지, 온전한 공공장소에서도 이성과는 일상적인 업무 대화조차 나누지 않겠다는 뜻이 아니었다. 그럼에도 당시 기자들은 이 약속을 굉장히 과장되게 전달했다.

다음으로 네 사람은- 당시에는 대부분 남자였던 -다른 사역자들과 다투지 않고 그들과 협력하겠다는 의지를 분명히 했다. 그래함이 몸담고 있던 근본주의 진영은 세속 사회와 싸우는 것 못지않게 비근본주의 계열 기독교인들과도 싸우고 있었다. 그래함도 사역을 막 시작했던 시기에 다른 설교자 한 명을 비판한 적이 있었지만, 그 이후로 그는 자신의 유일한 책무는 복음을 선포하는 것이지 다른 기독교 전통에 있는 이들을 헐뜯는 것이 아니라는 결론을 내렸다. 그것은 비기독교 전통에 있는 이들과의 관계에서도 마찬가지였다.

마지막 약속은 숫자를 헤아리는 문제에 있어 반드시 정직하자는 것이었다. 당시 복음전도자들, 특히 신유 사역자들이 부흥 집회에 참석한 사람의 수와 집회를 통해 구원 혹은 치료받은 사람의 수를 부풀리는 것은 누구나가 다 알고 있던 사실이었다. 그리고 기자들은 당연히 이를 예의 주시하고 있었다.

그래함은 동료들에게 자신들이 이룬 성과를 광고하거나 보고할 때 과장해서는 안 된다고 말했다. 그리고 그는 머지않아 동료들이 직접 헤아린 숫자가 아닌, 회전문 계수 방식이나 항공사진 계수 혹은 경찰이나 기자들의 추산 결과를 신뢰하기 시작했다. 자신과 함께 일하는 이들은 어쩔 수 없이 가능한 한 숫자를 높게 잡고 싶어 할 것이라 생각했기 때문이다.

계수 문제에 있어 정직하자는 이 약속은 또 다른 중요한 형태로도 나타났다. 그것은 그래함이 1950년부터 자신의 결단 요청에 반응해 앞으로 나와 결신 카드에 서명한 이들을 완강하게 '결신자'라 부르기 시작한 것이었다. '회심자'가 아니었다. 누가 정말로 회심하였는지 여부는 오직 하나님께서만 아시기 때문이었다. 그래함이 단언할 수 있는 전부는 결신 카드를 작성한 사람의 수뿐이었다. 그러나 기자들은 매년 그래함에게 전도 대회에서 회심한 사람이 몇 명이나 되냐고 물었다. 그때마다 그의 대답은 언제나 거의 동일했다. "사실상 저는 모릅니다. 오직 하나님만이 아실 뿐이지요."[23]

「모데스토 선언서」는 그래함과 그의 동료들이 향후 60년간 개인으로서 그리고 사역자로서의 삶을 어떻게 경영해 가야 하는지에 대한 청사진이었다. 그래함은 앞으로 다양한 이유들로 인해 비판받게 되지만, 선언서의 원칙을 지키지 못했다는 이유로 비판을 받았던 적은 거의 없다. 그래함의 지지자들은 흔히 이 선언을 간단하게 '그래함의 원칙들'이라 불렀고, 이 규칙들은 결국 미국 복음주의의 핵심 문서– 정확히는 구술 전승 –들 가운데 하나가 되었다.

23_ 하지만 그래함은 가끔 무심결에 회심자들에 관해 언급하고는 했다. 언젠가 그는 자신이 제작한 영화 〈미스터 텍사스〉의 주인공에 대해 설명하면서, 그 영화는 '내가 그를 구원하기 전까지' 방황하고 있던 한 카우보이에 대한 이야기라고 말했다. 하지만 이러한 실수들은 드물었다.

1948년과 1949년 초, 그래함은 앞서 언급한 일들 외에 다른 문제들로도 골몰하고 있었다. 그의 사역이 침체기에 들어서고 있음이 분명해 보였기 때문이다. 그에게 시련은 두 가지 형태로 찾아왔다. 첫 번째는 그래함이 그 시기에 남부와 중서부지역에서 개최하려던 전도 대회들이 종교 언론과 세속 언론 모두에서 충분히 홍보되지 않은 것이었다. 예를 들어, 1949년 7월 펜실베이니아의 앨투나에서 진행된 전도 대회는 완전히 실패했다. 애초에 참석한 사람들부터가 적었고, 회심을 경험했다고 말하는 이들도 소수였다. 그레이디 윌슨은 후에 그 대회에 대해 "우리가 진행했던 대회들 가운데 가장 실망스러운 대회였다"라고 말했다. 빌리 그래함이 향하는 곳마다 그는 그곳에서 가장 큰 화젯거리가 된다는 신화와는 달리, 그래함은 천하무적이 아니었다.

그보다 더 중요한 두 번째 문제는 그래함의 신앙이 시련을 맞이하게 되었다는 것이다. 그래함은 자기를 성찰한다든가 사적인 감정을 드러내는 사람이 아니었다. 따라서 이 시기에 관해 누군가에게 상세히 이야기한 적은 따로 없다. 그러나 우리에게는 그가 성경 권위에 대한 문제로 씨름하고 있었다는 걸 파악할 수 있는 충분한 자료들이 있다. 그리고 그 시련은 예상 밖의 장소에서 전환점을 맞게 된다. 그곳은 남부 캘리포니아의 외딴 지역에 있는 산꼭대기였다.

미어즈와 템플턴

당대 거의 모든 남성 복음주의자들이 그랬던 것처럼, 그래함도 가정과 사역에 있어서 여성들의 위치에 관해 가부장적인 태도를 취하고 있었다. 그래함은 여성들에게 주부로서의 역할이 기혼 여성들에게 맡겨진 주요한 역할임을 설파했다. 그는 남성을 집안의 가장으로 여겼고, 여성들에게 집안을 깔끔히 유지하고 보기 좋게 옷을 차려입으며 맛있는 음식을 요리할 것을 조언했다. 이러한 모습은 《라이프》의 유명 사진작가인 코넬 카파가 1957년 그래함의 뉴욕 전도 대회 기간 중 찍은 사진에 잘 담겨 있다. 크게 화제가 되었던 이 사진에는 호텔에서 설교를 앞둔 그래함의 셔츠를 다소곳이 다리고 있는 루스의 모습이 담겨 있다.

하지만 여성의 위치에 관한 그래함의 입장은 결코 단순하지 않았다. 헨리에타 미어즈Henrietta Mears와의 관계가 이를 보여 준다. 후에 그래함이 고백하듯, 미어즈는 "그래함의 삶에 직간접적으로 엄청난 영향"을 주었다. 이어 그래함은 이렇게 덧붙였다. "나의 아내와 어머니를 제외하면, 그 어떤 여성도 미어즈만큼 제게 큰 영향을 주지 못했습니다." 미어즈는 2차 세계대전 이후의 복음주의 역사에서, 그리고 특별히 그래함의 삶에서 두드러지는 역할을 했다.

1930-40년대에 미어즈는 할리우드제일장로교회의 주일학교에서 사역하고 있었는데, 그곳은 4,000명 이상의 출석 인원을 자랑했다. UCLA의 미식축구 선수 돈 무마우, 패서디나에 위치한 풀러신학교의 교수진 같은 유명인들이 이 주일학교에 관심을 보일 정도였다. 비록 복음주의자들은 하나님 앞에서 여성과 남성의 동등성을 분명히 믿었지만, 그들은 여성이 남성을 가르치는 것에 대해 의문을 품고 있었다.

하지만 미어즈는 남성과 여성 모두를 가르쳤고, 누구도 이에 대해 이의를 제기하지 않았다. 모두 그녀의 카리스마에 압도되었기 때문이었다.

여성이 남성을 가르치는 것을 부적절하게 보았던 당시의 관행들은 차치하고, 미어즈가 가르쳤던 내용들을 살펴보자. 그녀는 성경을 경직된 문자주의로 읽어야 하는 무오無誤한 교과서가 아니라 우리를 구원으로 인도하는 살아 있고 신뢰할 수 있는 가이드로 이해했고, 학생들이 그 맥락에서 성경의 권위를 받아들일 수 있도록 가르쳤다. 미어즈는 사람들의 반대를 두려워하지 않고 발언할 만큼의 영향력을 지니고 있었다. 그녀의 대표 저술인 『성경은 무엇인가』What the Bible is All About(1953)는 300만 부가 판매되었고, 현재까지 쉽게 구할 수 있다.

가르치는 일 외에도 미어즈는 캘리포니아의 수목이 우거진 장소에서 영적 부흥과 헌신을 발달시키는 학생 캠핑 프로그램도 이끌었다. 1947년에 미어즈는 이를 정기적으로 진행하기 위한 장소를 물색했고, 4명의 동료들과 함께 비영리 단체를 만들기도 했다. 그리고 그녀는 로스앤젤레스 동쪽에 위치한 샌버너디노산맥의 휴양 센터인 포레스트 홈을 구입했다. 포레스트 홈에서 진행된 모임들에는 복음주의권의 영향력 있는 인물들, 예를 들면 CCCCampus Crusade for Christ의 창립자인 빌 브라이트와 보넷 브라이트, 국제적으로 존경받는 아일랜드 역사가이자 복음주의 대회 강사이기도 했던 에드윈 오르 박사 등이 참석했다.

포레스트 홈은 사역 측면에서 여러 특징들을 가지고 있었다. 이것은 그래함이 갖게 될 특징들과 여러 유사점을 지니고 있는데, 어쩌면 그가 포레스트 홈에서 직접적으로 영향받은 것일 수도 있다. 그 특징들 가운데 하나는 그리스도와 기독교 사역을 위해 내리는 분명한 결단을 강조하는 것이었다. 또한 복음주의권 내 각기 다른 교단 전통들이 함께 연합하는 것, 신학적 견해들에 대해 관용을 베푸는 것, 복음주의 운동의 다민족성과 국제성을 수용하는 것, 공산주의의 위험성을 국제사회에 알리는 것, TV나 영화와 같은 매체들의 잠재성을 기꺼이 활용하려는 자세와 회심한 기독교인들- 특히 유명인들 -이 나누는 간증을 강조하는 것 등이 그 외 특징들이었다.

* * *

1949년 8월, 미어즈는 포레스트 홈에서 열린 대학 브리핑 회의에 그래함을 강사로 초대했다. 때마침 거의 동일한 시기에 그의 오랜 친구 찰스 B. 템플턴Charles [Chuck] B. Templeton이 그래함에게 성경의 권위에 대한 문제를 제기한 참이었다. 템플턴은 이 도전적인 문제에 똑바로 직면하도록 그를 이끌었고, 그래함은 그 속에서 씨름하고 있었다.

템플턴은 그래함의 사역 초기에 중요한 인물이었다. 그의 격동하는 영적 생활은 그래함과 철저히 대조적인 양상을 이루었고, 그래함에 대한 언론인과 역사가들의 저술에서 템플턴은 그래함을 돋보이게 하는 데 아주 효과적인 인물이었다.

1915년 토론토의 서민 가정에서 태어난 템플턴은 매우 다재다능한 사람이었다. 17살의 나이로 《글러브 앤 메일》 스포츠 만화가로 취직하고 4년 뒤, 그는 그 지역에 있는 근본주의 교회에서 강력한 종교적 회심을 경험했다. 비록 고등학교 교육을 끝마치지 못했지만, YFC 순회 복음전도자가 되었고 바로 그곳에서 그래함과 만났다.

빠르게 친구가 된 두 사람은 캐나다, 미국 그리고 영국을 함께 순회하며 말씀을 전했다. 많은 사람들은 템플턴의 기량이 그래함을 능가한다고 생각했고, 그래함도 이 사실을 기꺼이 인정했다. 강인한 분위기를 풍기는 그의 멋진 용모 역시 사람들의 주목을 받았음은 당연했다.

하지만 1940년대 후반에 이르러 템플턴은 자신과 그래함이 전하고 있는 메시지를 의심하기 시작했다. 그리고 믿음을 굳건히 만드는 노력의 일환으로 그는 특기생 자격으로 프린스턴신학교에 입학하게 되었다. 하지만 그가 지녔던 오랜 확신들은 계속해서 약해져만 갔다.

그래함은 템플턴이 품고 있던 의심들을 진지하게 여겼다. 후에 그래함은 자신도 신학교- 프린스턴보단 옥스퍼드 -에 들어갈까를 고민했었다고 전하기도 했다. 비록 실제로 신학교에 지원하지는 않았지만 말이다. 그럼에도 그는 템플턴이 제기한 성경의 신뢰성에 대한 도전들을 깊게 고민했다. 성경에 오류가 있는가? 만약 그렇다면, 성경은 여전히 구원에 관한 신뢰할 만한 가이드가 될 수 있는가?

그래함이 이렇게 골머리를 썩이고 있던 와중에 너무나도 유명한 사건이 하나 발생한다. 정확한 시간의 순서는 분명하지 않지만, 포레스트 홈을 방문한 그래함은 그날 달빛을 받으며 근처 산길을 거닐고 있었다. (이 사건- 혹은 이 사건에 대한 그래함의 진술 -이 달빛이 비추는 장소에서 일어났다는 점에서, 10년 전 플로리다의 골프장에서 그래함이 목회자로서 소명을 얻게 된 사건과 닮아 있다) 숲속에서 작은 공터를 발견한 그래함은 성경을 나무 그루터기 위에 올려놓고, 자신의 영혼을 성찰하며 기도했다. 기도 후, 그는 성경을 변호하고자 노력하기보다 그저 하나님의 권위 있는 말씀으로 신뢰하며 받아들이기로 결심했다.

그래함은 고등비평을 주장하는 템플턴과 맞붙을 능력이 자신에게 없다는 걸 알고 있었다. 하지만 그가 알고 있는 또 다른 사실은 성경은 그 자체로 기록된 목적을 성취한다는 것이었다. 성경 말씀에 근거해서 설교를 할 때, 그 후 사람들에게 그리스도께 나아올 것을 요청할 때, 그들은 정말 그리스도께로 나아왔다. 후에 그래함은 성경은 자신의 삶의 기초이자, 다른 모든 것들을 제 위치에 놓을 수 있도록 도와주는 중심점이라고 말했다. 또한 성경을 책상 위의 펜, 전화, 녹음기에 비유했다. 그 세 가지는 그래함이 늘 가까이에 두었던 것들이다. 즉, 그 도구들이 언제나 제대로 작동해 준 덕분에 그가 설교자로서 존재하는 것처럼, 성경도 그렇다는 것이었다.

그래함은 지적인 투사가 아니었다. 우리가 살펴본 것처럼, 그래함은 신학적 이슈 하나하나를 두고 논쟁하는 것을 피했으며 성경의 무오성(inerrancy)에 대한 지지를 명확히 표현하지도 않았다. 실제로 그의 수많은 말과 글 가운데 무오성이라는 단어는 거의 나타나지 않았지만, 이 단어는 머지않아 근본주의자들과 많은 복음주의자들에게 정통의 기준이 되었다.

그러나 그래함은 성경의 무류성(infallibility)에 대해서는 이야기했다. 그는 적어도 성경이 정확하게 번역되고 공정하게 해석되었다면, 성경에는 사실에 관한 오류들이 존재하지 않는다고 생각한 것이다. 하지만 성경의 핵심은 사실적 정확성이 아니라고 주장했다. 성경을 귀하게 여기고 보호해야 할 근거와 가치는 구원으로 향하는 길을 밝게 비추는 그 능력에 있다고 말했다.

템플턴과 그래함은 이러한 문제들에 관해 끝내 의견을 함께하지 못했다. 템플턴은 그래함이 '지적인 자살 행위'를 하고 있다고 말했다. 하지만 템플턴과 뜻을 달리하게 된 그래함은 이 일을 계기로 다시금 신앙적 활력을 얻었다. 그는 설교하는 곳마다 사람들의 삶이 변화되거나 회복되는 것을 지켜보았다. 그리고 그 광경은 그에게 있어 성경이 분명히 역사하고 있다는 증거가 되었을 것이다. 그래함이 발견하길 원했던 바로 그 증거 말이다.

템플턴은 프린스턴에서 딱 1년간 머물렀고, 이내 미국 교회협의회 직원으로 합류했다. 그 후 그는 미국 장로회의 국내 선교 위원회에 소속되었다. 템플턴은 미국 장로교의 지원으로 전도 대회를 개최했고, CBS의 주일 아침 프로그램이었던 《위를 바라보며 살기》에서 개신교의 입장을 대변하기도 했다. 1955년에는 현대화의 압력에 맞서, 매력적이고 우아한 방식으로 기독교 신앙을 정교하게 옹호하는 『위를 바라보는 삶』Life Looks Up이라는 책을 발간했다.

하지만 템플턴은 점차 신학적 진보 진영으로 움직여 갔다. 그리고 결국 불가지론자가 되었다고 선언하며, 모든 사역을 내려놓고 토론토로 돌아갔다. 고향에 돌아간 그는 장난감 디자이너와 뉴스 평론가로서 일하며 다양한 영역에서 기량을 보여 주었다. 1966년 그는 『하나님과의 작별: 내가 기독교 신앙을 버리게 된 이유들』Farewell to God: My Reasons for Rejecting the Christian Faith이라는 비통한 전기를 출간하기도 했다.

두 사람은 점차 소원해지긴 했지만, 어째서인지 템플턴이 세상을 뜨는 2001년까지 그들의 관계는 지속되었다. 언젠가 템플턴은 이렇게 말했다. "그레함이 강단에서 이야기하는 많은 내용들은 유치하고 말도 안 되는 것들이었습니다." 하지만 그는 이어 아쉬움이 묻어나는 투로 말을 덧붙였다. "그에겐 꾸며 낸 것이라곤 하나도 없습니다. … 그레함은 누구도 꺾을 수 없는 순수함으로 그가 신앙하는 바를 정말로 믿고 있습니다. 그는 내가 유일하게 신뢰할 수 있는 대중 복음전도자입니다. 나는 그가 그립습니다."

천사들의 도시: 로스앤젤레스

'산꼭대기에서의 경험'으로 불리는 1949년 8월 포레스트 홈에서 그래함이 겪은 일로부터 한 달 뒤, 그의 인생에서 가장 중대한 공적 사건이 발생한다. 그해 4월, 지역 기독실업회 산하로 있는 로스앤젤레스 그리스도 위원회는 장기적인 전도 대회의 강사로 그래함을 초대했다.

처음에 그는 이 제안을 거절했다. 왜냐하면 이 제안을 수락하는 것이 옳은지에 대한 확신이 없었기 때문이다. 혹자는 이를 보며 로스앤젤레스의 위용 앞에 기가 죽은 서른 살짜리 젊은 설교자를 상상할지도 모르겠다. 어쨌든 로스앤젤레스는 미국에서 세 번째로 큰 대도시이자, 도덕적으로 의심쩍은 평판도 만연했던 영화 산업의 본산지이며, 다양한 인종이 공존했던 지역이었으니 말이다. 과연 그래함에게 이곳에서 전도 대회를 인도할 용기가 있었을까? 이곳에서 그저 또 한 명의 남부 출신의 순회 복음전도자라고 무시받는 건 아닐까? 무엇보다 이 제안을 수락하는 것이 정말로 주님의 뜻일까, 아니면 자신의 야망을 위한 일일까?

  고민 끝에 결국 주님께서 그에게 말씀- 적어도 그래함은 그렇게 느낀 것 같다 -하셨다. 그래함은 9월 25일부터 3주간 진행될 전도 대회의 개최 요청을 승낙했다. 대회의 규모를 고려하면 제법 많은 준비가 필요해 보였다. YFC에서의 경험은 그래함에게 부흥의 역사는 최선을 다한 준비와 기도를 통해 이루어진다는 사실을 가르쳐 주었다. 그래함은 전도 대회 준비 위원회에게 계획의 세부사항들에 좀 더 주의를 기울일 것과 더 많은 자금을 마련할 것, 그리고 광고 예산을 3배로 늘릴 것을 요구했다.

  하지만 단연코 가장 중요한 역할을 한 것은 개최 몇 달 전부터 시작되었던 주민들의 연속 기도회였다고 그래함은 후에 이야기했다. 연속 기도회가 하나님께 어떻게 받아들여졌는지 여부는 역사가가 대답할 수 있는 질문이 아니다. 하지만 한 가지 사실은 명확하다. 그래함은 하나님께서 부어 주신 은혜 덕분에 자신이 지치지 않았고, 여러 비난과 대자연이 가져온 역경 속에서도 마음을 굳게 먹을 수 있었다고 확신했다는 것이다. 그것은 분명 전도 대회를 위해 기도했던 셀 수 없이 많은 사람들도 동일하게 느꼈을 것이다. 그들은 자신이 주님의 일을 하고 있음을 확신했고, 이러한 확신은 그들 스스로에게 박차를 가하게 만들었다.

  9월 25일이 다가올수록 그래함과 준비 위원회 모두가 홍보전문가들이었다는 사실이 분명해졌다. 그들은 800개의 지역 교회들로부터의 지원을 얻어 냈고, 유명 기업과 사회 지도자들로부터 지지를 받기도 했다. 그중에는 시장도 포함되었다. 그들은 동시에 광고 전문가들이기도 했다. 많은 복음전도자들이 순회 전도 대회의 모든 것을 성령께서 도맡아 주시는 것처럼 대하는 것과 다르게, 그래함은 전도 대회를 광고하는 행동에 대해 결코 변명하지 않았다. 풀러 브러시에서 일하며 겪은 경험들이 그래함에게 결코 잊을 수 없는 교훈을 주었기 때문이었다.

전도 대회를 알리는 수많은 광고지와 신문 광고 그리고 전략적으로 배치된 도로 표지판들에는 여러 수식어들이 실려 있었다. 거대한 천막과 6,000개의 자유석, 감격적인 찬양, 전례 없는 특수, 역동적인 설교 그리고 미국 최고의 복음전도자라는 표현들이었다. 또한, 광고에는 '거대한', '에너지 넘치는', '젊은', '특별한', '가슴 뛰는', '감격적인', '대단히 매력적인', '유창한', '주목하지 않을 수 없는', '설득력 있는', '엄청난', '열정적인', '국제적인', '초교파적인'이라는 형용사가 자주 사용되었다. 그리고 아마도 무엇보다 가장 중요한 '무료' 같은 단어도 담겼다. 이러한 표현들이 그래함의 손에서 탄생한 것인지 아니면 그의 홍보 담당자의 손에서 탄생한 것인지는 중요하지 않다. 중요한 사실은 이러한 수식어들이 그래함의 대중적 이미지를 형성했다는 것이다.

그래함은 일정대로 전도 대회를 시작했다. 대회는 워싱턴과 힐 거리 모퉁이에 세워진 약 146m 높이의 천막 안에서 열렸다. 준비 위원회는 그 천막이 링링브라더스 서커스의 천막으로 세계에서 가장 큰 천막 중 하나라고 광고했다. 천막은 누구나 찾기 쉽게 도시의 중심에 자리했다. 위원회는 또한 그 부지에 강렬한 빛을 내뿜는 탐조등을 세웠는데, 이 빛은 매일 밤 남부 캘리포니아 하늘을 비추었다.

하지만 전도 대회에 참석한 회중들의 첫 반응은 다름 아닌 '실망'이었다. 우선 그맘때치고 이상하리만치 날씨가 쌀쌀했고, 천막 내부 온도는 낮았다. 사실 덥고 춥거나, 비가 오거나 진눈깨비가 오는 등 궂은 날씨는 야외 사역 여정 내내 그레함을 자주 찾아오는 불청객이었다. 그럼에도 그레함은 언제나 변함없이 그 어려움을 기회로 생각했고, 전도 대회는 굳건히 진행되었다. 그러나 로스앤젤레스 전도 대회는 지역 언론의 뜨거운 관심을 불러일으키는 데에도 실패했다. 준비 위원회가 많은 광고들을 지역 신문들에 실었음에도 결과는 좋지 못했다. 그렇게 전도 대회가 3주째에 들어섰을 무렵, 그레함과 그의 동료들은 짐을 싸 집에 돌아갈 참이었다.

그런데 상황은 이내 변했다. 갑자기 사람들이 몰려들기 시작한 것이다. 늦게 온 사람은 천막 밖 길거리에 모여 확성기를 통해 천막 안의 소리만을 들을 수 있었다. 최대한 천막이 가득 찬 것처럼 보이게끔 멀찍이 떨어트려 놓았던 6,000개의 의자들은 이제 3,000석의 자리를 더 만들기 위해 빼곡히 재배치되었다. 이러한 갑작스러운 호응 속에 그레함과 준비 위원회는 3주로 잡아 놓았던 전도 대회 일정을 3주 더 늘리기로 결정했다.

분위기가 급반전된 원인은 분명했다. 우선 첫 번째로 날씨가 변했다. 부쩍 온화해진 바람에 안내원들이 천막 덮개들을 걷어 올릴 정도였다. 두 번째 원인은 미국 최남부와 옛 남서부지역에서 온 이민자들의 참석이었다. 이들은 로스앤젤레스 인구에서 상당히 큰 비중을 차지했던 소수 집단이었는데, 그래함의 억양이 이들에겐 마치 고향에서 온 정겨운 편지같이 들렸고 이내 그들 사이에서 전도 대회에 대한 입소문이 퍼지게 된 것이다.

하지만 이 외에도 또 다른 원인이 있었다. 그것은 그래함의 전도 대회에 유명인들이 참석하기 시작한 것이었다. 그리고 그들은 그곳에서 그리스도를 영접한 경험을 이야기하며, 이에 대한 간증을 나눴다. 예를 들면 그래함의 전도 대회에서 개종한 첫 번째 유명인이었던 스튜어트 "스튜" 햄블런Stuart "Stew" Hamblen은 거친 입담을 소유한 라디오 진행자이자 경마꾼이었다. 그는 텍사스의 한 감리교 설교자의 자녀로 자랐지만 이내 교회에서 멀리 벗어나 방황하고 있었다. 그러던 중 아내의 끈질긴 설득 덕분에 그는 10월 16일 주일 저녁 그래함의 전도 대회에 참석하게 되었고, 그다음 날 아침 그는 "자신의 중심을 그리스도께 드렸다"라고 말했다. 그는 자신의 삶에 일어난 변화를 라디오 프로그램에서 공개적으로 이야기했다. 또한 자신의 프로그램을 후원하던 담배 업체의 광고를 중단하기도 했다. 그는 이로 인해 일자리를 잃기까지 했다.

그 이후에도 몇 주 동안 올림픽 육상 스타이자 전쟁영웅인 루이스 잠페리니Louis Zamperini를 비롯해 여러 유명인들도 전도 대회를 찾아와 그리스도를 영접했다.[24] 햄블런과 잠페리니의 사례는 향후 60년간 빌리 그래함 전도 대회가 지닌 가장 뚜렷한 특징들 가운데 하나를 보여 준다. 그것은 바로 간증이다. 그래함은 본능적으로 변화를 직접 경험한 사람의 말이 그 어떤 신학 서적보다 훨씬 설득력 있다는 사실을 알고 있었다.

한편, 갑작스레 사람들이 전도 대회에 몰려들게 만든 가장 큰 원인은 누구도 예상치 못한 것이었다. 대회 연장 결정을 내린 지 하루 내지 이틀 정도가 지났을 때, 전도 대회 천막으로 걸어 들어가던 그래함은 떼를 지어 주위를 서성이던 기자들을 발견했다. 그들은 플래시 전구를 터트리며 수첩을 들고 서 있었다. 그래함이 이름 모를 한 기자에게 무슨 일이냐고 물었다. 이에 그 기자는 "목사님이 윌리엄 랜돌프 허스트William Randolph Hearst 마음에 드신 겁니다"라고 대답했다.

이 이야기가 바로 미국 내에서 가장 영향력 있는 언론계 거물 중 한 명이었던 허스트가 그의 직원에게 "그래함을 사람들에게 소개하라"라고 말했다는 그 전설이다. 대부분의 신화적 이야기들이 그러하듯, 어디까지가 사실인지는 분명하지 않다. 그럼에도 이 이야기는 계속 사람들 사이에 회자될 만큼 충분히 강력한 이야깃거리였다.

사실 그로부터 몇 해 전, 허스트는 이미 기자들에게 YFC에 관

24_ 잠페리니는 큰 흥행을 거둔 로라 힐렌브랜드 도서 『언브로큰』의 실제 주인공으로, 이후 동명의 영화로도 제작되며 다시금 유명해졌다.

한 기사를 실으라고 지시한 바 있었다. 로스앤젤레스 전도 대회 또한 특별한 관심을 기울이라는 지침을 내렸다고 한다. 그래함과 허스트는 전혀 만난 적 없던 사이였고, 그가 그래함처럼 복음주의적 신념들을 공유하고 있던 것도 아니었다. 하지만 허스트는 공산주의를 맹렬히 비판하고, 공중도덕을 강조하는 그래함을 좋게 여겼을 가능성이 높다. 그리고 무엇보다 그래함처럼 잘생긴 인물이 앞면을 장식하면 신문이 잘 팔린다는 것을 잘 알고 있는 책략가였다.

* * *

허스트가 잘생긴 스타플레이어의 시장가치를 알아본 유일한 인물은 아니었다. 거의 모든 신문들은 로스앤젤레스 전도 대회를 다룬 기사에서 꼭 그래함의 외모를 언급했고, 그 언급은 대체로 첫 번째 단락에 등장했다. 하지만 외모 외에도 그들이 앞다투어 보도한 것이 있다. 로스앤젤레스에서 그가 보여 준 색다른 모습은 바로 폭발적인 설교 스타일이었다. 한 기자는 그에게 '설교하는 풍차'라는 별명을 붙였다. 그래함은 설교를 할 때마다 강단 위를 정신없이 돌아다녔는데, 때로 설교 한 편당 1.6㎞ 이상을 돌아다니기도 했다. 때문에 찬양인도자로 그래함과 함께했던 버로우즈는 그래함의 옷깃에 달린 마이크 줄을 마치 낚시를 하듯 당기거나 풀며 선의 길이를 조절해야만 했다.

또한 그래함은 말이 빨랐다. 그래함은 그가 즐겨 청취하던 저명한 뉴스 진행자들, 가브리엘 히터나 H. V. 칼텐본, 월터 윈첼 그리고 드루 피어슨처럼 말했다. 다시 말해 뉴스 진행자들이 말하는 속도만큼이나 빠르게 설교한 것이다. 그래서 어느 기자는 그를 '하나님의 기관총'이라고 부르기도 했다. 참고로 1946년에 영국의 한 속기사가 그래함의 설교 속도를 측정해 봤는데, 그는 1분에 240 단어나 말하고 있었다. 하지만 이처럼 빠른 속도에도 그의 말이 알아듣기 어렵다든가, 그가 말을 더듬는다든가 혹은 말에 문법적으로 오류가 있지는 않았다.

더욱이 그래함은 목소리가 무척이나 컸다. 거의 모든 사람들은 입을 모아, 그래함이 귀청이 떨어질 것 같은 목소리로 맹렬히 설교를 쏟아 냈다고 증언했다. 이는 후에 자신의 사역 여정을 돌아보며 그래함 자신도 인정한 바였다. 그래함의 여동생 진의 증언 또한 동일했다. "그래함 오빠는 아주 큰 소리로 설교했어요."《타임》의 표현은 좀 더 기억에 남는다. "트럼펫 연주자의 폐를 지닌 그래함!"

한 지역 신문 기자는 그래함의 설교 스타일을 아주 잘 표현했다. "키가 크고 날씬하며 잘생겼고 곱슬곱슬한 금발을 지닌 그래함은 광고에 등장할 것만 같은 매력적인 남자였다. 그는 영화배우처럼 행동하며 심리학 교수처럼 사고하고, 노스캐롤라이나 출신처럼 말하며 빌리 선데이와 드와이트 무디를 합쳐 놓은 것처럼 설교한다. … 그의 설교에는 예화가 많이 등장하지 않고, 눈물을 짜내는 이야기들은 아예 찾아볼 수 없으며, 임종 시에 들을 법한 이야기 같은 것들은 절대로 사용되지 않았다."

한편, 설교 스타일만큼 그 내용 역시 많은 관심을 받았다. 그래함은 전 세계에서 발생하는 심각한 위험들을 많이 지켜봐 왔다. 나라가 나라를, 당파가 당파를, 교회가 교회를 그리고 개인이 개인을 대적해 싸우고 있었다. 그리고 이 문제들에 대한 해결책은 분명했다. 죄를 회개하고 그리스도 안에서 새로운 생명을 발견하는 것이었다.

그중에서도 그래함에게 가장 큰 위험으로 다가온 것은 공산주의였다. 그래함은 공산주의를 반복적으로 강하게 비판했는데, 이는 당시 상황을 고려해 볼 때 전혀 놀랄 만한 일이 아니었다. 로스앤젤레스 전도 대회가 시작되기 이틀 전인 1949년 9월 23일, 트루먼 대통령은 소련이 최근 원자 폭탄을 터트렸다고 발표했다. 미국인들은 머지않아 그런 일이 도래할 것이라고 예상했지만 이렇게 빠르게 오리라고 생각했던 사람은 극소수뿐이었다. 그리고 10월 1일에는 마오쩌둥의 공산군이 중국 본토에 대한 통치권을 획득했다. 1970년대 중반까지 그래함의 반공주의적 설교가 지속적으로 힘을 얻을 수 있었던 이유는 수백만 미국인들이 그래함의 설교대로 공산주의는 치명적이며 성큼 다가온 불가피한 위협이라고 생각하고 있었기 때문이다. 공산주의 국가들이 그들의 노선을 변경하지 않는 한 계속 진행될 위협 말이다.

앞서 말했듯 전도 대회 준비 위원회는 로스앤젤레스에서 단 3주 동안만 전도 대회를 진행할 계획이었다. 하지만 늘어만 가는 인파로 인해 대회는 두 번이나 연장되었고, 결국 총 8주간 진행되었다. 그렇게 일정을 유연하게 조정할 수 있었던 것은 그래함이 지닌 준비성 덕분이었다. 그는 항상 전도 대회 간에 시간적 간격을 신중하게 남겨 두었는데, 이는 대회가 길어질 수 있다는 가능성을 감안했기 때문이었다. 그래함은 대회가 연장될지 말지는 성령께서 결정하실 일임을 알고 있었지만, 성령께서 최대한 쉽게 역사하실 수 있도록 인사人事를 다하고 싶어 했다.

* * *

천사들의 도시에서 그래함이 소화해야 했던 일정은 극악무도했다. 들어오는 모든 초빙 요청들을 다 수락하리라 결심했던 그는 지역 교회와 단체들 그리고 이웃 주민 간담회에서 셀 수 없이 많은 강연과 설교를 했다. 그는 유명인들의 집에 초대받기도 했기에, 그 기간 중에 찍혔던 한 사진에는 그래함이 누군가의 호화스러운 부엌에서 지미 스튜어트, 지미 듀란트 그리고 캐서린 헵번과 수다를 떨고 있는 모습이 담겨 있다.

그래함은 모든 관계자들이 쉬었던 월요일을 제외하고는 매일 밤 설교했다. 주일에는 두 번씩 설교했는데, 때로는 토요일에도 그렇게 했다. 전도 대회가 시작되었을 때 그래함에게는 25편의 설교 목록이 있었는데, 몰아치는 초빙 덕분에 그 설교들은 이내 다 소진되고 말았다. 따라서 그래함은 아예 새로운 설교를 작성해야만 했다. 아니, 그러지 않았을 수도 있다. 왜냐하면 한번은 출처를 밝힌 뒤, 조나단 에드워즈의 대표 설교인 「진노하시는 하나님의 손에 붙잡힌 죄인들」을 말 그대로 '재사용'하기도 했기 때문이다. 8주간의 전도 대회 동안 그래함은 총 65편의 설교를 했다. 참관인들의 추정에 따르면, 대회 참석자 수는 35만 명- 어쩌면 40만 명 -에 달했고, 6,000여 명이 그리스도께 자신의 삶을 드리기로 결단 혹은 재결단했다.

그리고 마침내 1949년 추수감사절을 한 주 앞둔 시기에, 그래함과 루스는 미니애폴리스로 향하는 기차에 올랐다. 그곳에는 당시 그래함이 여전히 총장으로 사역하고 있던 노스웨스턴학교가 있었다. 로스앤젤레스 전도 대회가 처음 열렸을 당시에도 그래함은 마른 체형이었지만, 대회가 진행되는 동안 몸무게는 9㎏나 빠졌고 극심한 피로가 누적되어 있었다. 집으로 돌아가는 길 위에서 그래함은 주께서 행하신 일들에 감탄하며 기나긴 마라톤 같았던 로스앤젤레스에서의 여정을 회고했다. 만일 이 과정에서 그가 자신이 감당한 역할에 대해 일말의 자부심도 갖지 않았다고 한다면, 그는 초월적인 겸손을 지닌 존재였을 것이다.

그러나 로스앤젤레스에서 보낸 8주가 머지않아 그래함을 전국적으로 유명한, 그리고 나중에는 세계적인 인물로 만들어 주리라는 것을 당시의 그는 알 수 없었다. 《AP 통신》은 이 떠오르는 복음전도자를 두고 "빌리 선데이를 능가한다"라고 선언했으며, 《타임》 역시 "빌리 선데이 이후, 그 누구도 이 금발의 노스캐롤라이나 출신 전도자만큼 성공적으로 수많은 사람들을 기독교인으로 만들지 못했다"라고 단언했다. 1940년대에 독자 1,350만 명을 거느렸던 《라이프》도 그래함의 성공의 소식을 자랑스럽게 알렸다. 《퀵》, 《뉴스위크》, 《LA타임스》 그리고 《런던 일러스트레이티드》도 이 행렬에 합류했다.

때가 무르익고 있었다. 미국 문화사 전문가인 앤 블루 윌스Anne Blue Wills는 워싱턴 D.C.에 위치한 뉴욕애비뉴장로교회의 목사였던 피터 마셜Peter Marshall이 그래함이 로스앤젤레스 전도 대회를 기반으로 그 영향력을 확대하고 있던 해인 1949년 1월, 46세의 나이로 세상을 떠났다는 점을 주목했다. 비록 마셜은 순회 복음전도자가 아니라 지역 교회의 목사였지만, 개신교 내에서 그의 영향력은 매우 대단했다. 반면 그래함은 지역 교회 목사가 아닌 복음전도자였지만, 그는 여러 측면에서 마셜의 역할을 대신할, 그리고 이내 그를 뛰어넘을 인물이었다.

콩의 도시: 보스턴

로스앤젤레스를 떠난 지 6주 만에 그래함은 다시 순회 전도 여행에 나섰다. 이번 목적지는 보스턴이었다. 1949년 새해 전야에 그는 장기 전도 대회를 개최했다. 보스턴에서 전도 대회를 연다는 것은 그래함에게 꿈같은 이야기였다. 우선 보스턴은 학문적 엘리트, 금융전문가, 사회 상류층이 살고 있던 동부 연안의 훌륭한 요새 같은 도시였다. 또한 유니테리언과 크리스천 사이언스 그리고 그 수가 빠르게 증가하고 있는 아일랜드계 가톨릭교인들에게 역사적 고향과 같은 곳이기도 했다.

그래함을 보스턴으로 초대한 사람들은 그들을 둘러싼 위협적인 세력에 대해 걱정하며 광범위한 영적 갱신을 갈망했던 복음주의 목회자들의 연합 단체였다. 이 단체는 보스턴의 역사적인 교회인 파크스트리트교회Park Street Church의 담임 목사였던 해럴드 존 오켕가Harold John Ockenga 박사가 이끌고 있었다.

회중교회 목사인 헤럴드 오켕가는 어느 모로 보나 대단한 인물이었다. 그는 1942년 전미 복음주의 협회National Association of Evangelicals의 주요 설립자였고, 캘리포니아 패서디나에 있는 풀러신학교의 총장이며 동시에 파크스트리트교회의 목회자였다. 또한 그는 기독교 계열이 아니었던 피츠버그대학교에서 일반 학문인 철학으로 박사 학위를 받은 희귀한 복음주의자 중 하나였다.

보스턴 전도 대회의 첫 번째, 네 번째 그리고 다섯 번째 집회는 파크스트리트교회에서 열렸다. 만일 뉴잉글랜드의 복음주의 개신교인에게 종교적으로 중요한 장소가 있다고 한다면, 그곳은 바로 1809년에 미국식 신新고전주의 양식으로 지어진 파크스트리트교회일 것이다. 1831년 7월 4일, 바로 이 교회에서 그 유명한 노래 〈나의 나라 당신의 것〉My Country, 'Tis of Thee이 처음 울려 퍼졌다. 이렇게 역사와 전통의 상징으로 여겨지던 파크스트리트교회는 미국 남북전쟁 이전 복음주의 노예제 폐지론자들의, 그리고 전쟁 이후 무수히 많은 유명한 복음전도자들의 요람 역할을 했다. 찰스 피니, 드와이트 무디, 빌리 선데이 등 유명 설교자들이 이곳 강단에서 설교를 했다. 위치 또한 인상적이다. 교회의 한쪽에는 아름다운 보스턴 코먼 공원이, 반대쪽에는 보스턴학살이 벌어진 장소와 그래너리 공동묘지Old Burying Ground가 자리해 있다.

요약하자면 보스턴, 오켕가 그리고 파크스트리트교회는 남부 지역 시골 출신으로 좁은 복음주의 세계에 갇혀 그 외에는 연결점이 적었던 젊은 설교자에게 벅찬 도전이자 놀라운 기회의 장소였던 것이다. 이러한 정황들 속에서 그래함이 그 제안을 수락한 것은 의외였다. 그래함은 물론, 그 도시 주민들조차 전도 대회를 준비할 시간이 충분하지 않았기 때문이다. 언제나 대규모로 진행되는 전도 대회는 이미 그래함의 특징과도 같았으니, 이 선택은 놀라울 따름이었다. 하지만 그래함은 어떻게든 보스턴으로 향했다. 성령의 인도와 더불어 도전 의식을 온몸으로 느끼면서 말이다.

공식적인 첫 집회는 새해 전야 메카닉스 홀에서 개최될 예정이었지만 그래함은 그 하루 전인 12월 30일 금요일 저녁 파크스트리트교회에서 전도 대회의 시작을 알렸다. 그날 집회에는 2,000명이, 12월 31일에는 6,000명에 달하는 인파가 몰렸다. 예상치 못한 열렬한 반응에 주최자들은 새해 첫날인 다음 날 오후에 추가 집회를 메카닉스 홀에서 개최하기로 결정했다. 그러나 홀을 가득 메운 인파를 지켜보며 그들은 저녁 예배 장소를 다시금 파크스트리트교회로 옮겼다. 하지만 그곳마저도 가득 찰 정도의 인파가 몰려, 결국 2,000명은 안으로 들어가지 못하고 발길을 돌려야만 했다.

파크스트리트에서 이틀간의 저녁 집회를 지낸 후, 장소는 다시 메카닉스 홀로 옮겨졌고, 그 후에는 오페라하우스, 그다음에는 심포니 홀 그리고 마침내 1월 16일 폐회 집회는 도시에서 가장 큰 실내 시설이었던 보스턴 가든에서 진행되었다. 폐회 집회에는 2만 5,000명이 참석했고, 공간이 부족해 입회하지 못한 사람만 1만 명에 이르는 것으로 추산되었다.

* * *

전도 대회 장소를 계속해서 옮겨 다녔던 그래함의 모습에서 우리는 아주 오랫동안 발견되는 그래함의 특징 가운데 세 가지를 발견할 수 있다. 첫 번째는 실용주의적인 면모다. 신학교 학위는 없었지만 파크스트리트의 유구한 설교단에 기꺼이 올라가는 모습 그리고 도시에서 가장 크고 유명한 장소 네 곳을 거리낌 없이 이동하는 모습은 모두 그의 실용주의적 성향을 고려해 본다면 전혀 놀랄 만한 일이 아니다. 그에게는 장소의 가치나 전통보다 최대한 많은 사람들에게 말씀을 전할 수 있는 공간인지가 더 중요했던 것이다.

두 번째 특징은 대중문화의 중심인 도시나 장소에서 전도 대회를 개최하는 그래함의 안목이었다. 그가 로스앤젤레스 전도 대회 천막을 도시 한 가운데에 설치한 것은 우연이 아니었다. 로스앤젤레스 이후로 수년 뒤에도 그래함은 정치적인 중요성을 지닌 미국 국회의사당 계단, 스포츠에서 주요 장소로 꼽히는 로즈 볼 스타디움, 건축학적으로 저명한 센트럴 파크 등 사회·문화적으로 의의 있는 장소들을 선정해 전도 대회를 개최했다.

위 특징들과 긴밀한 연관성을 지니는 세 번째 특징은 개최 시기에 대한 날카로운 감각이었다. 그는 전도 대회를 언제 시작해야 하는지, 혹은 언제 끝내야 하는지 매우 잘 파악하고 있었다. 그래함은 보스턴 전도 대회의 공식 개최일을 새해 전야로 잡았는데, 이

날은 전통적으로 복음주의자들이 송구영신예배를 위해 비워 두는 날이었다. 후에도 그는 부활절 오후 같은 기독교 기념일이나 7월 4일과 같은 국가 공휴일[역주- 미국 독립기념일], 대통령이나 주지사 조찬기도회와 대통령 취임식 등 셀 수 없이 많은 중요 정치적 행사들이 열리는 시기를 전도 대회의 개최일로 활용했다.

* * *

보스턴에서 그래함의 설교는 유독 쇼맨십이 가득했던 설교로 기록되었다. 적어도 그래함 자신은 이를 전혀 창피하게 여기지 않았다. 그는 성경을 터무니없이 문자 그대로 해석했고 속어를 아무렇지도 않게 뱉어 냈으며 무대 위에서 성경 장면을 재연하려고도 했다. 그는 천국은 '1,600마일의 길이, 1,600마일의 넓이, 1,600마일의 높이'로 되어 있을 것이라고 큰 목소리로 말했다. 그리고 성도들이 그곳에서 보내게 될 시간을 이렇게 묘사했다. "우리는 벽난로에 둘러 앉아 파티를 열 것이고, 천사들은 우리의 시중을 들 것입니다. 그리고 지붕을 폈다 접었다 할 수 있는 노란색 캐딜락 승용차를 타고 황금 도로를 드라이브할 것입니다." 그래함은 구약 성경의 축제를 '떠들썩한 파티'라고 칭했고, 사료를 먹는 돼지를 흉내 내며 탕자의 비유 이야기를 재연하기도 했다. 그리고 이러한 모습을 곁에서 지켜보던 루스는 걱정했다.

부끄러움을 모르는 쇼맨십이 가득했던 설교를 제외한다면 보스턴 전도 대회는 여러 의미에서 예상치 못했던 성공을 거두었다. 우선, 그래함은 보스턴 내 가톨릭교인들을 적대시하지 않고 그들에게 함께 개인의 죄악과 사회 부조리에 맞서자며 손을 내밀었다. 대주교 (후에 추기경) 리처드 제임스 쿠싱Richard James Cushing은 그래함의 노력에 화답하며, 대주교 공식 신문에 그의 사역을 소개하도록 지시했다. 그래함의 복음주의자 친구들은 쿠싱을 만나는 것조차 만류했지만 그래함은 이렇게 말했다. "사역의 부르심을 받아 들였을 때 저는 '하나님께서 보내길 원하시는 곳이 어디든지, 저는 가겠습니다'라고 말했습니다. 만일 하나님께서 저의 안전만 보장해 주신다면 저는 지옥이라도 갈 것입니다."

이러한 그래함과 쿠싱의 모습은 서로에게 용기를 주었다. 1950년, 대부분의 복음주의자들은 교황을 적그리스도로 여겼다. 이는 은유적인 표현일 뿐 아니라 실제로 빈번하게 그리 여기기도 했다. 오켕가 또한 가톨릭에 대한 단호한 반대의 목소리를 내고 있던 무리를 이끌고 있었을 정도였으며, 가톨릭의 경우도 비슷했다. 가톨릭은 대체로 개신교인들을 '잃어버린 사람들'로 분류했다. 왜냐하면 그들은 가톨릭밖에 구원은 없다고 믿었기 때문이다. 하지만 그래함과 쿠싱 사이에 존재했던 친선관계와 상호지원은 개신교와 가톨릭의 우정이 싹텄음을 의미했고 이것은 점차 자라났다.

또 다른 성공은 그래함이 학문적 엘리트 공동체와 친분을 형성한 것이었다. 그래함은 보스턴에 있는 MIT와 웰즐리 그리고 하버드대학교로부터 초청을 받았으며, 뿐만 아니라 뉴잉글랜드의 예일, 바사르, 애머스트 그리고 매사추세츠주립대학교 등 일류 대학들에서 설교를 해 달라는 초대를 받았고 그래함은 당연히 그에 응했다.

이러한 초기 방문들에 대한 자료가 희박한 탓에, 우리는 그래함이 학생 단체 혹은 특정 교단 소속의 교회들, 교수진 혹은 행정 직원으로부터 얼마나 많은 초청을 받았는지 정확히 알지 못한다. 역사가 앤드루 핀스튜엔Andrew Finstuen은 그가 받은 제안의 반절 이상은 아마도 학생 단체로부터 왔을 것이라고 추정한다.[25] 그러나 초대의 출처가 어떠했든 간에, 이 시골 출신의 젊은 목회자가 가진 대단함을 알아차린 것은 당시 소수의 사람들뿐이었다. 보잘 것없는 학력을 지녔으나 대단한 학력들을 지니고 있는 이들이 가득한 곳으로 걸어 들어와, 이내 그들과 서로 존중하는 관계를 맺은 뒤 유유히 그곳을 나서는 이 목회자의 대단함을 말이다.

보스턴 전도 대회에 대한 언론 보도는 더 중요한 한 가지 결과를 만들어 냈다. 그것은 그래함의 삶과 사역에 관한 기사였는데, 이 당시 발행된 기사들은 그 숫자나 세부적인 내용 모두에 있어 매우 특별했다. 기자들은 전도 대회 참석자들의 규모와 그래함의 지치지 않는 에너지, 역동적인 설교와 멋진 외모 그리고 어린 자녀들과의 가정생활에 집중했다. 그들은 심지어 그의 식단과 식습

25_ 핀스튜엔은 주류 교단에 속하거나 좀 더 급진적인 종교인들, 예를 들면 라인홀드 니부어(Reinhold Niebuhr), 마틴 루터 킹 주니어(Martin Luther Kin Jr.) 그리고 말콤 X(Malcolm X) 같은 인물들에 대한 초대 역시 아마도 학생 단체로부터 왔던 것일지 모른다고 말했다.

관에 대한 이야기까지 샅샅이 파고들었다. 티셔츠를 입은 그래함의 모습이 담긴 커다란 사진 한 장은 그래함에 대한 언론의 관심이 얼마나 높았는지를 알려 준다. 언론에게 있어 그래함은 좀처럼 싫증 나지 않는 소재였다.

이러한 환호 가운데 그래함은 한곳에 머무르지 않고 쉴 틈 없이 움직였다. 보스턴 전도 대회를 끝낸 그는 지속적으로 남부와 뉴잉글랜드를 순회하며 설교 사역을 펼쳤는데, 후에 그래함은 최고조에 이르렀던 보스턴 전도 대회를 조금 더 연장하지 않고 떠난 것은 실수였다고 인정했다. 만일 보스턴에 더 머물렀다면 대각성 운동에 견줄 만한 부흥의 역사가 보스턴에 일어나지 않았을까? 그는 사색에 잠긴 채 물었다. 그래함의 인생에 나타나는 위대한 모순들 가운데 하나는 바로 이러한 것이었다. 그래함은 거의 언제나 앞으로 해야 할 일들에 대한 자신감으로 가득 차 있었음에도, 수년 뒤 과거를 돌이켜보며 과연 당시 자신의 결정이 옳은 결정이었는지 의문을 갖기도 했다.

얻은 것과 잃은 것

보스턴 전도 대회가 끝난 후, 계속된 사역 일정 속에 그래함은 많은 것을 얻었고, 또 많은 것을 잃었다. 우선 얻은 것부터 살펴보자. 1950년 2월 그래함은 다시 남부지역으로 향하고 있었다. 그는 애틀랜타주 의회에서 연설을 한 뒤, 사우스캐롤라이나의 컬럼비아에서 3주간 전도 대회를 인도했다. 사역의 영향력을 배가시켜 줄 장소를 물색하는 정확한 안목이 그래함에게 있었음을 염두에 두면, 그가 남부의 주요 전도 대회들을 그 지역의 수도이자 사우스캐롤라이나대학교가 위치한 컬럼비아에서 개최한 것은 우연이 아니었다. 컬럼비아 전도 대회의 마지막 예배는 사우스캐롤라이나대학교 경기장에서 열렸다. 당시 참석 인원수는 그 경기장에서 열렸던 다른 어떤 행사들의 기록보다 높았다. 그러나 앞으로 언급될 두 가지 사건은 그래함의 사역에 있어 컬럼비아 전도 대회에서 거둔 성공보다 더 큰 영향을 끼쳤다.

첫 번째 사건은 사우스캐롤라이나의 주지사 스트롬 서먼드Strom Thurmond가 그래함을 주 의회에 연설자로 초대하면서 전도 대회의 후원자로 나선 것이었다. 그래함은 로스앤젤레스 전도 대회가 있기 이전부터 그곳 시장의 지원을 받은 경험이 있었지만, 주지사로부터 지원을 받는다는 것은 훨씬 더 높은 차원의 정부 지원을 의미했다.

주지사는 이것이 정교분리 원칙을 어기는 것일지도 모른다는 우려를 예상하지 못했다. 그래함 혹은 다른 사람들도 마찬가지였다. 덧붙여 그래함이 서먼드가 가진 인종 분리주의적 견해들을 불편하게 여겼다고 생각할 만한 증거는 없다. 그러나 그가 현직 주지사의 지원을 기뻐했음을 보여 주는 증거들은 너무나도 많다.

두 번째 사건은 장기적인 관점에서 훨씬 큰 중요성을 내포하고 있었다. 그래함이 컬럼비아에서 설교할 당시, 캐롤라이나 해변에서 휴가를 보내고 있던 잡지사의 거물 헨리 루스Henry R. Luce는 유망한 젊은 복음전도자에 대한 소식을 듣게 되었다. 루스는 출판업계에서 허스트와 견주어졌으며, 두 사람 모두 미국에서 가장 영향력 있는 출판인들로 손꼽혔다. 혹자는 《타임》, 《라이프》, 《포춘》을 소유하고, 이후 《스포츠 일러스트레이티드》까지 창간한 루스야말로 미국 내에서 가장 영향력 있는 민간인이라고 말했다. 루스는 그래함에 관한 소식을 반기며 그를 저녁 식사에 초대할 정도로 서로 마음이 잘 맞았다.

루스와 그래함은 많은 공통점을 가지고 있었다. 허스트와는 달리 루스는 적극적인 개신교 신자였다. 그는 중국 교육 선교사였던 부모님과 함께 중국에서 성장했으며, 평생을 장로교인으로 살았다. 또한 두 사람 모두 근면성, 공익성, 구시대적 애국심과 같은 전통적 가치들을 지니고 있었다. 공산주의는 국가안위에 치명적인 위협이라고 믿었고, 그로부터 나라를 수호하는 일을 위해 힘쓰리라 다짐했다.

루스 소유의 잡지들이 그래함에게 보인 지속적인 관심으로 인해 그래함은 상류층 인사들의 호감을 얻었을 뿐만 아니라, 언론이 주목하는 대상이 되었다. 이것은 값으로 환산할 수 없는 가치를 얻은 셈이었다. 《라이프》의 화려한 양면 사진 기사들은 그래함의 매력적인 외모를 백분 활용했다. 그래함이 일구어 낸 성공의 상당 부분은 허스트, 특히나 루스 덕분이었다고 그래함도 기꺼이 인정하는 바였다. 그리고 루스가 그에게 보인 호의는 장기적으로 그래함과 기자들 사이의 길고도 유익한 관계가 시작되었음을 뜻했다.

한편, 사우스캐롤라이나 전도 대회는 새로운 이름을 내건 미국 내 첫 번째 집회이기도 했다. 그래함은 이때부터 전도 운동(Campaign)으로 사용되던 명칭을 '전도 대회'(Crusade)로 변경했다. 사실 이 명칭은 4년 전 영국에서 처음 소개된 바 있지만, 미국에서는 사우스캐롤라이나 전도 대회가 처음이었다. 그래함은 앞서 전도 대회라는 명칭을 사용했던 빌리 선데이에게서 아이디어를 얻었던 것일지도 모른다.[26]

26_ 9.11테러 이후 빌리그래함 전도협회는 '전도 대회'(crusade)라는 표현을 '페스티벌'(festival), 이후 '셀레브레이션'(celebration)이라고 바꿨다.

이름을 변경한 것은 순회전도자가 그 도시에 도착하기 오래 전부터 사역은 일찍이 시작되었으며, 그가 떠난 이후에도 오랫동안 지속된다는 것을 사람들에게 확실히 각인시키기 위해서였다. 이를 위해 선발대는 가족과 함께 보통 전도 대회가 있기 세 달 전, 때로는 1년, 심지어는 2년 전에 먼저 그 지역으로 이동했다. 또한 이들은 전도 대회가 끝난 후에도 그 지역에 세 달 정도 머물면서 결신 카드에 서명한 이들과 전도 대회 이후 상황을 감독했다.

1950년 봄, 그래함은 다시 보스턴으로 향했고 4월 23일 주일 오후에 보스턴 코먼 공원에서 대규모 집회를 열었다. 세차게 내리는 폭우 속에서도 집회는 보스턴 코먼 공원 역사상 가장 많은 인파를 끌어모았고, 언론의 유례없는 관심을 받았다. 예상대로 그래함은 죄에 대해 설교했으며 그에 대한 답으로 그리스도를 제시했다. 또한 그는 공산주의를 언급하며 그에 대한 답 역시 그리스도라고 소개했다. 그는 설교의 패턴을 확립해 가고 있었다. 청중들은 그의 설교에 등장할 특정 주제들을 예상할 수 있었고 기대했으며 좋아했다.

* * *

하지만 그래함이 크게 잃은 것도 있었다. 1950년 7월, 31살이었던 그래함은 대통령의 집무실에서 해리 트루먼Harry S. Truman 대통령과의 만남을 어떻게든 얻어 냈다.

여기서 "어떻게든 얻어 냈다"는 아주 정확한 표현이다. 그래함은 트루먼 대통령과 만남을 성사시키기 위해 온갖 노력을 다 했기때문이다. 트루먼에게 편지를 보내고, 노스웨스턴학원의 라디오 방송을 개설했을 때 그에게서 공식 축전을 받기 위해 애쓰기도 했다. 비록 성공하지 못했지만 말이다. 또한 그는 한국전쟁에 대한 트루먼의 강력한 의지를 적극 지지한다는 전보를 보내기도 했지만 트루먼은 이를 무시했다. 그러다 정치인 친구들에게 도움을 청하고 나서야 비로소 트루먼을 만날 수 있게 되었다.

이 만남은 그래함의 긴 인생에서 가장 기억에 남는 사건들 중하나가 되었다. 그러나 좋지 않은 의미에서 그러했다. 반세기가 지나, 그래함은 우리에게 당시 이야기를 자서전의 가장 첫 번째 페이지에서 들려주었다. 이는 어쩌면 이 이야기를 가장 앞부분에 격리시켜 두기 위한 그래함의 노력이었을지도 모른다.

어찌 되었든, 만나기로 한 당일이 되자 그래함은 그레이디 윌슨, 클리프 버로우즈, 제리 비번과 함께 백악관으로 향했다. 하지만 시작부터가 순탄치 못했다. 황록색 정장과 화이트 벅 신발로 차려입은 그들의 옷차림이 문제였다. 도통 이유는 알 수 없지만, 당시그래함은 대통령이 화려한 복장을 좋아한다고 생각했다. 하지만그것이 그의 첫 번째 실수였다.

그래함 일행은 대통령 집무실에서 트루먼과 한 시간 동안 대화를 나눴다. 대화가 끝나 갈 무렵, 그래함은 트루먼에게 하나님에대한 인격적인 믿음을 소유하고 있냐고 물었다. 주류 침례교인이었으나 종교에 관해 말을 아꼈던 트루먼은 산상수훈과 황금률을 따르며 살고자 노력하고 있다고 대답했다. 하지만 전형적인 복음전도자였던 그래함은 트루먼에게 그것만으로는 충분하지 않다고 말했다. 그러고는 트루먼이 구원을 베푸시는 그리스도를 인격적으로, 그리고 전심으로 받아들여야 한다고 주장했다.

뒤이어 그래함은 대통령에게 그와 함께 기도해도 될지를 물었다. 전해진 바에 따르면, 트루먼은 이에 대해 "나쁠 건 없지요"라고 답했다고 한다. 그래함은 대통령에게 하나님의 복이 임하길 구했고, 그 옆에 서 있던 버로우즈는 "아멘!", "그렇게 해 주소서, 주님!"이라고 화답하며 그래함의 기도를 지지해 주었다.

일행이 집무실에서 나와 백악관 앞 잔디밭을 향해 걸어오자, 기자들은 그들이 대통령과 무슨 대화를 나누었는지 전부 알아내고자 그들을 둘러쌌다. 그리고 이때, 그래함은 무척이나 순진하게 행동해 버리고 말았다. 그는 마치 대통령 집무실에서도 무릎을 꿇었던 것처럼 잔디밭 위에서 무릎을 꿇고 대통령과 나눈 대화를 그들에게 이야기해 주었다. 하지만 그들이 집무실에서 무릎을 꿇었다는 자료는 없다. 그래함은 자신이 대통령에게 말했던 그리고 대통령이 자신에게 말했던 모든 내용을 충실히 재연했다. 사진사들은 그 장면을 촬영했고, 기자들은 자신들이 들은 내용을 보도했다.

이에 트루먼은 크게 화를 냈다. 그는 자신의 보좌관에게 다시는 그래함을 백악관에 초대하지 말라고 말했다. 그러고는 그래함의 소소한 지원 요청들, 예를 들면 1952년 국회의사당 계단에서 열린 기도 모임이나 그해 워싱턴에서 개최된 전도 대회에 참석해 달라는 요청들, 혹은 지지 의사를 표현해 달라는 요청들을 거절했다.

트루먼은 그래함을 절대 용서하지 않았다. 수년 후, 그래함이 노년의 전임 대통령이 되어 버린 그를 초대하여 관계를 회복하려 했을 때조차 트루먼은 이를 정중히 거절했다. 그래함과의 첫 번째 만남 이후 트루먼은 단지 그래함과 같은 설교자들을 '좋아하지' 않을 뿐이라고 말했다. 그러한 부류의 사람들이 원하는 것은 신문에 이름이 알리는 것뿐이라며 퉁명스럽게 말했다. 그래함을 개인적으로 대면했던 13명의 미국 대통령들 가운데 트루먼은 그래함과 관계가 유독 좋지 않았던 유일한 대통령이었다.

하지만 이를 통해 그래함은 값비싼 교훈 하나를 얻었다. 그것은 미국 대통령과 나눈 사적인 대화를 절대 외부에 발설하지 않는 것이었다. 이는 다른 정상급 지도자들과의 만남에서도 마찬가지였다. 대통령들은 당연히 자신들과 나눈 대화가 비밀에 부쳐져야 한다고 생각했다. 그렇기에 단 한 번이라도 그 지침을 어겼다가는, 두 번 다시 그들의 초대를 받지 못하게 되는 것이었다.

그러나 비밀을 지키겠다는 그래함의 결심은 훗날 심각한 비판을 받는 원인이 되었다. 언론의 지탄을 받았던 대표적인 사건이 바로 1960년대에 존슨과 닉슨 두 대통령과 베트남전쟁에 대해 나눈 이야기를 공개하지 않은 일이었기 때문이다. 이와 같은 일련의 사건들을 통해 그래함은 권력의 정점에 놓여 있는 아주 조그만 땅을 여행하기란 결코 쉬운 일이 아님을 배웠다.

배를 띄우다

1950년 여름이 끝나갈 무렵 그래함은 오리건의 포틀랜드에서 2주간 전도 대회를 개최해 달라는 요청을 수락했다. 어떤 의미에서 포틀랜드 전도 대회는 이전의 로스앤젤레스나 보스턴, 컬럼비아에서 열렸던 대표적 전도 대회들과 크게 비교되었다. 참석자 숫자는 괜찮았지만, 다른 전도 대회들만큼 언론의 많은 관심을 얻지 못했다. 그러나 다른 측면에서 보면 포틀랜드 전도 대회는 앞선 대회들보다도 더 성공적이었다. 왜냐하면 포틀랜드에서의 2주 동안 그래함은 사역 조직을 세부적으로 설립하는 데 착수하게 되었기 때문이다.

가장 먼저, 포틀랜드 전도 대회가 열린 동안에 그래함은 자신의 이름을 내세운 '빌리그래함 전도협회'Billy Graham Evangelistic Association[27]를

27_ 협회의 영문 앞 글자들을 따서 만든 'BGEA'라는 표현은 이내 복음주의 세계에서 너무나 익숙한 표현이 되었다. 마치 IT 회사인 IBM(International Business Machines)처럼 입에 딱 붙는 단어로 여겨졌는데, 협회 관계자들은 보통 'E'발음을 생략해 'B-G-A'라고 불렸다.

창립했다. 처음에는 세무 회계를 관리하는 것이 창립의 목적이었다. 전도 대회 기간에 그래함의 라디오 프로그램 《결단의 시간》을 위해 모인 금액은 2만 5,000달러였는데, 동료였던 그레이디 윌슨은 그 돈을 구두 상자에 넣어 자신의 호텔 침대 밑에 보관해 두었다. 그리고 다음 날 아침, 그래함은 그 상자를 들고 은행으로 향했다. 그래함은 그 돈을 사역에 사용할 계획이었지만, 그 돈을 그의 명의로 된 계좌로 입금하는 순간 그 돈에 대한 세금을 지불해야 한다는 사실을 깨달았다.

그래함과 그의 현명한 아내 루스는 비영리기관이 필요하다는 생각에 이르게 되었다. 그래서 협회를 설립하고 운영하기 위해 과거 노스웨스턴학원의 경영 관리인이었던 조지 윌슨George W. Wilson을 불러 자신의 사역에 합류시켰다.

한편 이미 1950년에 미디어와 인쇄 매체를 주목하고 있었던 그래함은 그해 12월, ABC 라디오 방송망을 통해 150개의 방송국으로 송출되는 전국 규모 라디오 프로그램인 《결단의 시간》을 시작했다.[28] 라디오를 활용하는 등 그래함이 초기 사역에 시도했던 노력들은 그 당시에 대단해 보였지만, 수십 년 후 TV와 인공위성 그리고 디지털 기술을 활용하는 대규모 사역들과 비교하면 걸음마와 다름없었다. 이런 대담함은 그의 사역 활동에 일관되게 나타났다.

《결단의 시간》은 이전의 훌륭하고 전통적인 종교 방송들과 어

28_ 당시 라디오와 TV에서 '시간'이라는 단어가 프로그램 제목에 들어간다는 것은 보통 30분짜리 방송이라는 것을 의미했다.

깨를 나란히 했다. 그 전통에는 에이미 셈플 맥퍼슨Aimee Semple McPherson의 《선샤인 아워》, 월터 마이어Walter Maier의 《루터란아워》, 찰스 풀러Charles E. Fuller의 《오래된 부흥의 시간》Old Fashioned Revival Hour 그리고 몬시뇰[역주- 가톨릭 고위 성직자를 뜻하는 존칭어] 풀턴 신Fulton J. Sheen의 《가톨릭 아워》가 있었다.[29] 가톨릭 아워는 이후 《삶은 살아갈 가치가 있다》라는 TV 프로그램으로 바뀌며 큰 인기를 얻었다.

이 방송들은 긍정적이고 초교파적인 방식으로 기독교 신앙을 이야기했고, 매주 수백만의 청취자들을 끌어모았다. 1950년의 그래함은 이미 라디오를 다루는 일에 노련한 사람이었다. 앞에서 언급했던 것처럼, 그래함은 플로리다에서 학생 시절을 보내는 동안 라디오로 설교를 한 적이 있었고, 담임 목회자로 사역했던 웨스턴스프링스에서 《한밤의 찬양》이라는 방송을 이끌기도 했으며, 노스웨스턴학원에서 라디오 방송국을 세운 경험도 있었다. 즉, 그래함은 라디오 방송이 어떻게 돌아가는지 잘 파악하고 있었다.

《결단의 시간》은 청취자들이 그 순서를 예측할 수 있도록 언제나 동일한 구성으로 진행되었다. 모든 방송은 또렷한 바리톤 목소리를 지닌 버로우즈의 말로 시작되었다. "매주 이 시간… 당신을 위한… 나라를 위한… 이 시간은 결단의 시간입니다." 매 방송

29_ 풀턴 신은 신부, 주교, 대주교 그리고 몬시뇰까지 계속해서 직함이 바뀌었다. 그의 이름은 본서에서 여러 번 등장하기 때문에 사용상 편의를 위해 앞으로 그를 몬시뇰이라는 직함으로 부를 것이다.

마다 버로우즈가 강한 음성으로 읊은 '이 시간'이라는 표현은 청취자에게 결단의 중요성을 일깨우곤 했다. 그리스도를 위한 결정이든 그리스도께 반대하는 결정이든, 그 선택이 무엇이던 간에 당신은 반드시 결단해야만 한다는 뜻이었다. 수백 명에 이르는 찬양대원들- 이후 찬양대의 숫자는 수천 명에 달했다 -이 부르는 감동적인 찬양이 그 뒤를 이었다.

그리고 그래함의 설교가 이어졌다. 편성 시간을 딱 맞추기 위해 설교는 정확히 18분 동안 진행되었다. 설교는 대부분 스튜디오나 그의 호텔방에서 사전에 녹음되었다. 전도 대회에서 녹음된 그래함의 설교 가운데 일부를 편집해 방송한 것도 몇 편 있었다. 청취자들은 버로우즈의 변하지 않는 소개말과 함께 그래함의 설교를 기다렸다. "그럼 이제, 이 위기의 시대에 하나님의 말씀을 대언하는 사람, 빌리 그래함을 소개합니다."

《결단의 시간》의 전임 프로그램이었던 찰스 풀러의 《오래된 부흥의 시간》과 달리 그래함의 방송에는 한가한 잡담이 없었다. 그래함은 바로 본론으로 들어갔다. 세계적, 국가적 그리고 개인적 위기들이 도처에서 발생하는데, 오직 그리스도만이 그 문제들에 대한 해답을 주실 수 있었다는 것이 그의 설교의 요지였다. 설교가 끝나고 버로우즈는 '청취자들의 기도와 후원'을 짧게 요청했다. 돈에 대해 직접적으로 언급한 적은 거의 없었다. 그는 그저 '기도와 후원'이라고만 말했다. 우리가 앞서 살펴보았던 것처럼, 《결단의 시간》은 몇 주 만에 미국 내에서 가장 널리 청취되는 종교 방송들 중 하나가 되었다. 알려진 바에 따르면 잠재적 청취자의 수는 2,000만 명에 달했다고 한다.

1951년 9월에는 동일한 프로그램명이 붙여진 TV 방송이 ABC 방송망을 통해 방영되었다. 처음에는 15분으로 편성되었으나 곧 30분 분량으로 늘어났다. 스튜디오 녹화로 진행된 이 프로그램은 찬양과 그래함의 짧은 설교로 구성되었는데, 간혹 게스트 인터뷰나 현장 청중들의 모습이 짧게 편집되어 함께 방영되기도 했다. 하지만 빌리그래함 전도협회는 이 방송을 1954년에 조용히 중단했다. 대중매체를 활용해 새로운 사역을 시작하는 일에 능숙했던 그래함은 그 사역들이 도움이 되는 시기와 그것을 적절히 그만두어야 할 시기를 판단하는 일에도 능숙했다.

1952년, 빌리그래함 전도협회는 월드와이드 영화사World Wide Pictures를 설립했다. 이 사역으로 그들은 130편 이상의 영화들을 제작했고, 그 가운데는 장편 영화는 35편이나 되었다. 이 영화들은 1988년 기준 전 세계에 17개의 언어로 상영되었으며, 총 1억 7500만 명의 관객 수를 기록했다.

전도협회의 첫 번째 영화는 <미스터 텍사스>로 사실상 월드와이드 영화사가 조직되기 1년 전에 개봉되었다. 두 번째 장편 영화는 1954년에 개봉한 <오일 타운, 미국>이었다. 이 두 영화는 마음이 굳어 버린 죄인들이 그래함의 복음 설교를 듣고 자신을 돌이킨다는 훈훈한 이야기를 담고 있었다.

초기에 제작된 영화들의 수준은 그리 좋지 못했고 연기도 꽹

장히 어설펐다. 하지만 월드와이드 영화사가 설립된 이후 양면 모두 빠르게 개선되어 갔다.[30]

　대중매체에 대한 그래함의 또 다른 시도는 대중 일간 신문에 칼럼을 연재하기 시작한 것이었다. 이 칼럼은 「나의 대답」이라는 이름으로 1952년 12월 《피츠버그 썬-텔레그램》에 처음 연재되었다. 이 칼럼은 일반 대중들이 그래함에게 보내온 다양한 질문들에 그래함이 답변하는 형식의 칼럼이었다. 사실상 작성은 조수들이 했지만, 그래함과 루스는 모두 같은 기조로 작성되었는지 확인하기 위해 종종 칼럼들을 임의로 뽑아 점검했다. 덕분에 시간이 지나도 칼럼들의 근본적인 신학적 토대는 동일하게 유지되었다. 하지만 시대와 함께 변해 가는 구체적인 질문들이 들어오면서 그에 대한 구체적 답변 역시 변화를 거듭했다.

30_ 월드와이드 영화사의 이력에 관한 전도협회의 자료들이 완전히 일관된 것은 아니다. 하지만 자료들 사이에 존재하는 차이가 전반적인 상황을 파악하기 불가능할 정도로 큰 것은 아니다. 전도협회의 주장에 따르면, 2018년까지 영화 상영을 통해 200만 명 이상이 그리스도께 결신했다고 한다.

한국전쟁

1950년 6월부터 1953년 4월까지 한국전쟁은 맹렬한 기세로 진행되었다. 1960년대 말, 1970년대 초에 있었던 베트남전쟁 때와는 달리 그래함은 한국전쟁에 관해 많은 말을 하지 않았다. 하지만 전쟁의 시작과 끝 사이에 생각의 흐름이 어떻게 변화했는지 충분히 살펴볼 수 있을 만큼의 말은 남겼다.

전쟁 초기, 그래함은 한국전쟁에 관해 그 누구보다도 강경한 입장을 취했다. 그래함에게 한국전쟁은 북한이라는 국가에 대한 전쟁이라기보다 전 세계 공산주의에 대항하는 전쟁이었기 때문이다. 이러한 점에서 시카고의 한 지역신문은 《프라우다》[역주- 과거 소련의 공산당 기관지]를 인용하면서 그래함에게 '공산주의 공공의 적 제1호'라는 유명한 별명을 붙이기도 했다.

그래함이 유별나게 공산주의에 대해 공격적이었던 것일 수도 있지만, 사실 공산주의를 반대하는 그의 목소리는 거대한 합창단 속 한 명의 목소리와 같았다. 다시 말해 공산주의 반대행렬에는 그래함뿐 아니라, 칼 문트 상원의원, 월터 저드 하원의원, 딘 애치슨 국무장관, 해리 트루먼 대통령 그리고 민주당 대선후보자 애들레이 스티븐슨 등 정부의 최고 관료들을 비롯해 무수히 많은 정재계, 연예계, 종교계 지도자들이 함께하고 있었다. 2차 세계대전의 참극은 세계 전쟁이 재현될 가능성에 대한 두려움을 상기시키기에 충분했다.

1950년대 초반의 시점에서 바라본 공산주의는 치명적인 위협이었다. 인정사정없는 팽창주의 정책하에 공산주의 세력들이 동남아시아를 '공격하며' 세를 확장하고 있다고 그래함은 설교했다. 그리고 머지않아 그들이 세계의 다른 지역 역시 공격하려 들 것이라고도 말했다.

또한 공산주의자들은 강인하고 훈련받은 자들인 데 반해, 미국인들은 약하고 무기력하다 피력했다. 그에 따르면 공산주의자는 배신에 능한 사람이었다. "공산주의자들과 공산주의에 동조하는 자들이 … 흰머리독수리[역주- 미국을 상징]의 날개 아래로 도망 왔다"라고 그래함은 규탄했다. 그는 그들이 이미 미국의 여러 학교들과 대중매체, 심지어는 일부 주류 교단의 교회까지 잠입해 있다고 주장했다.

더 심각한 점은 이른바 '빨갱이들'이 정부의 고위 공직에도 침투해 있다는 사실이라고 그래함은 말했다. 대부분이 그들을 전혀 눈치 채지 못할 정도로 공산주의자들은 그 일을 능수능란하게 해

냈다고 덧붙였다. 그러면서 그래함은 이러한 이야기들 속에 공산주의와 소련의 군사력에 대한 언급을 섞었다. 한국전쟁을 지휘하고 있던 유엔UN 그 자체가 공산주의적이라고 대놓고 주장하지는 않았지만, 그래함은 유엔이 확실히 좌경화되었고 내심 미국의 이익에는 거의 관심이 없다고 여겼다.

하지만 그래함에게 공산주의는 군사적 위협 그 이상의 존재였다. 왜냐하면 그것은 영적인 위협이기도 했기 때문이었다. 비록 공산주의는 무신론을 기반으로 하지만, 그래함은 공산주의가 미국인들에게 '기독교에 대항하는 대안적 종교'로도 기능한다고 생각했다. 기독교처럼 공산주의는 완전한 세계관과 현재 사회 갈등에 대한 해석 그리고 미래에 대한 전망을 제공했기 때문이었다.

그래함은 공산주의 전사들은 실제로 진군해 오고 있을 뿐 아니라, 은밀하게 위장하여 교실과 국회의사당, 사법기관에 침투해 있다고 생각했다. 공산주의적 이념은 충성심을 불러일으키면서 동시에 그 이념을 위해 기꺼이 희생하고, 더 나아가 생명마저 던지도록 만들었다. 또한 그래함에게 공산주의는 기독교를 박해하며, 말도 못하게 잔인해서 누군가 그들에게 거역하거나 반항하면 물리적인 고문 혹은 살인도 서슴지 않는 집단이었다.[31]

31_ 이 점에는 그래함의 개인적인 영향이 작용했을 수도 있다. 앞서 언급되었던 것처럼 그래함의 처부모인 넬슨과 버지니아 벨 부부는 1941년 공산주의자들로 인해 그들이 사역하던 선교 병원을 떠나야만 했다. 사망한 1973년까지 넬슨은 반공주의 입장을 확고히 지니고 있었고, 이것이 유년시절 중국에서 직접 공산주의를 경험하며 두려운 기억을 가지고 있던 루스에게도 영향을 끼쳤을 가능성이 있다.

이러한 맥락 속에서 그래함은 한국전쟁에 대해 강경한 자세를 취했던 것이다. 무장 전투가 실제로 시작되기 두 달 전인 1950년 4월에 그래함은 트루먼에게 전보를 보내 북한 공산주의자들을 사정없이 무찌를 것을 강력히 촉구했다.

1년이 지난 후에도 그래함은 공산주의에 대한 적대감을 여전히 갖고 있었다. 트루먼 대통령이 명령을 어기고 북한에 쳐들어갔던 연합군 사령관 더글라스 맥아더를 해임하자, 그를 옹호하는 데 적극적으로 나서기도 했다. 전반적으로 정치적 중립을 자처했던-진심으로 그러했다고 믿는 사람은 없다 -그래함이지만, 그는 맥아더 장군과 달리 한국전쟁에 있어 머뭇거리는 태도를 보이는 트루먼을 여러 차례 비난했다.

그러던 중 그래함은 크리스마스를 포함한 1952년 12월의 대부분을 한국의 전장들을 순방하며 보내게 되었다. 미 국방부의 특별 손님으로 방문한 것이었다. 일정을 소화해 내던 도중, 그래함은 작은 한국인 기독교 공동체를 만나기도 했다. 그리고 그곳에서 한국 기독교인들의 뜨거운 헌신에 깊은 인상을 받았다. 산비탈에 세워진 임시 예배당에서 자신의 설교를 듣고자 이른 아침부터 영하의 추위를 견디는 한국 기독교인들의 모습을 보며 그래함은 놀라워했다. 순방 기간 동안 그래함은 전투지역 내의 군인들을 만났으며, 부상당한 군인들을 위해 야전병원을 찾아가기도 했다. 그는 당시 방문을 계기로 국가의 부름을 받고 생명의 위협을 감수하고 자신의 목숨을 바치기도 하는 군인들의 용맹함에 더욱 깊은 감사를 표하게 되었다고 말했다.

한국 순회를 마치고 돌아오는 길에 진행한 인터뷰에서, 그래함은 한국에 처음 올 때만 해도 소년이었던 자신이 어른이 되어 미국으로 돌아가고 있는 것 같다고 이야기했다. 한국 방문을 계기로 그는 군인과 군인이 되려는 이들을 깊이 존경하게 되었고, 그 마음은 평생 지속되었다. 그래함은 테디 루즈벨트[역주- 루즈벨트 대통령의 애칭] 같은 몇몇 지도자들처럼 전쟁 자체를 칭송하지 않았지만, 군인의 용맹함에 대한 존경을 지속적으로 표현했다. 후에 그래함은 한국전쟁에 참가한 군인들이 베트남전쟁 때의 군인들에 비해 더 잘 훈련받았다며 둘을 비교하기도 했다.

그러나 전쟁이 지속되면서, 그리고 치욕적인 전세역전으로 인해 유엔군이 어려움에 처하게 되면서, 그래함의 생각에 변화가 생긴 듯했다. 처음부터 일관되게 주장해 왔던 한국전쟁 지지 의사가 변한 것은 아니었다. 다만 전쟁에 뜨뜻미지근한 태도를 견지하는 듯한 트루먼에 대해 의구심을 가졌다. 그는 트루먼이 승리에 대한 분명한 계획과 대중적 지지 없이, 미국을 심각하고 잔혹한 해외전쟁에 끌어들이고 있다고 비난했다. 그리고 1952년 미국 대선 직전, 그래함은 마치 에덴동산에서 아담의 죄가 인류 전체로 이어졌던 것처럼 아시아에서 일어난 전쟁에 개입하기로 한 트루먼의 결정이 좋든 싫든 미국 전체를 그 일에 연루시켰다고 주장했다. "여러분들 가운데 지난 대선에서 한국전쟁을 염두에 두며 투표권을 행사하셨던 분들이 몇 분이나 되시나요?"라며 따져 물었다. 그러고는 "저는 그러지 않았습니다"라고 후회하는 말투로 말하며 "하지만 이번 선거에선 그럴 것이고, 여러분도 그래야 합니다"라는 의사를 드러냈다.

전쟁에 대한 우유부단함은 트루먼의 무기력함을 단적으로 보여 주는 예시였다. 이것은 종교에서의 우유부단함만큼이나 나쁜 것이었다. 전면적인 전쟁을 하거나 혹은 후퇴하거나 둘 중 하나를 선택했어야만 했다. 여러 점에서 그래함은 계속해서 이와 같이 강인한 태도로 남아 있었고, 1970년대까지 그리고 그 이후에도 가끔씩 경찰관들과 육해공군 장성들은 그의 전도 대회에 빈번히 귀빈으로 초대되었다.

하지만 알다시피 그래함은 결코 단순한 인물이 아니었다. 병상에 있는 병사들을 향해 몸을 숙이고 있는 그래함의 사진에는 동정심 가득한 그의 상냥한 면모가 담겨 있다. 그리고 이러한 모습들은 거칠고 대담한 그의 언변과 철저한 대조를 이루고 있었다.

한국에서의 경험이 그를 평화주의자로 만들진 않았다. 오랜 세월이 지날 때까지 그래함은 국가 간 전면적인 전쟁이 지닌 윤리적 측면은 물론, 실리적 측면을 크게 부정하지 않았다. 하지만 한국 방문은 그래함에게 국제 분쟁으로 말미암은 충격적인 인명피해에 대해 신중히 생각해 보는 계기가 되었고, 이러한 점에서 이 방문은 그래함이 전쟁에 대한 의문을 제기하기 시작한 출발점과 같았다.

그래함은 아이크를 좋아했다

그래함이 취한 정치적 정체성, 특히 당파적 정체성은 매우 복합적이었다.

하지만 한편으로 그래함은 평생 민주당원을 탈퇴한 적이 없었다. 1949년 7월 《크리스천 라이프》는 이를 못마땅하게 여기는 기색을 숨기지 않으며 그래함을 '아주 유명하신 루즈벨트-트루먼 민주당원'이라고 불렀다.

린든 존슨Lyndon Johnson은 그래함의 가장 가까운 친구들 가운데 한 명이었다. 그래함은 존슨과 오랫동안 어울려 지내면서 공화당 지지자가 될 수는 없다고 말했다. 1964년 대선 당시 배리 골드워터 상원의원을 지지하라는 대중의 거센 압력에도 불구하고, 그래함은 거의 확실하게 존슨에게 표를 던졌다.

그래함은 또한 다른 유력 민주당 인사들의 골프 겸 잡담 친구였다. 그들 중에는 사전트 슈라이버 미국평화봉사단장, 조지 스매

더스 플로리다주 상원의원, 휴버트 험프리 부통령, 존 코널리 텍사스 주지사,[32] 아칸소 주지사이자 후에 대통령이 되는 빌 클린턴Bill Clinton 그리고 아칸소 주지사의 영부인이자 이후 뉴욕 상원의원이 되는 힐러리 클린턴Hillary Clinton이 있었다. 그래함은 1992년에는 클린턴에게 투표하지 않았다고 밝혔으나, 1996년에는 아마도 클린턴에게 투표했을 것이다. 또한 그는 민주당의 일부 주요 입법안들, 예를 들면 시민 권리에 관한 법안에 지지 의사를 표명했고 전략무기 제한 협정SALT의 경우 훨씬 더 강력한 지지 의사를 표현하기도 했다.

그러나 한편으로 그래함은 자신이 민주당 당원인 이유는 당파적인 선택보다, 자신이 남부에서 태어났기 때문이었다고 말했다. 그러나 자신이 휘튼대학교에 들어가고 나서야 남부 사람이라고 모두가 민주당 지지자는 아니었음을 깨달았다고 고백했다.

하지만 그의 정치적 정체성을 더 복잡하게 만드는 것은 그가 실제 투표에서 행한 상이한 결정들이었다. 그래함은 자신이 어느 쪽에 투표하였는지 아내를 포함해 그 누구에게도 말하지 않는 원칙을 고집했다. 언젠가 그래함은 자신의 투표 기계의 한쪽 레버가 당겨지지 않아 다른 쪽 레버를 당겼다며 그래서 어느 쪽으로 투표가 되었는지 스스로도 모르겠다는 농담을 던지기도 했다.

하지만 자신의 선택을 누구에게도 말하지 않았다는 그래함의 주장은 분명 사실이 아니었다. 그래함은 1948년에 공화당 측 대통

32_ 코널리는 1956년에 민주당 소속으로 정치 생활을 시작했고, 1973년에 공화당으로 당적을 옮겼다.

령 후보였던 뉴욕 주지사 토마스 듀이를 공개적으로 지지했다. 그리고 전부는 아니었지만 대부분의 대통령 선거와 일부 주지사 선거에서 그래함은 자신이 공화당 후보에게 투표할 것이라는 많은 단서들을 남겼다. 그래함과 미국 대통령들과의 관계를 면밀히 연구한 역사가 낸시 깁스Nancy Gibbs와 마이클 더피Michael Duffy는 그래함은 '대체로 온건한 공화당 지지자'라는 말로 가장 잘 설명될 수 있다는 결론을 내렸다.

* * *

가끔 민주당, 대체로 공화당이었던 정치적 성향 외에도 그래함은 정치 참여에 깊은 애정을 갖고 있었다. 친구들은 종종 그래함에게 상원의원 또는 대통령에 출마해 보라고 강권했다. 그래함은 자신이 한번은 이 권유를 '아주 잠시' 고려해 보기도 했지만 빠르게 그 생각을 떨쳐 낸 적이 있다고 밝혔다. 또한 만일 자신이 대통령에 출마한다면 루스가 이혼을 요구할 거라며 농담 섞인 말도 덧붙였다. 그러자 루스는 이렇게 말했다고 한다. "미국 사람들은 이혼한 그래함을 대통령으로 원하지 않을 텐데요."

그럼에도 그래함은 꾸준히 정치에 많은 관심을 가졌다. 그는 시사 문제들을 계속해서 접했고, 그에 관해 공부하고자 했다. 그래함의 집에 방문한 기자들은 《타임》, 《뉴스위크》, 《US 뉴스 & 월드 리포트》, 《뉴욕타임스》 그리고 《런던타임스》 등 시사 주간지와 신문들이 집무실 어딘가에 널려 있었다고 종종 보도했다. 심지어 그래함은 한동안 《UPI》 텔레타이프를 부엌에 설치해 놓기까지 했다.

이러한 정치에 관한 뿌리 깊은 경향들을 염두에 두면, 1951년 가을에 젊은 그래함이 시드 리처드슨Sid Richardson의 제안을 긍정적으로 받아들인 것은 충분히 예상 가능한 일이었다. 댈러스 석유업계의 거물이자 미국의 재벌 가운데 한 명인 리처드슨은 서신을 통해 그래함을 드와이트 아이젠하워Dwight D. Eisenhower 장군에게 소개시켜 주겠다고 제안했다. 당시 아이젠하워 장군은 파리에 머물며 유럽 연합군 최고사령관으로 복무하고 있었다. 제안을 받아들인 그는 파리로 향했고, 그곳에서 '아이크'[역주– 아이젠하워를 부르는 애칭]를 직접 대면했다.

그래함은 "당신의 결정으로, 서구 세계의 운명이 결정될 것입니다"라고 말하며 아이젠하워 장군에게 대통령 출마를 권했다. 아이젠하워는 그 제안을 진지하게 받아들였다. 물론 그 당시에는 그래함이 너스레를 떨며 과장되게 말해 두 사람은 마치 즐거운 농담을 주고받았던 양 회고하기도 했지만 말이다. 아이젠하워에게 그래함의 존재와 조언들이 결정적인 영향을 주었던 것은 아니었다. 하지만 그래함의 열정적인 지원이 분명 일정 부분 영향을 미친 것은 확실했다.

1952년 대통령 선거 운동은 파벌 정치라는 덤불 속에 발을 들여놓도록 그래함을 유혹했다. 그래함도 이 유혹을 뿌리치기 위한 노력을 그리 열심히 하지 않았다. 셔츠에 "나는 아이크가 좋아요"

라는 배지를 달고 동일한 문구가 새겨진 스티커를 자동차 범퍼에 붙인 수백만의 미국인들처럼 그래함 또한 아이젠하워를 지지했다. 아이젠하워는 대통령 후보직 지명을 수락한 이후, 그래함을 초대 해 그에게 유세연설에 사용할 성경 구절들을 추천해 달라고 부탁 했다.

그래함은 자신이 초당파적이라고 주장했지만, 그는 1952년과 1956년에 다시 한번- 아마 추측컨대 -즉흥적으로 '아이크'를 공 공연하게 지지하는 발언을 했다. 심지어 민주당 대통령 후보였던 애들레이 스티븐슨 상원의원에 대해 그가 이혼했다는 것을 이유로 비판하기도 했다. (문제는 30년 후 이혼한 로널드 레이건이 대통령 선거에 출마했을 때에는 그래함이 이를 조용히 눈감아 주었다는 것이다) 그래함 은 어느 한쪽의 후보를 지지한다는 사람들의 주장을 공식적으로 부인했다. 하지만 비공식적으로는 정확히 특정 후보를 지지하는 행 동을 보였다. 이것은 사실 그래함의 일생에 걸쳐 나타나는 하나의 행동패턴이었다.

그래함과 아이젠하워는 그다지 막역한 사이는 아니었다. 하지 만 둘은 서로 함께 있는 시간, 특히 함께 골프 치는 시간을 좋아했 다. 또한 두 사람 모두 공공정책 사안에 대해서는 신중한 입장을 고수했다. 예를 들면 그래함은 조셉 맥카시 상원의원이 주도한 미 국 내 공산주의 대항운동을 처음에는 지지했으나 이후 서서히 맥 카시와 거리를 두었다. 아이젠하워도 동일했는데, 맥카시의 운동이 너무 급진적이기 때문이었다.

그래함과 아이젠하워는 국민들의 공감대를 형성시키는 종교행사를 확립하기 위해 함께 일했고, 이는 미국 국민들의 압도적인 지지를 받았다. 아이크는 우선 1953년에 대통령 조찬기도회(이 기도회는 1970년에 국가 조찬기도회라는 이름으로 바뀌었다)를 시행했다. 초창기에 아이크는 교회와 국가의 경계를 넘나든다는 이유로 이 일을 꺼려했지만, 결국 기도회에 참석해 연설하는 것을 승낙했다.[33] 그다음 해 아이젠하워는 「국기에 대한 맹세」에 '하나님 아래'(under God)라는 표현을 추가했다. 그리고 1956년에는 '우리는 하나님을 믿는다'(In God We Trust)라는 국가 표어를 공식적으로 만들어 그것을 국가 화폐에 새겼다. 그래함은 아이젠하워가 이 모든 일들을 하도록 그를 설득하는 데 중요한 역할을 해냈다.

* * *

그래함과 아이젠하워는 행정부를 향해 조금씩 다가오고 있던 아주 중요한 사안을 신중히 다루었다는 점에서도 동일했다. 바로 인종 문제였다. 1954년에 있었던 '브라운 대(對) 토피카 교육위원회 재판'에서 연방대법원은 공립학교의 '분리평등'[역주- 제공되는 서비스가 유사하다면 사용구역을 인종에 따라 제한·분리해도 평등한 것이라는 일종의 인종차별 정책] 시설들이 헌법에 위반된다는 판결을 내렸

33_ 그때 이후로 모든 대통령들은 이 기도회에 참석했고, 매 모임마다 자리하게 되었다.

다. 그러자 판결에 힘입어 인종 통합 학교를 요구하는 목소리들이 터져 나왔다. 이것은 미국 역사상 가장 오랫동안 지속되었고 때로는 폭력적이기도 했던 민권운동을 격화시켰다. 그래함과 아이젠하워는 그들의 선택이라기보다, 저항할 수 없는 외부 환경에 의해 이 문제에 휘말리게 되었다.

당시는 공포의 시기였다. 흑인들은 백인이, 특히나 백인 교회가 공공연하게 퍼져 있던 끔찍한 불평등을 바로잡기 위한 어떠한 도덕적 용기도 발휘하지 않는다는 사실에 절망했다. 한편 백인들은 인종 혼합을 두려워했는데, 인종 통합 학교는 분명 그 두려움을 실체화할 것이라고 생각했다.

더구나 많은 백인들은 이 민권운동의 배후에 공산주의가 존재한다고 확신했다. 그들은 소련의 지도자 니키타 흐루쇼프Nikita Khrushchev와 마틴 루터 킹Martin Luther King이 각별한 친구 사이라고 의심하며, 민권운동이 공산주의자들과 연결되어 있는 첫 번째 증거라고 주장했다. 둘 사이의 연관성을 나타내는 증거는 어디에도 없었다. 그럼에도 백인들은 두려움을 걷어 내지 못했다. 그리고 막연한 두려움은 계속해서 의심과 공포를 만들어 냈다.

이러한 상황 속에서 그래함과 아이젠하워는 인종평등에 대한 느리지만 확실한 접근이야말로 유일한 해결책이라고 믿었다. 이들은 미국 전체가 점진적으로 변화해, 시간이 걸리더라도 모든 미국인들이 그 변화에 적응할 수 있기를 바랐다. 변화가 진정으로 옳은 일이라는 확신을 백인들의 내면에 심어 주지 못한다면 평등은 절대로 이루어지지 않을 것이라 생각했기 때문이다. 아이크는 그래함에게 흑인 교회 지도자들이 이러한 점진적인 정책 방향에 동의하도록 설득해 줄 수 있겠냐고 물었다. 그래함은 흔쾌히 그 부탁을 들어주었다.

흑인들은 이미 한참 전에 시행됐어야 한다며 평등을 요구했고, 백인들은 아직 시기상조라며 거부했다. 그들의 갈등은 혼탁한 파도가 되어 미국 전체를 덮쳤다. 1957년 9월 아칸소 주지사였던 오발 포버스Orval Faubus는 리틀록센트럴고등학교에서 인종통합을 시행하라는 연방법원의 명령을 거역했다. 대신 그는 아칸소주 방위군을 보내 학교를 둘러싸고는 아프리카계 미국인 학생 9명이 학교에 등록하려는 것을 무력으로 막아 버렸다.

아칸소의 만행은 그야말로 현 정권에 정면으로 도전하는 것이었다. 인종 통합을 향해 나아가자는 아이크의 주장에 정당성을 실어 주는 한편, 나아가되 천천히 신중하게 움직이려던 전략을 방해하는 사건이었다. 그는 자신의 개입이 각 주가 가진 자체 권한을 침해하는 것은 아닐지 걱정했다. 이에 그는 리처드 닉슨 부통령에게 자문을 구했고, 닉슨은 군대를 투입할까 고민하던 아이젠하워의 의견을 지지했다. 뒤이어 그는 그래함에게 전화를 걸었고, 그래함도 다른 대안은 없다고 답했다. 몇 시간 후, 아이젠하워는 육군 제101공수부대원 1,200명에게 법원의 명령을 시행하고 학생들의 신변을 보호하라는 명령을 내렸다.

* * *

그래함은 아이크의 지성과 성품 그리고 판단력을 존경했다. 그의 종교적 진정성 또한 그래함에게 깊은 감명을 주었다. 아이젠하워는 캔자스주 출신으로 메노파의 엄격한 종파였던 그리스도형제단 소속의 부모님 밑에서 성장했지만 그리 성실한 교인은 아니었다. 그래서 그는 그래함에게 자신이 진득하게 다닐 수 있는 교회를 추천해 달라고 부탁하기도 했다.

그래함은 아이젠하워에게 명망 높고 존경받는 내셔널장로교회를 정중히 권했고, 대통령 취임 후 10일 뒤인 1953년 2월에 그는 그곳에서 세례를 받았다. 그리고 8년이라는 대통령 임기 내내 그 교회의 구성원으로 예배드렸다. 그래함과 아이젠하워의 우정은 그가 공직을 떠난 1960년 이후에도 지속되었다. 9년 뒤 죽음의 순간이 다가왔을 때 아이크는 죽음 이후의 삶에 대한 확신을 그래함에게 다시금 확인받고 싶어 했다.

여기에서 그래함은 자신의 진정한 소명이 무엇인지 보여 주었다. 당파 정치는 중요했다. 그러나 그래함에게 있어 더 중요한 것은 신앙이었고, 또한 사역이었다. 마지막 순간에 그래함은 언제나 대통령들에게 목사로 남았다.

밧줄을 끊다

1953년 테네시주 채터누가Chattanooga에서 열린 전도 대회는 그 래함의 사역 인생에서 마치 산꼭대기처럼 도드라지는 사건들 중 하나다. 산꼭대기라는 비유가 적절한 것은 그 도시가 애팔래치아 산맥 남쪽의 경치 좋은 고원에 위치해 있었고, 그곳엔 남북전쟁과 관련된 많은 이야기와 멋들어진 건축물들이 자리하고 있었기 때문 이었다. 평등에 대한 그래함의 입장 변화라는 측면에서, 채터누가 전도 대회는 그 당시에는 그리 중요한 사건처럼 보이지 않았다. 하 지만 시간이 지나면서 사건의 중요성은 점차 커져 갔다.

1953년 3월 15일, 그래함은 4주간의 전도 대회를 개시했다. 장 소는 대회를 위해 지어진 1,000석 규모의 천막 성전이었다. 처음에 전도 대회는 엄격한 인종 분리 원칙에 따라 진행되었는데, 그 원 칙은 남부지역에서 법적으로나 관행적으로 시행되던 '짐 크로우 법'[역주- 미국 남부 주들이 제정하여 1876년에서 1965년까지 시행되었던 인종차별 법률로, 짐 크로우는 백인 배우가 얼굴에 흑칠을 하고 연기한 바보 캐릭터다이었다. 전도 대회 3일 차에 클리프 버로우즈는 "매주 토요일 오후 집회에는 유색 인종을 위한 지정석 외에 따로 좌석이 없습니다"라고 안내했고, 뒤이어 전도 대회 준비 위원장은 "모든 예배에는 유색 인종들을 위한 좌석들이 지정되어 있습니다"라고 알렸다.

그때까지 남부지역에서 열렸던 그래함의 전도 대회들은 인종별로 좌석이 나뉘어 진행되어 왔었다. 이는 빌리 선데이나 에이미 셈플 맥퍼슨 등 다른 백인 복음전도자들도 마찬가지였다. 누구의 대회든지 참석자들은 항상 버스에서 앉던 방식대로 흑인들은 뒤쪽에, 백인들은 앞쪽에 앉았다. 때로는 사람들이 알아서 동일 인종끼리 앉았고 때로는 밧줄이 좌석의 경계를 나누어 놓기도 했다. 그래함도 그 관행을 따르고 있었다. 인종이 '뒤섞여' 앉는 것을 금지했던 당시의 법 조례들과 같은 맥락이었다. 1940년대에는 완전히 흑인들로만 구성된 회중들에게 설교하기도 했다.

전해지는 바에 따르면, 백인이었던 전도 대회 준비 위원들은 채터누가 전도 대회 또한 남부지역에서 그랬던 것처럼 짐 크로우법 같은 엄격한 인종 분리 원칙에 입각해 진행될 것이라고 예상했다. 하지만 어느 날 저녁, 그래함은 양심의 가책을 느끼기 시작했다. (이 시점이 언제였는지는 명확하지 않다. 그래함이 채터누가에 도착하기 이전, 혹은 전도 대회의 첫 설교 직전, 또는 여러 설교 도중이거나 마지막 설교 전일 수 있다) 결국 위원회 혹은 백인 좌석 안내원의 만류에도 불구하고, 그래함은 대회 도중에 청중을 향해 걸어가 흑인과 백인을 분리하던 밧줄들을 직접 끊어 버렸다. 밧줄은 전도 대회 내내 버려진 채로 있었다.

적어도, 이것이 당시 사건에 대한 보편적인 설명이다.

하지만 채터누가에서 정말로 일어났던 사건이 무엇이었는지 파악하기란 쉽지 않다. 왜냐하면 몇 가지 문제가 존재하기 때문이다. 가장 먼저, 버로우즈와 전도 대회 준비 위원장이 사용한 '지정석'이라는 표현의 의미가 명확하지 않다. 백인들은 어디든지 원하는 곳에 앉을 수 있었지만 흑인들은 지정된 구역에만 제한적으로 앉을 수 있었다는 의미였을까? 아니면 흑인들만을 위한 특별한 공간이 따로 마련되어 있었다는 의미였을까? 짐 크로우 법에 따른 관행들을 염두에 두면, 전자가 훨씬 가능성 있어 보인다. 하지만 그래함 전도 대회는 일반적으로 특정 교회의 구성원들을 위해 어느 정도 구역을 배정해 두는 경우가 있기 때문에 후자도 가능성이 있다.

게다가 내가 아는 한 그래함은 20년 뒤인 1973년 남아프리카 공화국 기자회견이 있기 전까지 '밧줄 사건'에 대해 언급한 적이 없었다. 심지어 기자회견 당시에도 밧줄 사건이 일어난 장소에 대해서 언급하지는 않았다. 역사가 스티븐 밀러에 따르면, 그래함은 1976년 《조지아 신문》과의 인터뷰에서 처음으로 그 장소가 채터누가라고 명시했다. 하지만 1970년대에 그는 이미 수백여 개의 전도 대회를 개최한 이후이기에- 후에 그도 인정했듯 -각각의 전도 대회에서 있었던 구체적인 사건들은 이미 기억 속에서 희미해진 상태였다. 또한 초기 전기들 가운데 어떤 작품도 밧줄 사건을 언급하지 않았는데, 이중에는 그래함의 재가를 받고 1966년 출간된 존 폴락 John Pollock의 전기도 포함된다.

한편, 또 다른 문제도 있다. 채터누가 전도 대회의 찬양대원으로 매일 저녁 찬양을 불렀던 당시 17살의 목격자 낸넬 그리피스 Nannelle Griffith는 2019년도에 한 가지 사실을 내게 단언했다. 그것은 그녀가 당시 집회에서 그래함이 밧줄을 자르는 모습은커녕, 밧줄 자체도 보지 못했다는 것이었다. 그녀의 증언에 따르면 당시 집회는 애초에 인종이 완전히 뒤섞인 채로 시작되었다. 또한 백인들과 아프리카계 미국인들이 스스로 구역을 나누어 앉지도 않았다. 물론 그래함이 채터누가에서의 첫 번째 예배가 시작되기 전에 그 밧줄들을 잘랐을 가능성도 있지만, 그리피스는 그에 관해 아무것도 듣지 못했다고 밝혔다.

한편, 클리프 버로우즈는 말년이었던 2016년에 밧줄 사건 혹은 그와 매우 유사한 사건은 사실 채터누가 전도 대회 1년 전에 열렸던 미시시피주 잭슨 전도 대회(1952년)에서 일어났다고 주장했다. 버로우즈는 그래함 전도 대회의 모든 실행 계획들을 감독했기 때문에, 전도 대회에서 무슨 일이 있었는지에 대해 알고 있었으리라는 추정은 타당해 보인다.[34]

34_ 내가 2007년 그래함을 처음으로 찾아갔을 때, 나는 그에게 밧줄을 잘랐던 지역이 어디였냐고 물었다. 그는 주저 없이 채터누가라고 답했다. 대답이 확고했다는 점은 중요시 여겨져야 한다. 또한 이 사건에 대해 면밀히 연구한 밀러(Miller)의 주장은 충분히 설득력 있다. 한편, 내가 미처 살펴보지 못한 당대 뉴스 기사들이 이 문제에 대한 실마리를 좀 더 던져 줄지도 모른다.

우리가 오늘날 그래함과 인종에 관해 던지고 있는 질문들은 1950년대 사람들이 던졌던 것과는 전혀 다르며, 당시 그래함이 던졌던 질문들과도 달랐다. 그가 어떻게 했었는가에 대해 우리가 확신을 갖고 답변하려면 여러 자료들을 검토해야 하는데, 이 자료의 양은 희박하고 내용도 대체로 일관되지 않다. 그러니 현시점에서는 우리가 가지고 있는 지식에 근거한 '추측'이 우리가 할 수 있는 최선의 방법이다.

* * *

하지만 밧줄 사건의 정확한 내용이나 구체적인 시기와는 관계없이, 채터누가 이야기는 그 이후로도 그래함이 계속 맺어 왔던 아프리카계 미국인들과의 민권운동과 함께 살펴봐야 한다. 우리는 이 이야기가 어린 시절 그의 아버지의 농장에서 이미 시작되었음을 알 수 있다. 1997년 출간된 자서전에서 어렸을 때 그는 아버지의 농장에서 일하던 흑인 노동자들과 흑인 가정부 그리고 라틴계 노동자들과 어울려 지냈다고 회고했다.

철저히 그래함의 관점이긴 하지만, 그는 모든 면에서 이들과 좋은 관계를 유지했다. 실제로 그들 중 한 명은 우스꽝스럽고 속된 농담들로 청소년이었던 그래함을 항상 웃게 만들었다.

그러나 '진정한' 인종 통합을 그 시절 그래함이 목도했다면 기절초풍할 만한 사건이 될 터였다. 그 당시 그래함의 가족이나 백인 친구들, 혹은 교회의 교우들 중 그 누구도 진정한 의미의 인종 통합은 상상조차 하지 못했을 것이다. 후에 그래함의 여동생 진이 회고하듯, 1930년대에 그래함 집안의 가정부는 그들과 함께 교회에 예배를 드리러 갔지만 그녀는 발코니 좌석에서 예배를 드릴 수 있었으니 말이다.

1959년, 그래함은 휘튼에서 열린 기자회견에서 휘튼대학교는 자신이 다녔던 교육기관들 가운데 '흑인들이 백인들과 대등하게 서 있을 수 있었던' 최초의 기관이었다고 말했다. 또한 그는 그곳에서 아프리카계 미국인 친구를 만나게 되었다고 말했다. 그리고 이 만남은 그래함이 흑인을 사회적으로 동등한 존재로서 마주한 최초의 순간이었다.[35] 그나마 이러한 경험 덕분에 그래함은 미국이 지닌 인종 다양성과 인종차별의 암울한 현실을 인지할 수 있었다.

성인이 된 그래함이 인종 문제에 관해 어떤 입장을 지니고 있었는지를 정확히 파악할 수는 없다. 그나마 단서가 되어 줄 당시 자료들 가운데 가장 오래된 것은 아마 유명 월간지인 《크리스천 라이프》의 1949년 7월호일 것이다. 7월호는 그를 '아주 유명하신 루즈벨트-트루먼 민주당원'이라며 비판적으로 칭했던 바로 그 호이기도 했다. 내용을 살펴보면 당파적이라는 이유 외에 다른 것으로 그래함을 공격하는 다른 기사를 발견할 수 있다. "그래함은 인

35_ 그래함은 그 친구가 휘튼대학교 동급생이었다고 은연중에 밝혔다. 하지만 졸업 앨범들을 살펴본 결과,- 비록 그래함 이전과 이후에는 대학에 등록한 흑인들이 있었지만 -그래함이 대학을 다녔던 당시에는 아프리카계 미국인 학생이 없었다. 그는 아마 교내 군사훈련을 받던 부대에 등록된 인물이었을 가능성이 더 높다.

종 문제에 관해 급진적인 입장을 지니고 있는 것으로 알려졌다." 기자는 여기서 '급진적'이라고 평가한 근거가 무엇인지 밝히지는 않았으나, 우리는 이 표현을 통해 그래함이 인종 통합을 어느 정도는 지지했으리라 합리적으로 추측할 수 있다.

하지만 소문으로 들려오는 어떤 이야기 하나는 그래함의 또 다른 면모를 보여 준다. 소문에 따르면, 그래함은 최대 1950년까지 사적 대화에서 '애초에 미국에서 인종 문제가 발생한 까닭은 영국의 노예 상인 탓'이라며 사회 문제의 책임을 그들에게 돌렸다. 또한, 짐 크로우 법의 인종 분리 체계는 만물의 자연적 질서라며 그 정책을 지지했다.

이러한 견해는 부분적으로 외과 의사이자 신학자였던 그래함의 장인어른, L. 넬슨 벨의 영향 때문이었을 것이다. 벨은 1944년에 자신이 설립하고 편집을 도왔던 「남장로교 저널」에 하나님께서는 인종들 사이에 생물학적으로, 지리적으로 영구적인 경계를 그려 두셨다고 주장하는 글을 기고했다. 벨은 백인들에게 법적인 차별을 종식시키고 흑인들을 존중하며 그들의 영적 평등을 인정할 것을 요청했지만, 그는 '제한 없는 사회적 평등'으로 인종의 구분 자체를 없애려는 주류 개신교인들의 행동을 강하게 반대했다.

하지만 인종 문제에 대한 그래함의 생각은 1950년대 초에 중요한 변화를 맞이한다. 1951년, 그래함은 흑인의 교단 신학교 입학을 금지하는 제도를 남침례 교단 총회에서 공개적으로 비판했다. 하지만 사실 이 주장은 그리 새로운 것은 아니었다. 왜냐하면 1941년부터 총회는 이미 '인종[흑인]의 모든 민권들에 대한 보호'를 촉구하는 결의안들을 발표해 오고 있었기 때문이다. 하지만 그럼에도 그래함은 민주사회로 가기 위해서는 필히 해결되어야 하는 문제를 정확히 집어낸 것이다.

또한, 1952년의 그래함은 미시시피 주지사의 권고를 무시하고, 그곳에서 인종 통합 형태의 전도 대회를 개최했다. (그래함이 실제로 밧줄을 잘랐던 곳일 수도 있는) 잭슨 전도 대회에서 그래함은 남부의 집회 관습을 따라 인종 분리 좌석을 택했다. 하지만 그는 설교 말미에 이루어지는 결단 요청에 참여할 흑인과 백인 청중들은 반드시 함께 걸어 나와, 함께 기도해야 한다고 고집했다. 그래함은 다함께 '십자가 아래에서' 예배를 드리는 흑인과 백인 결신자들을 보며 마음에 감동을 받았다고 이야기했다.

인종 평등에 관한 그래함의 인식 변화는 하늘에서 뚝 떨어지는 유성처럼 갑작스럽게 주어진 것이 아니었다. 오히려 시간의 흐름 속에 점차 발전되어 온 것이었다. 비슷한 맥락으로, 1953년 5월 31일부터 6월 28일까지 진행된 댈러스 복음 전도 대회에서는 밧줄이 다시 등장했다.[36] 문제는 전도 대회 준비 위원장이 밧줄을 저녁 7시까지는 계속 놔두고 그 뒤에 치우겠다는 조건을 명시한 것이었다. 집회는 저녁 7시 30분에 시작되었다. 예배 시작 시간이 30분 차이가

36_ 그래함은 1953년 4월 16일부터 5월 16일까지 세인트루이스에서 전도 대회를 개최했다. 하지만 나는 이 대회에서 인종 평등에 관한 그의 견해나 관행들을 조명해 주는 어떠한 증거도 발견하지 못했다.

나게 된 이유는 분명하지 않다. 이 밧줄은 앞에서도 언급된 바 있는 그래함의 전도 대회의 일반적 관행, 곧 특정한 교회의 몇몇 인원들을 위해 좌석을 미리 마련해 놓는 관행으로 인한 것일 수 있다. 주최 측에서 명시했던 7시가 지난 후, 지정된 좌석들은 모두에게 개방되었고 누구나 그들이 원하는 좌석에 앉을 수 있었다.

혹은, 그렇지 않았을 수도 있다. 현존하는 증거가 너무 적기 때문에 당시 정확히 무슨 일이 일어났고 그 원인이 무엇인지 알 길이 없다. 또한 기록들 간의 차이도 극심하다. 1953년 가을에 개최된 텍사스, 뉴욕, 미시간에서의 전도 대회들에서 무슨 일이 발생했는지 우리는 확신할 수 없다. 하지만 1953년 11월 애슈빌에서 개최된 그해의 마지막 전도 대회에서는 거의 확실하게 완전한 인종 통합이 이루어졌다.[37] 그 이후로 밧줄은 미국 내에서 진행된 그래함의 전도 대회에서 다시는 등장하지 않았다.[38]

그래함에게 대체로 호의적이지 않았던 그래함 전기 작가인 마셜 프레디Marshall Frady조차 인종차별 문제를 해결하려던 1950년대

37_ 사실 여기에서조차 증거들이 완전히 일치하진 않는다. 하지만 모든 것을 감안할 때 확실히 인종 통합이 이루어진 전도 대회였다고 보는 게 타당하다.

38_ 그러나 타 문화권에서 진행할 때에는 무사히 집회를 진행하기 위해 그래함은 이 문제를 모른 척해야 했다. 예를 들면, 1956년 인도 코타얌에서 열린 전도 집회에서 여성은 남성 뒤쪽에 좋지 못한 자리에만 앉을 수 있도록 차별받았지만 그래함은 이에 대해 언급할 수 없었다. 마음속에서 정의감이 들쑤셨지만 다른 실질적인 대안을 찾을 수 없었다고 한다. 그래함은 1953년 이전에 인종 분리 집회를 허용했다는 이유로 본국에서 혹독한 비난을 받았다. 그러나 해외에서 진행된 집회들의 인종 혹은 성별 분리에 대한 비난은 대체로 면했다.

초반 그래함의 노력은 그의 인생에서 '가장 빛나는 순간'이었다고 말했다.[39] 하지만 그래함과 인종에 대한 논쟁은 애슈빌에서 끝나지 않고 이후 수십 년 동안 여러 우여곡절을 겪으며 계속 진행되었다. 그는 의심할 나위 없는 당대 가장 영향력 있는 복음주의 개신교의 지도자였다. 하지만 인종 문제에 관해 그는 가장 복합적인 복음주의 개신교 지도자이기도 했다.

39_ 그러나 그 이후 그래함의 인종에 관한 행동들에 대해서는 훨씬 비판적으로 평가했다.

2부

일류 복음전도자

핵심 메시지

그래함은 기도로 하루를 시작했다. 적당히 구색을 맞춘 것이 아니라, 실제로 무릎을 꿇고 때로는 바닥에 바짝 엎드린 채로 기도했다. 그래함은 신비주의자가 아니었다. 사고방식이 그렇지 않았다. 그러나 그는 '신학은 살아 있는 믿음의 결과이고, 살아 있는 믿음은 훈련된 기도 생활의 결과'라고 확신했다.

이러한 취지에서 그래함은 매일 아침 식사 후 한 시간을 기도와 성경 연구를 위해 사용했다. 이 시간은 언제나 시편 다섯 장과 잠언 한 장을 읽는 것으로 시작되었다. 시편을 통해서 하나님과 친밀한 관계를 누리는 법을, 잠언을 통해서 사람들과 화평을 누리는 법을 배우기 위함이었다. 그는 이렇게 매달 시편과 잠언을 완독했다. 그래함 자신과 동료들의 증언에 따르면 그는 이 경건의 시간 덕분에 앞으로 있을 일들에 대한 하나님의 뜻을 구하고 죄를 멀리할 수 있는 힘을 얻으며, 능력은 자신이 아닌 오직 주님으로부터 주어진다는 사실을 지속적으로 되새겼다고 한다.

그래함이 세상을 떠났을 당시, 그의 홍보담당자였던 A. 래리 로스A. Larry Ross는 그래함이 하루일과를 수행하면서 시간이 생길 때마다 틈틈이 기도를 자주 했다고 밝혔다. 그래함과 한 평생을 함께 사역한 동료이자 각별한 친구인 윌슨T. W. Wilson은 이 사실을 다음과 같이 표현했다. "그래함은 늘 기도의 자리에 있으려고 했어요."

* * *

그래함의 경건은 신학적 원리를 향해서도 뻗어 나갔다. 그래함은 자신이 믿고, 또 설교하는 신학적 원리들의 기본 뼈대를 글로 정리하는 일에 전념했다. 그래함이 지닌 신학적 확신들은 1953년에 이르러 그의 대표작이 된 『하나님과의 평화』라는 도서로 만들어졌다. 하지만 복음주의 개신교의 신앙과 실천을 포괄하는 종합적이고 체계적인 형식은 아니었다. 곧 살펴보겠지만, 이 책의 전제들은 구체적으로 검증되지 않았고, 교리적 차이들도 무시되었다. 하지만 그가 가지고 있던 신학적 원리들을 정리한다는 차원에서 이 책은 충분히 정돈되고 완성도 높은 작품이었다.

이 원리들은 복음주의의 표준 문서처럼 여겨졌는데, 사람들이 그렇게 생각한 주된 이유는 바로 그래함의 존재 그 자체였다. 사실 복음주의 운동은 16세기의 개신교 개혁자들, 17세기의 경건주의자들과 청교도들, 18세기의 웨슬리안들 그리고 19세기의 부흥주의자들에게서 신학적 기원을 두고 있다. 하지만 많은 미국인과 그보다 많은 전 세계 기독교인들은 그래함이 가지고 있는 복음주의적 원리로도 충분하다고 생각했다.

우리는 이 원리를 '그래함의 핵심 메시지'라고 부를 수 있다. 이 메시지는 좋은 소식, 곧 복음의 형태로 설교단, 연예인들과의 TV 인터뷰, 학생들과 함께하는 대학교 행사 등 셀 수 없이 많은 장소에서 거의 변함없이 전해졌다.

앞서 언급한 200쪽 남짓되는 『하나님과의 평화』는 200만 부 이상이 팔렸고, 38개 이상의 언어로 번역되었다. 아내 루스의 상당한 도움을 받아 1984년에 개정판이 출간되었다.

『하나님과의 평화』에는 두 가지 배경이 있다. 첫 번째는 당시 인기를 끌던 문학의 흐름과 관련이 있다. 역사가 앤드루 핀스튜엔이 분석했듯, 2차 세계대전 이후 출판계에서는 기독교 신앙과 자조自助, self-help 심리학이 결합한 책과 잡지들이 지속적으로 발간되었다. 그중 주요한 몇 가지 책들로 랍비 조슈아 로스 리브먼의 『마음의 평화』Peace of Mind(1946), 클라우드 브리스톨의 『신념의 마력』Magic of Believing(1948), 제임스 켈러의 『당신은 세상을 바꿀 수 있다!』You Can Change the World!(1948), 해리 오버스트리트의 『성숙한 마음』Mature Mind(1949), 피터 마셜의 『존스 씨, 주님을 만나보세요』Mr. Jones, Meet the Master(1949), 찰스 앨런의 『하나님의 정신의학』God's Psychiatry(1953) 등이 있다.

개신교 자기계발self-help 운동을 이끌던 인물은 단연코 노먼 빈센트 필Norman Vincent Peale이었다. 4,000명의 교인을 둔 뉴욕 마블협동교회의 목회자이기도 했던 필은 1945년에 《가이드포스트》라는 잡지를 창간했는데, 이 잡지는 구독자 50만 명을 거느리며 여러 감동적인 이야기들로 사람들의 흥미를 끌었다. 《가이드포스트》는 1948년에 『생각대로 된다』를 발간했고, 1952년에 발간한 『적극적 사고방식』은 놀라운 판매기록을 세웠다. 핀스튜엔의 말대로 "필에게 있어 '죄'는 난치성 질병처럼 다루기 어려운 병세라기보단 오히려 인격적 결함이라, 적극(긍정)적인 사고방식으로 개선될 수 있는 것이었다."

하지만 이러한 자기계발 서적들과 그래함의 『하나님과의 평화』가 신학적으로 같은 선상에 놓였는지 여부는 중요한 것이 아니다. 자기계발 서적들과는 달리, 그래함의 초점은 인간에 대한 하나님의 방법이었기 때문이다. 하지만 자기계발 서적이나 그래함의 저술이 흥했던 내면에는 불안의 시대 속에서 이해하기 쉽고 실재하는 기독교적 답변을 찾고자 했던 당시 대중의 갈망이 반영된 것이다.

『하나님과의 평화』의 배경이 되는 두 번째 이야기는 자신의 신학적 원리들을 대중문화 속에 녹여 내고자 했던 그래함의 열망과 연결된다. 처음에 그래함은 유능한 대필 작가였던 자넷 블레어를 고용해, 그에게 자신의 설교를 활용한 초안을 작성하라고 요구했다. 여기서 잠시 조지 버넘 기자의 말을 빌리겠다. "꽉 찬 일정 속에서 그래함 박사는 책을 실제 저술할 시간이 없었다." 하지만 그래함은 블레어가 작성한 초안을 읽어 보고는, 그것을 사용하지 않기로 결정했다. 그래함이 중요하게 생각했던 요점과 강조점들을 너무 많이 놓쳤기 때문이다. 그리하여 그래함은 루스의 도움을 받아 자신의 손으로 책을 처음부터 다시 쓰기 시작했다.

『하나님과의 평화』의 핵심 메시지는 추상적인 신학용어들로 집필될 수도 있었지만, 그래함은 일상용어를 쓰기를 더 선호했다. 그가 전하려는 메시지는 분명했다. 그것은 인간의 죄와 하나님의 용서라는 신약 성경의 중심 메시지, 즉 복음은 정말로 '좋은 소식' 이라는 사실이었다.[40]

그래함의 신학적 기본 원칙은 그 기준이 어디에 있는가 하는 권위의 문제와 함께 시작됐다. (비록 그래함도 그 원칙을 항상 몸소 실천하지는 않았지만 말이다) 그리스도인들이 믿고 실천해야만 하는 모든 것들에 대한 최종적인 판단 기준을 누가 혹은 무엇이 제공하는가? 그 답은 간단했다. 물론 성경이었다. 성경은 많은 것을 이야기하지만, 무엇보다도 하나님과 사람과의 관계에 관해 이야기했다.

성경의 기승전결은 분명하다. 성경은 첫 사람 아담이 하나님의 법에 의지적으로 반항함으로써 죄를 짓게 되었다고 가르쳤다. 그리고 아담 이후의 모든 인류도 죄를 지었다. 인간의 교만은 세상의

40_ 이 문단과 앞으로의 일곱 문단들에서 다루는 『하나님과의 평화』에 대한 설명은 내가 저술한 『미국의 목사』(Cambridge, MA: Belknap Press of Harvard University Press, 2014)의 33-34쪽에서 발췌한 문단들이다. 본서에서 이 문단들을 재사용할 수 있도록 허락해 준 하버드대학교 출판사에 감사 인사를 전한다.

다른 것들을 전부 오염시킬 만큼 충분히 해로웠다. 심지어 대자연도 인간의 반역에 대한 하나님의 진노로 무자비한 고통을 받았다.

하지만 하나님께서는 그분의 무한한 사랑으로 자신의 아들, 곧 완전한 신이자 완전한 인간이신 예수 그리스도를 통해 자신을 나타내심으로써 사람을 구원하기로 결정하셨다. 이 구원은 그리스도께서 죄 없는 삶을 사셨고, 죽음으로 죄의 형벌을 대속하셨으며 부활을 통해 죽음을 물리치심으로 가능해졌다. 만일 사람이 자신의 죄를 회개하고 그리스도를 자신의 구세주로 영접한다면, 성령께서는 그들의 전인격을 거듭나게 하셔서 그들이 내적으로 평화를 누리고 외적으로 거룩한 삶을 살아갈 수 있도록 하실 것이다.

그래함의 설교에서 중생(new birth)은 복음 메시지의 핵심이었다. 중생이란 거듭난 이들이 이웃에게 부당한 대우를 받더라도 그들을 사랑하도록 만드는 능력이다. 또한 그들의 가족이나 그들이 속한 공동체뿐 아니라 모든 사람을 위해 사회 정의를 추구하게 만드는 능력이며, 몸을 망치거나 하나님께서 맡기신 재정을 낭비하는 습관들을 끊어 내게 만드는 능력이었다.

물론 그래함은 기독교 신학에는 중생 외에도 다른 여러 주제들이 있다는 사실을 너무나도 잘 알고 있었다. 하지만 사람들을 신앙으로 초대하는 복음전도자로서의 삶이 자신의 소명이라 생각하고 있던 그래함에게 중생은 언제나 강조해야 할 핵심요소였다. 많은 복음주의자들은 거듭남(born again)이라는 표현을 사용했고 그래함 역시 이 표현을 가끔씩 사용하긴 했지만, 그는 중생이라는 표현을 더 즐겨 썼다.

기독교인들은 인류 역사의 마지막 때에 그리스도께서 다시 오실 것이라는 확신을 가지고 있다. 다른 복음주의 개신교인들은 그리스도의 재림에 관한 세부사항들을 놓고 소란을 피우곤 했지만, 『하나님과의 평화』는 그것들을 중요하게 다루지 않았다. 재림의 핵심은 그리스도께서 다시금 오셔서 모든 것을 바로잡으신다는 것뿐이다. 그래함은 사람들이 그 사실을 놓치지 않도록 돕기 위해 사역하는 복음전도자였다.

죽음 이후 신자들은 천국의 영원한 즐거움으로 그리고 불신자들은 지옥의 영원한 슬픔으로 들어가게 될 것이다. 그때가 다가오고 있었다. 믿는 자들은 구원의 기쁜 소식, 즉 복음을 다른 이들과 나누어야 할 의무를 지니고 있었다.

『하나님과의 평화』에서는 각 개인과 사회 그리고 모든 피조물에 영향을 끼칠 하나님의 구원 이야기를 12개가 채 되지 않는 적은 용어들- 권위, 하나님, 성경, 죄, 그리스도, 중생, 성화, 정의, 선교, 재림 그리고 최종적 운명 -로 압축해 냈다. 그러나 이 책은 조직 신학 서적이라기보다 모든 기독교인의 삶을 위한 일종의 지침과 같았다.

『하나님과의 평화』는 성경의 무오성, 성화, 방언, 성례, 예전, 기적, 교회 정치, 세대주의, 신앙 고백, 신조, 성찬 등 여러 복음주의 개신교 종파에서 소중히 여기는 핵심적 신학 주제들을 대체로 온전히 다루지 않았다. 이와 같이 매우 선택적인 교리들의 조합이 뜻하고 있는 바는 분명하다. 최대한 많은 사람들이 자신의 메시지를 부드럽게 받아들일 수 있도록 복음주의라는 거대한 강의 한 가운데를 겨냥한 것이다.

사람들이 자동차나 거실 혹은 전도 대회 좌석에서 실제로 들었던 그래함의 메시지는 그가 『하나님과의 평화』에서 전하려 했던 것보다 훨씬 더 간략하게 추려진 메시지였다. 실제로 모든 좋은 설교자들이 그러하듯, 그래함은 설교 가운데 특정 부분이 두드러지도록 강조했는데 그 강조점들은 시대의 변화에 따라 그때그때 달라졌다. 중요한 것은 그럼에도 『하나님과의 평화』는 수백만의 복음주의자들에게 표준 역할을 했다는 것이다. 그러한 역할을 해내는 대부분의 문서들처럼 『하나님과의 평화』 또한 시간과 장소가 요청하는 대로 변화할 수 있을 만큼 유연한 작품이다.

"해링게이!"

해링게이Harringay 전도 대회는 1954년 3월 1일부터 5월 22일까지 12주간 진행되었다. 런던 해링게이 경기장에서 열린 이 대회는 그래함과 그의 동료들의 기억 속에 아주 생생히 남아 있었고, 이에 그들은 이 대회를 간단히 줄여 '해링게이'라고 불렀다.

런던에서 전도 대회를 개최해 달라며 그래함을 초청한 것은 영국 복음주의 연맹British Evangelical Alliance에 소속되어 있는 목회자들이었다. 하지만 로스앤젤레스와 보스턴처럼, 런던에서 전도 대회를 개최하는 것은 그래함에게도 쉽지 않은 도전이었다. 런던은 세계적으로 가장 크고 다채로운 도시들 가운데 하나였으며, 무엇보다 영국 성공회 지도자들은 그래함을 무척이나 달가워하지 않았다. 그들은 그래함의 '강압적인 판매 기술'[역주- 청중에게 복음 앞에서 단호히 결단하라고 촉구하는 그의 모습을 비판하는 표현]을 우려 섞인 시선으로 바라보고 있었다.

그럼에도 복음주의 연맹은 그래함이 타 지역 전도 대회에서 받은 것과 동일한 규모의 자금 지원과 대대적인 광고 그리고 세심한 준비를 약속했다. 세부사항을 협상하는 데 1년이 걸리고 나서야 그래함은 초청을 완전히 승낙했으며 연맹도 그들이 제안한 약속들을 지켰다.

그래함이 탄 배는 1954년 2월, 사우샘프턴에 도착했다. 하지만 그가 도착했을 때 전도 대회는 이미 첫 단추부터 꼬인 상태였다. 당시 영국에서 배포될 기도 달력의 초안이 미네소타에서 작성된 후 그래함보다 앞서 영국에 전달되었는데, 그 초안에는 그래함의 전도 대회가 '영국의 사회주의와 그에 따른 해악'에 대항하는 대회가 될 것이라는 문구가 적혀 있었다. 영국 자문단은 그래함에게 '사회주의'라는 표현을 '세속주의'로 바꾸어야 한다고 촉구했고, 그래함은 이를 받아들였다. 하지만 어째서인지 교정사항이 인쇄에 반영이 되지 않은 것이다.

더 심각한 것은 기도 달력이 마침내 인쇄되어 영국에 배부되었을 때, 소문자로 표기되었던 사회주의(socialism)가 좀 더 강한 의미를 담는 대문자(Socialism)로 표기되어 인쇄된 것이었다. 이는 단지 비서의 실수로, 아무런 악의가 없었던 것이었지만 영국인들에게 이 표현은 사회주의 노동당이었던 영국 정부를 겨냥한 매우 부적절한 표현으로 여겨졌다.

영국 언론과 대중들은 그래함에게 분노했다. 그들의 눈에 그래함은 종교를 앞세워 정치적이고 경제적인 의도를 숨긴 채 영국을 방문한 무모하고 건방진 미국인으로 비춰졌다. 심지어 그가 영국에 도착하기 전, 영국 공산당이 발행하는 《데일리 워커》의 헤드라인에서는 그래함을 '원자폭탄 전도자'로 표현하며 그를 거세게 비판했다.

하지만 그래함은 기도 달력에 관련된 실수들을 기꺼이 사과했고, 자신의 영국 방문에 회의적이었던 기자와 성직자들을 직접 만나기도 했다. 이러한 노력 덕택으로 그들 대부분은 적어도 화를 가라앉히게 되었다. 개중에 그래함을 직접 만나 본 많은 이들은 그를 전적으로 지지하기 시작했다. 그들은 그래함의 가식적이지 않은 모습과 겸손한 태도를 반복적으로 언론에 언급했다.

그러나 한숨을 돌리기 무섭게 또 다른 문제들이 발생했다. 이전에 비해 그래함의 옷차림새는 조금 차분해졌지만, 영국의 많은 사제들은 여전히 그가 지나치게 격식을 차리지 않는다며 그의 외관에 불편함을 느꼈다. 또한 전도 대회 장소였던 해링게이 경기장도 문젯거리였다. 그곳은 지역 준비 위원회가 제시할 수 있던 가장 합리적인 선택지였지만 상대적으로 작은 편에 속했다. 1만 2,000개의 좌석이 있던 이 경기장은 개 경주와 권투 경기로 가장 잘 알려졌을 뿐만 아니라 런던에서 매우 지저분한 산업 지구에 위치해 있었다.

열악한 여건들 속에서 그래함의 염려는 점점 커져만 갔다. 하지만 결과는 예상 밖이었다. 첫날 저녁 집회는 만원을 이루었다. 가벼운 눈발과 비가 내렸던 둘째 날 저녁 이후 진행된 집회에서도 좌석은 사람들로 가득 채워졌다. 결과적으로 총 방문자 수는 200만 명에 달했고, 결신자 수는 3만 8,000명에 육박했다.

마지막 저녁 집회는 도심 밖 웸블리 경기장에서 진행되었다. 이 경기장은 영국 제도 내에서 가장 넓은 장소였다. 준비 위원회는 경기장의 10만 석이 가득 차게 될 것이라 예상했고, 이에 6만 5,000석 규모의 화이트시티 경기장도 함께 확보해 두었다. 그래함은 먼저 화이트시티 경기장에서 설교한 후, 자동차를 타고 웸블리 경기장으로 이동하기로 했다. 당일 저녁에 두 경기장은 모두 만석을 이뤘고, 추가로 2만 2,000명은 잔디밭에 앉아서 참여할 수 있도록 진행되었다. 휘몰아치는 빗속에서도 두 경기장에는 도합 18만 7,000명이 운집했고, 이 수치는 영국 종교역사 사상 그 어느 행사보다도 월등히 높은 숫자였다. 심지어 1948년 런던 하계올림픽에서 집계된 관람객 수보다도 높았다.

대회 기간 내내 그래함은 쉬지 않고 일했다. 그는 몰아치는 일정 안에서도 엘리자베스 여왕의 모후와 여왕의 여동생 마가렛 공주의 초청으로 그들을 만나기도 했다. 또한 트라팔가 광장에서 1만 2,000명, 하이드 파크에서 4만 명을 대상으로 설교했고, 학생들로 꽉 들어찬 옥스퍼드, 케임브리지 그리고 런던대학교에서 강의하기도 했다.

런던대학교에서 그래함을 소개한 교수는 그 대학이 세속주의를 기반으로 세워졌음을 일부러 그의 앞에서 지적했고, 학생들은 이에 큰 박수갈채를 보냈다. 몇몇 학생들은 그래함의 반反진화론적 견해를 조롱할 심산으로 원숭이 흉내를 내는 학생 한 명을 강단 앞으로 내보내기까지 했다. 하지만 그래함은 그 즉시 천연덕스럽게 "저희 조상님들이 생각나네요. 그나저나 그 조상님들도 영국에서 왔는데 말이지요"라며 대꾸했고, 학생들을 폭소를 터트렸다. 이는 전형적인 그래함의 방식이었다.

그래함은 윈스턴 처칠Winston Churchill 영국 총리를 만나고자 수차례 시도했지만 실패했었다. 그러던 중, 이 전설적인 지도자가 직접 그래함을 초대했다. 그는 그래함에게 총리 관저가 있던 다우닝가 10번지에서 만나자고 제의했다. 역사적인 웸블리 전도 집회 바로 다음 날이었다. 처칠이 죽고 난 뒤,[41] 그래함은 그날 처칠은 어떻게 그가 웸블리 경기장을 인파로 가득 채울 수 있었는지 궁금해했다고 밝혔다. 처칠은 자신과 마릴린 먼로가 함께 행사를 열어도 절대 웸블리를 가득 채우진 못했을 거라며 농담했다.

처칠은 40분간 진행된 대화에서 9번이나 "세상에는 희망이 없다고 느낀다"라고 이야기했다. 그래함은 그 말 속에 처칠 자신의 마음상태가 내포되어 있다고 생각했다. 처칠의 기분 좋은 승낙 속에 그래함은 구원의 길과 그리스도의 재림에 관해 그에게 설명했고 이내 그와 함께 기도했다. 만남이 끝나고 집을 나서는 길에 그래함은 처칠과 악수를 나눴다. 당시 고작 36살이었던 그래함은 '살아 있는 역사와 악수를 하는 것' 같았다며 당시의 소감을 밝혔다.

41_ 그래함은 국가 지도자가 죽고 난 후에야 함께 나누었던 대화를 비밀로 간직하겠다는 서약에서 자유로워진다고 생각했다.

시작부터 전망이 암울했던 런던 전도 대회가 성공할 수 있었던 이유는 무엇이었을까? 그 성공에는 여러 요인들이 작동했다. 첫 번째 요인은 안드레 작전operation andrew이라고 불렸던 프로그램이었다. 자신의 형제 베드로를 그리스도께 나아오도록 초대한 사도 안드레의 성경 이야기(요 1:40-41)에 기초한 이 프로그램은 신자들을 독려해 주변인, 특히 교회를 다니지 않는 사람을 전도 대회에 데려오도록 하는 행사였다.

두 번째 성공 요인은 런던 전도 대회가 점점 그 정당성을 확보하게 된 것이었다. 예를 들면, 미주리주의 스튜어트 시밍튼, 뉴햄프셔주의 스타일스 브리지 상원위원들과 같은 미국 고위급 정치인들이 그래함의 영국 전도 대회를 지지했다. 그런 분위기 속에서 이윽고 성공회의 고위 성직자들도 그를 지지했다.

세 번째로, 점차 점잖아졌던 그래함의 옷차림도 한몫했다. 영국 언론, 학계 그리고 상류층은 그래함의 성실함과 상대를 무장해제시키는 그의 겸손함에 그들의 말마따나 '기분 좋게 좌절'했다. 전도 대회는 사람들이 예상했던 것보다 더 절제된 형태로 진행되었다. 게스트 선정이나 찬양대의 찬양, 유명인들의 간증 그리고 역동적인 설교는 그래함을 지지했던 이들이나 그를 의심했던 이들 모두를 만족시켰다.

네 번째 성공 요인은 통신 기술을 아주 효율적으로 사용한 데 있었다. 런던 전도 대회는 영국의 외딴 지역에서도 현장의 모습을 다 같이 거대한 화면으로 볼 수 있게끔 최초로 전화선을 사용한 대회였다. 오늘날 술집들이 손님이 가게에서 스포츠 경기를 볼 수 있도록 큰 스크린을 설치해 두는 것을 떠올리면 이해하기 쉽다. 이러한 혁신적인 조치는 당시에 그 진가를 충분히 인정받지 못했다. 그러나 이것은 그의 평생에 나타나는 한 가지 특징, 곧 사역에 최첨단 기술을 활용하는 그의 탁월한 감각을 넌지시 비추고 있었다.

미래에 있을 일들을 잠시 먼저 내다보자면 이러하다. 빌리그래함 전도협회는 대량 인쇄, 라디오·TV 방송, 위성 방송, 웹사이트, 경건 생활을 위한 일일 자료의 디지털화 그리고 소셜 미디어 같은 기술이 대중화되자마자 곧바로 그것을 활용했다. 그 선구적인 변화는 협회만의 특별함이 되었다. 그래함은 런던 전도 대회 이전에도 최신 기술에 밝은 사람이었지만, 런던 대회를 기점으로 기술 활용은 그의 핵심적인 사역 특징으로 자리매김했다.

한편, 광고는 1954년 런던 전도 대회의 또 다른 중요한 특징이었다. 물론 광고 자체는 그래함의 사역에서 새로운 것이 아니었다. 그는 이미 플로리다성경학교 시절부터 광고를 활용했었다. YFC의 전략기획 팀은 그래함이 있을 당시, 광고를 마치 예술작품 수준으로 변모시켰고 그는 그 모든 과정에 빠지지 않고 관여했다. 하지만 런던 전도 대회에서의 광고 전략은 그 이전보다 질적으로 향상되어 있었다. 소책자와 전도지, 표지판과 광고판이 그야말로 런던을 뒤덮었다.

광고의 방식 역시 눈여겨볼 만하다. 런던 전도 대회에서의 광고는 '미니멀리즘'이라는 한 단어로 요약될 수 있다. 광고에는 '빌리 그래함, 해링게이 경기장, 매일 밤 7시 30분', '설교자 빌리 그래함' 혹은 그저 그의 사진과 함께 '빌리 그래함'이라는 문구만이 등장했다. 전도 대회 준비 위원회는 미국의 캐딜락 자동차 광고를 참고했다. 대중들이 호기심을 가질 정도의 정보만을 광고에 실었고, 이는 대회 자체가 너무나 매력적이기 때문에 미사여구로 광고할 필요가 없다는 인상을 남겼다.

그래함은 계속해서 움직였다. 해링게이 전도 대회 이후 그는 서둘러 유럽 대륙으로 떠났다. 그는 최대 3일가량의 짧은 전도 대회들을 헬싱키, 스톡홀름, 코펜하겐, 암스테르담, 베를린, 프랑크푸르트, 뒤셀도르프 그리고 파리에서 진행했다. 각 도시에서 진행된 전도 대회에는 수만 명이 운집했고, 대회 장소였던 몇몇 경기장에서 최다 관중 기록을 갱신하기도 했다.

이어 그래함은 글래스고에서 1955년 3월부터 6주간 전도 대회를 개최해 달라는 스코틀랜드 국교회의 요청을 수락했다. 영국에서 그랬던 것처럼 스코틀랜드에서도 그래함은 반대에 직면한다. 이번에는 국교회 인사들보다 고高교회파high-church[편주- 고교회파는 예전을 중시하는 성향을 보인다] 칼빈주의자들의 반대가 극심했다. 그들은 그래함의 저低교회파low-church[편주- 고교회파와 다르게 대중적이고, 복음주의적 성향을 보인다] 방법론과 신학을 달가워하지 않았다.

그래함 관련 도서들은 1995년 글래스고 전도 대회를 크게 다루지 않는다. 하지만 그래함 자신은 런던 전도 대회보다 글래스고 전도 대회를 더 만족스럽게 여겼던 것 같다. 자서전에서 그는 12주 동안 열렸던 런던 전도 대회가 참석자 200만 명과 결신자 3만 8,000명을 기록한 반면, 글래스고 전도 대회는 6주 만에 참석자 250만 명과 결신자 5만 2,000명을 얻었음에 주목했다. 또한 글래스고 전도 대회가 훨씬 폭넓고 다양한 사회 계층에게 영향을 끼쳤음을 확신하며 이를 자부했다. 참여자와 결신자들 중에는 제강소, 항만 그리고 제분소 노동자들뿐 아니라 대부호와 신학자 그리고 스코틀랜드 성직자들도 포함되었기 때문이다.

또한 성금요일에 그래함은 BBC 방송에서 십자가를 주제로 설교했는데, 이 방송은 3년 전 여왕의 대관식 이후 단일 프로그램으로는 가장 많은 시청자 수를 기록했다. 스코틀랜드 전도 대회의 마지막 저녁에는 10만 명에 달하는 인원이 서거나 앉은 채로 햄던 파크 경기장을 가득 메웠다.

스코틀랜드 전도 대회가 공식적으로 폐회한 지 4일 뒤, 무한 체력을 자랑하는 그래함은 런던으로 다시 돌아가 일주일간의 전도 대회를 인도했다. 마지막 날을 제외하고는 매일 비가 왔지만 (게다가 마지막 날은 그해 가장 추운 날이었다) 전도 대회에는 45만 명이 참석했고, 2만 4,000명이 결신 카드에 서명했다. 1955년 5월 21일, 사람들이 가득 찬 웸블리 경기장에서 전도 대회는 막을 내렸다.

하지만 그다음 날 중요한 사건이 발생했다. 그래함이 윈저성 안에 위치한 세인트조지교회에서 엘리자베스 2세 여왕과 필립 공에게 말씀을 전하게 된 것이었다. 이날의 만남은 여왕의 신앙을 깊이 존경했던 그래함이 앞으로 여왕과 갖게 될 수십 번의 만남 가운데 첫 번째 만남이었다. 2001년, 주미 영국 대사였던 크리스토퍼 마이어 경은 여왕을 대신해 그래함에게 명예 기사 작위를 수여했다.

* * *

1954년부터 1955년까지 영국에서 진행된 전도 대회의 결과─ 그래함의 표현을 빌리면 '수확'─를 평가하기란 쉽지 않다. 우선 단기적 결과를 규정하기가 힘들다. 대회 관련 통계 분석은 분석의 주체가 누구인지, 집계 방식이 어떠한지에 따라 그 결과가 각기 다르고 차이도 너무 크기 때문이다.

그러나 한 가지 일화가 그래함의 영국 전도 대회들이 남긴 결과를 분명히 보여 준다. 그것은 그의 전도 대회들을 통해 수많은 영국 국교회 성직자들, 특히 신학생들이 좀 더 복음주의적인 노선으로 이동했다는 것이다. 마이클 램지 대주교는 그래함을 다정하게 '침례교인 빌리'라고 불렀는데, 그에게 한번은 이렇게 말한 적이 있다. 그래함의 전도 대회로 인해 영국 내 복음주의가 세력을 더욱 크게 늘릴까 두려웠다고 말이다. 그래함은 이를 농담으로 받아쳤다. "맞습니다. … 말씀하신 대로 저도 그게 제 전도 대회의 부작용들 가운데 하나라고 생각합니다. 사실 저는 그렇게 되길 상당히 바라고 있지만요."

한편, 장기적 결과들을 측정하는 것은 단기적 결과보다 훨씬 더 어렵다. 미국 안팎에서 진행된 그래함 전도 대회에 참석한 일부는 그의 신학은 빈약하며 메시지는 시대의 심도 깊은 요구와 동떨어져 있다고 생각해 결국 그에게서 멀어졌다. 그러나 또 다른 이들은 그래함은 신학이 분명하고 직접적이며, 시의적절하다고 생각했다. 그 예로 한 성공회 사제는 그래함의 전도 대회를 회고하며, 그것을 '힘을 잃은 교회를 위한 하나님의 아드레날린'으로 비유하기도 했다.

이러한 반응은 30년 후 영국 왕실 전용선이 샌프란시스코 만에 정박했을 때에도 나타났다. 당시 엘리자베스 2세 여왕은 전용선 위에서 열린 저녁 만찬에 그래함을 초대했다. 그래함이 배 위에 올라타자, 기수단 소속의 한 영국 해군장교가 대열에서 나와 그래함의 귀에 짧게 속삭였다. "1955년, 웹블리 경기장(Wembley, '55)에 저도 있었습니다."

크리스채너티 투데이

1954년 런던 전도 대회, 1955년 스코틀랜드 전도 대회, 뒤이어 진행된 1956년 남·동아시아 전도 대회는 그래함을 국제적으로, 특히나 넓은 의미의 복음주의권에서 주목받는 인물로 만들었다. 하지만 이러한 명성에도 불구하고 그래함은 결코 미국을 완전히 떠나 있진 않았다. 미국에서 급성장 중이던 복음주의 운동을 돌봐야 할 필요가 있기 때문이었다. 그러기 위해서는 인쇄물의 힘이 절실했다.

그렇게 그래함은 격주간지 《크리스채너티 투데이》Christianity Today를 1956년에 창간했다. 1956년 즈음의 그래함은 이미 모든 대중매체를 섭렵하고 있었다. 하지만 그가 유일하게 뛰어들지 못했던 영역이 바로 잡지, 좀 더 정확히 말하면 전문 잡지였다.

후에 그래함에 따르면 그가 《크리스채너티 투데이》를 시작해야겠다고 생각한 것은 1953년의 어느 날 새벽 2시였다. 당시 그는 루스를 깨우지 않으려 조용히 침대에서 빠져 나와 서재에서 홀로 잡지 창간에 대한 계획을 구상했다. 그러나 대부분의 건국신화들이 그러하듯, 이 이야기의 세부적인 내용까지 모두 사실인 것은 아니다. 그래함은 마음이 맞는 몇몇 이들과 함께 몇 년 동안 이 계획에 대해 논의해 왔었으니 말이다.

그래함은 마이다스의 손을 가지고 있던 필라델피아의 석유 사업가 J. 하워드 퓨J. Howard Pew에게서 상당한 재정적 지원을 받았다. 자유자본주의를 지지하고, 대규모 노동조합을 신뢰하지 않던 당시 그래함의 입장은 당연히 비슷한 입장을 지니던 재계의 거물들의 환심을 사는 데 일조했다.[42] 그러나 퓨가 그래함을 지원하기로 한 이유가 무엇이었든지 간에, 그래함은 자신의 계획에 귀 기울이고 기꺼이 투자하겠다는 인물을 필라델피아에서 발견한 셈이다.

그래함과 다른 복음주의 지도자들은 격주 발행물의 창간을 두고 한동안 고심했다. 간행물은 적어도 세 가지 목표를 달성해야만 했기 때문이다. 그것은 바로 영구성, 정체성, 신뢰성이다.

영구성은 가장 완수하기 쉬운 목표였다. 그래함은 자신이 선포한 설교 메시지가 보다 오래도록 변치 않는 형태로 담겨야 한다고 느꼈다. 그에 따르면, 말은 쉽게 사라지지만 인쇄물은 그렇지 않았다. 교회사에 대해 박식하지 않았던 그이지만 (그의 설교들을 보다

42_ 1970년대 중반에 이르러 그래함은 경제정의(윤리) 관련 문제들에 대해 비교적 중도적이었다가 결국에는 중도 좌파적인 입장을 취하게 된다. 그 무렵인 1971년, 퓨는 눈을 감았기에 그래함은 거리낌 없이 자신의 경제윤리관을 바꿀 수 있었다.

보면 자연스럽게 알 수 있다) 시간의 흐름에 변질되는 것을 막기 위해 무언가를 보존하려면 기관을 설립해야 한다는 사실만큼은 교회사를 통해 충분히 이해하고 있었다.

《크리스채너티 투데이》의 재원 마련은 그래함이 상상했던 것보다 훨씬 안정적으로 '영구성'이라는 목표를 이루는 데 도움을 주었을지도 모른다. 하워드 퓨는 한 번에 전액을 기부하는 것에 회의적이었다. 단체의 후임자들은 대체로 초기 설립자의 의도와 반대되는 길- 보통 훨씬 진보적인 노선 -로 방향을 바꾼다고 확신했기 때문이었다. 따라서 퓨는 단기적이지만 주기적으로 후원하는 쪽을 선호했다. 언제든 그들이 잘못된 길로 간다면 그 즉시 후원을 중단하기 위해서였다.

그리고 이러한 까닭에 《크리스채너티 투데이》는 그래함이 실제로 바랐던 것보다 퓨가 지지하는 자유방임주의 입장, 보수적 정치색 그리고 전통 신학의 관점을 좀 더 오랫동안 지지해야만 했다. 그리고 이러한 기조는 퓨의 후원이 끊기게 되는 1970년대까지 지속되었다.

* * *

《크리스채너티 투데이》가 지향했던 두 번째 목표인 정체성은 복음주의자들을 대변하는 것이었다. '복음주의'(Evangelical)라는 단어는 본래 대문자 'E'가 쓰였으나, 그래함의 잡지에서는 이내 소문자가 쓰이는 일반 명칭(evangelical)으로 표기되었다. 한 기자는 그들의 급격한 성장을 지켜보면서, 복음주의 집단이 미국 개신교라는 거대한 강줄기를 확연히 구분되는 세 지류로 나누었다고 말했다. 이 세 지류란 좌측으로 주류 교단 소속의 개신교인들, 우측으로 근본주의자들 그리고 그 사이에 자리한 대중적 복음주의자들을 가리켰다.[43]

1950년대 초, 미국 개신교라는 거대한 강은 대체로 두 지류로 나뉘었다. 우측의 근본주의와 좌측의 주류 교단이 바로 그것이었다. 그래함은 이 두 지류 사이의 새로운 지류를 내는 것에 누구보다도 큰 역할을 했다. 처음에 그는 이 새로운 집단을 새로운 명칭으로 부르려 하지 않았고, '기독교인'이라 부르기를 선호했다. 하지만 점차 '복음주의'(Evangelical)- 이후 소문자로 바뀐 -라는 이름이 부상했고, 이 집단을 지칭하는 이름으로 정착되어 불렸다.

물론, 넓은 의미의 보수적 미국 개신교는 위에 언급된 세 가지 지류들보다 훨씬 더 광범위했다. 여기에는 고백적 루터교회, 예전을 강조하는 미국 성공회, 평화를 지향하는 메노나이트교회, 예배에

43_ 역사가 엘리샤 코프먼은 '주류'(mainline)라는 표현을 신학적으로는 중도 좌파, 사회적으로는 특정 교단들에 동화된 구성원들을 지칭하는 데 사용한다. 이러한 교단들로는 대체로 백인들로 구성된 회중교단, 제자회, 미국 성공회, 루터교, 감리교와 북장로교 그리고 대체로 흑인들로 이루어진 아프리카 감독 감리교와 미국 침례교 연맹이 있다. 반면, 나는 '대중적'(mainstream)이라는 표현을 2차 세계대전 이후 미국의 유동적인 복음주의 운동- 백인과 흑인 모두 -에 영향을 끼친 중도 우파적 신학 지향성을 지칭하는 데 사용한다. 앞서 언급했던 것처럼, 옛 남부지역의 침례교, 장로교, 감리교들은 보통 사회적으로나 문화적으로 주류(mainline)였지만, 신학적으로는 대중적(mainstream)이었다.

서 악기를 사용하지 않는 그리스도의 교회 그리고 칼빈주의적 침례교회와 같은 집단들이 포함된다. 그들은 복음주의가 마치 넓은 의미에서 모든 정통 개신교를 대변하는 것인 양 말하는 복음주의자들에게서 불쾌감을 느꼈다. 하지만 그들이 어떻게 생각하는지와 별개로, 비복음주의인 보수적 개신교 진영의 전체 규모는 복음주의 진영에 비할 바가 못 되었다.

대체로 미국 개신교의 세 집단의 차이는 다음과 같이 요약될 수 있다. 가장 먼저, 근본주의다. 여기에 속한 이들은 하나님께서 역사에 직접적으로 개입하신다고 주장한다. 이러한 개입 사례로는 초자연적인 기적들이나 신앙뿐 아니라 과학과 역사 영역에도 적용되는 성경의 정확성(무오성)이 포함된다. 또한 이들은 십자가에서 죽으시고 무덤에서 육체적으로 부활하신 그리스도께서 죄를 대속하시고 중생의 약속을 주셨다고 믿으며, 중생한 그리스도인들은 비기독교인들에게 자신들의 믿음을 증거로 그들이 그리스도를 영접하도록 이끌어야 한다고 생각한다.

신학적으로 논쟁이 불붙는 지점은 그리스도의 재림이 임박했고, 육체를 입고 이 땅에 오실 그리스도께서 평화롭고 건강하며 영적인 번영을 누릴 천년의 시대를 여실 것이라는 그들의 믿음이었다. 그들은 또한 천년이 지난 후, 죽은 자들은 부활할 것이며 모든 이들은 각자 신앙의 정확성과 삶의 거룩함에 따라 천국에서 영원히 즐거울지, 지옥에서 영원히 분리될지를 심판받을 것이라 믿었다. 그래함은 사역하는 마지막 순간까지 역사의 종말에 있어 이와 같은

입장을 견지했다.[44]

한편, 주류 교단 소속 개신교인들은 성경을 믿었으나 성경의 사실적 정확성이 아니라 사람들을 믿음으로 이끄는 성경의 능력을 강조했다. 다시 말해 성경 속에 등장하는 초자연적 사건들이나 인물들에 관한 이야기는 잘해야 비유, 최악의 경우 신화로 이해했다. 그들은 현대 사회에서 기적이란 내면의 변화이지 눈에 보이는 외부적인 변화가 아니며, 자기희생적 삶의 본을 보이신 그리스도를 향한 인격적 회심은 물론 필요는 하지만 사회 정의를 성취하려면 인격적 회심만으로는 충분하지 않다고 생각했다. 따라서 사회적 병폐들을 고쳐 나가되, 이를 위해 실제 정치 활동을 통한 구조적 변화를 추구했다. 그들은 도덕적이고 윤리적으로 살아가는 방법을 논의하는 데 우호적이었지만, 종말에 관한 논의들은 중요하게 생각하지 않았다.

그리고 복음주의자들은 그 중앙에 위치해 있었다. 그들은 대체로 그래함의 저서 『하나님과의 평화』에 나타난 교리들에 동의했다. 그래함이 그러했듯, 그들도 신앙과 실천에 관한 최종 규범으로

44_ 주류 교단과 대중적 복음주의, 양 진영의 신학자들은 역사의 마지막을 '종말' 혹은 '종말론'이라 지칭했지만, 그래함은 좀 더 구어체적인 '마지막 때' 혹은 '재림'이라는 표현을 선호했다. 또 그는 가끔씩 '휴거'에 대해서도 언급했다. 휴거란, 예수님께서 이 땅에 재림하시기 전에 땅 위에 성도들- 혹은 진정으로 회심한 그리스도인들 -을 천국으로 이동시키시는 것을 의미한다. 휴거를 주장하는 사람들에 따르면, 천국으로 휴거된 성도들은 약 7년 정도 그리스도와 함께 천국에 머물게 된다. 반면 땅 위에 남은 불신자들은 그 시간 동안 그리스도의 재림 전까지 대환란 속에서 고통받는다. 우리는 이러한 개념들이 그래함에게 어떠한 사회·문화적 의미를 지녔는지 후에 다시 살펴볼 것이다.

서 성경의 권위를 특히 강조했다. 또한 대부분 성경의 사실적 정확성에 동의했지만, 예수 그리스도의 죽음과 부활을 믿음으로써 죄인을 안전한 구원의 항구로 인도해 내는 성경의 능력 차원에서 성경이 가진 권위를 강조했다.

기적을 이해하는 입장에 있어서 복음주의자들은 주류 개신교인들보다 근본주의자들과 더 비슷했고, 그리스도의 실재적 재림을 믿었다. 그러나 그들은 재림의 정확한 시점이나 방법과 같은 세부 사항들을 놓고 논쟁하며 시간과 에너지를 낭비하려 들지 않았다. 오히려 모든 그리스도인에게 주어진 특권, 곧 복음을 다른 사람들과 나누는 이 특권- 명령이기보단 정말 특권 -에 충실하고 싶어 했다. 여기서의 나눔은 말과 글을 통한 복음의 선포, 자비 사역 그리고 삶의 모범을 포함했다.

그래함은 종교 지형을 재빠르게 파악해 냈다. 이러한 파악이 의식적이었을까 아니면 본능적이었을까? 매우 좋은 질문이지만 어느 쪽이었든지, 그는 자신이 누구를 대상으로 삼아야 하는가를 정확히 알고 있었다. 《크리스채너티 투데이》는 제도적 목소리가 없던 주류 교단의 복음주의자들, 남침례교를 비롯해 압도적으로 우세한 교단의 복음주의자들 그리고 제도권 밖의 독립적 복음주의자들, 이렇게 꽤나 상반된 세 부류의 복음주의자들을 대변해야 했다.

그래함은 복음주의가 외부의 영향을 받아 그때그때 변하기 쉬운 운동이라고 생각했고, 이에 복음주의를 좀 더 확고하게 만들고 싶어 했다. 역사가 엘리샤 코프먼Elesha Coffman은 이러한 그래함의 목표를 다음과 같이 간결이 설명했다. "일관성 있고, 정의 가능한 종교 운동을 일으킬 것. 이 운동은 어떤 특정 교단이나 기관으로 대표되는 것이 아니라, 오히려 신앙과 실천을 위한 하나의 신학적 중심축 혹은 깃대 역할을 해야 한다. 그리고 그 실질적인 신앙과 실천을 기준으로 운동의 경계도 갖춰야 한다." 그리고 《크리스채너티 투데이》는 이러한 복음주의 정체성을 독자들에게 각인시키거나 유지(혹자는 이를 감시라고 말할지도 모르겠다)하는 일에 도움을 주었는데, 그 예시로 잡지에 글 혹은 광고를 실을 수 있는 대상을 선별하며 그 기능을 수행했다.

* * *

지속성과 정체성 외에 《크리스채너티 투데이》의 세 번째 목표는 신뢰성 획득이었다. 비록 그래함은 '신뢰성'이라는 단어를 사용했지만, 그것은 훨씬 강력한 위신을 의미했다. 한 사회에 대한 영향력을 획득한다는 것이고, 그것은 공론화의 장에 나설 수 있는 영구적인 지위를 얻게 된다는 의미다. 또한 그들이 신학교에서 가르치는 견해가 학계에서 가치 있고 공정하게 평가된다는 것을 의미했다.

그래함이 유명세를 얻고 있던 1950년대까지, 근본주의자들─넓은 의미에서 근본주의자들과 후에 복음주의자들이 되는 이들이 모두 포함된다─은 그들이 대부분 신학교와 종합대학 신학부에서 학계적 영향력을 상실했다는 사실을 마지못해 받아들였다. 1925년 스콥스 재판[역주- 공립학교에서 진화론을 가르치다 체포된 존 스콥스에 대한 재판으로, 창조론을 옹호하는 이들과 진화론을 옹호하는 이들이 맞붙은 재판. 판결 자체는 창조론 옹호자들의 승리였으나, 이 재판을 계기로 근본주의는 공적 영향력을 점차 상실하게 된다]과 같은 사건들은 근본주의자들이 힘을 잃고 자신들만의 영역에 갇혀 있도록 만들었다.

하지만 그 상태로 계속 남아 있을 수는 없었다. 복음주의자들은 근본주의자들과는 구별된 자신들만의 신학·성경·역사적 의제를 내걸기로 작정했다. 이 의제는 현대적 사고방식과 과거의 사고방식, 각각의 최고 장점들을 과감하게 통합시키는 것이었다.

하지만 복음주의 운동의 신뢰성 획득은 당시 어마어마한 영향력을 가진 《크리스천 센추리》Christian Century로 인해 더더욱 난도가 높은 목표였다.[45] 1908년 제자회 소속의 진보계열 목회자인 찰스 클레이턴 모리슨이 파산 위기에 직면해 있던 《크리스천 센추리》를 구제한 이후, 이 잡지는 이내 주류 개신교를 대표하는 정기간행물이 되었다. 《크리스천 센추리》는 당대 신학적 사안뿐만이 아니라 정치·문화적 사안들에 있어 중도 좌파, 심지어는 극좌의 입장을 취하고 있었다. 그래함은 주류 교단에 속한 신학교와 목사들의 서재나 사택 내 응접용 탁자를 독점하다시피 하던 《크리스천

45_ 창간 이래로 1970년대까지 《크리스천 센추리》는 매주 발간되었다. 그러나 점차 편집자들이 발간 횟수를 줄이기 시작했고, 2002년 이후에는 격주로 잡지를 발간했다.

센추리》의 위용에 도전할 생각이었다. 그의 판단으로는 신학교까진 아니더라도, 목회자들의 서재나 응접용 탁자에서는 충분히 승산이 있어 보였다.

그래함은 격주간지 《크리스채너티 투데이》가 독자들에게 유익을 줄 수 있으리라 확신했다.[46] 초기의 《크리스채너티 투데이》는 《크리스천 센추리》와 마찬가지로 작은 글씨에, 약간의 광고들을 제외하면 사진이 전혀 실려 있지 않았다. 이 잡지에는 종교 관련 소식과 서평 몇 편, 기발한 풍자 칼럼 외에도 당대의 신학·문화적 중대 사안들에 관한 길고 자세한 사설이 실렸다. 또한 편집자들은 본질에서 벗어났다고 여겨지는 주제에 관한 논쟁들을 피하려 했고, 따라서 역사의 종말이 어떠할지에 관한 논의는 다루지 않았다.[47]

대부분의 성직자들과 그 밖에 다른 독자들에게 《크리스채너

46_ 1950년대부터 1970년대까지 그래함의 사업가적 노력의 범위는 출판계를 넘어서고 있었다. 그래함은 여러 기관들의 창립을 도왔는데, 그 가운데 매우 중요한 사례들로 CCC(Campus Crusade for Christ), 국제 컴패션(Compassion International), 기독 체육인 협회(Fellowship of Christian Athletes), 풀러신학교(Fuller Theological Seminary), 고든콘웰신학교(Gordon-Conwell Theological Seminary), 네비게이토선교회(The Navigators), 리빙 바이블(The Living Bible), 전미 복음주의 협회(National Association of Evangelicals), 사마리안 퍼스(Samaritan's Purse), 월드비전(World Vision), YFC(Youth for Christ), 영 라이프(Young Life) 등이 있다.

47_ 그래함은 개인적으로는 휴거와 세대주의라 불렸던 신학과 연관된 몇 가지 내용들을 믿고 있었다. 세대주의란 하나님께서 역사를 각각의 분리된 시대들, 곧 세대로 나누셨다고 믿는 신학적 입장이다. 하지만 이러한 세대주의적 입장은 《크리스채너티 투데이》에서도, 그래함의 설교에서도 거의 발견되지 않는다. 그러나 이후 그래함이 그리스도의 재림을 굉장히 많이 설교하면서, 놀랍게도 재림에 관련한 세세한 내용들도 종종 언급했다는 사실을 살펴볼 수 있다.

티 투데이》는 내용이 많고, 읽기에 조금은 어려운 잡지였을 것이다. 실제로 그 창간호에는 G. C. 벌카워 쓴 「유럽 신학의 변화의 기류」라는 제목의 지루한 글과 칼 헨리Carl F. H. Henry의 진지하고 깊은 사고를 담은 「서구 사회에서의 자유의 취약성」이라는 글이 실렸다. 그래함은 첫 번째 편집장이었던 헨리에게 그의 사설이 "이해하기 너무 어려워요"라고 평가했다. 후에 자신의 발언을 후회하긴 했지만, 끝내 그 발언을 철회하진 않았다. 그리고 그는 그래함답게 창간호가 발간되는 데 있어 스스로의 공헌에 대해서도 비판적으로 성찰했다.

그래함은 학술적이거나 지적인 인물이 아니었지만, 그러한 유의 사람들을 존경했다. 그래함은 복음주의 진영의 지성인들을 자신의 잡지로 끌어들였다. 가장 유명하고 영향력 있던 인물로는 해럴드 존 오켕가, L. 넬슨 벨, 칼 헨리가 있었다. 오켕가와 벨의 학력에 대해서는 이미 살펴본 바 있다. 헨리는 북침례신학교와 보스턴 대학교 모두에서 박사 학위를 받은 기자 출신 신학자였다.

위 세 명 가운데 헨리가 가장 진보적인 편이었고, 벨이 가장 보수적이었다. 헨리는 1956년 창간호부터 1968년까지 《크리스채너티 투데이》의 편집장으로 활동했다. 오켕가는 1981년까지 이사장으로 일했고, 또한 종종 글을 기고했으며 보이지 않는 곳에서 잡지를 후원하는 인물이기도 했다. 한편 벨은 그가 세상을 떠나는 해인 1973년까지 편집장으로 수고했다.

벨은 《크리스채너티 투데이》에 큰 영향력을 끼쳤다. 그는 거의 모든 면에서 그래함보다 보수적이었지만, 그래함은 그에게 《크리스채너티 투데이》의 사회적, 종교적 위치를 설정하는 일- 잡지의 본질적인 방향을 결정하는 일까지는 아니었지만 -에 대한 재량권을 주었다. 벨이 이토록 그래함과 잡지에 영향력을 행사할 수 있었던 이유가 그의 확고한 생각과 강인한 성격 때문인지 아니면 가족들에 대한 그의 가부장적 위치 때문인지, 혹은 둘 모두였는지는 분명하지 않다.

* * *

1968년부터 1978년에 이르는 시기에 《크리스채너티 투데이》는 중요한 변화들을 겪는다. 대대적인 인사이동과 신학적, 사회적 지향점의 변화 때문이었다. 1968년 하워드 퓨와 넬슨 벨은 헨리를 편집장 자리에서 물러나게 했다. 그들은 헨리보다 성경의 무오성과 사회적 보수주의를 더 강력하게 주장했던 편집차장 해럴드 린셀 Harold Lindsell을 그 자리에 앉혔고, 린셀은 그 후 10년간 잡지를 이끌었다.

중요한 몇 가지 예외들을 제외하곤, 린셀 이후의 편집자들은 이전의 편집자와 지도부보다 덜 학술적이었고 사회적으로 더 진보적이었으며 문화에 더 민감히 반응했다. 즉, 《크리스채너티 투데이》는 평화를 추구하고 포괄적이며, 점차 중도적이 되어 가던 그래함의 입장에 더 가까워지게 된 것이다. 이러한 점에서 후대의 한 편집자는 사적인 대화에서 이렇게 말했다.《크리스채너티 투데이》에서 일하는 모든 사람들은 이 잡지가 '빌리의 잡지'라고 늘 생각하고 있다고 말이다.[48]

48_ 2018년까지 《크리스채너티 투데이》의 종이/디지털 잡지 구독자 수는 《크리스천 센추리》보다 월등히 높았다. 그러나 《크리스천 센추리》가 지닌 개신교, 심지어는 가톨릭 성직자들에 대한 영향력은 여전했고 계속해서 주류 개신교인들의 대표 정기간행물로서의 지위를 유지했다.

빅 애플: 뉴욕

《크리스채너티 투데이》가 창간된 지 1년이 지났을 때, 그래함은 그의 평생 사역 가운데 가장 널리 알려진 전도 대회를 개최하게 된다. 이 대회는 약 16주 동안 진행된 장기 전도 대회로, 1957년 5월 15일 뉴욕의 매디슨 스퀘어 가든에서 시작되어 노동절 전날인 9월 1일에 대단원의 막을 내렸다. 이 전도 대회가 시작되었을 무렵 사람들이 그래함의 명성에 일말의 의심을 가지고 있었다 치더라도, 그것은 대회가 끝나면서 완전히 사라지게 되었다. 이 대회가 끝날 때쯤 그래함은 18세기 조지 휫필드 이후로 가장 유명한, 어떤 이들에게는 역사상 유례없이 가장 유명한 복음전도자의 반열에 오르게 되었다.

뉴욕 전도 대회 이야기는 사실 대회가 실제로 개최된 1957년보다 더 일찍 시작되었다. 가장 먼저 이야기가 나온 것은 빌리그래함 조식위원회Billy Graham Breakfast Committee라고 불리는 작은 지역단체였다. 그들은 그래함에게 뉴욕을 방문해 달라고 요청했으나, 그래 함은 이 제안을 거절했다. 왜냐하면 뉴욕 내의 충분히 넓은 지지 기반에서 나온 초청이 아니었기 때문이다.

그러던 1954년, 뉴욕시 개신교 협의회가 그를 다시 초대했다.[49] 1,700개 이상의 교회들과 31개 이상의 교단들을 대표하는 이 협의 회는 1957년 여름에 전도 대회 개최를 계획하고 있었다. 그래함은 승낙 여부를 진지하게 고민했다. 그래함에게 변함없이 강력한 영향 력을 끼치던 그의 아내 루스는 이 제안을 수락해야 한다고 말했 다. 그래함은 수차례의 기도와 신중한 숙고 끝에 마침내 수락 의 사를 밝혔다.

그래함은 당시 뉴욕에서 전도 대회가 성공할 가능성을 계산 해 보고는 정신이 번쩍 들었다고 고백했다. 왜냐하면 뉴욕은 가톨 릭교인들, 유대인들 그리고 교회에 다니지 않은 이들로 가득한 도 시였기 때문이다. 그러니 그래함이 전도 대회를 준비하는 기간마다 늘 일상적으로 해 오던 성경 공부와 설교 준비에 덧붙여, 집 주변 산맥을 조깅한 것은 그다지 유별난 행동이 아니었다. 그는 곧 시합 을 앞두고 있는 프로 권투선수와 다를 바 없었기 때문이다. 그래 함은 훗날 선수들이 훈련하듯이 조깅했다고 회고했다.

전도 대회를 무척이나 세심하게 준비하는 것은 수년간 그래함 의 전도 대회들이 가진 특징 가운데 하나다. 하지만 뉴욕 대회는

49_ 이 협의회는 1968년에 뉴욕시 교회 협의회(the Council of Churches of the City of New York)로 이름을 바꿨다.

그중에서도 가장 심혈을 기울였던 것으로 보인다. 뉴욕 전도 대회는 그래함의 사역 전체에 있어서 가장 규모가 크고, 가장 정교하게 준비되었던 대회였다. 남성 사역자로 구성된 선발대와 그들의 가족들은 전도 대회가 시작되기 만 2년 전에 뉴욕으로 이동해, 늘 그래왔듯 주민 기도회와 양육 담당자들을 위한 훈련 프로그램을 시작했다.

게다가 선발대는 여러 기자회견을 진행하며 언론과 관계를 쌓았고 시민 단체들과 대화를 나누었으며 《투데이 쇼》와 《밋 더 프레스》 같은 TV 프로그램에 출연하기도 했다. 이는 뉴욕 대회 이전에는 찾아볼 수 없던 노력들이었다. 광고에 쏟아 부은 노력들 또한 타의 추종을 불허했다. 말 그대로 수많은 광고 전단지와 광고판, 차량용 광고 스티커 그리고 버스에 붙인 배너 광고가 온 도시를 포장했다.

"오늘 밤, 여러분들은 마음을 열고 들으셔야 합니다." 그래함은 매디슨 스퀘어 가든에 모인 1만 8,500명의 청중들 앞에서 개회 예배를 위한 첫마디를 뗐다. "마음을 열고 귀 기울여 들으셔야 합니다." 이후 《뉴욕타임스》는 첫날 저녁 설교의 전체 원고를 안쪽 페이지에 실었다. 매일 밤 그래함이 전한 설교의 제목들은 그날 예배의 주요 내용이 되었는데, 각 제목은 「회심」, 「십자가에 달려 죽임당하신 그리스도」, 「기독교인의 원칙들」, 「복음의 능력」, 「기독교인으로 살아가는 방법」이었다.

그래함은 언제나 사람들의 결단을 요청하는 설교를 했다. 따라서 많은 이들의 예상대로, 그는 첫 번째 저녁 집회에서 요한복음 3장 16절을 인용해 설교했다. "하나님이 세상을 이처럼 사랑하사 독생자를 주셨으니 이는 그를 믿는 자마다 멸망하지 않고 영생을 얻게 하려 하심이라."[50] 그래함은 그리스도를 선택하는 결단이 옳은 일을 하려는 근본적인 갈망에서 비롯된다는 점을 알고 있었다. 그러한 설교자의 갈망으로 첫 저녁 집회는 704명이 서명한 결신 카드라는 열매를 맺었다.

그래함은 이러한 열매가 하나님의 일하심의 결과라는 점을 언제나 분명히 했다. 그러나 그는 이 열매는 동시에 그가 자신의 역할에 충성한 결과라는 점 또한 언급했다. 7월 초, 《라이프》는 뉴욕 전도 대회에 대한 이야기를 표지 기사로 실었다. 그래함의 가까운 친구이자 《라이프》를 소유하고 있던 헨리 루스가 이 과정에서 중대한 영향력을 행사했음은 분명했다. 빌리그래함 전도협회는 뉴욕 전도 대회의 영상을 1시간 분량 프로그램으로 제작·편성해 지역 방송국에서 밤마다 방영했다. 6월 1일부터는 토요일 저녁에 열렸던 집회들이 ABC 방송망을 통해 실황으로 방송되었고, 이것은 도합 17번 방영되었다.

덕분에 미국 전역에 있는 수백만 가정이 그래함의 모습을 시청하게 되었다. 집계 결과, 17번의 방송 가운데 최소 한 번이라도 방송을 시청한 사람들의 수는 약 9,600만 명에 달했다. 전도 대회

50_ 본서에서 사용되는 모든 성경 구절들은 특별한 언급이 없는 경우, 모두 킹 제임스 성경에서[본 역서에서는 개역 개정을 사용했다] 인용했다.

가 진행되는 3개월 동안 그래함은 150만 통에 달하는 편지를 받았다. 청중들은 TV 화면에 클로즈업되어 나타나는 그래함의 모습으로 그를 가까이서 대면할 수 있었는데, 이것은 지금까지 대규모 공간에서 개최되었던 이전의 전도 대회나 라디오 방송으로는 불가능했던 일이었다. 전도 대회가 끝난 뒤 빌리그래함 전도협회는 생중계 방송의 숫자를 줄이고, 대신 두세 개의 프로그램으로 구성된 시리즈를 분기마다 방영하기로 했다. 방송 비용을 줄이고, 너무 자주 방영되는 탓에 방송의 가치가 떨어지지 않게 만들기 위함이었다.[51]

* * *

뉴욕 전도 대회는 사람들에게서 오래도록 기억되었다. 사람들이 기억하는 첫 번째 모습은 아프리카계 미국인에게 다가가려는 그래함의 노력이었다. 뉴욕 전도 대회가 열리기 1년 전, 그래함은 많은 발행부수를 자랑하는 두 잡지 《라이프》와 《에보니》에 기념비적인 글들을 기고했다.

이 기고문들을 통해 그래함은 각기 다른 인종의 사람들이 때로 자발적으로 인종 분리를 택하기도 한다는 점을 인정했다. 그리고 그 선택이 법에 의해 규정되거나 정부에 의해 강제된 것이 아닌,

---

51_ 빌리그래함 전도협회는 1958년에 ABC 방송국을 통해 계속해서 생방송 중계를 진행했다. 1960년대 중반에는 NBC나 CBS 같은 방송국의 지역 제휴 라디오, TV 방영 시간을 구입해 《결단의 시간》을 방영했다.

정말 개인의 선택이었다면 문제가 되지 않는다고 보았다. 그러나 법률 혹은 정부가 개인의 의사에 반해 인종 분리를 강제하는 것이라면 이야기가 다르다. 왜냐하면 그러한 행태는 부당한 것일 뿐 아니라, 명백히 죄악된 것이기 때문이었다.

그래함의 전도 대회에 참석하는 이들은 대체로 백인이지만, 뉴욕에는 다양한 인종들이 거주하고 있다는 사실을 그래함은 인지하고 있었다. 이에 그는 대회에 몇 가지 변화를 주기로 결심했다. 전도 대회가 시작된 지 수일이 지났을 때, 그래함은 오랜 친구 잭 월첸에게 전화를 걸었다. 그리고 변화를 위해 자신이 무엇을 해야 할지에 대해 물었다. 백인이자 뉴욕에서 영향력 있는 청소년 사역 지도자였던 월첸은 그래함에게 하워드 존스Howard Jones를 소개시켜 주었다. 존스는 흑인이자 클리블랜드에 있는 기독교선교연합 교단의 교회 목회자로, 꽤 영향력 있는 목회자였다. 존스는 그래함에게 흑인들이 그에게 다가오기를 기다리지 말고, 오히려 그들에게 다가가라고 조언해 주었다.

"그래함, 당신과 당신의 전도 대회에 관한 다른 모든 것들을 한 단어로 압축할 수 있습니다. 당신의 외모는 말할 것도 없고, 전도 대회의 찬양과 찬양대, 게스트, 동료 그리고 청중도 그렇습니다. 바로 '백인'이라는 단어입니다. 만일 흑인들이 당신과 당신의 전도 대회에 다가오기를 주저하고 있다면, 당신이 해야 할 일은 무엇일까요?" 이 조언에 숨은 의미는 분명했다.

이 조언에 대해 그래함은 네 가지 행동으로 반응했다. 가장 많은 관심을 받은 첫 번째 행동은 마틴 루터 킹 주니어를 초대해 그에게 7월 18일 전도 대회의 대표기도를 부탁한 것이었다. 킹의 기도 내용에는 그리 적극적이진 않지만 그래도 그래함이 감당하는 사역을 어느 정도 인정하고 지지한다는 의사가 담겨 있었다. 킹의 기도에 뒤이은 그래함의 짧은 발언들에서도 그와 동일한 기조가 담겼다. 흑인과 백인 사이의 오래된 역사적 관계와 당시 존재했던 편견들을 고려해 볼 때, 놀라운 점은 킹의 기도 내용이나 후에 이어진 그래함의 발언의 내용이 아니라, 이 일이 성사되었다는 사실 그 자체였다. 그 증거로 이 사건 이후 그래함은 백인 근본주의자들에게 혹독한 비난을 받았다.

한편, 존스의 권고에 따라 그래함이 취한 두 번째 행동은 백인들이 주로 거주하던 매디슨 스퀘어 가든 인근에서 벗어나, 아프리카계 미국인이 압도적으로 많이 거주하던 할렘과 브루클린에서 전도 대회를 연 것이다. 존스의 도움을 받아 열리게 된 이 두 집회에서 그래함은 흑인과 다른 소수 인종들로 구성된 각 8,000명과 1만 명의 청중에게 설교했다. 그는 브루클린에서, 아마도 공석에서는 처음으로 인종차별을 종식시키기 위해서 그리스도의 사랑과 더불어 인종 분리를 반대하는 법안이 필요하다고 말했다. 하지만 정확히 어떤 종류의 법안 혹은 정책이 필요한지는 명시하지 않았다.

세 번째 행동으로 그래함은 버로우즈와 함께 전도 대회의 게스트 명단을 다양화하는 작업을 진행했다. 버로우즈는 자신도 모르게 유명 블루스·복음성가 솔리스트 에델 워터스가 뉴욕 전도 대회 성가대로 합류했다는 사실을 알고는, 즉시 그녀를 중앙 무대로 초대해 그녀의 대표적인 찬양인 〈참새도 먹이시는 하나님〉His Eye Is on the Sparrow을 청해 들었다. 그녀와 함께 찬양한 찬양대원 3,000명의 목소리는 집회를 더욱 풍성하게 만들었다. 이후 워터스는 뉴욕 전도 대회의 마지막 8주 동안 5번 찬양으로 섬겼다. 또한 그래함은 아프리카계 미국인 여배우이자 가수였던 펄 베일리와 함께 《스티브 앨런 쇼》에 출연하기도 했다. 출연을 계기로 그녀 또한 그래함 전도 대회에 참석하겠다고 약속했다.

그래함의 마지막 행동은 존스를 뉴욕 전도 대회에 합류시키고, 그를 집회 설교자로 세운 것이었다. 그러자 그래함의 사역을 둘러싸고 있던 백인 중심적인 이미지는 점차 허물어지기 시작했다. 그 행동들 중에서 가장 눈에 띄지는 않았지만 장기적으로 가장 중요한 역할을 한 행동은 존스를, 그 이후에는 아프리카계 캐나다인 랄프 벨Ralph Bell, 인도인 로버트 컨빌Robert Cunville과 아크바르 압둘 하크Akbar Abdul-Haqq를 신임 협력자로서 사역자 명단에 추가한 것이었다.

존스는 후에 이렇게 회상했다. "뉴욕 전도 대회에서, 빌리는 자신의 사역은 그 당시 문화적 인종 분리 방식을 따르지 않는다는 점을 분명히 천명했다." 그래함의 소수 인종 사역자들이 이따금씩 설교단 앞에 서거나 그 뒤에 서는 장면은 모두가 오랫동안 기다려 온 강력한 신호탄이 되었다. 그리고 그 결과를 역사가 에드워드 길

브레스Edward Gilbreath는 이렇게 정리했다. "뉴욕 대회가 끝나갈 무렵 흑인 참석자 비율은 매 저녁 집회에 참여했던 1만 8,000명의 전체 참석자들 가운데 20퍼센트를 차지하게 되었다."

* * *

아프리카계 미국인들에게 다가가기 위한 노력들 외에도, 그래함은 뉴욕이라는 도시가 제공하는 여러 홍보의 기회들을 능숙하게 잘 활용했다. 이것이 뉴욕 전도 대회가 남긴 두 번째 유산이 되었다. 대다수의 비평가들은 그래함의 홍보 능력을 대수롭지 않게 평가했다. 하지만 한 비평가의 평가처럼 그래함은 대중매체를 활용하는 법과 대중의 시선을 끄는 법을 분명히 알고 있었다.

이러한 그래함의 능력을 가장 눈에 띄게 보여 주는 사례는 7월 20일- 원래 이날은 전도 대회의 폐회 집회를 드리기로 한 날짜였다 -집회를 양키 스타디움에서 옮겨 진행하자는 결정이었다. 경기장 안은 10만 명의 인파로 가득 찼고, 추가로 2만 명이 경기장 밖에 모였다. 조 루이스가 양키 스타디움에서 열린 권투 경기에서 맥스 베어를 때려 눕혔던 1935년 이후, 최대 관중을 그래함이 모이게 한 것이다. 기자들은 이 경이로운 사건을 과거 루이스와 베어의 시합에 빗대어 그래함과 마귀의 시합으로 보도했다. 한편, 그날 집회에는 그래함도 예상하지 못한 상황이 발생했다. 그것은 더위였다. 실외 온도는 36도, 무대 위 온도는 40도에 달했다. 그곳에 있던 모든 이들이 무더위에 시달린 탓에, 더위만으로도 그날의 집회는 잊을 수 없는 집회로 기억되었다.

그날 집회에는 당시 부통령이었던 리처드 닉슨Richard Nixon이 집회에 참석해, 설교단에 올라 청중에게 인사를 전했다. 닉슨은 아이젠하워 대통령을 '그래함 박사님의 절친한 친구'라 칭하며, 대통령의 말을 전하기도 했다. 그는 미국이 발전하게 된 이유들 가운데 하나는 '사람들의 깊고 변하지 않는 신앙심' 덕분이라는 말도 덧붙였다. 당시 닉슨의 방문은 두 가지 점에서 최초의 사건이었다. 먼저 그래함의 전도 대회에 현직 부통령이 참석한 최초의 사건이었고, 둘째로 그래함이 거리끼는 기색도 없이 복음과 당파 정치를 뒤섞은 최초의 사건이기도 했다.

당시 닉슨은 또 다른 중요한 의미를 지닌 말을 남겼다. 그래함과 함께 경기장으로 걸어오면서 그는 경기장에 모인 수많은 청중에 관해 이야기하며 그래함을 칭찬했다. 그러자 그래함은 "제가 이 경기장을 채우지 않았습니다. 하나님께서 하신 겁니다"라고 답했다. 비평가들은 그래함의 발언을 복음주의자들의 알맹이 없는 상투적인 표현으로 받아들였다. 하지만 그래함을 따르는 이들에게 있어 그의 발언은 하나님께 모든 영광을 돌리는 겸양의 표현이었고, 이러한 그의 모습으로 하여금 사람들은 그래함을 더 좋아하게 되었다.

뉴욕 전도 대회는 그래함의 일생에서 가장 중요한 결정들 가운데 하나를 담은 예고편 같은 사건이었다. 그것은 만일 그리스도의 신성을 믿으며 동시에 설교의 메시지를 바꾸라고 요구하지만 않는다면, 그 어떤 신앙인들과도 함께 일하겠다는 결정이었다.

그런데 실제로 그래함은 '그리스도의 신성'을 믿는다는 조건을 엄격하게 적용하지는 않았다. 그리스도의 신성에 관해 그와 다른 입장을 가졌을 주류 교단 소속의 개신교인에게서도 흔쾌히 도움을 받았기 때문이다. 또한 성부 하나님, 애국주의, 도덕적인 삶을 강조하는 그래함을 반겼던 일부 유대인들의 도움을 받기도 했다. 그러나 두 번째 조건, 곧 자신이 전하는 설교의 메시지를 바꾸지 않는다는 조건은 결코 타협할 수 없었고 그 누구도 그러한 요구를 하려 하지 않았다.

그래함의 포용성은 뉴욕 전도 대회에서 대체로 효과적으로 작용했다. 우리가 살펴보았듯이 뉴욕 방문은 많은 교회들의 지지로 이루어졌는데, 대중적 복음주의 교회들과 주류 교단 소속의 진보적인 교회들도 거기에 포함되어 있었다. 가톨릭과 뉴욕 전도 대회의 관계를 보여 주는 명백한 증거들은 찾기 힘들지만, 수천 명의 평범한 가톨릭교인들과 많은 사제들이 그래함을 지지했다는 정황적 증거는 아주 많다. 하지만 미국 개신교를 구성하는 세 번째 집단인 근본주의자들은 그래함의 전도 대회와 엮이려 들지 않았다.

뉴욕 전도 대회는 재계의 거물급 인사들로부터 지지 의사를 받았고, 일부 재정적 후원도 있었다. 일례로, 미국에서 가장 큰 은행 가운데 하나인 체이스 맨해튼 은행의 부사장 (곧 사장이 되는) 조지 챔피언이 있었다. 매 저녁 집회에는 유명 연예인, 정치인, 군인들이 간증자로 참석했다. 이 대회가 얼마나 많이 회자되었는지, 전도협회에서 광고를 많이 실었던 《뉴욕타임스》가 아니라 《뉴욕 포스트》를 구독하던 수많은 일반인들까지도 지하철과 길모퉁이의 작은 식당에서 뉴욕 전도 대회에 관해 이야기를 나누었다고 한다.

이 모든 요소들이 하나로 어우러졌던 뉴욕 전도 대회는 놀랍고도 오래도록 기억될 결실들을 맺었다. 정규 대회 참석자 약 200만 명, 집회 외 다양한 모임의 참석자 약 40만 명, 집회 장소에 들어가지 못한 이들 그리고 6만 장이 넘는 결신 카드, TV 방송을 본 시청자들이 그래함에게 보낸 150만 통의 편지들- 그중 3만 통은 자택에서 조용히 그리스도께 삶을 드리는 결단을 내렸음을 밝혔다 - 이 뉴욕 전도 대회가 가진 여러 의미들을 내포한다.[52]

그래함 자신에 관해 말하자면, 그는 뉴욕 전도 대회 기간 중 10주간 거의 쉬지 못한 채 매일 밤을 설교해야 했다. 그 탓에 이 대회 이후로 그래함은 하루의 대부분을 침대 위에서 보내기 시작했다. 그래함은 설교단에 올라서 거기에 '거의 기댄 채로' 설교를 진행한 적도 종종 있었다고 말했다. 그래함은 뉴욕 전도 대회를 회고하며 이렇게 말했다. "뉴욕 전도 대회는 건강에 큰 타격을 주었습니다. … 그때 약해진 몸은 그 이후에도 완전히 회복되지 않았지요."

52_ 뉴욕 전도 대회는 관련 통계 수치상 미국에서 진행된 모든 전도 대회들의 최고 봉에 있었다. 전 세계에서 개최되었던 모든 전도 대회들을 포함해, 최고 참석자 숫자를 기록한 상위 4개의 전도 대회에 속한다. 중복 참석자들을 처리할 마땅한 계수 방식이 없었다는 점을 고려할 때, 참석자의 수치는 약간은 부풀려진 듯하다. 하지만 물론 이러한 문제는 400회 이상의 치러진 그래함의 전도 대회 통계들과 다른 복음전도자들의 통계 수치에도 해당되는 사항이었다.

    마지막 저녁 집회 날, 별빛 가득한 타임스퀘어와 주변 거리들에 12만 5,000명에 달하는 영혼들이 운집했다. 준비 위원회는 많은 이들이 휴식을 취하는 노동절 전날 밤인 9월 1일에 마지막 집회를 열었다. 그날 저녁은 그래함 사역의 한 계절의 끝과 또 다른 계절의 시작을 상징했다. 현장에서 결신 카드를 제출한 많은 이들에게도 그날 저녁은 그들의 삶에 있어서 한 시기의 끝이자, 또 다른 시기의 시작을 상징했을 것이다.

육신이 말씀이 되다

1957년 9월에 열린 뉴욕 전도 대회가 끝나 갈 무렵, 그래함의 설교 스타일은 내용과 방식 모두에 있어 향후 30년간 놀라우리만치 일정한 하나의 패턴으로 정착되어 갔다. 더욱이 1990년대 즈음까지 그는 지속적으로 대중매체(잡지, 신문, 라디오, TV)에 얼굴을 비추었고, 이는 다른 설교자들이 그의 방식을 설교의 표준으로 삼아 따라 하게 만들었다.

설교는 그래함 전도 대회의 핵심이었다. 그래함은 전도 대회의 성패는 대회 준비 위원회와 후원 목회자들의 대회 전 준비 기도에 달려 있다고 말했고, 어떤 때는 대회가 끝난 후 남아 있는 양육 담당자들과 지역 교회들이 일구어 내는 후속 조치가 중요하다고 강조했다. 때때로 집회 찬양의 영적인 능력을, 혹은 성령의 직접적인 역사를 성공 요소로 꼽았다. 그는 이것들이 전도 대회의 중요한 요소들이라고 확실히 믿고 있었다. 그럼에도 설교가 그 모든 것들의 중심에 위치해 있다고 생각했다. 결국 믿음은 들음에서 자라나기 때문이었다.

세속 언론들과 많은 역사가들은 그래함의 정치영역 활동들에 주목한다. 하지만 이는 그래함의 관심이 반영된 결과라기보다 그들 자신의 관심사가 반영된 결과다. 그래함의 인생을 연구하는 이들은 모두 그의 관심이 다른 곳에 있었다는 사실을 빠르게 알아차릴 수 있다. 그래함이 말과 글로 남긴 모든 내용 가운데 압도적으로 많은 주제가 정치가 아니라 구원 이야기였기 때문이다. 그리고 영적 문제들에 관한 그의 태도는 설교하는 방식에서 확실하게 나타났다.

분명한 사실부터 시작해 보자. 그래함은 위대한 설교자가 아니었다. 만일 우리가 위대함의 기준을 유창성으로 잡는다면 말이다. 그래함 자신도 이 사실을 알고 있었고, 그의 아내를 포함한 거의 모든 사람들도 동의한 부분이다. 영국의 영향력 있는 목사였던 W. E. 생스터는 "설교학적으로 그래함은 미흡한 부분이 많다"라고 말했다. 하나의 설교 안에 요점을 17개나 넣기도 했던 그래함은 그 스스로도 자신은 '횡설수설 챔피언'이라고 인정했다. 전기 작가가 그에게 최초의 설교 주제와 내용은 무엇이었냐고 묻자, 그는 "천만다행으로 기억이 전혀 나지 않는다"라고 답했다.

그러나 만일 우리가 위대함의 기준을 효율성에 둔다면, 그래함은 분명 위대한 설교자였다. 큰 실패를 경험한 적도 있지만 그의 설교는 대체로 언제나 그가 소원한 일들을 정확히 이루어 냈다. 그가 바랐던 일이란 집회에 참석한 사람들이 자리에서 일어나 앞으로 걸어 나오는 것, 그리고 그리스도께 새로이 혹은 회복된 믿음을 고백하도록 설득하는 것이었다. 또한 자동차 안에서 라디오로 《결단의 시간》을 듣던 이들이 잠시 도로가에 차를 세워 두고 그리스도께 자신의 결단을 드리게 만드는 일이었고, TV 방송을 보고 있던 이들이 거실 바닥에 엎드려 그리스도께 대한 믿음을 고백하도록 독려하는 일이었다.

그의 설교가 지닌 유창성과 효과성의 차이를 한 일화로 정확히 포착할 수 있다. 듀크대학교 교목이자 유명 설교자이기도 한 월 윌리몬will Willimon은 그래함이 1985년 대학예배당에서 말씀을 전할 당시를 회고하며 이렇게 말했다. "[그의 설교는] 혼란스럽게 뒤엉켜 있는 상태였습니다. 성경적인 내용이 거의 없었고, 주제를 파악하기도 어려웠습니다. 그런데 그 누구도 이 사실을 눈치 채지 못했습니다. 청중은 설교자로서 그들 앞에 서 있는 빌리의 존재 자체를 충분한 설교로 여겼습니다."

현장의 기록을 담았던 잡지 《프리칭》은 2010년에 지난 25년 동안 미국에서 가장 영향력 있던 설교자가 누구냐는 질문을 던졌고, 사람들은 곧잘 횡설수설하는 그래함을 최고의 설교자로 꼽았다. 편집자들은 이에 대해 다음과 같은 평가를 덧붙였다. "빌리 그래함은 말 그대로 다른 어떤 유형에 포함시킬 수 없다. 그는 그 자체로 하나의 유형에 해당한다."

* * *

그래함의 설교들은 보다 보면 그 흐름을 대부분 예측할 수 있을 정도로 일정한 패턴을 가지고 있다. 물론 내용은 시대에 따라, 청중에 따라, 그래함 자신의 신학적 성장에 따라 달라졌다. 하지만 내용을 풀어내는 설교의 틀 자체는 해가 지나도 전혀 변하지 않았다. 그래함의 동료 중 한 명은 이를 익살스럽지만 정확한 문장으로 표현했다. "그래함의 설교를 10편가량 들었다면 그의 설교 전부를 들은 것과 다름없다."

그 패턴은 다음과 같았다. 가장 먼저 그래함은 버로우즈가 자신을 소개하기 전에 미리 등단해 있지 않고 그의 소개에 맞춰 등단했다. 이 세심하게 연출된 패턴은 등장 효과를 극적으로 배가시켰다. 무대에 오른 그래함은 예외 없이 그 도시나 지역이 자신이 지금까지 봐 온 가장 아름다운 장소들 가운데 하나라고 칭찬하며 설교를 시작했다. 이어서 오랜 세월 동안 입증되고 완벽하게 다듬어진 농담들을 던지며 청중의 마음을 열었는데, 대체로 그 농담들은 그래함 자신을 낮춰서 웃음을 유발하는 식이었다. 전도 대회에 여러 번 참석했던 사람들은 그가 던지는 농담을 대부분 이미 들은 상태였지만 전혀 문제가 되지 않았다. 어찌 되었든 들을 때마다 재미있기 때문이었다.

그는 보통 자신이 겪은 일화를 농담 삼아 청중에게 던지곤 했다. 한번은 그래함이 식당에 앉아 있었을 때, 그의 주변을 오가던 한 여성이 말했다. "당신, 정말 빌리 그래함을 많이 닮았네요." 그러자 그는 "맞아요. 사람들이 자주 그렇게 말하더군요"라고 익살스럽게 맞받아쳤다. 또 한번은 그래함이 공항에 있을 때, 누군가 그에게 달려와 불쑥 말을 걸었다. "저는 당신이 누구인지 정확히 알고 있어요! 제임스 아네스James Arness[역주- 그래함과 외모가 비슷한 미국 배우] 맞죠?" 그래함의 또 다른 농담 레퍼토리는 당시 상황을 재치 있게 활용하는 것이었다. 1966년에 샬럿의 에릭슨 경기장에서 열화와 같은 박수를 받으며 등장한 그래함은 진지한 표정으로 이런 농담을 건넸다. "이토록 환영해 주시는 걸 보니 다들 제 친지분들이시군요! … 박수를 하도 많이 치셔서 피곤하실 테니 설교는 짧게, 한 몇 시간만 하겠습니다." 하루는 그래함이 대서양을 횡단하는 긴 비행 직후 설교단에 오른 날이었다. 무척 피곤한 상태였던 그는 설교하는 꿈을 꾸다가 깨어났더니, 실제로 자신이 설교하고 있었음을 깨달은 목사처럼 보일지도 모르겠다며 너스레를 떨었다.

그래함은 자기 비하를 일종의 예술로 승화시켰다. 예를 들어, 하워드 존슨 호텔의 화장실에 있었을 때 뒤이어 들어온 남자와 나눈 대화를 전해 준 적이 있다. 그 남자는 그래함에게 "그쪽 빌리 그래함을 엄청 닮았네요"라고 운을 뗐다가 뒤이어 "아, 자세히 보니 별로 닮지는 않았네"라고 말했다고 한다. 1973년에는 어떤 기자가 그의 뒤를 이을 제2의 빌리 그래함은 누가 될지 물었다고 한다. 이에 그래함은 씩 웃으며 대답했다. "저는 저 같은 사람이 또 없었으면 좋겠는데요. 제 생각에 여러분들은 이제 빌리 그래함에 질리

셨을 것 같아요." 누가 보아도 골프를 꽤나 잘 치는 그래함은 종종 그렇지 않은 척하면서 "제 기도가 유일하게 단 한 번도 응답받지 못할 때는 골프를 칠 때였어요"라고 농담하기도 했다. 그의 농담은 이런 방식이었다. 그는 분위기를 부드럽게 푸는 방법을 알고 있었고, 또한 청중들이 무엇을 원하는지도 알고 있었다.

가벼운 농담에 뒤이어진 설교는 진지한 이야기들로 채워졌다. 그래함의 설교는 저서 『하나님과의 평화』에서 쓰인 이야기 전개 방식들과 유사했다. 다만 특정 주제들을 선택해 그것을 더 강조하는 형태로 진행되었다. 설교 전달은 물론 특정한 성경 구절과 더불어 시작했지만, 심층적으로 주해하기 위해 시간을 들여 해당 구절에 머물렀던 적은 거의 없었다. 더욱이 앞서 설교하던 성경 본문이 무엇이었든 그래함의 실질적인 본문은 언제나 동일하게 귀결되었다. 매디슨 스퀘어 가든에서 열렸던 전도 대회의 첫날 저녁 설교 때처럼, 늘 요한복음 3장 16절이었다.[53]

그리고 이내 여러 위기들에 관한 장황한 이야기가 이어졌다. 대체로 세계적 위기가 가장 먼저 등장했고, 이어서 국가적, 개인적 위기가 그 뒤를 따랐다. 구체적인 내용들은 시대적 상황과 함께 변화했지만 이혼, 절망, 고독, 부도덕, 죽음의 공포 같은 소재는 꾸준히 등장했다.

지진, 홍수, 허리케인 등 자연 재해들도 가끔 설교에 등장했다.

53_ "하나님이 세상을 이처럼 사랑하사 독생자를 주셨으니 이는 그를 믿는 자마다 멸망하지 않고 영생을 얻게 하려 하심이라"

미국 초기의 청교도 이주자들은 자연 재해를 미국이나 다른 국가들의 범죄로 인해 내려지는 하나님의 직접 심판으로 생각했다. 그러나 그래함은 대체로 창조 질서가 깨졌음을 나타내는 증표로 묘사했다. 사실 이 둘은 크게 다른 설명은 아니었다. 왜냐하면 두 설명 모두 사람들에게 이생의 위태로움을 상기시켰기 때문이다.

다양한 위기에 대해 이야기할 때 그래함은 여러 관련 자료들을 함께 언급했다. 이는 그래함 자신이 신문과 잡지들을 폭넓게 읽은 결과이자, 신뢰하는 직원 두세 명과 아내 루스에게서 받은 도움의 결과였다. 그래함은 저자 한 명에게서만 인용하는 것은 표절이지만, 저자 여러 명에게서 인용하는 것은 '연구'라는 우스갯소리를 좋아했다.

청중들은 그래함이 인용한 그 수많은 권위자들- 정치인, 역사가, 신학자, 철학자, 극작가, 음악가, 사회학자, 소설가, 기타 등등 -의 저술을 그가 실제로 읽었는지, 아니면 적어도 진지하게 훑어보기라도 했는지 합리적으로 의심해 보았을 수도 있다. 하지만 그 누구도 그가 성경을 끊임없이 그리고 심도 깊게 읽었다는 사실을 의심하지 않았기에, 크게 문제가 되지 않았다.

왜냐하면 설교에서 언급된 모든 종류의 위기들에 대한 해답은 하나였고, 그것은 물론 그리스도였기 때문이다. 그래함은 그리스도 안에서 우리가 용서와 회복을 발견하게 될 것이라고 계속해서 말했다. "우리에게는 새로운 마음이 필요합니다. 욕정과 탐욕, 증오로 물들지 않는 새로운 마음 말입니다. 우리는 사랑과 평화 그리고 기쁨으로 가득 채워진 마음이 필요합니다. 그것이 바로 그리스도께서 이 땅 위에 오신 이유입니다. … 우리와 하나님 사이의 평화를 이루시기 위해서 말입니다."

그래함은 서서히 그의 설교들을 간소화하는 기술에 숙달해 나갔다. 청중들은 그래함의 설교에서 논쟁거리에 대한 그의 깊이 있는 신학적 논의들을 듣지 못했다. 동시에 담배와 욕처럼 상대적으로 가벼운 죄나 눈물을 짜내는 누군가의 임종 이야기, 혹은 특정 개인에 대한 비방을 들을 수 없었다. 공산주의의 해로움 같은 큰 사안들은 들을 수 있었지만, 개인적인 사안에 관한 이야기는 설교에 담기지 않았다. 그래함은 복음의 메시지를 청중들과 나눌 기회를 얻기도 전에, 그들을 화나게 할 필요가 전혀 없다고 여겼다.

그래함은 대체로 수많은 말들을 쏘아 대기 전에 "성경이 말하기를…"이라는 한마디를 덧붙였고, 성경의 영원한 권위는 설교의 위력을 더욱 강하게 만들어 주었다. 그래함이 말했던 것처럼 성경 말씀은 복음의 메시지를 '양날의 검'으로 변화시켰다.

그래함은 KJV[편주- 17세기에 번역된 킹 제임스 성경을 가리키며, 가장 유명한 영어성경이다]을 자주 애용했다. 그 당시 사람들이 알고 있는 성경 표현들은 대체로 KJV판에 있던 것들이기 때문이었다.[54] 그는 자랑할 만한 성구 암기력을 소유하고 있었는데, 설교를 시작하고 초반 몇 분 동안 암기하고 있던 성경 구절들을 빠르고 반복

54_ 그래함은 저술에서의 성경 인용을 위해서는 주로 NIV를 사용했고, 개인적인 경건을 위해서는 리빙 바이블을 사용했다.

적으로 쏟아 내고는 했다. 어찌나 방대했던지 설교 한 편에서만 그가 인용한 구절 수가 100개에 달했던 적도 있었다. 그래함은 성경의 사실성 혹은 타당성을 변호하려는 시도를 거의 하지 않았다. 오히려 마치 모든 사람들이 이에 동의하고 있다고 여기듯 그저 말씀을 선포했다.

청중은 그의 설교에서 희망의 메시지를 들었다. '다시'라는 의미가 내포된 수많은 단어들, 예를 들어 개혁, 거듭남, 갱신, 회복 같은 단어들은 그의 설교에서 중심 메시지를 형성했다. 즉 누구나 변화가 필요하고 변화될 수 있으며, 당신도 다른 이들처럼 새로운 생명을 발견할 수 있다는 것이었다.

* * *

그래함의 설교에 대한 반응은 상이했다. 몇몇 비평가들은 여러 근거를 들어 그의 설교를 비판했다. 우선 설교가 지나치게 단순하거나 반복적이라고 평가했다. 혹은 전근대적이거나 많은 것이 뒤섞여 체계적이지 못하다고 말했고, 괜한 불안을 조장하는 면이 있으며 때로는 앞서 말한 모든 사항이 해당한다고 공격했다.

하지만 여기서 주목해야 할 것은 그래함이 설교에서 말한 내용뿐 아니라, 실제로 청중들이 어떻게 받아들였느냐 하는 것이다. 그래함에게 온 수많은 편지들은 그들이 그래함의 설교를 위에서 말한 비평가들처럼 받아들이지 않았다는 사실을 분명히 보여 준다. 그들은 그래함의 설교를 지나치게 단순한 것이 아니라 논점이 확실한 설교로, 반복적인 것이 아니라 논지를 분명히 강조하는 설교로, 전근대적인 것이 아니라 오래도록 기억되는 설교로, 많은 것이 뒤섞여 체계적이지 못한 것이 아니라 다양한 주제를 폭넓게 다루는 설교로, 괜한 불안을 조장하는 것이 아니라 시의적절한 메시지를 전하는 설교로 받아들였다.

또한 그들은 그래함의 설교에서 이보다 더 직접적인 메시지도 들었다. 이 메시지를 행군 명령이라고 불러야 될지도 모르겠다. 윌리몬이 제대로 관찰했듯이, 그래함의 설교는 청중에게 젊은이의 신학을 제시했다. 다시 말해 여러 중요한 결정들- 친구와 직장, 인생의 방향을 고르는 결정들 -을 연속적으로 해내며 성장하는 젊은이처럼, 그래함은 청중의 실제 나이와 상관없이 그들에게 결정을 요청하는 신학을 강조했다. 그 결정이란 곧 그리스도께 삶을 드리는 결단을 뜻했다.

그래함이 행하던 설교의 핵심은 첨탑 꼭대기에서 퍼져 나오는 종소리만큼이나 분명하게 사람들의 귀에 들렸다. 있는 그대로 그리스도께로 나아오라는 메시지였다. "그리스도께 나아오기에 앞서, 여러분이 가진 삶의 모든 문제들을 해결하려 들 필요는 없습니다." 그래함이 말했다. "의사를 만나러 가기 전에 여러분이 괜찮아 보이게끔 노력할 필요가 없듯이 말입니다." 결단을 위해 청중에게 걸어 나오라고 초청한 무대 앞은 죄인들을 위한 병원이지, 의인들을 위한 휴양지가 아니었다.

설교자 그래함

그래함이 설교하는 방식은 그가 준비하는 내용만큼이나 중요
했다. 그가 지닌 설교자로서의 권위는 대체로 설교 자체에 들어있
지만, 내용과 전달 방식을 분리해 생각하기란 어렵다.

어떤 방식으로 설교할 것인가는 내용을 준비하는 단계에서부
터 함께 구상되었다. 우리는 앞서 한결같은 성경 연구와 기도가 그
래함의 하루일과였다는 점을 다뤘다. 이러한 습관은 전도 대회를
준비하고, 대회를 인도하는 동안 한층 더 강화되었다. 설교를 몇
시간 앞두고 그래함은 비서가 대략적인 개요 형식으로 타이핑해
준 자신의 설교 노트를 빠르게 훑어보며 여기저기에 알아보기 힘
든 자필 메모들을 추가했다. 설교 중간중간에 언급할 시사 문제들
이나 예화들, 혹은 성경 구절들이었다.

종종 호텔 객실에서 그래함은 문을 걸어 잠그고 커튼을 내린
뒤 낮잠을 청했다. 그는 야구 모자를 쓴 채로 잠에 들었는데, 이는

그의 길고 곱슬곱슬한 머리카락이 헝클어지지 않도록 고정하는 역할을 했다. 집회 전에는 거의 아무것도 먹지 않았고, 식사를 하게 되더라도 아주 가볍게 먹었다. 대신 집회가 끝나고 나서 먹을 저녁 식사는 미리 예약해 두었다. 언제나 그는 초조함 가운데 집회를 기다렸다.

그래함은 대중들 앞에서 수천 번 설교한 숙련된 설교자였지만 그 일에 결코 익숙해지지는 않았다. 그는 해링게이에서 첫날 저녁 집회를 앞두고 설교를 실패할지도 모른다는 두려움에 사로잡혀 집회 장소를 뛰쳐나갈 뻔한 적도 있다고 회고했다. 이따금씩 설교의 말미가 되면 그래함은 너무 지친 탓에 동료들이 땀범벅이 된 그를 대기하던 차량까지 부축해 데려다준 적도 있었다.

그럴 만도 한 것이 그는 매번 설교에 어마어마하게 몰두했다. 1955년 스코틀랜드 전도 대회의 준비 위원장이었던 톰 알렌은 "설교하기 전의 그래함은 정신적으로 긴장한 상태였는데 이 긴장은 정교하게 통제되고 있었다. 하지만 일단 집회가 시작되면 모든 중압감은 사라졌다. 그때부터 그는 오로지 설교에 몰두했다"라고 전했다.

그래함의 설교가 1949년 로스앤젤레스에서 '빠르고 우렁찼다면', 1957년 뉴욕 집회 무렵에는 말의 속도를 늦추는 법을, 목소리를 크게 내기보다 마이크를 활용하는 법을 배웠다. 하지만 청중의 주의를 집중시키는 그래함의 능력은 감소하지 않았고 오히려 더 성장했다. 속도를 줄이고 데시벨을 낮추어 그래함이 잃게 된 것이 무엇이든 간에, 그는 이를 통해 자신이 전달하고자 하는 말의 집중도와 무게감을 얻었다.

그 외에도 기자들은 그래함의 설교에 대해 세 가지 측면을 더 언급했다. 그것은 그래함의 억양과 목소리 그리고 에너지였다. 앞서 언급했듯 그의 특별한 억양- 캐롤라이나식 영어 -은 사람들의 흥미를 끌기에 충분했다. 또한 그의 출신이 어디인지를 청중에게 알리는 효과도 있었다. 그래함이 대중적인 인기를 키워 가던 시절, 남부 문화는 미국 전역에서 그 영향력을 넓혀 가고 있었다. 당시는 짐 크로우 법의 위세가 꺾이기 시작한 시기였고, 아직 기독교 우파가 지배적이라는 양극화된 이미지가 남부지역에 생기기 전이었다. 오히려 친근한 삼촌 같던 앤디 그리피스와 신화적인 인물이었던 커넬 샌더스 같은 남부 유명인사들 덕분에 품위 있고 예의 바른 곳으로 비춰지던 시기였다.

물론 이 이미지는 인종차별, 더위, 가난 등 여러 요소를 간과한 것이었지만, 그것들조차 중화되어 매력적으로 보일 만큼 남부지역에 대한 사람들의 관심은 뜨거웠다. 그들은 그래함에게서 메이베리 마을[역주- 미국에서 인기 있던 TV 시트콤의 배경 장소로, 목가적인 가상의 마을]을, 다시 말해 기억에서 사라져 가던 소박한 여름밤과 마음이 차분해지는 가치들을 떠올렸다.

특히나 그래함의 중후한 바리톤 목소리는 마치 뉴스 프로그램의 전문 진행자를 연상케 했다. 또렷한 말투는 이목을 집중시켰고, 온화한 음색은 호소력 있었다. 기자들은 그의 목소리를 그 당시 미국에서 가장 유명한 뉴스 진행자였던 월터 크롱카이트와 비교했다. 한 기자는 그의 목소리를 두고 '음역이 넓고 힘 있는 악기'라고 비유했다. 그래함 스스로도 목소리야말로 자신의 유일무이한 특별함이라고 생각했는지, 목소리를 보호하려 노력했고 집회와 집회 사이마다 이것을 어떻게 활용할지 연구했다.

한편, 에너지 넘치는 설교는 그래함이 가지고 있던 또 다른 특별함이었다. 그래함은 이전 시대에 명성을 떨친 복음전도자 빌리 선데이Billy Sunday가 보였던 과장된 쇼맨십을 자제했다. 그럼에도 그의 설교 현장에서 잠들거나 조는 사람은 찾아볼 수 없었다. 앞서 살펴보았듯 사역 초창기의 그래함은 무대 위를 이리저리 돌아다녔고, 버로우즈는 그 뒤에서 그래함이 사용하는 마이크의 줄을 적절히 풀거나 당겨 줘야만 했다. 설교단에 꼿꼿이 서 있던 그래함의 자세는 얼마 지나지 않아 설교단 옆에 몸을 웅크린 채 앉아 있는 모습으로 변했다. 오른손은 정면을 향해 뻗었고 손가락은 마치 권총을 손에 쥐고 있는 모양새였다. 또한 그는 왼손으로 검정 가죽을 입힌 커다란 성경책을 하늘 높이 들어 올렸다. 이러한 현란한 몸짓들은 시간이 지나면서 좀 더 품위 있는 형태, 곧 역동적이지만 정제된 형태로 바뀌게 된다.

그래함은 평범하고 직설적으로 말했다. 일상 대화에서 사람은 대부분 6,000여 개의 어휘만을 사용한다고 확신했던 그는 자신의 설교를 일상적 표현들과 짧은 문장만으로 구성하려 했다. 그래함은 에이미 셈플 맥퍼슨의 '토끼 스튜 조리법'의 함의를 본능적으로 완벽히 이해하고 있었다. 조리법의 첫 번째 단계는 간단하다. 요리를 만들기 위해서는 무엇보다 '토끼를 잡아야 했다'[역주- 사역이 가능하려면 일단 대상이 존재해야 한다는 뜻이다. 즉, 먼저 사역의 대상인 청중이 설교를 들으러 나오게끔 유도해야 하며, 그러기 위해서는 알아듣기 쉬운 평범한 언어를 사용해야 한다는 것이다].

이러한 까닭에 그래함의 설교는 늘 일상 언어들로 내용의 절반이 채워졌고, 나머지는 직설적인 언어들로 가득했다. YFC와 함께 사역할 무렵, 사역 초창기의 그래함은 현대적인 방식들을 활용해 비신자의 관심을 끌고는 곧장 그들에게 직설적으로 복음을 제시했다. 그리고 후반기에 다다르자 "제 생각에는", "대체로" 혹은 "일반적으로"와 같은 수식 표현들로 주장의 강도를 낮추거나, 추상적인 개념들을 거의 사용하지 않았다.[55]

그래함이 설교단에서 말하거나 행한 모든 것은 결국 하나의 목표로 귀결되었다. 사람들이 단상 앞쪽으로 걸어 나와 그리스도를 따르겠다고 결단하도록 그들을 초대하는 것이었다. 기자 로리 굿스타인Laurie Goodstein의 말처럼, "아무리 많은 청중 앞에서도" 그래함은 "그곳에 있는 모든 사람들이 그의 설교에 감동을 받아, 믿음의 자리에 서게 하는 것을 그의 사명으로 생각"했다.

매일 밤마다 그래함은 비슷한 표현을 사용했다. "여러분들은

55_ 이는 설교단 위에서 자주 발견되는 모습이었다. 역설적으로, 기자회견장의 기자에게서 받은 질문에 답변할 때는 여러 수식 어구들, 특히 '제 생각엔'이라는 표현을 애용했다. 이것이 겸손의 표현이었는지, 질문을 얼버무리기 위함이었는지 아니면 그냥 습관이었는지는 논쟁의 여지가 있다.

하나님을 만날 준비가 되어 있으십니까? 여러분에게 삶의 1순위가 그리스도이십니까? 그리스도께서 여러분 삶의 주인 되십니까?" 그 래함은 청중들에게 결단을 내릴 때까지 기다리겠노라고 단언했다. "버스는 기다릴 겁니다", "나오십시오, 여러분 나오십시오. 기다리겠습니다." 그리고 그는 정말로 묵묵히 기다렸다.

그래함은 그리스도께 점차 마음이 기울고 있는 결신자들이 그것을 구체적인 행동으로 표현해야 한다고 생각했다. 조용히 마음으로 그리스도를 영접하는 것만으로는 부족했다. 당장에 타오르던 신앙적 기쁨조차도 일상의 우여곡절 속에서 사그라지면, 사람은 결국 원래 모습으로 되돌아갈 가능성이 높기 때문이었다.

그래함은 청중들에게 결단을 요청할 때, 자신이 일정 시간 침묵하는 것이 효과적이라는 사실을 제대로 파악하고 있었다. 또한 청중들을 침묵시키는 것의 위력도 알고 있었다. 그래함은 곧게 서서 오른손 주먹으로 턱을 받치고 왼손으로는 오른쪽 팔꿈치를 감싼 채, 청중에게 완전한 침묵을 요청했다. 10만 명이 운집한 경기장 안에서도 그는 동일하게 행동했다. 그래함은 아주 미세한 소음이나 움직임이 성령의 사역을 방해한다고 생각했다.

그래함이 쌓아 올린 명성의 상당 부분은 청중들의 반응에 기인한 것이었다. 그래함의 열렬한 초대에도 불구하고 극소수만이 무대 앞으로 나왔던 적도- 특히 그의 사역 초기에 -가끔 있었다. 단한 명도 나오지 않았던 적도 있다. 하지만 대체로 청중들은 그의 초대에 고무적으로 반응했다. 심지어 '설교단 위의 황태자' 자리를 놓고 경쟁하던 사역 초기의 라이벌, 찰스 척 템플턴조차 청중들을 결단의 자리로 초청하는 일은 그래함이 자신을 압도한다고 말했다. 템플턴은 이를 이렇게 회고했다. "우리는 함께 순회하며 연이어 저녁 집회의 강사로 나섰습니다. … 그래함의 초청에는 41명이 응답했고, 제 초청에는 32명이 응답했었습니다."

사역의 절정기에 이르러서는 그래함의 초청에 응답해 강단 앞으로 나온 사람의 수가 수백 명, 때로는 수천 명에 달했다. 그래함의 한 동료는 그가 설교단에 가만히 서서 그저 전화번호부를 읽어도, 사람들은 계속해서 앞으로 나올 것이라고 농담할 정도였다. 그래함이 세상을 떠났을 당시, 대형교회 목회자인 릭 워렌Rick Warren은 사람들을 결단의 자리로 초대하는 그의 능력을 한마디로 다음과 같이 정확히 표현했다. "그물을 던지는 것."

그러나 청중들의 반응을 다르게 보는 이들도 있었다. 비평가들은 그래함의 초대에 응답하여 앞으로 나오는 결신자들의 행렬은 아무리 좋게 봐야 군중심리에 굴복한 것이고, 정말 나쁘게 말하면 속아 넘어간 것이라고 주장했다. 하지만 비평가들은- 그리고 그래함을 따르는 이들조차도 이 문제에 관해서는 -사람들이 그래함의 초대에 반응하는 과정의 긴밀한 상관관계들을 제대로 파악하지 못한 것이다. 인류학자 수잔 하딩Susan Harding은 이 내밀한 요인을 이렇게 포착했다. "처음에는 이해하기 어려울 겁니다. 왜냐하면 그래함은 지극히 평범하고 편해 보이는 사람이기 때문입니다. 그래함은 여러분이 그를 보자마자 '저 사람이 내 인생을 바꾸어 놓을 것'이라고 느끼도록 꾸미지 않습니다. 하지만 점차 여러분들은 그의 메시지에 빠져들게 되고, 이내 그 메시지에 매료되죠. … [그래함이] 기독교가 여러분들에게 진실로 받아들여지도록 만드는 것입니다."

그래함은 결신자들이 자신의 초청에 반응하며 무대 앞으로 걸어 나오는 데에는 다양한 이유들이 내포되어 있다는 사실을 잘 이해하고 있었다. 혹자는 가벼운 이유로, 혹자는 심오한 이유로, 혹자는 이 둘 모두에 해당되었을 것이다. 하지만 그들이 보이는 반응의 핵심은 새로운 삶의 방향을 공개적으로 수용한다는 것이었다. 그리고 그 행동 안에는 여태까지 삶이 잘못된 방향으로 향하고 있었고, 바로 지금이 그 방향을 바로잡을 때라는 그들의 의향이 함축적으로 담겨 있는 것이다.

전도 대회를 방문한 기자들의 반복된 증언에 따르면, 무대 앞으로 나오는 결신자들이 감정을 대놓고 표출하는 경우는 적었다. 현장 사진들 안에서 우리는 눈물 어린 눈으로 대형 경기장의 가파른 콘크리트 계단을 내려오는 몇몇 사람들을 볼 수 있다. 하지만 이러한 감정은 그래함의 설교가 아닌 찬송으로 인한 것일 수 있다. 그래함은 이것이 나쁘다곤 생각하지 않았지만, 그에게 눈물은 결단이라는 주된 목적에 비하면 부차적인 요소였다.

15살이었을 때 눈물 없는 회심을 경험했던 탓일까, 많은 복음주의 부흥사와 달리 그래함은 설교단 위에서 절대 울지 않았다. 또한 1980년대의 집회 참석자들은 결신자들이 무대 앞으로 걸어 나올 때 박수를 치기 시작했는데, 그래함은 이를 좋아하지 않았다(마치 셰이가 자신이 노래할 때 박수 받는 것을 좋아하지 않았던 것처럼 말이다). 하지만 이내 그것을 자신이 바꿀 수 없는 시대의 한 풍조로 받아들이게 되었다.

아마도 대다수의 결신자들은 신앙이 해이해진 기존의 교회 신도였거나, 교회에서 완전히 떨어져 나온 과거 신도였던 이들이었다. 물론 근본적으로 불신앙에서 신앙으로 변화된 결신자들도 일부 있었다. 한 작가는 이러한 종류의 완전한 변화를 '하늘색 회심'이라 불렀다. 마치 하늘에서 떨어진 신성한 운석이라고 말이다. 빌리 그래함 전도협회의 홍보 담당자들은 때로 이러한 하늘색 회심이야 말로 실로 소중한 변화라는 인상을 내비치기도 했다. 하지만 그래함의 생각은 그렇지 않았다. 그래함은 단언했다. "하나님의 시각에서 불신자의 중생과 신앙을 잃어버리거나 신앙이 약해진 이들의 갱신은 동일한 것입니다."

그렇다면, 이쯤에서 궁금해지지 않는가? 그래함 전도 대회에서 자신들이 한 결단을 5년 혹은 그 이상 계속 유지한 이들은 몇 명이나 될까? 이에 답할 만한 근거들은 구체적이지도 않고, 그 내용이 일정하지도 않다. 그러나 당시의 결단은 수많은 결신자들의 삶에 변하지 않는 전환점이 되었다고 감히 말할 수 있다.

그럼에도 결단 가운데 적지 않은 수가 그리 오래 유지되지 못했다. 이들 중 몇몇은 자신들이 전도 대회에서 한 결단을 철회했음을 공공연히 이야기했다. 그들은 말 그대로 멀리 떠나갔다. 그래함은 이러한 현상을 종종 예수님의 씨 뿌리는 자에 빗대어 설명하곤 했다. 뿌려진 모든 씨앗들이 싹을 틔우거나 열매 맺는 성장을 하는 것은 아니다. 그럼에도 불구하고 그래함의 초청에 응해 무대 앞으로 향했던 결단의 걸음이 사람들의 기억에 오래도록 남았음은 분명했다.

요약하자면, 그래함은 설교의 은사(gift)를 지니고 있었다. 과장을 보태면 우리는 그를 '설교의 대명사'(The Gift)라고 부를 수 있을지도 모른다. 《뉴스위크》의 베테랑 기자 케네스 우드워드는 이 재능을 이렇게 정리했다. "그래함은 아주 평범한 문장도 성경 구절처럼 들리게 할 수 있었습니다." 그래함은 억양, 목소리, 에너지, 평범하고 명확한 표현, 유머, 타이밍, 그리고 무엇보다 성경의 권위를 설교 안에 조화롭게 녹여 냈다. 이는 그 누구도 따라할 수 없던 방식이었다.

복음전도자 그래함은 설교의 핵심은 감명을 주는 것이 아니라 설교자와 청중이 연결되는 것이라고 확신했다. 만약 그래함의 설교들을 눈으로 읽어 보리라 시도한다면, 그건 인내력을 시험받는 경험이 될 수 있다. 하지만 10만 명의 청중을 앞에 두고 펼쳐졌던 그의 실제 설교를 눈과 귀로 보고 듣는 것은 완전히 다른 차원의 것이었다. 육신이 말씀이 되었을 때, 그의 메시지는 에너지가 넘치는 설교가 되었다. 만일 청중이나 결신자의 수가 업적의 기준이 될 수 있다면 설교자로서 그래함은 그 최고의 위치에, 어쩌면 역대 최고의 위치에 쉽게 올라설 것이다.

전도 대회의 기술

60년 동안 그래함은 다양한 지역에서 총 400회의 전도 대회와 외부 설교 사역을 감당했다. 각 사역 기간은 단일 오후 집회부터 16주간의 장기 전도 대회까지 다양했다. 평균적으로 1년에 3-5회의 장기 전도 대회를 개최한 꼴이었는데, 만일 그래함의 지원하에 동료들이 설교했던 대회들까지 포함한다면 그 수는 더 많아진다. 그래함은 다양한 교파에 속한 지역 목회자들의 다수가 자신을 초청할 때만 그에 응했다. 그는 매년 수백 건의 설교 초청을 받았는데, 한 해에만 8,500건의 초청을 받기도 했다. 상황이 이러했기에 그래함은 그 수많은 초청들 가운데 극히 일부만을 수락할 수 있었던 것이다.[56]

56_ 그래함이 말 그대로 다수를 요구했는지 아니면 딱 보기에도 많은 수의 지역 목회자가 그의 방문을 원하면 되었던 것인지는 명확하지 않다. 그는 동일한 맥락에서 목회자들뿐 아니라 지역 교회 평신도 대표들의 방문 동의도 구했는데, 정확한 방식은 초대받은 지역에 따라 달랐다.

그래함의 사역 말년에는 전도 대회들의 진행 기간이 점차 짧아졌다. 부분적으로는 지역 준비 위원회가 전도 대회 장소로 사용했던 경기장을 장기간 대여하는 것이 어렵다고 판단했기 때문이었고, 또 다른 이유는 세월이 흐르면서 그래함의 체력이 약해져 장기 전도 대회를 인도하는 것이 벅찼기 때문이었다. 70세를 앞두고 있던 시기에 개최된 애너하임 대회(1985년)와 덴버 대회(1987년)는 각각 10일간 진행되었는데, 이 두 대회가 그래함이 인도한 마지막 장기 전도 대회였다.

그래함은 분명 모든 전도 대회의 성공 여부가 전적으로 주님께 달려 있다는 것을 믿고 있었다. 그러나 주께서 역사하시는 데 불필요한 장애물을 제거하는 일 또한 중요하다고 믿었다. 초기에 그는 가능한 많은 사람들이 운집할 수 있을 만한 장소에서 전도 대회를 개최하는 일에 온 힘을 쏟았다. 그 까닭에 1950년대의 전도 대회들은 대체로 대도시에 있는 실내·외 경기장에서 열렸다.

하지만 1970년 이후의 전도 대회들은 더 작은 도시들, 예를 들면 인디애나폴리스와 프레즈노 같은 도시들에서 개최되었다. 빠르게 발전하는 기술과 예산 규모를 고려하면 작은 장소에서 전도 대회를 개최하는 것이 더 경제적으로 여겨졌기 때문이었다. 게다가 그래함은 미국의 거대 도시들— 뉴욕, 시카고, 로스앤젤레스 —은 이미 자신이 전하는 복음의 메시지를 충분히 들은 반면, 대부분의 작은 도시들은 그렇지 못하다고 생각했다.

그래함 이전에 성공을 거두었던 드와이트 무디Dwight L. Moody,

빌리 선데이, 에이미 셈플 맥퍼슨과 같은 복음전도자들이 그러했듯 그 또한 광고가 가진 힘과 역할을 알았기에, 그래함 전도 대회를 어느 도시에서 개최할지 결정되면 빌리그래함 전도협회는 그 도시를 수많은 광고들로 뒤덮었다. 기본적으로 수천 장의 광고 전단지, 차량용 광고 스티커, 광고판, TV라디오 광고, 버스 배너 광고, 지역 생방송 인터뷰 그리고 신문 기사들이 활용됐다. 광고의 핵심은 그래함의 이름과 사진이었다. 그는 반복의 힘을 잘 알고 있었다. 언젠가 그래함은 자동차 운전자들에게 알리기 위해서는 광고판의 문구나 색깔보다 그들이 지나다니면서 얼마나 많은 광고판을 봤는지가 더 중요하다고 이야기하기도 했다.

간혹 발생하는 부진한 결과들을 제외하면, 전도 대회들은 대체적으로 경이로운 결과를 만들어 냈다. 그래함 전도 대회는 여러 경기장의 최대 관중 기록을 갈아 치우거나, 신기록에 가까운 관중 숫자를 달성했다. 예를 들면, 뉴욕 양키 스타디움에서 11만 명, 시카고 솔저필드 경기장에서 11만 6,000명, 런던 웸블리 경기장에서 12만 명, 파사데나 로즈볼 경기장에서 13만 명, 뉴욕 센트럴 파크에서 25만 명 그리고 리오 마라카나 축구경기장에서 25만 명을 동원했다. 그중에도 최고 기록을 달성한 전도 대회는 112만 명의 참석자가 운집했던 1973년 서울 전도 대회였다(이 대회는 잠시 뒤에 살펴볼 것이다).[57] 그리고 늘상 수천 명 이상의 방문자들은 이미 만원

57_ 1983년에도 동일한 장소에서 설교를 했는데, 그 당시 현장에는 100만 명의 청중이 있었고 현장 참석자 수의 10배인 1,000만 명이 집회 실황을 생중계로 지켜보았다.

이 된 대회 장소에 들어가지 못한 채, 밖에 삼삼오오 모여 중계되는 스피커 소리를 들어야만 했다.

이러한 기록들이 의미하는 바는 무엇일까? 그래함은 전도 대회에 모인 인원 자체는 중요하지 않다고 여러 차례 말했다. 단 한 사람이라도 그리스도께 자신의 삶을 드리기만 한다면, 그것이야말로 가장 가치 있는 일이기 때문이었다.

하지만 때로 대회에 모인 많은 인파가 하나님께서 내리시는 은혜의 숫자인 양 말하는 우를 범하기도 했다. 이는 빌리그래함 전도협회도- 사실 협회가 훨씬 많이 -역시 마찬가지였다. 어찌 되었든 복음전도의 핵심은 가능한 많은 사람을 신앙의 길로 이끄는 것 아니겠는가?

전도 대회에서는 수많은 운동선수와 연예인, 정치인과 호국영웅 그리고 다른 유명인들로부터 그들의 신앙에 대한 간증을 들을 수 있었다. 그들의 이야기는 거의 언제나 출세 신화로 시작해 인생의 방황에 대한 이야기로 이어졌다. 그리고- 대체로 그래함의 저서나 전도 대회, 혹은 방송을 통해 -주님을 만나는 경험을 한 뒤 그들의 삶이 회복되었다는 이야기로 끝을 맺었다.

그래함의 설교를 제외하면 전도 대회에서 그 어떤 다른 요인들보다 참석자들에게 큰 영향을 주고, 기억에 오래 남은 것은 분명 음악이었다. 심지어 음악은 때로 그래함의 설교보다 더 빛을 발하기도 했다. 그래함 인생의 가장 첫 번째 순회 설교 사역이라 할 수 있는 플로리다성경학교 시절부터 그는 솔리스트 등 다른 음악인들과 협력하는 일을 중요하게 생각했다. 그래함은 사람들이, 더욱이 그리스도를 떠나 있어서 과거 신앙생활에 향수를 지니고 있는 이들이 그리스도께 다시금 돌아가도록 만드는 것에 음악이 큰 역할을 감당한다는 사실을 알고 있었다.

그래함 자신은 음악에 대해 잘 몰랐고, 음악적 재능도 없었다. 셰이는 그가 '음치'로 고생하고 있다며 농담했지만, 그래함 자신의 찬양 실력과는 별개로 그는 19세기 말과 20세기 초에 열렸던 대도시의 복음전도 대회에서 찬양 사역자들에게 부여된 중요한 역할을 인지하고 있었다. 예를 들면, 잘 알려진 복음 전도자-찬양 사역자 조합이었던 드와이트 무디와 아이라 생키처럼 말이다. 실제로 그래함은 수십 년간 자그마한 무디-생키 조각상을 개인 서재에 비치해 두기도 했다.

또한 그래함은 J. 윌버 채프먼과 찰스 알렉산더, 빌리 선데이와 호머 로드히버, 자신과 동시대 인물들로는 캐스린 쿨만과 피아니스트 디노 카트소나키스 같은 사역 팀들도 알고 있었다. 하지만 그래함의 사역 팀은 한 팀을 이루는 데 두 명- 만일 피아니스트 테드 스미스도 포함한다면 세 명 -의 음악가가 필수적이었다는 점에서 최초의 형태였다.

성가대와 예술가 게스트들은 그래함 전도 대회의 인기 요인이었다. 대회 참석자들 가운데 적지 않은 수가 성가대의 찬양을 듣기 위해 대회에 참석했고, 경우에 따라서는 현장에 있다 보면 성가대 일원이 될 기회를 얻을 수 있지 않을까 하여 대회에 참석한 이들도 있었다.

그렇기에 버로우즈의 가장 주요한 임무 중 하나는 예술가 게스트들의 선정을 담당하는 일이었다. 역사가 이디스 블럼호퍼가 이야기하듯, 버로우즈는 전도 대회를 앞두고 게스트들을 선정할 때 대회가 열리는 지역의 취향과 윤리적, 인종적 다양성을 민감하게 고려했다. 이에 따라 라틴·스웨덴·하와이·한국계 미국인 예술가들과 원주민 출신 예술가들 그리고 아프리카계 미국인 예술가들이 대회의 게스트로 초대되었다. 이들 가운데 주목할 만한 인물들로는 에델 워터스 외에도 마할리아 잭슨, 레온타인 프라이스, 캐서린 배틀, 안드레 크라우치, 몬트리올 주빌레이션 가스펠 합창단이 있었다. 버로우즈는 대중음악, 클래식, 서부 음악, 컨트리 음악, CCM, 크리스천 록을 아우르는 등 다양한 음악 장르에 폭넓게 관심을 가졌다.

정리하자면 블럼호퍼의 말처럼 셰이, 버로우즈, 피아니스트 테드 스미스, 유명 예술가 게스트들 그리고 (대체로) 그 규모가 거대했던 성가대의 독특한 편곡 찬양은 그래함 전도 대회의 '시그니처 사운드'가 되었다.

또 사람들이 그래함 전도 대회에 왔던 이유는 무엇이었을까? 대회 참석자들의 편지와 인터뷰들을 살펴보면, 사람들이 전도 대회에 참석하게 되는 이유들 가운데 너무나 단순해서 종종 간과되는 요인 하나를 발견할 수 있다. 그것은 바로 누군가의 초대였다. 사람 간의 초대가 지닌 위력을 알고 있던 그래함은 능숙하게 일명

'버디 시스템'Buddy System을 활용했다. 이미 1954년 런던 전도 대회에서 교회를 다니지 않던 친구를 데리고 오도록 유도하는 '안드레 작전' 프로그램을 시행한 바 있었다.

뉴욕 전도 대회의 준비 위원회는 버디 시스템을 이용한 기발한 아이디어를 냈다. 그들은 지역 교회들에게 전도 대회 장소까지 태워다 주는 셔틀버스를 신청하도록 독려했는데, 이는 교인들이 잠재적 결신자와 함께 전도 대회에 참석하도록 만드는 유인책이었다. 우선 버스를 신청하면 참석자들은 쾌적한 교통수단을 얻을 수 있었고, 운전과 주차라는 귀찮은 일에서 해방될 수 있었다. 무엇보다 일단 친구들을 데리고 오면 지정석을 예약해 주는 서비스가 포함되었기에 참석자 수와 잠재적 결신자 수를 늘리는 데에는 매우 탁월한 기획이었다.

한편, 전도 대회 참석자들은 초대 이외의 다양한 방문 이유들을 말해 주었다. 몇몇 사람들에게 집회란 가족들과 밖에서 함께 평일 저녁 시간을 보낼 수 있는 좋은 방법이었다. 어떤 이들은 먼 훗날 손주에게 자신이 빌리 그래함을 가까이서 본 적이 있다고 말하기 위해 전도 대회에 왔다. 또 다른 이들은 그래함의 요청을 듣고 자신이 무대 앞으로 걸어 나가 새로운 인생을 시작하게 될 것 같다는 예감이 들었다고도 밝혔다.

이외에도 전도 대회 참석자들의 기저에는 추가적인 이유가 적어도 두 가지 정도 있었다. 대회 참석자들이 이를 명시적으로 언급한 적은 없지만, 전도 대회가 끝나고 이들이 보내온 편지들을 통해 이 두 가지 이유를 쉽게 추측할 수 있다. 첫 번째 이유는 '예측 가능하다는 편안함'이었다. 사람들은 전도 대회에서 어떤 광경을 목도하게 될지, 단적인 예로 그래함의 농담을 시작으로 집회가 끝날 때까지 일어날 모든 일들을 아주 쉽게 예측할 수 있었다. 사실 이것 때문에 일부 전도협회의 관계자들은 이러한 걱정을 할 정도였다. "이 모든 예측할 수 있는 상황 속에서 성령의 자리가 있기는 할까? 그래함과 버로우즈가 성령 하나님의 자리를 차지하고 있는 것은 아닌가?"

대회 참석자들이 은연중에 지니고 있던 두 번째 참석 이유는 굉장한 구경거리에 대한 설렘이었다. 사람들은 여기저기에서 익히 들었던 집회의 순서를 설레는 마음으로 기다렸다. 역사가 마이클 해밀턴Michael Hamilton이 바르게 지적하듯, 전도 대회가 참석자들에게 약속한 것은 편안한 교통, 수많은 관중, 입장권, 좌석 안내원들과 찬양, 성가대, 여러 간증자와 초빙 예술인 그리고 대회가 개최되는 경기장 공간 자체의 웅장함이었다. 이처럼 전도 대회는 참석자들이 다니고 있던 지역 교회가 제공할 수 없는 거대한 매력과 설렘을 제공했다.

단언컨대 대부분의 전도 대회 참석자들은 그들 모두가 방문 목적을 이루었다고 말했고, 누구도 이곳에 온 것을 후회하며 돌아가지 않았다.

함께 사역한 동료들

역사가 가스 로셀은 그래함의 강단을 두고 이렇게 말했다. "그는 20세기 중반, 부흥의 현장에 혼자가 아니라 '한 무리의 형제들'과 함께 서 있었다." 사실 엄격히 말하자면, 한 무리의 형제들이 아닌 '한 부대의 형제들'과 함께였다. 탁월한 전문성을 지닌 이들은 그 전문성을 그래함의 사역에 기꺼이 활용하고자 했고, 그들을 토대로 그래함은 성공할 수 있었다. 거의 대부분 남자로 이루어져 있던 이 집단은 공동의 목표를 공유했고 대등한 위치에서 함께 사역했으며 서로에 대해 깊은 애정을 갖고 있었다. 물론 사람이기 때문에 간혹 서로를 질투 어린 시선으로 바라보기도 했다. 하지만 그런 모습을 남들에게 공개적으로 보인 일은 극히 드물었다. 그들은 강단 팀, 백스테이지 팀 그리고 이사회, 이렇게 각기 다른 세 부류에 속해 있었다.

그래함의 사역 성공을 논의함에 있어, 강단 팀이 감당해 온 역할은 언제나 그래함의 후광에 가려져 과소평가되거나 때로는 무시되곤 했다. 하지만 그들의 중요성은 아무리 강조해도 지나치지 않는다. 그래함이 훗날 "강단 팀이 없었더라면 나는 1949년 로스앤젤레스 전도 대회 이후 5년 안에 탈진하여 다 타 버린 잿더미가 되고 말았을 것"이라고 말했다. 강단 팀은 조지 베벌리 셰이George Beverly Shea, 클리프 버로우즈Cliff Barrows, 레이튼 포드Leighton Ford로 구성되어 있었다. 셰이와 버로우즈는 전도 대회 현장과 라디오·TV 프로그램 녹화를 포함해 그래함이 등장하는 곳에는 대부분 함께 자리했다. 포드의 모습은 두 사람에 비해 덜 비춰졌으나, 한번 모습을 드러낼 때면 그 존재감은 다른 어떤 이들보다 훨씬 더 두드러졌다.

그래함, 셰이, 버로우즈 이렇게 세 명은 미국 부흥주의 역사상 가장 가깝고, 가장 오랫동안 사역한 복음전도 팀들 가운데 하나였다. 그래함이 YFC의 지원에서 독립해 독자적인 전도 대회를 처음 개최하기로 결심했을 때, 두 사람 모두 그래함을 돕기 위해 팀에 합류해 1947년 샬럿 전도 대회를 함께 열었다.[58]

이 3인방이 1949년에 로스앤젤레스를 순회하고 있을 당시, 이들이 함께 서 있는 모습이 지역 옥외 광고판에 담겨 있고는 했다. 그래함은 그 그룹의 일원으로 보일 뿐이었다. 그렇지만 8주간의 전

58_ 앞으로 여러 문단을 통해 다루게 될 셰이, 버로우즈 그리고 전도 대회 속 음악에 대한 나의 설명들은 이디스 블룸호퍼(Edith Blumhofer)의 저술에 크게 영향을 받았다. 이 책은 어드만스 출판사에서 곧 출간될 예정이다.

도 대회가 끝나갈 무렵에 그래함은 의문의 여지없이 그들의 지휘자 역할을 차지했다. 그럼에도 《라이프》는 최대 1951년까지 셰이와 버로우즈가 그래함만큼이나 유명하다고 이야기했다. 그래함의 공적 사역이 공식적으로 종료된 2005년까지도 세 사람의 관계는 전도서 4장 12절의 말씀을 따르고 있었다. "세 겹 줄은 쉽게 끊어지지 아니하느니라"

앞서 살펴보았듯 사역 초창기에 그래함은 매주 일요일마다 방송된 라디오 프로그램 《한밤의 찬양》의 정규 찬양 사역자로 셰이를 초빙했다. 필요로 시작된 그들의 관계는 이내 끈끈한 우정으로 바뀌었고 이 우정은 그로부터 70년 후 두 사람이 죽음을 맞이하기까지 지속되었다.

1947년, 그래함은 셰이에게 순회 전도 사역 합류를 제안했다. 그때 셰이는 자신도 설교를 해야 하는지 물었고, 이에 그래함은 웃으며 답했다. "아니, 하지 않는 게 좋겠어요." 셰이도 그래함의 노래에 대해 같은 말을 했다. "당신도 노래는 하지 않는 게 좋겠어요." 셰이는 통상적으로 전도 대회에서는 두세 곡의 찬양을, 라디오나 TV 프로그램에서는 한두 곡의 찬양을 불렀다.

경외심을 자아내는 그의 육중한 바리톤 목소리는 집회 현장에 항상 좋은 분위기로 이끌었다. 하지만 박수갈채를 만류하고는 했는데, 청중의 귀를 즐겁게 하거나 자신의 사역이 돋보이기보다 그래함의 사역에 힘을 실어 주기를 한결같이 바랐기 때문이다. 또한 그의 찬양 가사들은 이해하기가 매우 쉬웠다. 가사가 내포하는 시적인 함축들에 사람들을 감탄시키는 것이 아니라 가사의 뜻을 쉽게 이해하게 만들기 위해서였다.

셰이는 머지않아 '미국의 사랑을 받는 찬양 사역자로 존경받게 된다. 그는 전도 대회에서 꼭 빼먹지 않고 부르는 찬양 목록을 지니고 있었고, 이 곡들은 많은 이들의 사랑을 받았다. 그 목록에는 〈그 크신 하나님의 사랑〉, 〈주 예수 넓은 사랑〉, 〈주 예수보다 더 귀한 것은 없네〉, 〈갈보리산 위에〉, 〈주 하나님 지으신 모든 세계〉 그리고 물론 〈내 모습 이대로〉도 있었다. 사역 초창기에 한 기자가 셰이에 대해 "지난 10년간 … 듣는 이들을 황홀하게 만들고, 그들의 마음을 하나님 앞에서 녹게 만드는 황금 같은 목소리"라는 평가를 남겼다. 그는 충분히 이런 찬사를 들을 만했다.

셰이는 복음 성가를 진심으로 사랑했고, 또한 찬양을 사역에 활용하는 일에도 무척 능한 사람이었다. 주류 루터교 소속의 역사가이자 신학자인 마틴 마티Martin Marty가 1957년 뉴욕 전도 대회에 방문했을 때, 그는 어떤 장면을 목도했다. 그것은 비록 자신을 비롯한 다른 가톨릭 참가자들은 잘 모르는 찬양이었지만, 대다수의 참석자들이 악보도 없이 찬양을 크게 따라 부르는 모습이었다. 그들은 찬양의 가사들을 전부 외우고 있었다. 대체로 청중과 함께 불렀던 찬양인 〈그 큰일을 행하신〉은 전도 대회에서 즐겨 불리던 찬양들 가운데 하나로 자리매김했다.

그래함과 셰이가 각별한 우정을 나누는 사이가 되고 관계가 평생 동안 유지되었던 것처럼, 그래함과 버로우즈, 셰이와 버로우즈

사이의 우정도 그러했다. 버로우즈는 청중들을 찬양으로 인도하는 능력과 전도 대회 성가대를 지휘하는 능력으로 잘 알려진 인물이었다. 로스앤젤레스 전도 대회 동안 누군가는 버로우즈에 대해 "그는 열정적이며, 에너지 넘치고, 인상적이다!"라고 묘사하기도 했다. 그는 뒤이어 이렇게 언급했다. "그는 대학교 치어리더처럼 사기를 북돋아 주는 힘과 전문 합창 지휘자의 고상한 품위를 동시에 갖추고 있다."

버로우즈는 전도 대회의 사회자이자, 《결단의 시간》의 진행자이기도 했다. 그는 성가대원을 선발할 뿐 아니라 자그마치 5,000명에 달하는 대형 성가대를 수차례 이끌기도 했는데, 그가 평생 사역하며 이끌었던 성가대원의 총 인원수만 해도 100만 명이 넘는다.

그래함이 진행한 모든 대중 집회의 최고 감독관은 항상 버로우즈였지만, 사실 집회 참석자들의 눈에 그 역할은 잘 띄지 않았다. 역사가 이디스 블럼호퍼의 말처럼, 버로우즈는 강단 위를 전적으로 책임지는 인물이었다. 그러나 그는 그들의 지휘관이 받아야할 관심을 중간에 가로채지 않기 위해 조심했다. 버로우즈는 예술가 게스트, 집회의 찬양 그리고 간증자를 선정했고, 그 외에도 방송과 집회에 관련된 모든 세부사항들, 다시 말해 음향 시설부터 주차 관리에 이르는 모든 일을 담당했다. 만일 이러한 세부적인 일들이 제대로 관리되지 않았다면, 그런 대규모 집회는 절대로 정상 진행되지 않았을 것이다. 그는 바로 그러한 세부적인 일들까지 관리하느라 수고해 왔고, 그래함이 자신에게 맡긴- 설교를 뺀 -모든 일들을 능숙하고 믿음직스럽게 감당했다.

레이튼 포드는 셰이나 버로우즈와 대등하게 중요한 역할을 감당했지만, 그의 역할 자체는 둘이 하던 것과 매우 달랐다. 1931년 온타리오주 토론토에서 태어난 그는 휘튼대학교에서 그래함을 처음 만났고, 졸업 후 그래함의 여동생 진Jean과 결혼했다. 그는 조지아에 있는 컬럼비아신학대학교에서 정규 신학 훈련을 이수했다. 따라서 그는 강단 팀에서 정규 신학 교육을 받은 최초의 인물이었다.

포드는 미국 (남)장로교에서 안수를 받았고, 1955년에 그래함과 함께 사역하는 협력 복음전도자가 되었다. 1969년과 1985년 사이에 그는 종종 그래함을 대신해《결단의 시간》라디오 프로그램에서 설교했다. 포드 역시 그래함처럼 또렷한 바리톤 목소리에 힘 있는 설교 스타일을 지니고 있었지만, 남부 억양은 없었다. 포드의 설교는 그래함보다 위기를 덜 강조했고, 더 목회적이었다. 그러나 많은 사람들이 포드의 설교를 들으면서도 그래함의 것을 듣고 있다고 착각할 만큼 두 사람의 스타일과 내용은 매우 흡사했다.

포드는 그래함과 셰이만큼이나 카리스마 있는 인물이었고, 이에 많은 사람들은 그래함이 은퇴할 경우 그가 빌리그래함 전도협회를 이어 받게 될 것이라고 예상했다. 하지만 포드는 1986년에 전도협회를 떠나 레이튼 포드 미니스트리를 설립했다. 이 단체는 젊은 지도자들에게 멘토링 기술을 가르치고, 인종차별이나 기아, 가난과 같은 사회 문제들에 뛰어들도록 돕는 독자적인 단체였다. 포드는 우리가 이후 살펴보게 될 로잔 [세계복음화] 계속위원회

Lausanne Continuation Committee를 1976년부터 1992년까지 이끄는 일을 맡았고, 또 깊은 신학적 성찰이 담긴 여러 책들을 저술했다. 그 중에서도 『변혁적 리더십』Transforming Leadership(1991)과 『경청하는 삶』The Attentive Life(2014)이 가장 주목할 만했다.

일찍이 1970년대부터 기자들은 그래함과 같이 '여러 재능과 자질'을 겸비한 인물이 다시 등장할 수 있을지 여부를 궁금해하기 시작했다. 하지만 사실 이 질문은 반쪽짜리 퍼즐이었다. 왜냐하면 하나의 전제가 성립해야 존재할 수 있는 질문이었기 때문이다. 그 전제란, 과연 강단 팀처럼 여러 재능과 자질을 겸비한 '인물들'이 다시 등장하게 될 것인가 하는 질문이었다.

백스테이지 팀은 5명으로 구성되어 있었다. 온타리오주 출신 테드 스미스Tedd Smith는 피아노를 연주했고, 그래함의 유년시절 친구인 T. W. 윌슨T. W. Wilson은 홍보 고문이자 그래함의 대리 설교자로 섬겼다. 윌슨은 대체로 눈엔 잘 띄진 않았지만 그래함 전담 비서라는 중요한 업무를 담당했고, 순회 여행 준비에서부터 보안에 이르는 모든 일들을 처리했다. T. W. 윌슨의 건장한 동생이자, 그래함의 또 다른 친구이기도 했던 그레이디 윌슨Grady Wilson은 형과 비슷한 역할들을 감당했고, 언제나 그래함에게 상냥한 조언자가 되어 주었다. 그의 기지는 그래함이 감당한 사역의 무게를 덜어 주었다. 백스테이지 팀의 또 다른 일원은 조지 W. 윌슨George W. Wilson이었다(앞의 윌슨 형제와 친족관계가 아니다). 이전에 언급했던 것처럼, 1950년 빌리그래함 전도협회를 창립했을 때 그래함은 노스웨스턴학원의 경영 관리인이었던 조지 윌슨을 사역에 합류시켜 재정 업무를 담당하게 했다. 그리고 그는 모든 면에서 그 일을 무척 능숙하고 굳건하게(with an iron hand) 해냈다.[59]

그래함에게는 사역 모습이 담긴 좋은 사진들이 많았다. 또 다른 백스테이지 팀의 일원이자, 그래함 담당 사진작가였던 러스 버즈비Russ Busby 덕분이었다. 버즈비는 1956년 그래함 사역 팀에 합류해 그래함의 사역이 끝나는 순간까지 그와 함께했다. 버즈비가 스스로에 대해 재치 있게 말했듯, 그는 "세계의 대부분을 한쪽 눈을 감은 채 보았다." 소문에 의하면 오직 버즈비만이 그래함에게 어디어디 앉으라고 말을 건넬 수 있었다. 빌리그래함 전도협회 사진 보관실에 있는 110만 개의 카메라 필름 가운데 상당수는 버즈비가 찍은 것이며, 이는 그가 얼마나 근면한 사람이었는지를 보여 준다.

오랜 세월 동안 그래함의 사역이 아주 순조롭게 이어진 것에 대한 많은 공로는 강단 팀과 백스테이지 팀에게 돌려져야 한다. 그래함과 함께 일했던 홍보 전문가 래리 로스에 따르면, 그래함과 그의 팀은 마치 재즈 밴드의 리더와 구성원들 같았다. 연주할 곡의 음을 함께 설정한 뒤, 각 연주자들이 그 음에 맞게 각자의 악기를 자유롭게 연주하는 재즈 밴드 말이다.

하지만 실상은 좀 더 복잡했다. 왜냐하면 그래함은 모든 일을

59_ 캐나다 출신들은 그래함의 사역에서 눈에 띄는 역할을 감당했다. 이들 중에는 솔리스트 베브 셰이, 설교자 레이튼 포드, 피아니스트 테드 스미스, 협력 복음전도자인 조 블링코와 존 웨슬리 화이트가 있었다.

손 놓고 지켜만 보는 관리인이 아니었기 때문이다. 그래함은 분명 사역의 많은 부분을 자신의 동료들에게 맡겼다. 하지만 그의 동료들은 업무의 최종 결정 권한이 결국 그래함에게 있다는 사실을 알고 있었다. 세계 어디에 있건 그래함은 전화로 매일 사역의 진행 상황을 파악했다. 게다가 모든 일을 다 위임하지도 않았다. 자신이 가장 잘한다고 생각하는 역할은 다른 이에게 맡기지 않고 직접 그 역할을 감당했다. 바로 대표 설교자로서의 역할이었다.

대략 15명 정도로 구성되었던 빌리그래함 전도협회의 이사회는 그래함에게 무척 중요했던 또 다른 '팀'이었다. 그래함은 이사회에게, 특히나 각 이사들에게 자주 자문을 구했고, 이들의 존재는 협회 결정의 신뢰성을 높여 주었다(예를 들면, 조지 F. 베넷은 하버드대학의 회계 담당자였다). 그래함은 또한 그들에게 영적인 사안들에 대한 자문을 구하기도 했다.

루스의 지도 아래 1949년 로스앤젤레스 전도 대회에서 구체화되기 시작한 상담 요원들의 역할은 1951년 포트워스 전도 대회에서 완전히 자리 잡혔다.[60] 상담 요원들은 전도 대회가 있기 대체로 6개월 전부터 체계적인 훈련을 받았다. 이후 이 훈련은 12개 국어로 진행되었고, 어린이와 노인 그리고 청각 장애인을 위한 특별 훈련도 포함되었다. 상담 요원들은 여러 일들을 감당했는데, 그래함의 초청에 반응해 결신자가 자리에서 일어나 강단 쪽으로 걸어 나올

60_ 1950년대 후반까지 상담 요원 훈련은 빌리그래함 전도협회의 친척 기관과도 같은 내비게이토선교회(The Navigators)에 의해 진행되었다.

때면 '대표' 상담 요원은 동일한 나이대와 성별을 지닌 상담 요원을 각 결신자에게 배정해 그와 함께 강단 앞으로 나가도록 했다.[61]

따라서 전도 대회에서 강단 앞을 향해 걸어 나오는 이들 중 많은 이들은 상담 요원들이었다. 때로는 그 수가 절반을 넘기도 했다. 그래함이 상담 요원과 결신자를 하나의 그룹으로 놓고 기도하고 나면 상담 요원들은 자신에게 배정된 결신자들과 신앙의 의미에 관해 대화를 나눴다. 그들은 주로 요한복음을 결신자들에게 선물로 주었고, 작성할 결신 카드를 나누어 주며 그들이 지역 교회에- 대체로 복음주의적 교회들이었지만, 항상 그랬던 것은 아니다 -출석 혹은 재출석하도록 설득했다. 전도 대회가 끝난 후 2주에서 6주 동안, 그들은 후속적으로 결신자들에게 전화를 하거나 직접 만나 그들이 '기독교인으로서의 삶'을 어떻게 살아가고 있는지 살폈다. 이러한 집회·전화 상담 요원들은 역사가들에게 매력적인 조사 대상이 되지 않았다. 그러나 그래함의 평생 사역에 있어 가장 중요한 역할을 감당한 사람들 가운데 하나였다.

그렇다면 그래함의 사역에 있어서 여성들의 위치는 어떠했을까? 사역 초기의 그래함이 헨리에타 미어즈에게 큰 빚을 졌음에도 불구하고, 여성들에게는 설교 기회가 거의 주어지지 않았고 강단 위에서 주요한 역할들도 맡지도 못했다. 그래함은 어쩌면 자신의

61_ 1970년대까지 이 상담 요원의 대표들은 잠재적 결신자에게 상담 요원을 배정할 때 인종을 고려했을 수도, 하지 않았을 수도 있다. 하지만 남부지역의 당시 시대적 관습들을 떠올리면 인종을 고려했을 가능성이 높다. 하지만 협회 관계자들은 1970년대 이후에 인종은 배정에서 전혀 고려되지 않았다고 말했다.

설교를 듣는 청중들이 여성 설교자의 설교를 들을 준비가 아직 되지 않았다고 판단했을 수 있다. 또는 어쩌면 그 자신이 여성 설교자를 받아들일 준비가 되어 있지 않았을지도 모른다.

그래함의 사역에서 중요한 위치를 지닌 여성들이 부재했다는 사실은 어떤 의미에서 역설적이었다. 그래함의 전도 대회 참석자 성비는 시종일관 여성들이 60퍼센트 혹은 그 이상을 차지하며 그 비율이 월등히 높았다. 그래함의 아내 루스는 빌리그래함 전도협회의 창립 멤버였으며, 그래함은 자신의 딸 앤 그래함 로츠Anne Graham Lotz가 자신의 가족 중에서 가장 뛰어난 달변가이자 성경에 대해 가장 박식한 인물이라며 자주 칭찬하기도 했다.[62] 여성 간증자들과 여성 예술가 게스트들 또한 수시로 전도 대회에 초대되어 강단을 빛냈다. 전도 대회 상담 요원들도 최소 절반이 여성이었고, 전화 상담 요원들의 다수는 확실히 여성이었다. 또한 그래함은 케이티 커릭, 힐러리 클린턴, 케이시 리 기퍼드, 데일 에번스를 비롯해 언론, 연예, 정치계에 있는 여러 여성들과 계속해서 교류했다.

그리고 그래함이 내비치는 외부적인 입장 못지않게, 결혼생활에 충실한 그의 모습을 보며 적지 않은 여성들은 그래함이 여성 권리를 존중하고 있다고 생각했다.

여기서 잠시 여성 목사 안수와 남녀평등 헌법 수정안에 대한 그래함의 견해를 살펴보자. 이 과정은 두 가지 사실, 곧 그래함의

62_ 로츠는 목사 안수를 받지 않았고, 그녀의 사역 단체인 엔젤 미니스트리(AnGeL Ministries)는 어느 공식 교단에도 소속되지 않은 채로 남아 있었다.

전도 대회에는 사실상 여성 설교자가 등장하지 않으며, 빌리그래함 전도협회 이사회의 여성 비중이 매우 낮다는 사실을 좀 더 거시적으로 바라볼 수 있도록 도와줄 것이다. 먼저, 여성 목사 안수 문제에 대해 그래함은 자신의 입장을 밝히려 하지 않았다. 그는 안수는 각 교단들이 알아서 결정해야 할 문제라고 주장했다. 하지만 그가 속한 남침례교 안에서조차 그래함이 여성 안수에 관한 어떠한 공식적인 의사를 표현했음을 보여 주는 일말의 증거도 나는 발견하지 못했다.[63]

여성 안수 논쟁에 뛰어 들기를 꺼려했던 그래함의 태도가 이 사안에 긍정적으로 작용했을까 아니면 부정적으로 작용했을까? 이는 답하기 쉽지 않은 문제다. 하지만 상식적으로 만일 교단 안에서 가장 유명하고 영향력 있는 인물이 여성 안수를 공개적으로 지지했다면, 여성 안수가 교단 내에서 공식 인정되었을지도 모른다.

여성 안수 문제에 관해 말을 아낀 것처럼 그래함은 남녀평등 헌법 수정안과 같은 다른 논쟁적인 문제들에 대해서도 동일한 자세로 일관했다. 남성과 동등한 여성의 법적 권리를 보장하기 위해 만들어진 이 수정 법안은 1971년 미국 하원, 1972년 미국 상원을 통과했지만, 헌법에 이 법안을 추가하는 데 필요한 38개 주의 동의

63_ 남침례교는 1964년까지 공식적으로 여성 안수를 주지 않았지만, 이따금씩 여성 안수가 행해지기도 했다. 그러나 2000년에 여성 안수를 완전히 금지했다. 그래함이 유년시절 속해 있던 교단인 연합개혁장로교회(The Associate Reformed Presbyterian Church)는 당시에도 여성 안수를 주지 않았고, 2018년에도 여전히 여성 안수를 행하지 않고 있다.

는 얻지 못했다. 그리고 그래함은 예상대로 이 사안에 대해 얼버무리는 태도를 보였다. 그래함은 이렇게 말했다. "저는 수정안을 공개적으로 지지하지 않을 겁니다. 그러나 개인적으로는 그 안을 반대하지 않습니다."

마지막으로 주목해 보아야 하는 사안은 그래함이 지역 교회와 목회자들의 지지를 얻는 일을 얼마나 중요하게 생각했는지 여부다. 언론은 이 사실을 거의 인지하지 못했지만, 그래함은 지역 교회와 목회자의 지지를 얻는 일을 무척이나 신경 썼다. 그래서 전도 대회가 열리는 지역에 가기 6개월 전부터 그 지역 신문들을 읽기 시작했고, 그곳 목회자들과 정기적으로 조찬 회의를 가졌다. 로리 굿스타인 기자의 통찰력 있는 논평처럼, 그래함은 성도들의 영적인 상태를 매일 살피고 그들을 양육하는 지역 목회자의 역할이 얼마나 중요한지 알고 있었다. 이러한 지역 목회자들과의 화합은 그래함이 남긴 소중한 유산들 중 하나였다.

그래함은 지역 교회의 대표들을 전도 대회 현장에 참석시켜 그들과 강단 앞으로 나오는 결신자들과 연결해 주었고, 이를 통해 결신자들을 지역 교회 공동체로 인도했다. 그 결과, 그래함은 자신이 이끄는 단회적인 전도 대회에 그치지 않고 기독교 자체의 성장에 '막대한 영향'을 끼쳤다.

기자들은 때로 지역의 목회자들이 왜 그토록 그래함 전도 대회를 자신들의 지역에서 개최하고자 노력했는지 의아하게 생각했다. 겉으로 보기에 그래함의 전도 대회는 동일하게 한정된 자원을 놓고 지역 교회 목회자들끼리 경쟁하는 행사처럼 보였기 때문이다. 그러나 그래함이 그 지역에서 전도 대회를 개최할 때, 대회의 유익이 지역 모두에게 돌아갔다는 점을 떠올린다면 그 대답을 찾기란 그리 어렵지 않다.

강단 위 비평가들

매디슨 스퀘어 가든에서 열린 전도 대회는 그래함의 오랜 사역이 남긴 귀중한 업적들 가운데 하나였다. 하지만 그래함은 이 전도 대회로 인해 거센 비난을 받기도 했다. 사방에서 날아드는 비난은 전도 대회 당시뿐 아니라, 대회가 끝난 이후에도 지속되었다. 그래함을 직접 만나 본 대부분의 사람들은 그가 재치 있고 매력적이며, 자신의 유명세를 자랑하지 않는 겸손한 사람임을 알게 되었기에 그를 더욱 좋아하게 되었다. 하지만 그래함은 평가가 극단적으로 나뉘는 사람이기도 했다. 많은 사람들이 그가 잘못된 일을 할리 없다고 생각했지만, 그보다는 적어도 무시할 수 없는 수의 사람들은 그가 옳은 일을 할 리가 없다고 생각했다. 그리고 후자에 해당하는 사람들은 시간과 에너지를 들여 그들이 생각하는 그래함의 결함이 무엇인지, 그 결함이 얼마나 중대하고 심각한지를 그래함에게 분명히 알리고자 했다. 그 이유가 무엇이었을까?

그래함을 향한 비난과 증오는 그와 동료들을 종종 긴장하게 만들었다. 극단적인 경우 그래함 자신뿐만 아니라 심지어는 그의 아내와 자녀들에게 물리적인 위해를 가하겠다는 협박의 형태로도 나타났기 때문이었다. 실제로 그는 수도 없이 많은 살해 협박을 받았다. 그래함은 이러한 협박들을 정신이 온전하지 못한 이들이 보낸 것이라고 생각했고, 실제로 그랬을지도 모른다. 하지만 그렇게 생각한다고 해서 실제 위협이 줄어들지는 않았다. 이에 그래함은 FBI 국장 J. 에드거 후버의 권고를 따라, 몬트리트에 있는 자택 주위에 높은 철책을 세우고 경비견 여러 마리를 배치했다. 9.11테러 이후 빌리그래함 전도협회는 새롭게 만들어진 그래함의 이동식 설교단에 방탄 보호막을 두르기도 했다.[64]

특히 근본주의자들- 미국 개신교라는 거대한 강에서 그래함을 기준으로 해서 신학적으로 우측에 해당하는 부류 -은 그래함을 무자비하게 비난했다. 이 집단에는 오랜 기간 《소드 오브 더 로드》의 편집자를 함께 지냈고, 한때 그래함의 친한 친구이기도 했던 존 R. 라이스John R. Rice도 포함되어 있었다. 그보다 더 유명한 인물로는 밥존스대학교의 설립자이자 총장이었던 밥 존스Bob Jones가 있었다. 뉴욕 전도 대회가 끝난 지 10년이 지났음에도 존스는 여전히 그래함에게 분노하고 있었다. 존스는 "그래함 박사는 예수 그리스도께서 맡기신 사명을 이뤄가는 데 가장 큰 위협을 끼치는 인물

64_ 9.11테러 이후 제작된 이 설교단은 노령이 된 복음전도자 그래함이 필요에 따라 앉을 수 있도록 좌석이 부착된 형태로 다시 개조되었다.

이다"라고 판단했다.

라이스와 존스를 비롯한 근본주의자들이 그래함을 비난했던 주된 이유는 그의 발언들 때문이 아니었다. 오히려 근본주의자들을 혐오스럽다고 말하던 주류 교단 개신교인, 가톨릭교인들과 거리낌 없이 동역하는 그의 태도였다. 근본주의자들의 입장에서 성경의 가르침을 명백하게 거스르기로 결정한 이들과 관계를 맺는다는 것은 그래함이 은연중에 그 오류들을 용납한다는 것을 뜻했다. 또한 그들은 그래함이 가장 중요하게 여겨야 할 원칙보다 실용주의를 더 따른다고 여겼다. 그리고 이 모든 것이 사람들의 영원한 미래를 위태롭게 만든다고 생각했다.

그래함과 과거 친구들이었던 근본주의자들 사이에서 피어난 불화는 소소한 의견 다툼이라기보다 이혼에 가까웠다. 이 부분에서 대부분의 역사가들은 근본주의자들을 그리 공정하게 취급하지 않았다. 대체로 근본주의자들은 독단적인 이들로 묘사되었다. 하지만 그들의 시야를 통해 세상을 보는 것은 중요하다. 근본주의자들은 그래함이 그들을 배신했다고 생각했다. 한때는 그들의 일원이었던 그래함이 이제는 명예와 성공을 얻기 위해 넘어서는 안 될 경계들을 넘었다는 것이다.

하지만 그래함 역시 근본주의자들에게 마음의 상처를 받았다. 그래함은 자신이 자유주의자들과 세속 사회의 전문가들에게 비판을 받게 될 것이라 예상했지만, 근본주의자들에게 공격을 받게 되리라고는 상상하지 못했다. 그들은 그의 가족이었기 때문이다. 그래함은 근본주의 학교를 다녔고 근본주의 신문을 추천했으며, (비록 다른 이들과 비교하면 덜한 편이지만) 공공연하게 근본주의 교리들을 지지했고, 자신의 영적 회심이 충실한 근본주의자인 모르데카이 함Mordecai Ham 덕분이라고 여겼다. 이러한 점에서 근본주의자들과 그래함의 불화는 단순한 신학적 의견 차이나 세간의 이목으로 인한 질투 정도가 아니었다. 그것은 내면 깊숙한 곳에 뿌리내린 서로를 향한 애증이었다.

* * *

한편, 개신교라는 거대한 강에서 신학적으로 좌측에 위치해 있던 주류 교단 개신교인들도 그래함을 향해 비난을 쏟아 냈다. 하지만 이 지점에서 우리는 한 가지 사실을 유의해야만 한다. 그것은 개신교 주류 교단에 속한 많은 이들이 그래함을 전심으로 지지했다는 사실이다. 이들 가운데는 '장로교 대성당'이라고 불리기도 했던 뉴욕 5번가 장로교회의 목회자 존 서덜랜드 보넬John Sutherland Bonnell이 있었다. 그 외에도 유니온신학교의 총장이었던 헨리 피트니 반 두센Henry Pitney Van Dusen처럼 그래함이 동원하는 모든 방법들에 동의하진 않지만 그의 전반적인 방향성을 지지했던 이들도 있었다. 그리고 일부의 사람들은 그들 자신도 답할 수 없는 문제에 대한 해답을 그래함에게 요구하는 주류 교단 개신교인들의 모습에 불만을 표하기도 했다. 그 예로 프린스턴신학교 총장이었던 존 맥케이는 이렇게 주장했다. "고도로 산업화된 대중사회에 존재하는 여러 복잡한 사회 문제를 해결할 수 있는 청사진을 빌리 그래함이 제시해야만 한다고 따지는 것은 부당합니다."

이때 우리가 유의해야 하는 또 다른 사실이 하나 더 있다. 그것은 일부 주류 교단 개신교인들이 스스로의 신학적 원칙들을 제쳐 두고 복음전도를 위해 그래함과 협력했다는 사실이다. 그 결과 그들은 동료의 비난을 받게 되었지만 말이다.

마지막으로, 침묵을 지켰던 수많은 주류 교단 개신교인들의 존재를 잊어버려선 안 된다. 그래함의 모든 측면에 다 동의했던 것은 아니지만, 그들은 그래함이 범한 잘못들이 그를 공개적으로 비난해야 할 만큼 심각한 것은 아니라고 생각했다. 또한 그래함과 그의 메시지가 자신의 삶과 관련이 없다고 생각해 그에게 아무런 관심도 갖지 않은 이들도 많았다.

그럼에도 여전히 적지 않은 이들은 그래함이 너무도 해로운 영향력을 끼치고 있다고 주장했고, 그에게 경종을 울려 마땅하다고 생각했다. 그 대표적인 비판에는 주류 개신교를 대변하던 《크리스천 센추리》가 앞장섰다. 예를 들면, 1956년에 인도를 방문한 그래함은 미국이 대놓고 인도에 대한 재정 원조를 실시하기보다, 냉난방 장치가 설치되어 있는 하얀 캐딜락 자동차를 인도 총리에게 주는 상징적인 행동이 더 효과적이었을지도 모르겠다고 말한 바 있다. 《크리스천 센추리》는 이 발언에 격분하며 다음과 같이 그래함을 비판했다. "그래함은 지금 세계에 무슨 일이 벌어지고 있는지 전혀 모르고 있습니다."

1년 뒤 그래함이 대대적으로 뉴욕시를 방문했을 때, 《크리스천 센추리》는 그래함에 대한 다음과 같은 논평을 내놓았다. "그래함이 행하는 사역의 핵심에는 성령의 임재가 아닌, '성공'이라는 목표를 위한 실용주의가 있다. 매디슨 거리[역주- 여러 기업들의 본사가 가득한 뉴욕의 거리로 원칙과 도덕적 가치보다 성공을 중시하는 성공지상주의를 상징]와 바이블 벨트[역주- 미국 남부의 보수 기독교인 비율이 높은 지역으로, 근본주의 성향을 상징]라는 이 이상하고 새로운 조합 속에서 성령께서 역사하실 틈은 전혀 없다. 그분의 역할은 무시되었다."

뉴욕유니온신학교의 기독교 윤리학 교수이자 당대 미국에서 가장 영향력 있는 신학자 중 한 명이었던 라인홀드 니부어Reinhold Niebuhr도 그래함에 대한 혹독한 평가를 남긴 것으로 유명했다. 그 비평의 공정성에 관해서 이견이 있을 수 있었지만, 그의 비평이 강력했다는 점에선 이견이 없었다.

니부어의 전기 작가에 따르면, 니부어는 뉴욕시 개신교 협의회가 전도 대회 개최를 위해 그래함을 초대했다는 소식을 듣고 '화를 냈다.' 1957년 3월 《라이프》에 기고한 글에서 니부어는 그래함이 '친근하고 점잖으며 매력적인 젊은 목회자'라는 점을 인정하면서도, 그래함의 '다소 반反계몽주의적인 형태의 기독교 신앙'에 대한 우려를 표명했다.

그래함이 뉴욕 전도 대회를 인도하며 매일 저녁 수천 명- 그

때까지 총합 100만 명 이상 −의 참석자들을 끌어모으고 있을 때도 니부어는 자신의 생각을 바꾸지 않았다. 《라이프》 7월 1일 호에서 그는 "대중 전도의 성공은 모든 문제들을 과도하리만큼 단순화시키는 것에 달렸다"라고 말하면서, 그래함은 "그중에서도 가장 단순한 답변만을 제시했다"라고 평가했다.

그리고 니부어는 이렇게 결론을 맺었다. "그래함의 단조로운 메시지는 고통스러운 종교적 경험을 통과하는 과정에서 얻는 새 생명이 아닌, 그저 결신 카드에 서명함으로써 얻게 되는 새 생명을 약속한다. … 중생의 기적은 어떠한 고통의 대가도 없이 순진해 빠진 한 복음전도자에 의해 약속된다. 그것은 값싼 중생이다." 니부어는 그래함이 인권을 증진시키는 여러 좋은 활동들을 해 왔다는 점은 인정했지만, 그래함이 설교에서 그 문제들을 너무 적게 다룬다고 지적했다. 또한 그래함이 소비 자본주의가 미국인들의 삶을 얼마나 피폐하게 만들고 있는지 충분히 설교하지 않았다고 생각했다.

늘 그랬던 것처럼 그래함은 니부어를 직접 만나고 싶어 했다. 이에 조지 챔피언에게 유니온신학교에 있는 니부어의 연구실에서 그와 만날 수 있도록 주선해 달라고 부탁했다. 챔피언은 뉴욕 전도 대회 준비 위원회의 위원장이었을 뿐 아니라 체이스 맨해튼 은행의 부사장이기도 했다. 챔피언은 후에 자신이 니부어에게 전화를 걸어 그래함과의 만남을 제안했지만, 니부어가 그 제안을 거절했다고 말했다. 이에 그는 유니온신학교의 이사장이자 미국 신탁 회사의 회장이기도 했던 벤 스트롱에게 전화를 걸었다. 스트롱은 그래함과 니부어가 '반드시' 만날 수 있도록 다리를 놔 주겠다고 챔피언에게 장담했다. 하지만 이내 챔피언에게 다시 전화를 걸어 니부어가 자신의 요청도 거절했음을 '창피해하며' 밝혔다.

우리는 이 이야기의 속사정을 알지 못한다. 내가 아는 범위에서 니부어는 그래함과의 만남을 거절한 이유는 고사하고, 챔피언과 스트롱이 자신에게 전화를 걸었다는 사실조차 인정하지 않았다. 니부어가 그래함과의 만남을 거절한 것은 그날 컨디션이 좋지 않았다는 뻔한 이유 때문이었을 수 있고, 어쩌면 비평가들의 마음마저 활짝 열게 만드는 그래함의 비범한 매력 앞에서 비평의 칼날이 무뎌질까 두려웠기 때문일 수도 있다.

그 이유가 무엇이던 간에, 중요한 점은 니부어와 그래함의 입장은 여러 방면에서 너무도 달랐다는 사실이다. 물론 당시 공산주의의 위협에 관해서는 의견이 같았고, 대략 '뿌리 깊이 박혀 있는 (incorrigible) 이기심' 정도로 정의될 수 있는 니부어의 죄에 대한 이해도 그래함과 크게 다르지 않았다.

하지만 다른 측면에서 이 둘의 차이는 매우 컸다. 먼저, 니부어는 역사 비평에 근거한 성경 이해를 수용했다. 그는 하나님에 관한 성경의 설명들과 기적, 모든 초자연적인 일들을 매우 신중하게- 대체로 신화, 알레고리, 은유 등으로 이해하는 방식으로 -다루었다. 또한 니부어는 경제·인종 불평등은 미국적 자본주의의 일탈적 현상이라기보다 그 자체가 지닌 고질적인 문제라고 보았다. 즉 니부어와 그래함은 사회 문제를 인식하는 출발 지점부터 달랐고, 이에

서로에게 각기 다른 이야기를 하고 있었던 것이다.

그래함에게 쏟아졌던 이러한 비난들은 전혀 새로운 것이 아니었다. 기나긴 사역의 여정 동안 비판은 파도처럼 계속해서 그래함을 찾아왔다. 때로는 그의 발언에 대한 비판으로, 때로는 다른 사람들의 생각에 그래함이 소신 있게 발언해야 했지만 그러지 못했던 것에 대한 비판으로 말이다. 우리가 앞서 살펴봤던 것처럼 1946년 그래함은 영국에 발을 내딛자마자 그의 설교 메시지와 사역 방식들에 대한 반대의 목소리를 들었다. 1950년, 트루먼 대통령과 관련된 끔찍한 경험 또한 최악의 순간으로 기억되었다. 1953년, 남부 근본주의자들은 인종 통합을 점차 확고히 지지하는 그래함을 비판했다. 1954년 해링게이 전도 대회는 또 다른 비난을 촉발시켰고, 뉴욕 전도 대회에서도 마찬가지였다.

그래함은 죄로 인해 조각난 세상에 구원의 메시지를 전달한다는 목표를 지니고 있었지만, 수많은 사람들은 그 목표를 위한 그래함의 방식을 싫어했고, 심지어는 그의 노력 자체를 싫어하기도 했다. 이러한 현실 역시 그래함이 살아온 이야기의 일부였다.

군중 속 비평가들

근본주의자들과 주류 개신교 신학자들이 그래함을 비판할 여러 이유들을 캐내는 동안, 그래함은 평범한 독자·청취자·시청자들로부터 수많은 비난 편지를 받았다. 이러한 '풀뿌리 비평가들'이 편지를 보낸 동기가 순전히 그래함을 골리기 위해서였는지 어떤지, 우리는 알지 못한다. 하지만 편지의 상당수가 놀랄 만큼 길고, 상세한 내용을 담고 있었기 때문에 그들이 편지를 작성하는 데 많은 시간을 들였다는 사실은 분명했다. 편지의 주요 내용은 그래함이 겉으로 드러낸 실수들과 그의 고질적인 성격적 결함들에 대한 비판이었다.

현재 빌리그래함 기록보관소Billy Graham Archives가 소장하고 있는 편지들 가운데 그래함을 비판하는 편지가 차지하고 있는 비중은 적다. 그럼에도 이 편지들은 적지 않은 이들이 '미국의 목사' 빌리 그래함을 그리 대단한 목회자가 아니라고 생각한다는 목소리를 들려주기에 충분히 많았고, 그 어조 또한 몹시 날카로웠다. 그러나 부도덕한 성생활을 문제 삼아 그래함을 비판한 경우는 거의 없었다. 이는 그리 놀라운 일이 아니다. 왜냐하면 그래함이 바람을 피웠다는 증거는 티끌만큼도 존재하지 않기 때문이다.

하지만 그래함의 실제 혹은 그들이 그렇다고 생각한 개인적 결함에 대한 비판들은 편지에서 꽤 자주 등장했다. 예를 들면, 1958년 웨스트코스트에서 보낸 한 장문의 편지는 그래함이 그의 아내 루스에 대한 배려심이 없다며 그를 혹독하게 비판했다. 편지는 그래함이 키우고 있던 대체로 크기가 큰 여러 동물의 관리 문제를 제기했다. 당시 그래함은 그가 특히나 좋아했던 '벨사살'이라는 그레이트 피레니즈[역주- 반려견의 일종으로 최대 몸무게가 45kg에 이른다]와 양과 염소 등을 키우고 있었는데, 편지의 저자는 도대체 누가 이 많은 동물들의 뒤처리를 감당하고 있겠냐고 따져 물었다. 그래함이 그 일을 하지 않을 것이 분명해 보였기 때문이었다.

재정 관련 의혹은 편지에 자주 등장한 주제였다. 중서부지역의 누군가는 그래함이 밖에 나갈 때 사치를 부린다고 그를 비판했다. 남서부지역에 사는 또 다른 누군가는 사람들이 주장하는 것처럼 그래함이 정말로 '사기꾼 또는 위선자'인지 궁금해했다. 그는 '자신의 필요를 위해 하나님께 달려가는 것보다 그의 설교들을 상업화하는 것'이 그래함의 문제라고 이야기했다. 물론, "목사님을 판단하려는 건 아닙니다"라는 말이 덧붙여져 있었다.

그러나 가장 많은 비판의 화살은 그래함의 신학을 향해 있었다. 비판하는 이들은 대체로 세 부류로 나뉘었다. 첫 번째 집단은 그래함이 너무 자유주의적이라며 비판했고, 두 번째 집단은 그래함이 너무 보수적이라며, 마지막은 그래함이 성경의 분명한 의미를 왜곡시켰다고 비판했다.

대체로 근본주의자에 가까운 첫 번째 사람들의 요지는 그래함이 스스로 좋아하지 않는 성경 구절들은 소홀히 다룬다는 것이었다. 그리고 이러한 소홀한 태도가 그리스도의 신성, 성경의 무오성 그리고 불신자들의 피할 수 없는 종착지인 지옥 등 타협이 불가능한 교리들을 경시하게 만든다고 주장했다.

또한 참된 신앙의 적으로 알려진 현대주의자들과 가톨릭교인들과 친근하게 어울려 지내는 그래함의 태도도 그래함을 비판하는 주된 이유였다. 남부의 한 근본주의 신자는 "목사님은 현대주의 목회자에게도 참된 신앙이 있다는 식으로 이야기하시는 것 같습니다"라고 말하며, 그래함을 이렇게 비판했다. "만일 그것이 정말 사실이라면, 성경과 하나님은 거짓말을 하고 있는 것입니다. … 목사님은 사람들이 얼마나 멍청하다고 생각하고 계신 겁니까?" 이 근본주의 부류는 현대주의자들과 가톨릭교인들을 친구로 삼았다는 것 자체가 그의 진정한 신학적 입장이 무엇인지를 보여 준다고 생각했다.

반면 그래함의 성경에 대한 이해와 신학이 너무 보수적이라고 생각했던 두 번째 집단은 사실 매우 소수였다. 이들은 그래함의 의견이 지나치게 구식인 나머지, 진지한 비평을 할 가치도 없다고 생각하고 편지조차 보내지 않은 것일지도 모른다. 그럼에도 일부 사람들은 그래함에 대한 비판의 목소리를 보내왔다. 남부지역에 사는 누군가는 우주에 대한 그래함의 관점이 현대 사회에서 받아들이기 어려운 것이라고 말했다. 그는 콧방귀를 뀌며 다음과 같이 말했다. "저는 목사님께서 제 질문에 대한 답을 주실 것이라는 기대를 전혀 하지 않습니다. ⋯ 왜냐하면 목사님께서는 당신이 대답할 수 없는 질문들은 고려도 하지 않고 바로 쓰레기통에 던져 버리실 테니까요." 이 냉소적인 사람들은 1940년대에 찰스 템플턴이 그래함에게 제기한 것과 비슷한 비평들을 그래함에게 들이밀며, 어떻게 이 문제들을 천연덕스럽게 무시할 수 있냐고 그를 공격했다.

그래함의 신학에 문제를 제기한 세 번째 집단은 넓은 의미의 복음주의 기독교인들의 사고가 얼마나 다양한지를 보여 준다. 근본주의자나 현대주의자로는 분류될 수 없는 이들은 그래함이 성경을 해석하는 방식, 더 구체적으로 말하면 잘못된 방식에 대해 불만을 제기했다. 그들이 보기에 그래함의 문제는 근본주의자들의 주장처럼 그가 성경을 충분히 문자적으로 이해하지 못했다는 것이 아니었다. 혹은, 자유주의자들의 주장처럼 너무 문자 그대로 해석했다는 것도 아니었다. 오히려 그들은 그래함이 자신의 목적을 위해 성경의 명백한 의미를 왜곡시켰다는 것이 문제라고 말했다.

그들이 보낸 편지에는 성경의 여러 증거 구절들이 빽빽하게 쓰여 있었다. 그 전형적인 예시는 한 전천년설주의자가 보낸 편지였다. 그는 다니엘서에 등장하는 풀무불 이야기에 대한 그래함의 해석에 이의를 제기했다. 그리고 그는 "당신의 답변을 기다립니다"라고 편지를 마무리 지으며 다음과 같이 덧붙였다. "추신: 제발 그래함 목사님께서 직접 답해 주시길 바랍니다. 상담 요원들의 답변 말고요!!!"

북서부지역에 사는 두 사람은 삼위일체에 관한 그래함의 설교에 이의를 제기했다. 둘 다 그래함이 성경을 마음대로 해석했다는 것이 비판의 근거였다. "삼위일체라는 단어가 성경에 등장하나요?"라고 그들은 따져 물었다. "목사님께서 깨달음을 얻게 되시기를 진정으로 기도하고 있습니다." 중서부에 사는 누군가는 그래함이 자살에 대해 지나치게 동정적으로 이야기한다고 말했다. 그는 그래함이 성경의 메시지를 희석시키고 있다고 여기며, 이렇게 그래함에게 쏘아붙였다. "진실을 말하세요. … 하나님의 말씀에 따르면 목사님의 답변은 틀렸습니다."

그래함의 성경 해석이 잘못됐다는 지적 외에도, 그의 잘못된 계수를 지적하는 이들도 있었다. 남부에 살고 있는 한 열정 넘치는 사람이 보낸 편지가 그 대표적인 예다. 그는 편지에서 예수님께서 '지옥'이라는 단어를 75번 사용하셨다고 이야기한 그래함의 주장이 틀렸다고 말했다. 왜냐하면 그가 직접 세어 본 결과, 예수님께서는 '지옥'을 딱 16번 사용하셨기 때문이다. "목사님께서 지옥에 대해 가르쳐 주시는 내용들은 성경을 잘 알고 있는 사람들에게는 역겹게 들립니다." 하지만 여전히, 편지는 그래함에 대한 나쁜 감정은 없다는 말로 마무리되었다. "하나님께서 당신에게 복을 주시길!"

일부 사람들은 그래함이 지니고 있는 문제가 성경에 대한 왜곡된 해석이 아닌, 보다 근원적인 것이라고 생각했다. 그것은 그래함이 지니고 있는 나쁜 태도로, 곧 자만심에 기인한 무지였다. 남부에 사는 어떤 사람은 자신이 그래함이 쓴 칼럼을 매일 찾아 읽는다고 말했다. 그래함이 자신의 한계를 인정하는 모습을 어디에서라도 발견하길 소망하면서 말이다. 하지만 편지의 작성자는 결국 발견하지 못했다고 말하며, 그래함에게 이러한 질문을 던졌다. "왜 목사님은 본인이 잘 알지도 못하는 주제임에도 그토록 전문가인 것처럼 글을 쓰십니까?" 그러면서 일말의 의혹을 남기지 않기 위해 그는 다음과 같이 이어 말했다. "제 삶에서 지금껏 이렇게까지 진심을 담아 말했던 적이 또 없습니다." 한편, 누군가는 그래함에게 이런 질문을 던지기도 했다. "목사님께서는 정말로 지구상의 생명체들을 보호하는 일에 관심이 있으신가요? 아니면 목사님 자신의 명성을 유지하는 일에 더 관심을 갖고 계신가요?"

또 다른 편지들은 그래함의 고의적인 태만에서 여러 문제들이 비롯되었다고 주장했다. 예를 들면, 그래함의 사역 초기 시절 팬이었다는 한 사람은 1948-50년 무렵에 그래함에게 편지를 보냈다. 먼저 찬양 관련 사역에 대한 감사를 표한 그는 곧 날카로운 질문을 던졌다. "목사님께서는 우리 주님의 재림에 대해 설교한 적이 있으신가요? 휴거에 대한 설교는요? 설교하신 적이 없다면 왜 그러신 건가요? … 한번 잘 생각해 보세요."

일부 편지들은 그래함과 함께 일하는 직원들이 무능하다고 여겼고, 이를 문제 삼기도 했다. 북서부지역의 누군가는 "우리가 천국에 이르기까지 '완전'은 없을 것입니다"라는 그래함의 발언을 문제 삼으며 다음과 같이 말했다. "목사님께서 이 문장을 정말 믿으시는 건지, 아니면 목사님과 함께 일하는 직원이 이 문장을 작성한 것인지는 잘 모르겠네요." 그래함에게 편지를 보낸 수많은 이들이 그러했듯 편지의 주인 역시 그래함에게 편지를 써 보낼 수 있을 만큼 그와 개인적으로 충분히 가깝다고 느꼈다. 하지만 빌리 그래함의 진솔한 생각이 담긴 답장을 받게 될지, 아니면 그의 전도협회가 보내는 공식적인 답장을 받게 될지까지는 알지 못했다.

경기장에 선 투사[65]

그래함은 자신에게 쏟아지는 비판에 어떻게 대처했을까? 분명 그래함은 비판들을 되받아칠 수 있는 배짱과 언변을 가지고 있었다. 하지만 그는 그러지 않았다. 오랜 세월 복음전도자들은 자신들을 향한 사람들의 반대를 핍박으로 해석했고, 그 상황 속에서는 사실 그들도 보복이 가능하다고 여겼다. 왜냐하면 그 보복을 통해 지켜내려는 것이 자신들의 유익이 아니라, 하나님의 뜻이라 생각했기 때문이다. 그럼에도 그래함은 그렇게 하지 않았다. 그 이유가 무엇이었을까?[66]

65_ 역주- 문제를 방관하며 지적만 하는 이들과 달리, 현장(경기장)에 뛰어들어 갖은 어려움과 위기에도 대의를 위해 헌신하며 노력하는 사람을 지칭한다. 이 표현의 출처에 대해서는 각주 66번을 보라.

66_ 이제는 흔한 표현이 된 '경기장에 선 투사'(man in the arena)는 시어도어 루즈벨트 대통령의 유명한 연설인 「공화국의 시민」에서 유래되었다. 이 연설은 '경기장에 선 투사'라는 이름으로 알려지게 되었다.

이에 대해 그래함은 두 가지 이유를 제시했다. 첫 번째 이유는 비평에 일일이 대응할 시간 자체가 없다는 것이었다. 그래함이 말한 바 있듯, 만일 그가 모든 비평가들의 말에 일일이 답하려 했다면 그는 다른 일들을 전혀 하지 못했을 것이다. 또한 노련한 그래함은 한번 비평가들의 이야기에 반응하면 대화의 주도권을 그들이 쥐게 된다는 사실을 알고 있었다.

게다가 그리스도인들은 싸워서는 안 되는 존재였다. 이것이 두 번째 이유였다. 그래함은 자기 자신을 평화주의자라고 생각하지 않았지만, 자신을 향한 비판에 대응하기보다 사람들이 자신의 이야기를 듣도록 그들을 설득하는 데 더 많은 관심을 두었다. 그렇기 때문에 그는 계속해서 자신을 비판하는 이들을 직접 만나 대화를 나누려고 했던 것이다.

이와 관련한 전설적인 이야기가 하나 있다. 그래함이 카산드라 Cassandra라는 필명을 가진 한 런던 기자를 만난 사건이었다. 이 기자는 영리하고 날카로운 비평으로 유명했다. 역사가 윌리엄 마틴 William Martin이 들려주는 이야기에 따르면, 당시 카산드라는 짓궂게도 침례교인들의 두목이라 불리던 그래함과의 만남 장소를 술집으로 정했다. 우리가 아는 한, 카산드라는 끝내 그래함이 주창하던 복음주의적 기독교에 동의하지 않았다. 하지만 그래함과의 만남 이후, 그는 이전과는 사뭇 다른 관점으로 그래함을 바라보았다. 훗날 카산드라는 이렇게 말했다. "저는 그 단순하고 직설적인 메시지가 제게 그토록 강렬한 인상을 남길 수 있으리라고는 생각도 못했습니다. … 그래함은 그가 전한 메시지 그 자체였어요."

지금까지 살펴본 두 가지 이유- 현실적인 이유와 신학적인 이유 -외에도 그래함이 비평가들의 비난에 대응하지 않았던 두 가지 이유가 더 있다. 먼저, 얼굴을 마주하며 싸우는 것은 그게 어떤 종류든 그의 스타일과 맞지 않았다. 그래함은 신학적, 정치적 혹은 그 외의 사안들을 하나하나씩 살펴 가며 비평가들과 논쟁하려 든 적이 거의 없었다. 언젠가 그래함은 "저는 천성적으로 싸움꾼은 못 됩니다"라고 언급한 적이 있었는데, 어쩌면 그래함이 생각했던 것보다 자기 성향을 제법 많이 드러낸 발언이었을지도 모른다.

그래함의 사역 초기에 발생했던 몇 가지 드문 예외들을 제외하면, 그는 해외를 방문해 사역하는 동안 그 나라의 문화나 종교의 어떠한 측면도 비판하지 않으려 노력했다. 그래함의 메시지는 기독교 신앙에 대한 긍정적 선언과 기독교 신앙이 제공하는 개인적, 사회적 평안이 지닌 유익에 대한 것이었다.

두말할 필요 없이 그래함을 가장 혹독히 비판했던 이는 앞서 말한 라인홀드 니부어였다. 우리는 그래함이 니부어의 비판에 어떻게 반응했는지 살펴봤었다. 그는 니부어의 비판에 비판으로 응수하기보다 오히려 그에게 화해의 손을 내밀었다. 첫 번째 시도였던 그와의 만남은 비록 실패로 돌아갔지만, 그래함은 두 번째 시도로 니부어에 대해 평화적인 화해의 말을 건넸다. "니부어 박사께서 저를 비판하셨을 때, 저는 그분의 비판을 살펴보았습니다. 그 비판의 내용들을 존중했기 때문이죠. 저는 박사께서 우리가 직면하고 있는 사회 문제의 해결에 제가 기독교적 원리들을 적용할 수 있도록 도와주고 계신다고 생각합니다." 이러한 발언은 계산적이고 전략적이었던 것일 수도 있지만, 여기에는 그래함의 진심도 담겨 있었다. 1940년대 후반과 1950년대 초반, 그래함은 노스웨스턴학원 생활을 끝낸 후 근본주의 진영의 사람들과 거리를 두기 시작했다. 그는 자신과 같은 중도적 신앙인들과 함께 다른 신앙의 전통과 주변 문화에 대해 더욱 열린 자세를 취했다. 이는 근본주의자들과 구별되는 자세로, 그들과 연합하여 함께 일하는 것은 거의 불가능하다고 판단했기 때문이었다. 반면, 주류 교단 개신교인들과 동역하는 것은 가능할 수도 있다고 생각했다. 하지만 평화를 추구하는 그래함의 태도는 근본주의자들과 거리를 두는 과정에서 생겨난 것이라기보다 그가 본래 지니고 있던 성향이 이 과정에서 발현된 것뿐이었다.

그래함은 1960년 《크리스천 센추리》에 「지난 10년이 내게 가르쳐 준 것들」이라는 제목의 글을 기고했다. 그 글에서 그래함은 다음과 같이 말했다. "무지했던 제가 한때 '못마땅하게 여겼던' 집단 속에 그리스도께 헌신되고 진리를 사랑하는 이들이 있음을 발견하게 되었습니다. 오히려 제 자신을 부끄럽게 만들 정도로 경건한 이들을 말이죠. … 비록 크리스천인 우리가 언제나 동일한 의견을 가질 순 없겠지만 … 오늘날 교회에 가장 필요한 것은 믿지 않는 세상에게 우리가 서로 사랑하는 모습을 보여 주는 것입니다."

이러한 연합의 태도는 반대쪽에서도 똑같이 나타났다. 놀라울 정도로 많은 주류 교단 개신교인들이 '사회적 도덕 개혁'이라는 보다 큰 대의를 위해, 그래함이나 그와 비슷한 스타일의 복음전도자들과 협력했다. 확실히 상당한 수의 주류 교단 개신교인들은 간접적인 복음전도에 수용적이었고, 때로 직접 복음전도를 용인하기도 했다. 신학적 자유주의가 주류 교단에 확고히 뿌리를 내리게 되는 20세기 말과는 달리, 20세기 중반의 주류 교단 개신교인들은 그 신학적 입장이 훨씬 유동적인 상태였다. 덕분에 그래함은 주류 교단 내에서 많은 친구들- 적어도 공통된 목표를 위해 함께 일할 수 있는 이들 -을 발견할 수 있었다.

하지만 그래함이 비평가들의 비난에 대응하지 않기로 한, 가장 중요한 두 번째 이유는 말 그대로 그의 직감 때문이었을 것이다. 그래함은 비난에 연연하지 않는 자신의 모습에 대중들이 더 큰 존경심을 느낀다는 사실을 발견했다. 권투 경기장에 올라 몇 대 맞고도 자신을 때린 주먹이 전혀 아프지 않았던 것처럼 씩씩하게 경기장을 걸어 나오는 그래함은 확실히 멋져 보였다. 그에게 닿은 비판의 주먹들은 물론 그를 아프게 했지만, 그것은 동시에 그래함의 이미지를 더 좋게 만드는 도구가 되었다.

상처 입은 영혼들

그래함을 따르던 이들은 어떤 부류의 사람들이었을까? 그래함의 전도 대회 설교를 듣기 위해 시내를 가로질러 온 이들, 그래함의 설교를 라디오나 TV에서 보고 들은 이들, 잡지나 신문에 실린 그래함의 칼럼을 읽었던 이들은 과연 어떤 사람들이었을까? 미니애폴리스에 있는 빌리그래함 전도협회로 매달 적지 않은 금액을 성실하게 후원했던 이들은 과연 어떤 사람들이었을까?

이에 대한 답변은 두 가지 방식으로 할 수 있다. 첫 번째는 그들의 인구 통계학적 특징을 살피는 방식이고, 두 번째는 그들의 영적인 상태를 살펴보는 방식이다. 인구 통계학적 방식은 연구 대상의 나이, 사회적 지위, 인종, 성별, 지역과 같은 특징들을 다룬다. 종교 사회학자들은 그래함을 따르던 이들이 인구 통계학적으로 어떤 유형의 사람들이었는지 연구해 왔고, 상당히 일관성 있는 결과를 도출해 냈다. 우리는 이후 이 결과들을 통해 그래함을 따르던 이들이 어떠한 이들이었으며, 세월이 흐르면서 그 모습에 어떠한 변화가 있었는지를 함께 알아볼 것이다.

하지만 그 전에 우리는 다른 측면, 곧 영적인 측면에서 그들이 어떠한 사람들이었는지 먼저 살펴보고자 한다. 미국과 전 세계의 수많은 이들이 그래함에게 자신의 삶의 이야기를 들려주고자 했던 이유는 무엇이었을까? 그들 중 절반은 무언가로부터 상처받은 이들이었고 인생에 대한 해답을 듣기 위해 그래함에게 나아왔다. 반대로 나머지 절반은 기쁨이 가득한 사람들이었다. 그들은 자신이 지닌 세상에 대한 감사함을 그래함과 나누길 원했다.

이 두 그룹의 사람들- 상처 입은 이들과 기뻐하는 이들 -을 살펴보는 가장 좋은 방법 중 하나는 그들이 그래함에게 보낸 편지들을 조사하는 것이다. 빌리그래함 전도협회는 그래함이 얼마나 많은 편지를 받았는지 그 수를 기록해 두지 않았다. 하지만 1950년에서 2005년까지 그는 쏟아져 들어오는 수백만 통의 편지를 받았다. 이 풍부한 자료에 대한 간단하지만 체계적인 표본 조사는 그래함을 따르던 이들이 어떠한 내면의 영적인 삶을 살아왔는지 알려주는 한 줄기 빛이 될 것이다.[67]

이번 장면에서 우리는 첫 번째 부류의 사람들, 곧 상처받은 사람들이 지녔던 상처는 무엇이었으며, 그들은 그래함이 어떻게 도와주기를 기대했는지 알아볼 것이다. 두 번째 부류에 해당하는 기

67_ 이 편지들과 내가 그것들을 사용한 방식에 관해서는 부록 1 "본서에 사용된 편지들"을 참고하라.

뻐하는 사람들에 대해선 다음 장면에서 만나 볼 수 있다. 그곳에서 우리는 그래함과의 만남이 어떻게 그들의 삶에 새로운, 혹은 회복된 평화를 가져다주었는지 살펴볼 것이다.

* * *

사람들은 그래함에게 보낸 편지에 그들이 겪고 있는 문제에 관해 무척이나 솔직하게 이야기했다. 그중에서 가장 자주 등장한 주제는 중독, 특히 알코올이나 마약과 관련된 중독이었다. 체서피크 만에 사는 한 남성은 지난 4주간 코카인을 끊었지만, 유혹을 참지 못해 다시 손을 대기 직전이었다고 말했다. 하지만 그는 마침 그래함의 소식지를 읽게 되었고, 그 내용에 은혜받은 덕분에 마약에 손을 대지 않을 수 있었다고 말했다. "저는 아직 가야 할 길이 멀다는 것을 알고 있습니다. 하지만 반드시 해내고 말 것입니다." 그리고 편지 하단의 서명 칸에 의미 있는 한마디를 남겼다. "돌아온 탕자로부터!"

그 누구도 중독을 병이라고 말하지 않던 시대였다. 치료 대상으로 보지 않았으니, 개인이 중독을 스스로 억제하지 못하는 것은 말할 것도 없이 의지박약이라 여기는 사회 분위기가 존재했다. 하지만 이러한 시대적 상황 속에서도 사람들은 중독이 복용자의 삶을 조종할 뿐 아니라, 그를 지옥에 이르게 만드는 사탄의 강력한 도구라고 생각했다.

편지를 보낸 이들은 자신의 흡연과 욕설에 대해서도 걱정했다. 그들은 흡연이 성령이 거하시는 처소인 육체에 해롭다는 사실을 알고 있었다. 이것은 무척이나 흡연에 관대했던 당대 미국의 인식을 훨씬 앞서 나간 것이었다.

흡연보다 더 큰 죄책감을 불러일으켰던 것은 아마 욕설이지 싶다. 이는 아마도 당시 기독교인들이 욕설을 좀 더 심각한 영적 결함으로 인식했기 때문이었을 것이다. 남부에 거주하던 한 여성은 욕설과 관련한 자신의 문제를 이렇게 설명했다. "실제로 욕을 내뱉지는 않았지만 마음속에 욕설을 떠올렸습니다. 그러지 않으려고 정말 노력했습니다. 하지만 정말 갑자기 마음속에 떠올랐어요." 저속한 표현과 하나님의 이름을 망령되이 부르는 불경스러운 표현들을 사용하는 것은 곧 그의 혀가 하나님께서 싫어하시는 행위의 노예가 되어 버렸음을 가리켰다.

하지만 편지의 작성자들에게 가장 큰 죄책감을 야기한 행위가 있었으니 바로 낙태와 자위였다. 그래함에게 보내온 편지들은 하나같이 낙태를 무고한 생명을 살해하는 일이라고 말했다. 남서부지역에 사는 한 여인은 많은 이들을 대변하며 이렇게 말했다. "하나님께서 저를 용서해 주시길 간절히 바랍니다." 그들 중 누구도 낙태를 하지 않음으로써 발생할 좋지 않은 결과와 낙태라는 죄악, 둘 중에서 낙태를 택하는 것이 최선이었다고 이야기하지 않았다. 모든 편지 작성자들은 자신들의 행위를 후회했고, 심하게는 하나님께서 자신들을 정죄하지 않으실까 두려워했다.

자위라는 주제 또한 편지에서 빈번히 등장했다. 한 캐나다인 여성은 이렇게 말했다. "거의 매일 밤 자위하는 제 모습이 너무 싫습니다. 그런데 어떻게 해야 할지 모르겠어요. … 다시금 동일한 죄를 지을 걸 알고 있으면서 [하나님께 용서를 구하는 것은] 어리석은 짓이겠죠." 몇몇 이들은 자위가 하나님께서 주신 성욕의 자연스러운 표출이라고 생각했는데, 이러한 생각에는 혼전순결의 대안으로 자위를 수용할 수 있다는 의미가 내포되어 있었다. 하지만 대부분은 이를 죄로 분류했고, 용서와 함께 그 죄를 물리칠 수 있는 방법을 그래함에게 구했다.

사람들이 그래함에게 고백한 또 다른 죄는 대체로 성욕으로 인해 발생한 것들이었다. 그중 가장 많이 언급된 것은 혼전성행위, 간통, 욕정, 동성애였다. 결혼하지 않은 채로 성관계를 맺은 이들은 과거의, 그리고 계속 지속하고 마는 스스로의 실수를 후회했다. 물론 적지 않은 이들이 결혼을 약속한 사람과의 성행위가 그렇게 잘못된 것인지 그래함에게 묻기도 했다. 한편, 사실이든 의심이든 배우자의 간음에 대해 이야기하는 편지들도 꽤나 많았다. 북서부쪽에 사는 한 여성은 남편이 자신을 버리고 젊은 여자에게 갔을 때, 자신의 세계는 무너져 내렸다고 말했다. 이러한 사연은 대체로 남편의 외도, 대개 직장 동료인 젊은 여성, 집에서 홀로 파국을 맞는 아내라는 전형적인 패턴을 가지고 있었다.

울타리 밖에서 벌어진 성행위는 어떠한 형태든지 간에 난처한 질문으로 이어졌다. 체서피크 만에 사는 한 여성은 편지에서 다음과 같이 말했다. "제 남편은 저를 떠난 뒤 죽었습니다. 그 후, 한 훌륭한 크리스천 남성이 저희 집에 들어와 저와 함께 살고 있어요. 우리는 제 남편의 연금으로 먹고살고 있습니다." 이 여성은 안심받길 바라며 그래함에게 이해를 구했다. "하나님께서 이해하시겠죠?"

일부 편지의 주인공들은 이성에 대항하는 정욕 문제로 씨름했다. 배에서 일한다는 어느 선원은 한 선교사 부부의 딸에게 정욕을 느끼는 스스로를 괴로워했다. 그는 그래함에게 "저는 반드시 치료되어야만 하는 '난치병'에 걸린 것 같습니다"라고 말했다. 이 편지에서 선원은 그래함이 자신을 용서해 주길 바란다는 인상을 풍기지 않았다. 즉, 그에게는 그저 자신의 고민을 털어놓을 사람이 필요했던 것이다. 마치 그래함이 고해성사실에 앉아 있는 복음주의 목회자인 양 말이다.

동성애는 사실 좀 더 복잡했던 문제였다. 편지를 보낸 이들 중 누구도 동성애적 성향과 동성애적 행위를 구분하지 않았고, 그저 둘 다 하나님의 시각에서 그리고 본성적 측면에서 잘못된 것이라고 생각했다. 레즈비언이었던 한 여성은 그래함에게 자신의 삶이 '황무지 한 가운데' 있다고 말했다. 그녀는 여러 차례 자살을 시도한 바 있었다. 그녀는 편지 말미에 커다란 대문자 글씨로 이렇게 적었다. "제발 누군가 저 좀 도와주세요! 당장!"

적지 않은 사람들은 다가오는 유혹에 맞서 싸울 수 있는 능력을 바라고 있었다. 북동지역의 한 남성은 그래함의 책 『다가오는 말발굽 소리』을 읽은 후, 자기 자신과 그의 성적 취향을 그리스도께 복종시켰다며 이렇게 말했다. "저는 더 이상 제 자신을 '게이'라고 생각하지 않습니다. … 저는 하나님께서 용서하신 그분의 사랑받는 자녀입니다." 하지만 우리는 그래함에게 편지를 보낸 이들의 이후 이야기를 알지 못한다. 이 남성도 마찬가지였다.

그런데 자신의 동성애적 성향이 구원받았다고 주장하는 이는 아무도 없었던 한편, 극소수의 사람들은 애초에 이를 죄악으로 여기지 않았다. 한 여성은 스스로가 무척이나 정상이라고 확신한다고 말했다. 그녀와 그녀의 애인은 수년간 교회에서 활발히 활동했다. 두 사람은 함께 살며 성관계도 가졌다. "저는 제가 선천적으로 이렇게 태어났다고 확신해요. 바로 그렇기 때문에 제가 영원한 고통을 받게 될 것이라고 생각하지 않습니다."

편지 작성자들은 그들의 쓰라린 죄책감에 대해 종종 이야기했다. 많은 이들은 직장에서 '복음 증거의 사명'을 감당하는 것에 실패했다고 생각했고, 그에 죄책감을 느꼈다. 한 중서부에 사는 여성은 무신론자인 자신의 동료를 그리스도께 인도하지 못하는 자신을 책망하고 있었다. "저는 제 자신이 하나님께 실망을 안겨 드리고 있다고 생각해요. 제게 해 주실 만한 조언이 없을까요?"

또 다른 이는 부모의 역할을 제대로 감당하지 못했다는 죄책감에 휩싸여 있었다. 북동지역의 한 남성은 이렇게 고백했다. "부모 역할에 충실하지 못했던 지난날의 행동들 때문에 저는 큰 짐을 껴안고 있습니다. … [저는] 제 자녀들을 그리스도인으로 성장시키지 못했어요. 그들의 삶이 그리스도와 함께하도록 만들지 못한 제 잘못을 만회하기 위해 노력하고 있습니다." 그러나 그 이후에도 상황을 변화시킬 기회가 그에게 주어지지 않았던 것 같다.

편지에는 그들 스스로가 아니라, 다른 사람 때문에 발생한 문제에 대해서도 적혀 있었다. 특히 아버지의 학대는 가장 빈번히 등장하는 문제들 가운데 하나였다. 중서부지역에 사는 한 여성은 '한밤중에 만취한 상태로 집에 들어와 소총을 들고 위협하던 아버지'를 피해 자신과 자매, 어머니가 함께 집에서 도망 나와야 했던 상황을 회상했다. 또 다른 이들은 술 문제로 인해 직장을 잃고 범죄를 저지르다 교도소에 가게 된 그들의 가족을 이야기하기도 했다.

편지에서 술 문제로 언급된 이들은 대체로 아버지들이었지만, 어머니들도 예외는 아니었다. 하지만 어머니들의 경우엔 그들 자신의 음주가 문제가 아니었다. 오히려 자신들이 가족의 음주를 막지 못했다는 죄책감이었다. 예를 들면, 남부지역에 사는 한 여성은 이렇게 말했다. "제 인생은 완전히 망가졌습니다. … 제 아들은 자동차 사고로 목숨을 잃었습니다. 막 18살이 된 제 아들은 당시 술에 취해 있었어요. … 모두 제 잘못입니다." 그래함이 받은 수많은 편지에는 이 어머니와 같은 비통함이 담겨 있었다.

외부로부터 오는 고통들도 편지에 자주 등장하는 주제였다. 예를 들어 어떤 간호사는 직장 동료들의 음담패설로 고통받았다. 부채로 인한 두려움 또한 많은 이들이 겪는 문제였다. 그들은 파산 선고를 좋게 봐야 비윤리적인 문제고, 심각하게는 죄악된 것이라 생각했다. 법적인 허점을 찾아서 문제를 해결한다는 선택지는 중산층 혹은 중·하류층 사람들에게 존재하지 않았다.

교회 지체들의 유감스러운 행동에 대한 이야기도 있었다. 편지 작성자들의 눈에 몇몇 교회 지체들의 행동은 교회를 다니지 않는 비신자들에 비해 전혀 나아 보이지 않았다. 그들은 소문을 만들어 내길 좋아했거나 남을 험담하고 거짓말도 서슴지 않았으며 '성적으로 문란한 여성들'과 어울렸다. 남부지역에서 온 어떤 편지는 이러한 문제를 다음과 같이 정확하게 지적했다. "목사님은 예수 그리스도에 대해 이야기하고 자기 자신을 그리스도인이라고 부르면서도, 교회에서 거짓말하고 사람들을 비방하고 헛소문 내기를 좋아하는 사람을 어떻게 생각하시나요?" 교회 공동체에서 받은 상처는 외부에서 받은 것보다 더 깊게 그들에게 남아 있었다.

부서진 가정에서 받은 상처도 깊었다. 어떤 이들은 가정 문제에 대한 책임이 부분적으로라도 자신에게 있다고 생각했다. 하지만 대부분 가정 문제의 원인으로 다른 가족 구성원들, 대체로 외도하는 배우자 혹은 방황하는 자녀들을 지목했다. 어떤 이들은 교도소에 들어간 그들의 자녀를 위해 기도해 달라고 그래함에게 요청하기도 했다.

성추행에 관한 편지의 숫자는 놀라울 정도로 많았다. 과거에 발생했던 끔찍한 사건들이 지금까지도 자신을 괴롭히고 있다고 말하는 사람들도 많았지만, 훨씬 많은 수의 사람들이 현재 자신이 당하고 있는 성추행에 관해 이야기했다. 이름도, 날짜도, 장소도 적혀 있지 않은 한 편지에서 어머니는 12살이 된 딸이 5살 때부터 남편에게 성추행을 당해 왔음을 고백했다. "제 딸을 위해 기도해 주시면 감사하겠습니다."

그러나 예상치 못한 이야기를 하는 이들도 있었다. 한 아내는 자신의 남편이 딸을 성추행해 왔으나, 이는 남편이 악마에 홀렸기 때문이라고 주장했다. 그러고는 그때 이후 남편에게서 악마를 쫓아냈기 때문에 남편이 다시 집으로 돌아오기를 바란다고 말했다. 그러나 그녀는 법원이 이러한 자신의 생각에 여전히 동의하지 않는다고 말했다.

편지 작성자들은 일상 속에서 마주하게 되는 육체적, 정신적 고통에 대해서도 이야기했다. 이 고통은 살아갈 날이 몇 주밖에 남지 않았다고 시한부를 선고받은 항암 투병자의 고통에서부터 만성적인 질병과 외로움을 달고 살아가는 노인들의 고통까지 다양했다. 그래함이 언젠가 밝힌 바, 한 가지 예외(무엇인지 정확히 설명하지는 않았다)를 제외하면 고독 문제는 그가 받은 편지들에 가장 자주 언급되는 주제였다. 특히 찾아오거나 연락할 자녀 또는 친구가 없는 노인들은 그들이 겪는 오랜 외로움을 그래함에게 이야기했다.

외로움과 밀접한 관련이 있는 슬픔과 우울감에 관한 이야기도 많았다. 배우자와 사별한 이들은 계속되는 심적인 고통에 괴로워했다. 남부지역의 한 여성이 보낸 편지에 이러한 괴로움이 잘 나타나는 대목이 있다. "저는 제 남편을 13년 동안이나 그리워하고 있습니다. 저는 현재 70살이고 혼자 살고 있습니다. 저는 밤이 제일 괴롭습니다." 많은 이들이 삶의 의지마저 사라지는 극심한 우울증으로 괴로워했다. 또 다른 남부 여성은 사투를 벌이고 있는 자신의 우울함을 이렇게 생생히 전달했다. "믿음을 굳건히 하는 방법을 알려 주세요. 이 지옥 같은 상황에 좀 더 훌륭히 맞서고 싶습니다."

놀랍게도 자살에 대한 이야기도 편지에 자주 등장했다. 플레인스에 살고 있는 한 부부는 오래 전 자살로 중년의 아들을 떠나보냈다. 그들은 나아지지 않는 슬픔 속에서 그래함에게 이렇게 편지했다. "저희 아들의 영혼을 위해 기도해 주십시오. 그리고 이 고통을 이겨 나가는 데 도움이 되는 자료들을 혹 가지고 계시다면, 부디 저희에게 보내 주셨으면 좋겠습니다."

편지는 그들 자신의 삶에 대한 두려움도 담고 있었다. 중서부의 윗동네에 거주하고 있는 한 남성은 비통해하며 말했다. "더 이상 살아야 할 이유가 없었습니다. … 아내가 외도하고 있다는 사실을 알게 되었습니다." 이 고통을 끝내기 위해 그는 자신의 '특제 무기'를 집어 들었지만, 우연한 연유로 라디오를 듣게 되었다고 한다. 그렇게 마주한 그래함의 설교는 그에게 살아야 할 이유를 주었다. "감사합니다! 감사합니다! 감사합니다!"

편지에 등장한 모든 주제들 가운데 가장 의외였던 주제는 아마도 '그리스도의 재림이라는 복된 소망'에서 나온 불안일 것이다. 이 표현은 당시 수많은 복음주의자들이 가지고 있던 종말에 대한 인식, 곧 종말과 함께 다가올 대재앙들이 발생하기 전에 그리스도께서 성도들을 하늘로 '휴거'시키실 것이라는 인식을 지칭하는 것이었다.

하지만 그 '복된 소망'은 때로 모성애 앞에서 산산이 부서져 버리기도 했다. 한 어머니는 자녀 14명의 이름을 편지에 열거한 뒤, 주께서 그들 한 사람 한 사람의 내세와 현세의 삶 모두를 지켜 주시기를 기도했다. 또 다른 어머니는 6명의 아이들 가운데 하나라도 휴거되지 않으면 어떡하나 불안해했다. 중서부지역에 사는 한 여성은 그래함에게 이렇게 질문하기도 했다. "만일 단 한 명이라도 제 자녀가 하나님의 사랑으로부터 단절되었다면, 제가 어떻게 천국에서의 삶을 제대로 살아갈 수 있을까요?"

지금껏 살펴본 편지들에는 다양한 상처들로 신음하는 사람들의 세부적인 이야기가 담겨 있었고, 이들의 이야기는 모두 고백적 성격을 띠고 있었다. 편지를 작성한 이들이 수시로 이야기했듯이, 그들에게 그래함은 속 이야기를 들려줄 유일한 대상이었다. 그들은 그래함이 그들 하나하나를 개별적으로 알고 있다고 느꼈다. 실제로 그래함이 그들을 모르더라도 말이다.

감사를 표하는 영혼들

그래함에게 편지를 보낸 두 번째 부류는 자신들의 삶, 특히 그리스도인으로서 주어진 삶의 좋은 요소들을 편지에 상세히 적었다. 편지를 보낸 이들 가운데 종종 다정한 남편이나 성숙한 10대 자녀를 두고 있는 기쁨, 혹은 화목한 가정이 주는 위로 등 일상적인 행복을 전하는 이들이 일부 있었지만, 이러한 경우는 드물었다. 편지를 보낸 사람들은 대부분 다른 이야기에 집중했다. 바로 그들이 경험한 회심 이야기였다. 대체로 그들은 그래함의 설교를 통해 변화된 이들이었고, 자신에게 일어난 변화를 그래함에게 이야기하며 감사를 표하고 싶어 했다.

그래함의 사역으로 일어난 변화에 대해 빌리그래함 전도협회는 이것을 불신자가 신앙을 얻게 되는 전통적 회심으로 설명하려 했다. 하지만 실제로 그래함으로 인해 그리스도께 나아온 이들은 이것을 일종의 회복으로 묘사했다. 북동지역에 거주하는 한 여성의 증언은 이러한 회복의 과정을 보여 주는 전형적인 예였다. "한 때 저는 주님과 친밀한 교제를 나눴습니다. 하지만 시간이 지나며 방탕한 삶을 살기 시작했죠. … 그러던 중 목사님께서 진행하시는 프로그램을 보게 되었고, 다시 주님과 친밀한 관계로 돌아올 수 있었습니다."

이러한 이야기들은 대체로 다음과 같이 진행되었다. 기독교 가정에서 자라난 그들은 대체로 10대 시절에 교회 주일학교 수련회에서 그리스도를 영접했다. 그 후 군복무를 하거나 대학에 가게 되었고, 제대 혹은 졸업을 한 뒤 결혼을 하면서 어딘가에 정착했다. 그리고 현실적인 일상 문제로 바빠진 그들은 더 이상 교회를 나가지 않았다. 그러다 그들이 살고 있는 도시에서 개최된 그래함 전도 대회에 참석하거나, 라디오 혹은 TV에서 그래함의 설교를 듣게 되었다. 그리고 그 설교에서 그들은 자신들이 한때 누렸던 그리스도인으로서의 삶, 그리고 그 삶이 가져다주던 기쁨을 다시 기억해 냈다. 즉 그래함과의 만남을 통해 그들은 자신의 삶을 다시 올바른 방향으로 되돌리게 되었던 것이다.

대부분의 편지에는 이러한 회복 이야기가 담겨 있었지만, 일부 편지들은 드물게 완전히 변화하는 회심에 대해 이야기했다. 그들은 회심을 경험한 시간과 장소를 아주 구체적으로 기억하고 있었다. 이들의 편지에는 기꺼이 떨쳐내 버린 과거의 나쁜 습관들과 만끽하고 있는 현재의 달콤한 해방감이 자세히 적혀 있었다.

한 연구자가 그래함의 전도 대회에서 회심을 경험한 이들에게 그들의 삶에 어떠한 변화가 나타났는지 물었다. 북서부지역의 한 여성은 이렇게 답했다. "제 삶은 완전히 변했습니다. 제가 지금껏 중요하다고 생각했던 것들이 더 이상 중요하게 느껴지지 않았고, 새로운 것들이 그 자리를 대신 차지했습니다." 남부지역의 한 여성은 변화를 경험하기 전, 자신의 과거를 이렇게 회상했다. "알코올 중독자인 아버지와 히스테리가 심한 어머니 밑에서 자라온 저의 삶에는… 언제나, 정말 언제나 혼란이 가득했습니다." '언제나 혼란이 가득했다'라는 표현은 그녀뿐만 아니라, 회심을 경험한 많은 이들의 과거를 대변하는 표현이었다.

하지만 그들의 경험이 회복이었든 아니면 회심이었든, 변화가 있기 전의 상황과 변화의 과정 그리고 변화된 이후를 묘사하는 방식은 유사했다. 그런데 특히 변화가 있기 전 그들의 정신과 마음, 다시 말해 그래함 전도 대회에 참석하거나 그래함의 방송을 보고 듣도록 그들을 인도한 당시 그들의 정신과 마음을 우리가 정확히 이해해 내기는 제법 어려운 일이다.

변화를 경험한 이들은 과거의 마음 상태를 표현하기 위해 '희망 없음', '절망', '허무', '무의미' 같은 단어들을 나열했다. 그중 중서부지역의 한 남성은 이러한 상태를 다음과 같이 간결하게 표현했다. "당시 제 마음 속에 가득했던 혼란과 공허함을 저는 여전히 기억합니다. … 2년 전 그리스도께 제 삶을 드리기로 한 이후, 목사님의 설교를 통해 저는 용서와 평화, 사랑 그리고 존재의 의미를 배웠습니다."

편지 작성자들은 보통 그래함의 설교에 귀를 기울이게 된 구체적인 계기들을 한 가지 이상 언급했다. 예를 들면, 직장에서 해고되고 부모님을 잃거나 술로 인해 인생의 바닥을 치는 것과 같은 상황들 말이다. 계기들이 어찌 되었든 그들은 결국 동일한 장면에 다다른다. 바로 인생의 막다른 벽 앞에서 그 상황을 타개할 방법을 전혀 모른 채 좌절하는 장면이다.

이렇게 전도 대회에 참석하게 된 계기들은 대체로 비슷했으나, 집회가 열린 거대한 경기장 좌석에서 일어나 가파른 계단을 내려온 뒤 강단 앞에서 머리 숙여 결신 카드에 서명을 하게 된 이유들은 매우 상이했다.

회심자들이 강단 앞으로 걸어 나와 카드에 서명했던 이유는 다양했다. 그중 몇몇은 특별한 이유는 없었고, 그저 그렇게 해야 할 것 같아서 그리했을 뿐이라고 당당하게 말했다. 일부는 그래함을 가까이서 보고 싶었기 때문이라고도 이야기했고, 어떤 이는 성가대에 들어갈 수 있을까 싶어 그리했다고도 말했다. 또 다른 사람들은 친구들이 다 앞으로 나가는 상황에서 자신만 남아 있으면 너무 눈에 띌까 봐 주변 사람들을 따라 나갔다고 고백했다. 또한 그래함에게 감사를 표현하고자 혹은 연륜에서 흘러나오는 그래함의 영적 권위에 존경을 표현하고자 걸어 나왔다는 이들도 있었다.

물론 내세의 삶은 그들이 강단을 향해 걸어 나온 또 다른 이유였다. 지옥에 대한 두려움은 그들이 보낸 편지들에 놀라울 정도로 자주 등장했다. 1963년 시카고 전도 대회에 참석했던 한 회심자는 아마 수많은 이들의 마음을 대변할 만한 문장을 썼다. "[제가 왜 앞으로 걸어 나갔는지] 정말 잘 모르겠어요. 그냥 죽고 싶지 않았고, 이 세상보다 더 끔찍한 곳에 가기 싫어서 그랬던 것 같네요." 반면 놀랍게도 천국에 들어가리라는 확신으로 걸어 나왔다고 답했던 사람들은 소수에 불과했다.

또 많은 이들은 찬양에 감동받아 앞으로 걸어 나갔노라고 이야기했다. 전도 대회의 찬양은 그리스도와 친밀하게 동행했던 그들의 과거를 떠오르게 만들었다. 그 증거로, 집회에서 그리스도께 결단을 드리게 된 특별한 계기가 있었냐는 상담 요원들의 물음에 많은 결신자들이 구체적으로 찬양이라고 답했다. 특히 〈주 하나님 지으신 모든 세계〉, 〈내 모습 이대로〉, 〈예수를 나의 구주 삼고〉 등이 자주 언급되었다.

편지에는 회심하는 동안 혹은 그 순간 일어났던 일들도 자주 적혀 있었다. 그들은 온몸에 따뜻한 것이 퍼지는 느낌을 받았다고 설명했다. 북동지역에 사는 한 가톨릭 집안 출신은 이렇게 묘사했다. "저를 향한 하나님의 크신 사랑을 느꼈습니다. 그 사랑은 제 마음을 너무도 따뜻하게 했습니다." 영혼이 치유되었다는 표현들도 종종 등장했다. 하지만 그 경험은 오순절 계통의 사람들이 모임에서 흔히 경험하는 초자연적인 사건과는 달랐다.

일부 사람들은 집회 시간 자체를, 특히 결단의 시간을 시공간의 규칙이 사라지는 새로운 세계처럼 느꼈다. 어떤 이는 이렇게 말했다. "매 집회 시간마다 저는 집회가 끝나지 않고, 영원히 계속되면 좋겠다는 생각을 합니다." 어떤 편지의 작성자는 정말 집회 당시에 시간이 멈춰 있는 것 같았다. 그 편지의 운송장에는 발신자의 이름이나 발신된 장소나 시간, 그 어느 것도 적혀 있지 않았다. 그것은 '편지'라기보다 작성자의 시간 자체가 종이에 담겨 운송된 것처럼 보였다.

회심 이후 그들에게 나타난 변화 또한 무척 다양했다. 그리스도께 삶을 드리겠다는 결단을 했지만 삶의 아무것도 변하지 않았다고 말하는 사람이 있는가 하면 모든 것이 변했다고 증언하는 사람도 있었다. 전자라고 답변한 사람들도 제법 드물지 않았다. 한 예로, 이렇게 말한 결신자가 있었다. "제 삶에는 어떠한 변화도 일어나지 않았습니다. 제 삶은 이전과 동일합니다. … 교회도 다니고 있지만 교회를 다닌다는 것이 제 삶에 별 영향을 주지 않습니다."

그러나 결단 이후 자신의 모든 것이 변했다고 말한 이들도 분명 있었다. 이들이 말하는 변화란 새로운 자동차가 생겼다는 등 물질적인 복을 의미하지 않았다. 당시에도 소수의 번영 설교자들, 오늘날 축귀 복음전도자라 알려진 이들이 활동하고 있었지만, 그들의 영향력은 미비했다.

오히려 어떤 이들에게 그래함의 사역을 통한 회심은 물질적인 복과는 정반대의 결과를 초래했던 것 같다. 그리스도께 자신의 삶을 드리기로 한 이후, 남서부지역에 사는 한 남성은 아내와 자녀들 그리고 직장까지 모든 것을 잃었다. 그에게 남겨진 것이라곤 '하나님과 몇 명의 친구들'이 전부였다. 그러나 그것이 전부인 상황 속에서도 그는 "주님 안에서 힘을 얻었습니다"라고 말하며 그것에 감사해했다.

물론 회심을 통해 그저 더 나아진 삶으로 변화한 이들도 있었다. 공장에서 일하던 한 남성은 자신이 그리스도께 자신의 삶을 드리게 된 동기가 무엇이었는지 정확히 설명하지 못했다. "제가 어떻게 그리할 수 있었는지 잘 모르겠습니다. 정말 모르겠습니다." 하지만 그 이유가 무엇이었던 간에, 그 결과는 분명했다. 그는 화를 덜 냈고 사람들과 더 나은 관계를 맺었으며 성경을 더 잘 이해하게 되었다. 그 외의 다른 이들도 회심을 경험한 이후 실재적인 변화를 확연하게 느꼈다. "저는 목각을 시작하면서 작품들을 팔기 시작했습니다"라고 말한 사람처럼 말이다.

그래함은 이러한 변화의 이야기들이 잔뜩 담긴 편지를 읽으며 흐뭇해했을 것이다. 하지만 동시에 개인의 심리적인 변화 이상의 것도 기대했을 것이다. 그리고 그 기대는 편지를 모두 다 읽은 후에도 입가에 미소가 지어지는 방향으로 보답받았다.

많은 이들이 편지에 회복된 그들의 인간관계를 언급했다. 그 가운데 별거 중이었던 배우자의 복귀, 혹은 방황하던 자녀들의 변화가 있었다. 한 퇴직자는 자신에게 일어난 변화를 다음과 같이 명료하게 이야기했다. "이제 화목한 가정을 이루게 되었습니다." 그래함을 테레사 수녀 같은 여러 성인들과 동등하게 여겼던 뉴잉글랜드의 한 가톨릭교인은 삶의 어려운 시기에 《결단의 시간》을 보며 '하나님께로 돌아가는 여정'을 시작하게 되었다고 말했다.

하지만 어떤 이들에게 현재의 삶은 여전히 고단했고, 그들은 장차 다가올 미래를 소망하고 있었다. 남서부의 한 남성은 편지에서 자신의 아내는 시각 장애를 가지고 있지만, 진정한 의미에서 더욱 중요한 영적 시력을 지니고 있다고 말했다. 그는 아내를 피하거나 심지어는 그녀의 존재를 무시하는 대부분의 사람들로 슬퍼했다. "하지만 영적인 시각 장애에 대한 목사님의 설교는 제게 훨씬 더 값지게 다가왔습니다. … 장담하건대 저희 내외는 목사님을 천국에서 만나게 될 것입니다." 때로는 그들의 심정을 표현할 적절한 단어를 찾지 못한 경우도 있었다. 중서부지역에 살고 있는 한 여성은 그래함의 설교 방송 끝자락에 자신이 경험한 일을 이렇게 말했다. "흐느껴 울었지만 그 이유를 모르겠습니다."

많은 편지 작성자들에게 '희망 없음'은 '희망'이 되었고, '절망'은 '자신감'이 되었다. 하지만 우리는 이 부분에서 다시 한번 주의해야만 한다. 남부지역 출신이라는 어떤 여성은 자신이 유년시절 성추행을 당했고, 네 번이나 이혼했으며 현재는 우울증에 시달리고 있다고 말했다. 그녀는 그래함의 사역을 통해 그리스도와 평화를 발견했다고 섣불리 말하지 않았다. 그저 그래함에게 자신과 자신의 가정을 위해 기도해 달라고 부탁했다. 이 여성에게 그래함은 신앙의 메시지를 전해 주는 사람 그 이상의 존재, 그녀가 진심으로 신뢰하고 따를 수 있는 목회자였던 것이다.

그리고 마침내 몇몇 편지는 그래함에 대한 칭찬으로 이어졌다. 그래함이 아니라 그의 아내 루스가 칭찬의 대상인 경우가 다수 있었다. 북서부지역의 한 여성은 "루스 사모님께서는 다른 이들과 편지를 주고받으시나요?"라고 그래함에게 물으며, 다음과 같이 말했다. "너무나 훌륭하신 루스 사모님께 제가 얼마나 그분을 사랑하고, 존경하는지 편지에 담아 보내고 싶어요."

그럼에도 역시 칭찬의 가장 주된 대상은 그래함이었다. 편지 속에 '카리스마'라는 단어가 등장한 것은 아니었지만, 편지를 보낸 이들은 그래함이 카리스마 있다고 생각했다. 사람들이 편지에서 가장 많이 언급한 그의 카리스마 넘치는 면모는 영적인 은사들이 아니라 잘생긴 외모였지만 말이다.

뉴잉글랜드에 사는 10대 소녀는 라디오에서 그의 목소리를 듣는 게 다였지만, 그것만으로도 그래함이 '아주 잘생기고 매력적인 인물일 것'이라 생각한다고 말했다. 더욱이 그녀는 '아버지가 가졌으면 했던 모든 좋은 자질들'을 그래함이 가지고 있다고도 했다. 소녀는 이것이 철없는 태도임을 인정했지만, 그럼에도 여전히 "젊은 사람들에겐 그들이 우러러 볼 영웅이 필요해요"라고 말했다.

전도 대회에서 혹은 대중매체를 통해 그래함과 만났던 이들 가운데 그래함을 직접 대면했던 이들은 오직 극소수뿐이었다. 하지만 편지를 보낸 상당수의 사람들은 마치 그래함과 마주한 적이 있었던 것처럼 편지를 작성했다. 한 선원은 매우 정성 들여 수기로 작성한 네 장의 편지를 그래함에게 보냈다. 그는 편지에서 그래함은 아마 기억을 못 할지도 모르지만, 자신이 바로 리무진 창문 안으로 손을 내밀어 그에게 악수를 청했던 '그 대담한 사람'이라고 스스로를 소개했다. 그리고 그는 이어 이렇게 말했다. "저는 목사님이 제 절친 중 한 사람처럼 느껴졌어요."

대부분 그래함을 '목사'나 '박사'라고 칭했지만, 적지 않은 수의 사람들은 "친애하는 빌리에게"라는 문구로 편지를 시작했다. 그리고 아무리 일상적인 이야기라도 시간을 들여 자세히 적었다. 그들의 자녀 이야기, 혹은 그래함이 다음에 자신들이 살고 있는 도시에 방문하게 된다면 집에 초대할 테니 점심이나 후식을 함께 먹자는 이야기들 말이다.

어떤 감사의 편지들은 아주 달콤했다. 어떤 나이 든 여성이 보내온 편지였다. "친애하는 나의 형제자매, 그래함과 루스에게. 저는 여전히 잘 지내고 있다는 소식을 여러분들께 전하고 싶어 이렇게 한두 줄 편지를 씁니다. … 제가 두 분 모두를 정말 사랑한다고 말해 주고 싶네요."

편지에는 가벼운 농담들도 많이 담겨 있었다. 판매원으로 일한다는 어떤 사람은 자신의 직업과 그래함의 사역이 아주 비슷하다고 말했다. 그래함이 자신보다 '고급 상품'을 팔고 있다는 것만 제외하면 말이다. 그는 다음과 같은 말을 덧붙였다. "오랫동안 목사님의 TV 프로그램을 시청했고, 신문의 칼럼도 읽었습니다. 열정적으로 찾아본 건 아니고요. 그냥 기회가 될 때마다요." 이 대목에서 우리는 장난기 가득한 그의 미소를 떠올릴 수 있다.

몇몇 사람들은 편지에 지어낸 것으로 보이는 이야기를 쓰기도 했다. 예를 들어, 한 여성은 크리스마스 직전에 남편이 자신과 세 명의 자녀를 두고 집을 나갔다며 상황을 설명했다. 집세는 벌써 3개월이나 밀렸고, 자동차는 지난 한 달 동안 네 번이나 고장 났다. 일을 하려면 매번 편도로 4.8㎞나 되는 거리를 걸어가야 했다. 가스 난방비는 3개월 연체됐고, 그녀의 아버지 또한 요양원에 있는 어머니를 버리고 떠난 상황이었다. 더욱이 그녀는 현재 임신 4개월째였다. "이러한 제 상황과 비교해 본다면, 목사님이 가지고 계신 문제들은 문제도 아닐걸요?"

그래함의 개인적인 안위를 걱정하는 편지들도 많았다. 이유야 모르겠지만 사람들은 그래함이 거미에 물렸다거나, 발가락을 다쳤다거나 눈이 아프다는 일들을 알고 있었다. 그리고 그를 위해 계속 기도하겠다고 약속했다. 그들은 그래함이 자기 자신을 좀 더 보살필 필요가 있다고도 생각했다. 좀 더 쉬라는 것이었다. "목사님과 사모님에게는 해변을 산책하면서 바다 내음을 맡을 시간이 좀 필요해요."

편지 작성자들은 그래함과 동질감을 느끼며, 그들의 삶과 그래함의 삶을 비교하기도 했다. 한 여성은 편지에서 그래함처럼 자신도 '5명의 자녀와 … 15명의 손자, 천국에 있는 2명의 손자와 10명의 증손자들'이 있다고 말했다. 그녀와 그래함의 가족 구성원들의 숫자는 정확히 일치하지 않는다. 그러나 그녀의 이야기가 지닌 핵심은 분명했다. 그녀에게 그래함은 자신의 어려움과 죄를 이야기할 수 있는 사람일 뿐 아니라, 기쁨과 승리의 소식에도 함께 공감해 줄 사람이었다는 사실이다. 그리고 이러한 점은 전 세계 수백만 사람들에게도 동일했다. 그래함은 사람들에게 한 가지 확신을 분명히 심어 줬다. 그래함이 그들의 삶에 일어난 좋지 못한 일과 좋은 일 모두를 듣고 싶어 한다는 것이었다.

3부

제사장 같은 선지자

십자가와 십자가상

우리가 앞으로 살펴볼 두 이야기는 서로 밀접히 연관되어 있으며, 이 사건들로 그래함의 사역 전체를 통틀어 가장 중요했던 해 가운데 하나였던 1960년 당시 그의 대중적 영향력을 가늠해 볼 수 있다. 이번 장면에서 다룰 첫 번째 이야기는 가톨릭교와의 관계를 다루며, 대통령 선거와 관계된 두 번째 이야기는 다음 장면에서 다루도록 할 것이다. 실제로 이 두 이야기는 분리할 수 없을 정도로 긴밀히 얽혀 있다. 그러나 하나하나씩 따로 살펴보는 것이 그래함이 지나온 사역의 발자취를 따라가는 데 더 용이할 것이다.

그래함과 가톨릭 간의 이야기는 복잡하고 그만큼 논란이 많다. 그러니 우선 1960년의 이야기를 살펴보기 전에 그 배경을 이해할 필요가 있다. 지난 10년 동안 형성된 그래함과 가톨릭교인의 관계를 아주 간단히 요약하자면 그들은 대체로 좋은 관계를 맺어 왔다. 이러한 우호 관계가 가능했던 근본적인 원인은 싸움과 분열이 아닌 연결과 연합을 바라는 그래함 개인의 기질 때문이었다.

더욱이 그래함은 미국 내 다른 어떤 주보다 인구수 대비 가톨릭교인 수가 가장 적었던 노스캐롤라이나에서 자랐다. 개신교인과 가톨릭교인 간 상호 작용이 전무하다 싶은 환경은 가톨릭교인에 대한 고정 관념을 형성하거나 강화할 수도 있었다. 하지만 대다수 남부지역 사람들은 그렇지 않았다. 그 수가 너무도 적었던 나머지, 그들에게 가톨릭교인들은 마치 외래 식물같이 여겨졌다. 즉 신기하지만 전혀 위협이 되지 않는 존재였던 것이다. 그래함 자신이 그렇게 이야기했던 적은 없지만, 앤드루 스턴Andrew Stern 같은 남부 종교 사학자들은 무수히 많은 남부 사람들의 해당 발언을 확인할 수 있었다.

우리가 앞서 살펴보았던 것처럼, 그래함은 지난 1950년 1월 보스턴에 있는 리처드 쿠싱 대주교(후에 추기경)와 좋은 관계를 맺은 바 있었다. 지난 40년간 개신교인들과 가톨릭교인들 사이의 깊고 파괴적이었던 적대감을 염두에 두면 그래함과 쿠싱의 훈훈한 유대는 매우 이례적이었고 동시에 의미 있는 것이었다. 그리고 오래지 않아 근본주의 진영 비평가들은 그래함이 '교황제를 따르는 이들' [역주- papist, 개신교도들이 가톨릭교인들을 낮추어 부르던 표현]과 어울린다며 그를 매섭게 비난했다.

하지만 가톨릭교인에 대한 그래함의 개방성은 예상보다 더 컸다. 대다수의 복음주의자들과 달리, 그래함은 가톨릭도 종교의 자유라는 토대 위에서 하나의 종교로 성장해 나가도록 완전한 권리를 누려야 한다고 주장했다. 그는 심지어 해리 트루먼 대통령이 마크 클라크 장군General Mark Clark을 바티칸 교황청- 엄밀히 보면 주권 국가라 할 수 있는 -에 대사로 보내겠다는 의사를 내비칠 때 그에 대해 반대하지 않겠다고 약속하면서 가톨릭에 대해 그어진 선을 애써 외면하기도 했다. 하지만 공교롭게도 미 의회는 트루먼 대통령의 계획을 좌절시켰고, 이 계획은 1984년에 이르러서야 로널드 레이건 대통령에 의해 실현되었다. 이토록 실행이 지연되었다는 점에서 문화적으로 잔존하고 있던 가톨릭에 대한 개신교인들의 두려움이 몹시 컸다는 사실을 추측할 수 있으며, 그래함의 개방성이 당시에 얼마나 흔치 않았는지도 알 수 있다.

하지만 개방적이었던 그래함에게도 한계는 존재했다. 당시 거의 모든 복음주의자들과 비신자인 미국인들이 그러했듯, 그래함 역시 가톨릭교인이 백악관에 입성하는 것에 극도로 회의적이었다. 이것은 헌법에 명시된 예배할 수 있는 권한을 행사하는 것과는 완전히 다른 사안이었다. 만일 바티칸과 미국 사이에 이해 충돌이 발생한다면 어떻게 되겠는가? 충실한 가톨릭교인인 대통령이 누구의 편을 들겠는가? 가톨릭교인들이 군건하고 강력한 연대의식을 갖고 투표권을 행사하면 어떻게 된단 말인가? 이러한 우려는 닉슨 대통령과 가톨릭교인인 케네디가 맞붙었던 1960년 대통령 선거에서 그 정점에 이르렀다.

1960년 8월, 약 25명의 복음주의 지도자들과 그래함은 스위스 몽트뢰의 한 저택에서 회동했다. 당시 모임의 참석자들 가운데 대표적인 복음주의 지성인이었던 칼 헨리, 가톨릭에 적극적으로 맞서 싸웠던 헤럴드 존 오켕가와 넬슨 벨, 맨해튼 중심가에 위치한 마블컬리지에이트교회Marble Collegiate Church[편주- 1628년에 설립된 교회로서 북미에서 가장 오래된 개신교회 중 하나]의 목회자이자 미국 역사상 가장 많이 팔린 종교 서적들 중 하나로 꼽히는 『적극적 사고방식』의 저자 노먼 빈센트 필Norman Vincent Peale이 포함되어 있었다. 사실 필은 엄밀하게 따지면 복음주의자라기보다는 복음주의 운동에 일정 부분 공감하고 있던 인물에 가까웠다. 하지만 이번 사안에 있어서는 그 역시 모임에 잘 어울려 보이는 듯했다.

당시 이 모임의 초기 목적이 무엇이었느냐는 꽤나 답하기 어려운 질문이다. 유럽 복음화 전략을 논의하던 자리였을까? 가톨릭신자인 케네디의 당선을 막기 위한 모임이었을까? 아니면 둘 모두를 논의했을까? 이에 대한 증거는 희박할뿐더러 일관되지도 않다. 하지만 케네디의 당선을 막는 일이 머지않아 그 모임의 가장 중요한 목표가 된다는 사실은 누구도 부인할 수 없었다.

9월 초, 이들은 제1차 국가 조찬기도회가 열렸던 워싱턴 D.C. 메이플라워 호텔에서 다시 만났다. 이번 모임에는 '종교 자유를 위한 시민들'Citizens for Religious Freedom이라는 단체도 초대되었는데 이 단체는 반反가톨릭 단체로 전미 복음주의 협회와 관련이 깊었다. 목적은 너무도 분명해졌다. 바로 케네디의 당선을 막는 것이었다.

이번 모임에는 37개 교단 대표자 약 150명이 함께 회의에 참석했고, 방문자들이나 (어떻게 해서든 슬쩍 참석한 2명을 제외한) 다른 기자들은 모두 배제되었다. 그래함은 루스와 유럽에서 휴가를 보내고 있었기 때문에 그 모임에 참석하진 않았다. 하지만 그가 그 모임을 계획하고, 노먼 빈센트 필을 그 모임에 참석하도록 하는 데-아마도 주요한 -영향을 끼친 것은 분명했다.

그곳에 모인 이들은 이전 모임에서 작성했던 문서에 관해 논의했다. 이 문서에는 가톨릭 대통령이 백악관에 입성하게 될 때 발생할 위험들이 상세히 열거되어 있었다. 이들은 닉슨을 명시적으로 지지하는 것은 아니며 가톨릭교인의 자유로운 예배 권리에 대해서는 동의한다는 점을 분명히 했다. 하지만 정교 분리의 원칙을 따르지 않는다고 알려진 가톨릭교인들이 미국 민주주의에 끼칠 위험성을 강력하게 피력하고 있었다. 이 문서의 주요 작성자는 오켕가였지만 회의 참석자들은 대중적으로 더 유명했던 필에게 그들의 성명서를 밖에서 대기하고 있는 기자들에게 발표하는 주된 책무를 맡겼다.

필은 그의 인생에서 가장 괴로운 시련 가운데 하나로 기억될 순간을 마주했다. 필이 주장한 바, 메이플라워 호텔에서의 논의는 가톨릭교인들이 가하는 정치적 위협에만 적용되는 것이었다. 하지만 수많은 언론과 미국인들은 이들의 성명을 가톨릭 전체에 대한 전면 비난으로 받아들였다. 그 결과 메이플라워 호텔에 모였던 이들을 향해, 특히 성명서를 발표했던 필을 향해 비난이 비 오듯 쏟아졌다. 이 사건으로 큰 상처를 입은 필은 사과했고 그 일에 대해 직접 해명하려 했으며, 수락되지는 않았으나 자신이 섬기던 교회에

사의를 표명하기도 했고 한동안 우울증에 시달리기도 했다. 훗날 그는 한탄하며 이렇게 말했다. "그들이 저를 속인 건 아니었습니다. … 그냥 제가 어리석었던 거죠."

이러한 상황 속에서 그래함은 필을 변호하지 않았다. 필 자신은 결코 공개적으로 그래함이 자신을 버렸다고 말하지 않았다. 하지만 많은 사람들은 왜 그래함이 필을 변호하려 하지 않았는지 의아해했다. 가톨릭의 백악관 입성을 위험하게 바라봤던 그들의 공통된 입장과 두 사람이 오래도록 유지해 온 우정에도 불구하고 말이다.

하지만 그것은 분명 그가 지금까지 우리에게 일관되게 보여 주었던 행동 패턴과 일치한다. 우선, 그래함은 대중에게 편견이 강한 사람으로 비춰지는 것을 두려워했다. 더욱이 몇몇 조언자들이 그래함에게 그 일에 관여하지 말 것을 강력히 권고했다. 까딱하면 가톨릭 국가에서 전도 대회를 개최할 기회들을 잃게 될 수도 있었기 때문이다. 그리고 마지막으로 공개적인 대립 구도는 결코 그의 방식에 맞지 않았다.

이 이야기는 여러 모순들로 가득했다. 그래함과 필은 미국 시민사회에 가톨릭이 기여한 것들을 가치 있게 평가했지만, 가톨릭 신자가 대통령 혹은 국가의 고위공무원직을 차지하는 것은 두려워했다. 두 사람 모두 각자 사역에서 큰 성공을 거두었고 그들의 말 한마디가 지닌 영향력은 어마어마했다. 하지만 그만큼 대중에게 비난받는다는 것이 어떤 느낌인지 뼈저리게 알고 있었다. 다양한 사

람들에게 회자되었던 "사도 바울(Apostle Paul)은 멋진 사람(appealing),
그러나 사도 필(Apostle Peale)은 형편없는 사람(appalling)"이라는 글귀
는 분명 듣기 고통스러운 비판이었으리라.[68]

게다가 모순은 그래함과 필 사이에도 존재했다. 1965년 그래
함이 자신의 베스트셀러 『불타는 세계』World Aflame 1부를 필에게 전
해 주었을 때, 그 책의 내지 앞면에는 이러한 따뜻한 표현들이 적
혀 있었다. "노먼 빈센트 필에게⋯ 정말 사랑하는 나의 친구— 너
와 너의 사역 그리고 너와의 우정으로 인해 하나님께 얼마나 감사
드리는지 —빌리가⋯ 빌립보서 1장 6절."[69]

그러나 한편으로 두 사람은 서로에 대해 어느 정도 응어리
를 가지고 있었으며, 이후 이러한 감정을 넌지시 내비쳤다. 먼저 필
은 워터게이트 사건이 논란이 되던 시기에 사적인 편지에서 그래함
의 행동을 강하게 비난했다. 둘 모두와 각별한 친구였던 닉슨과의
의리를 그래함이 저버렸다고 생각했기 때문이다. 또한 필은 1984년
발간된 자서전 『적극적인 삶의 참 기쁨』The True Joy of Positive Living에
서— 비록 그래함을 언급하지는 않았지만 —닉슨 대통령의 낭패를
옹호하는 발언을 반복했다. 그래함의 경우, 1997년 자서전에서 필
에 대한 짧은 언급과 함께 '본의 아니게' 필을 메이플라워 호텔 회

68_ 이 문구는 대체로 애들레이 스티븐슨 상원위원이나 신학자 라인홀드 니부어, 혹
   은 풀턴 쉰 또는 '익명의 인물'의 말로 여겨졌다.

69_ "너희 안에서 착한 일을 시작하신 이가 그리스도 예수의 날까지 이루실 줄을 우
   리는 확신하노라."

의에 참석하도록 권했던 일에 대한 성급한 사과를 남겼다.

멀리서 보면 두 거물급 인사의 우정은 분명 존재했던 것 같지만, 가톨릭교인의 공적 지위가 엮인 논쟁의 폭풍 앞에서 그 우정은 취약하기 그지없었다.

케네디 vs 닉슨

1960년 그래함의 삶을 보여 주는 두 번째 이야기는 이상하리만큼 각별했던 닉슨과의 우정에 대한 것이다. 그들의 우정은 닉슨이 캘리포니아주 초선 상원의원이었던 1952년 미 상원의사당 식당에서 두 사람이 처음 만나면서부터 약 10년이라는 세월 동안 계속해서 돈독해져 갔다.

그들의 관계는 두 가지 토대 위에 세워져 있었다. 첫 번째 토대는 일반적인 의미의 우정이었다. 그들은 100번 이상 함께 골프를 쳤고, 그들의 우정이 서로에게 도움이 된다고 생각했다. 아마도 닉슨이 먼저 그리 생각했을 테지만 말이다. 부부인 빌리와 루스 그래함 그리고 리처드와 팻 닉슨은 모두 친구 관계가 되었다.

물론, 유독 친밀했던 그들의 우정을 '유익'이라는 단순한 이유 하나만으로 쉽게 설명할 수는 없다. 왜냐하면 그 두 사람은 성격이 완전히 달랐기 때문이다. 일대일의 상황에서 닉슨은 내성적이었고 쉽게 어색함을 느끼는 사람이었다. 하지만 그래함은 늘 외향적이고, 낸시 깁스와 마이클 더피 기자의 표현처럼 '아주 매력적인' 인물이었다. 하지만 이러한 차이점은 어째서인지 그들의 관계에 마이너스로 작용하기보다 플러스로 작용했다.

또 다른 관계의 토대는 넓은 의미에서 유사했던 그들의 정치적 성향이었다. 한마디로 두 사람 모두 중도 우파적 정치 성향을 가지고 있었다. 앞서 살펴보았던 것처럼, 그래함은 평생을 민주당 등록 당원으로 남아 있었지만 실제 그의 정치 성향은 대체로 중도 우파에 가까웠다. 혹은 머레이 캠프턴 기자의 인상적인 표현처럼 그래함은 '공화당 지지자처럼 하나님께 기도'했던 인물이었다.

한편, 좁은 의미에서도 두 사람은 여러 정치적 유사점을 지니고 있었다. 그래함과 닉슨은 모두 초기에 반공주의를 강력히 표방했지만, 점차 온화한 입장들을 수용했다. 그들은 법과 질서를 신봉했고 적법성을 매우 중요한 가치로 생각했다. 그래함은 닉슨의 지혜와 국제정세에 대한 그의 판단을 존경하며 언젠가 그를 윈스턴 처칠에 비견하기도 했다. 이러한 점들을 고려해 볼 때, 닉슨과 케네디가 대통령직을 놓고 선거에서 맞붙었을 당시 그래함이 닉슨을 지지했다는 사실은 그리 놀랍지 않다. 오히려 정말 놀라운 사실은 그가 닉슨을 지지하는 모습을 최대한 자제했다는 것이었다.

그 기저에는 파악하기 쉽지 않은 요인들이 여럿 존재하지만, 그래도 대략적인 흐름을 톺아볼 순 있다. 1960년 8월, 그래함은 사석에서 케네디에게 자신은 닉슨에게 투표할 것이라고 말했다. 하지만 케네디가 당선되더라도 자신은 전심으로 그를 지지할 것이고, 그의 뒤에서 미국인들이 하나 될 수 있도록 노력할 것이라고 약속했다. 또한 케네디의 가톨릭 신앙을 선거 운동에서 거론하지 않겠노라고 밝혔다.

어떤 의미에서 그래함은 자신의 약속을 지켰다. 그는 공개석상에서 케네디의 가톨릭 신앙에 관해 어떤 말도 하지 않았다. 또한 닉슨에게도 그의 신앙을 문제 삼지 말라고 조언했는데, 그로 인해 그가 오히려 역풍을 맞을까 염려한 까닭이었다. 이러한 염려에는 가톨릭교인으로서 케네디에게 투표하는 사람들의 수가 개신교인이라는 까닭으로 닉슨에게 투표하는 사람들의 수보다 훨씬 많을 것이라는 판단이 깔려 있었다.

하지만 그래함은 200만 명에 달하는 자신의 우편 수신인들이 누구를 뽑을지 확신하며 그들에게 투표 독려 편지를 보냈다. 또한 그래함은 만일 닉슨이 자신의 고향인 노스캐롤라이나에서 함께 시간을 보내는 모습을 보인다면, 닉슨의 개신교 정체성을 대중에게 분명히 알리는 데 도움이 될 것이라는 이야기를 닉슨 측에 사적으로 전했다. 즉 그래함은 공개적으로는 초당적 입장을 유지하면서도 은연중에 종교를 도구로 활용해 닉슨이 당선될 수 있도록 활동하는 이중적인 모습을 보였다. 이러한 측면에서 보면 그래함은 케네디와의 약속을 어기고 있었다.

1960년 대통령 선거 운동이 한창 진행되면서 닉슨에 대한 그래함의 존경심은 계속해서 커져만 갔다. 그러던 10월, 그래함은 공개적으로 선거에 관여하는 행동을 하고 만다. 《라이프》의 기고문에서 닉슨이 케네디보다 대통령 후보로서 더 나은 자질을 가지고 있다고 주장하며 사실상 지지 의사를 표명한 것이었다. 하지만 잡지가 인쇄되기 몇 시간을 앞두고 《라이프》 편집자였던 헨리 R. 루스Henry R. Luce가 중간에 개입했다. 케네디의 아버지 조셉 케네디가 글의 내용을 알아채고, 해당 내용을 빼 달라고 루스에게 요청했기 때문이다. 또한 루스는 그래함이 초당적 입장을 유지한다는 원칙, 다시 말해 적어도 너무 노골적으로 특정 당파를 지지하지 않는다는 스스로의 원칙을 어긴다면 그래함 자신도 돌이킬 수 없는 타격을 입게 될 것이라 확신했다.

결국 그래함은 재빨리 단순한 투표 독려의 메시지가 담긴 다른 글을 작성했고, 헨리 루스는 그것으로 기사를 교체해 발행했다. 그래함과 루스는 이를 다행으로 여겼다. 그래함이 후에 인정했듯이, 그는 사역 내내 이런 한밤중에 들려오는 종소리 같은 도움을 여러 차례 받았다며 그 종을 울려 준 루스에게 감사했다.

선거가 끝나고 그래함은 당선된 젊은 케네디 대통령에게 따뜻한 축하 인사를 보냈다. 그 축하는 진심으로 보였다. 그래함과 케네디는 모두 각자의 방식으로 활동한 정치인들이었다. 하지만 노련한 정치인 출신이었던 케네디의 아버지는 그래함을 계속 경계했고, 이에 두 사람이 함께 사진을 찍을 수 있는 자리를 바로 마련했다. 대통령 취임식이 있기 4일 전, 사진작가들은 플로리다 팜비치에 있는 세미놀 골프클럽에서 케네디의 하얀 링컨 컨버터블 자동차에 함께 앉아 있는 그래함의 모습을 사진에 담았다. 케네디가 직접 운전을 했고, 그래함은 조수석에 앉아 있었다. 그 둘은 사진작가들이 있는 곳을 지나갈 때 카메라를 바라보며 환한 웃음을 지었다.

그래함에 따르면, 케네디는 클럽하우스로 향하는 길목에 차를 세워 놓고 그에게 그리스도의 재림을 믿느냐고 물어보며, 자신이 다니는 교회는 재림에 대한 설교를 많이 하지 않는다고 말했다. 이에 그래함은 재림에 관한 자신의 생각들을 케네디에게 이야기해 주었다. 그의 입장을 '매우 흥미롭게' 생각한 케네디는 그 이야기를 더 논의하기 위해 훗날 그래함을 다시 초대하기도 했다.

두 사람 중 누구도 만남의 목적이 무엇이었는지 자세히 설명하지 않았다. 하지만 사실 그럴 필요가 없기도 했다. 왜냐하면 누가 보아도 확실한 두 가지 목적이 존재했기 때문이다. 첫 번째 목적은 개신교인들, 그중에서도 복음주의 개신교인들에게 최초의 가톨릭교인 대통령을 염려할 이유가 전혀 없음을 확인시켜 주기 위함이었다.

지금이야 다르지만 그 당시 가톨릭 대통령의 당선은 무척이나 큰 사건이었다. 수많은 일화가 증거로 제시되듯, 그래함의 지지자들을 포함해 당대 미국인들은 소련의 수상이었던 니키타 흐루쇼프가 교황 요한 23세와 공모하여 이른바 사회주의적 성향을 지닌 가톨릭교인 케네디가 정권을 잡도록 도와주었다고 생각했다. 하지만 그래함이 케네디를 신뢰한다는 사실은 불안함을 잠식시켜 주는 메시지가 되었다.

두 번째 목적 또한 분명했다. 케네디와의 드라이브는 단연코 세계에서 가장 큰 교세를 자랑하는 가톨릭, 그중에서도 미국 가톨릭교인들로부터 그래함의 사역을 승인받는 행위와 같았다. 매력적이고 젊은 차기 가톨릭 대통령이 그래함에게 보인 신뢰 역시 그에게 중요했던 것이다.

케네디가 대통령에 취임했을 당시, 두 사람의 관계는 다정하나 가깝지는 않았다고 설명될 수 있을 것이다. 백악관 직원에 따르면, 케네디는 그래함에게 원한이 있다고 말했다고 한다. 반면 그래함에 따르면, 케네디는 그래함이야말로 자신이 신뢰할 수 있는 유일한 성직자라고 말했다고 한다. 상반된 발언이지만 충분히 공존할 수 있을 법한 상황들이다.

또한 그래함은 케네디가 취임하기 전에 그와 함께 골프를 치던 때를 이야기한 바 있다. 그래함이 공을 멀리 치지 못하고 결국 더블 보기[역주- 골프 용어로, 한 홀의 타수가 규정 타수보다 2타 많은 것]로 경기를 마쳤을 때, 케네디는 그에게 이보다는 더 골프를 잘 칠 줄 알았다며 농담을 던졌다. 이에 그래함은 "그러게요, 대통령 당선자와 치는 게 아니라면 대체로 이것보단 잘 칩니다"라고 답했다. 케네디가 취임한 지 몇 달 지났을 때, 그래함은 닉슨에게 보낸 편지에서 '희생과 헌신'에 관한 케네디의 취임 연설을 칭찬했다.

1963년 11월 22일 금요일 정오가 채 얼마 지나지 않았을 때, 케네디는 텍사스주 댈러스에서 암살당했다. 그는 텍사스의 여러 도시에서 열릴 정치 집회들에 참석하기 위해 사건 발생 전날인 11월 21일

목요일에 워싱턴을 떠났다. 그래함은 자신의 1997년 자서전에서 그 전날이었던 수요일 저녁, 자신이 케네디에게 가까스로 전화를 걸어 그곳에 가지 말 것을 강력히 조언했다고 밝혔다. 그래함은 전화를 걸지 말라는 성령의 권고하심을 따르지 않고 그에게 전화를 걸었던 것이라고 느꼈다. 하지만 그 [권고를 따르지 않으면서까지 굳이 전화를 걸었던] 이유는 결코 설명하지 않았다.

린든 존슨(LBJ)

린든 존슨Lyndon B. Johnson- 일명 'LBJ' -대통령은 그래함의 사역 동반자였던 베브 셰이, 클리프 버로우즈 다음으로 그래함과 가장 가까웠던 친구라고 할 만큼 그에게 각별한 인물이었다.

존슨은 10대 무렵 텍사스 동부지역의 제자회Disciples of Christ 교 단 소속 교회의 부흥 집회에서 세례를 받았다. 그의 증조부는 텍 사스에서 잘 알려진 침례교 설교자였고, 버드 존슨Bird Johnson 영부 인은 미국 성공회교인이었다. 존슨은 아내와 함께 예배에 자주 참 석했으며, 때로는 가톨릭을 포함한 다른 교단의 교회에서 예배를 드리기도 했다. 이렇듯 존슨은 그래함만큼이나 넓은 신앙적 포용 성을 지닌 인물이었다.

그래함의 자서전 그리고 존슨과 주고받은 서신은 둘의 우정에 관한 여러 흥미로운 이야기들을 들려준다. (다른 두 명의 친구들과 더 불어) 백악관 수영장에서 알몸으로 수영한 이야기, 존슨의 컨버터블 자동차를 타고 함께 드라이브한 이야기, 백악관 대통령 침실에서 존슨의 침대를 옆에 두고 무릎 꿇어 함께 기도한 이야기 그리고 죽음을 앞두고 있는 존슨과 성경에 대해, 그리고 그의 영적인 상태에 대해 대화를 나누었던 이야기 등 그 내용은 다양하다.

한편, 존슨과 그래함의 아내인 버드 존슨 영부인과 루스 벨 그래함도 각별한 우정을 나누었다. 10일간 약 40만 명이 참석하는 기록을 세운 1965년 휴스턴 전도 대회의 폐막 예배에 존슨 대통령과 영부인이 함께 참석했고, 그래함은 대통령 내외를 '개인적으로 각별하게 생각하는 친구들'이라고 소개했다. 예상치 못했던 이 사건은 그 당시 보기보다 더 특별한 의미를 내포하고 있었다. 미국의 현역 대통령이 그래함 전도 대회를 방문했던 첫 번째 순간이었을 뿐 아니라, 그래함 자신이 그들을 직접 소개하며 참석자들의 이목을 그들에게 집중시킨 첫 번째 순간이었기 때문이다.

대통령이던 존슨이 그래함과 주고받던 편지들 안에는 어떤 실리를 얻기 위한 우정이라고는 설명할 수 없을 정도로 깊은 애정이 담겨 있었다. 편지에서 그래함은 미국 대통령을 지칭하는 유서 깊은 관례적 표현이었던 '대통령 각하'를 사용했지만, 존슨은 그래함을 '빌리'라고 지칭했고 그들은 대체로 '빌리로부터' 또는 'lbj로부터'라는 표현으로 편지를 마무리했다.

둘 사이의 깊은 우정을 보여 주는 또 다른 확실한 증거는 존슨이 대통령직에서 물러난 이후 그래함에게 보낸 편지들의 내용이다. 전임 대통령이 된 존슨은 그래함과의 우정이 자신에게 얼마나 중요했는가를 편지에서 이렇게 밝혔다. "자네가 나의 부담을 덜어내는 데 얼마나 큰 도움을 주었는지, 혹은 자네가 우리 가정에 베풀어 준 온정이 얼마나 컸는지 그 누구도 충분히 알지 못할 걸세. … 백악관에서 외로웠던 순간들을 회고할 때면, 자네의 기도와 우정이 시련의 순간 속에서도 내가 대통령의 책무를 계속 감당할 수 있도록 도와주었다는 걸 발견한다네." 그리고 이는 그래함도 마찬가지였다. 1968년에 닉슨이 대통령에 취임한 이후, 그래함은 린든에게 다음과 같이 편지를 써 보냈다. "늘 자네를 사랑하고, 자네에게 감사하며, 자네를 자주 봤으면 하는 한 노스캐롤라이나 시골 출신 침례교 설교자가 있다는 사실을 기억해 주길 바라네."

1973년 겨울, 존슨은 인생의 마지막 순간이 가까워졌음을 느꼈다. 그는 이미 심장마비로 생사를 오간 적이 있었다. 대부분이 그러하듯 존슨도 죽음을 두려워했지만 그의 두려움은 몇 배로 컸던 모양이다. 세속적이고 거칠며 바람둥이 기질로 유명했던 전직 대통령이 자신은 구원받았는지, 천국에 들어간다는 확신을 어떻게 얻을 수 있는지 그래함에게 물은 것은 어찌 보면 자연스러웠다.

존슨은 자신의 장례식 설교를 그래함에게 부탁했다. 존슨이 64세의 이른 나이로 생을 마감한 1973년 1월 22일, 그래함은 평이했지만 존슨을 향한 마음이 고스란히 담긴 아름다운 장례식 설교를 전했다. 생전에 존슨은 장례식 설교에서 그가 '성취하고자 노력했던 일들'에 대해 이야기해 줄 것을 부탁했고, 그래함은 그의 부탁을 따랐다.

설교에서 그래함은 존슨을 '역사를 만든 인물'이라고 평했다. "존슨에게 위대한 사회는 허황된 꿈이 아니라, 실현가능한 희망이었습니다. 그에게 가장 소중한 직무는 위대한 미국의 부와 지식을 가난한 자들의 어려움을 돕는 데 쓰이도록 한 것이었습니다." 그래함은 존슨이 원치 않던 전쟁과 마주해야만 했던 것은 그의 달갑지 않은 숙명이었다고 말했다.

그래함은 케네디가 암살당했을 당시 존슨이 그를 위해 사용했던 표현으로 장례식 설교를 마무리했다. "위대한 지도자는 죽었습니다. 하지만 위대한 국가는 앞으로 나아가야만 합니다. 어제는 우리가 되돌릴 수 없지만, 내일의 승패는 우리 손에 달렸습니다." 마치 약속받은 땅을 바라볼 순 있었지만 그 땅에 들어가는 일은 허락되지 않았던 모세처럼, 존슨은 그가 그토록 염원했던 평화를 직접 목도할 수 있을 정도로 충분히 오래 살지는 못했다.

언뜻 보면, 성정이 전혀 달랐던 그래함과 존슨의 우애는 희한해 보인다. 그래함의 사려 깊은 완곡한 표현을 빌려 말하자면 존슨 대통령은 '거친' 인물이었다. 그는 만약 거짓말이 대의를 이루는 데 도움이 된다면, 대중에게 거짓말도 서슴지 않을 인물이었다. 반면, 그래함은 전혀 그러지 못했다. 그럼에도 그들의 우정이 유지될 뿐 아니라, 더 깊어진 이유가 무엇일까?

어느 우정이든, 그 내밀한 속사정까지 파악하려는 시도에는 위험이 따른다. 하지만 우리는 알려진 정보들에 근거해 이를 추측해 볼 순 있다. 낸시 깁스와 마이클 더피 기자는 사실 그래함과 존슨이 중요한 공통점들을 지니고 있었다고 통찰력 있게 지적했다. 우선 두 사람 모두 남부 시골의 작은 동네에서 태어나고 성장했다. 학문적이거나 고등 교육을 받은 사람들도 아니었지만, 야망과 열심 그리고 불굴의 의지로 그들은 각자의 영역에서 최고의 위치에 올랐다.

그 외에도 그들은 확고한 직업윤리를 가지고 거대한 기관들을 성공적으로 이끌었는데, 그것은 특히나 그들의 소명을 가족보다도 우선시했기에 가능했다. 더욱이 둘은 사람들을 설득하는 데 아주 능한 인물들이었다. 차이가 있다면 존슨은 강압적일지라도 동료들을 설득시키는 인물이었고, 그래함은 악수와 편안한 웃음 그리고 사람의 이름에 대한 탁월한 기억력으로 설득하는 인물이었다. 무엇보다 두 사람 모두 골프를 무척 좋아했다.

그들의 배경과 행동의 유사함 외에도 이 희한하지만 각별했던 우정이 지속될 수 있었던 또 다른 요인들이 있었다. 그들은 많은 정치적 이슈들에 관한 생각이 같았다. 그래함은 자신이 존슨과 정치 혹은 군사 전략에 관해 이야기한 적이 거의 없다고 말했지만, 그들이 함께 보낸 시간들을 고려하면 그 주장은 믿기 힘들다. 예를 들어 우리는 그래함이 자신의 좋은 친구였던 휴버트 험프리 상원의원을 존슨과 함께 대선에 나갈 부통령 후보로 강권했다는 사실을 알고 있다.

더욱 중요한 사실은 그래함과 존슨이 당대의 커다란 사회 현안 세 가지에 대해 대체로 의견을 같이했다는 점이다. 그들은 모두 빈곤, 인종차별, 공산주의의 공격에 대비할 연방정부의 대대적인 조치가 필요하며, 각 현안의 해결을 위해서는 세밀한 준비와 전례 없는 수준의 예산, 마지막으로 연방 차원의 지속적인 노력이 필요했다고 생각했다.

그리고 이 세 현안에 대한 노력은 두 사람의 주요한 사회적 유산이었다. 빈곤 퇴치과 시민 평등권을 위한 운동은 존슨에게 긍정적으로- 실행 방식이 언제나 훌륭했던 것은 아니었지만 그 노력은 모든 측면에서 전반적으로 괜찮았다 -작용했다. 그러나 베트남전쟁은 존슨에게 엄청난 타격을 주었고 회복하기 어려울 만큼 그의 이미지를 손상시켰다.

그래함의 유산은 주로 복음전도를 위한 그의 노력에 있었지, 정치에 있지 않았다. 그렇지만 닉슨이 대통령에 취임하기 전부터 그래함은 앞서 언급한 세 현안에 대해 정치적 영향력을 발휘했고 그 여정에는 대체로 그의 강압적이었던 남부 출신 친구 존슨이 함께 했다. 그리고 그래함의 이러한 노력들은 각기 다른 평가를 받았다. 즉 빈곤 퇴치 운동에 대해선 긍정적인 평가를, 시민권 투쟁의 공헌에 대해서는 엇갈린 평가를 그리고 베트남전쟁에서 그의 역할에 대해서는 부정적인 평가를 받았다.

인종 평등

1950년대 말부터 1960년대까지 그래함은 인종 평등에 관해 한층 성숙해진 모습을 보여 주었다. 하지만 그의 모습은 일관되지 않고 때로는 정반대의 모습을 보이기도 했다.

1958년 10월, 테네시주 동부도시인 클린턴에 자리한 공립 고등학교에서 폭탄이 터졌다. 이 고등학교는 최근 인종 통합 학교로 전환된 곳이었다. 사건이 발생하자, 드루 피어슨 기자는 학교 재건을 위한 모금 운동을 시작했다. 그리고 그와 테네시주 상원의원 에스테스 케포버는 그래함에게 동참해 줄 것을 요청했다.

클린턴의 백인 시민 위원회는 이를 강하게 반대했고, 이 과정에서 그래함은 그들에게 살해 위협을 받기도 했다. 그럼에도 그래함은 피어슨과 케포버의 제안을 수락했다. 그는 도시를 방문해 여러 모임들을 개최했을 뿐 아니라, '편견 폭탄에 대항하는 미국인들'Americans against Bombs of Bigotry이라는 단체의 집행위원으로 섬기기도 했다.

이듬해 1959년 9월, 그래함은 아칸소주 리틀록에서 전도 대회를 개최했다. 또다시 그래함은 백인 시민 위원회와 KKK[역주- Ku Klux Klan의 약자. 백인 우월주의를 표방하는 미국 극우 비밀결사 단체]로부터 거센 저항을 받았다. 하지만 그래함은 인종이 통합된 전도 대회를 연다는 조건을 달고 그 지역으로 향했고, 위험을 감수한 그의 고집은 아무런 사고 없이 각기 다른 인종들이 함께 앉아 예배를 드리는 결실을 맺었다.

당시 아칸소주에 호프라는 작은 도시에 살고 있던 13살 소년 빌 클린턴Bill Clinton은 주일학교 친구들과 함께 리틀록 전도 대회에 참석하기 위해 용돈을 모았다. 그래함은 클린턴이 참석한 저녁 집회에서 인종 문제에 관한 직접적인 메시지를 전하진 않았다. 하지만 어린 빌 클린턴은 그날의 집회 현장 자체가 지닌 의미를 분명히 알아챌 수 있었다. 수천 명에 달하는 흑인과 백인들이 대중 집회에서 차분하게 한데 어울려 앉아 있는 광경은 아칸소주 역사상 처음 있는 일이었기 때문이다.

1960년, 그래함은 그의 사역 인생에서 가장 영향력이 컸던 글들 중 하나를 기고했다. 그 글은 1,200만 부라는 발행 부수를 자랑하고, 특히나 백인 중산층이 많이 구독하고 있던 월간 잡지 《리더스 다이제스트》에 실렸다. 글에서 그래함은 한 문구를 반복적으로 언급했는데, 그것은 "주일 아침 11시는 여전히 일주일 가운데 인종 분리가 가장 많이 발생하는 시간이다"라는 문구였다. 이 문구는 대체로 마틴 루터 킹이 즐겨 쓴 표현으로 알려져 있지만, 그래함이 그 문구를 언급했던 무렵에는 이미 널리 통용되고 있었다.

반면 1950년대 후반의 그래함은 지금까지 살펴보았던 모습과 정반대로 행동했다. 1958년 7월, 그래함은 텍사스 주지사 프라이스 다니엘에게 샌안토니오 전도 대회에 들러 청중들에게 인사말을 전해 달라고 요청했다. 그래함이 주지사나 대도시의 시장에게 전도 대회의 인사말을 부탁하는 것은 흔히 있는 일이었다. 그러나 다니엘이 인종 분리 정책을 강력히 지지하는 인물이었다는 점이 문제를 일으켰다.

물론 그 당시 인종 분리를 지지하는 사람은 많았지만, 대부분 사적으로 내세울 뿐이었다. 그런데 다니엘은 이를 공개적으로 표명했다. 더욱이, 그가 인사말을 전하기로 계획된 날은 텍사스 주지사 후보를 선정하기 위해 민주당 내 예비 선거를 치루기 전날 저녁이었다. 텍사스의 예비 선거는 사실상 본 선거나 다름없던 시절이다. 그러니 다니엘을 전도 대회에 초대한다는 것은 그래함이 그를 당파적으로 지지하고 있다는 인상을 주었다.

지역 내의 아프리카계 미국인 목회자들은 그래함의 결정에 격분했다. 그들은 루터 킹 목사를 찾아가 그래함이 그 결정을 철회하도록 설득해 달라고 부탁했다. 하지만 킹의 노력은 실패했고, 다니엘은 예정대로 그래함 전도 대회에서 인사말을 전했다. 그래함이 이 일련의 상황에 대해 해명한 적은 없다. 그는 다만 인종 분리에 대한 자신의 입장을 모든 사람들이 이미 알고 있지 않느냐고 이야기할 뿐이었다.

그래함이 댈러스에 자리한 제일침례교회의 등록 교인이었다는 사실은 이러한 상황에 아무런 도움이 되지 않았다. 그 교회에서 실제로 예배를 드린 적은 거의 없었지만, 그래함은 1953년부터 2008년까지 총 54년 동안 댈러스 제일침례교회에 등록되어 있었다. 그는 그 교회를 남침례교의 '대표적' 교회라고 생각했다.

하지만 그 교회에서 사역했던 유명 목회자 W. A. 크리스웰W. A. Criswell은 1954년에 있었던 '브라운 대對 토피카 교육위원회 재판'에서 공립학교의 인종 분리 정책을 금지한다는 판결을 내린 미국 대법원을 공개적으로 비판하고, 그러한 입장을 1968년까지 고수했던 인물이다. 1968년은 크리스웰이 남침례교 총회장이 되던 해였는데, 그때가 되어서야 그는 자신의 과거 발언에 대해 회개하고 이를 철회했다. 크리스웰이 인종 분리를 지지했던 기간 동안 그래함은 자신과 크리스웰은 인종 문제에 대한 견해가 다르다고 반복적으로 이야기했다. 하지만 일부 사람들은 그러한 차이에도 불구하고 왜 그래함이 계속해서 크리스웰이 담임하던 교회를 다녔는지 의아해했다.

그러나 1958년 가을, 그래함은 다시금 인종 문제에 관해 성숙한 모습을 보여 주는 듯했다. 그해 9월 샬럿에서 열린 전도 대회에서 준비 위원회는 백인 결신자에게 흑인 상담 요원를 붙여 주었다. 그다음 전도 대회는 사우스캐롤라이나의 주도州都였던 컬럼비아에서 10월에 열리기로 계획되어 있었다. 장소는 주요 정부 기관의 인근이었다. 하지만 당시 사우스캐롤라이나 주지사였던 조지 B. 티머만 주니어가 샬럿 전도 대회의 흑인 상담 요원들에 관한 이야기를 듣게 되었고, 티머만은 이내 대회 장소의 사용 허가를 철회하였다. 그는 '유명한 인종 분리 지지자'였던 것이다. 그러나 근방에 있던 포트잭슨의 사령관이 그래함에게 부지를 제공해 주었다. 그렇게 개최된 전도 대회에는 6만 명이 참석했고, 이 대회는 사우스캐롤라이나에서 첫 번째로 열린 인종이 통합된 대중 집회로 기록되었다.

그러나 또다시 그래함은 역행했다. 때는 1963년 봄과 여름이었다. 1963년 4월, 마틴 루터 킹은 앨라배마주 버밍햄에서 인종 평등을 주창하는 시위행진을 이끌었다. 그리고 이에 대한 그래함의 반응은 문학적으로나 정치적으로 그의 입장을 가리키는 이정표가 되었다. 시위 직후, 킹은 무허가 시위행진을 이끌었다는 이유로 체포되었고 투옥해 있는 동안 「버밍햄 감옥에서의 편지」라는 역작을 작성하게 된다. 7,000 단어 분량인 이 편지에서 킹은 공공연한 인종 차별주의자였던 보수주의자들보다 인종 평등에 호의적이었던 백인 진보주의자들을 향해 날카로운 비판의 칼날을 겨누었다.

킹은 편지에서 이렇게 말했다. "진보주의자들은 모든 사람들이 인종 통합에 익숙해지기 위해서 점진적인 인종 통합을 추구해야 한다고 주장한다. 반면, 백인 보수주의자들은 이 문제에 어떤 관심도 기울이지 않는다. 그들은 인종 통합을 원하지 않고, 또 그 의사를 대놓고 밝힌다. 그러나 사실 그들보다 진보주의자들이 인종 통합에 더욱 커다란 걸림돌이다. 그들은 아군인 것처럼 보이나,

실상 인종 통합을 위해 제대로 된 노력을 하지 않는다. 그들은 정의실현을 지연시키는 것이 곧 정의 자체를 부정하는 일이라는 사실을 깨닫지 못하고 있다."

하지만 그래함은 킹의 전략들, 특히 그가 편지에서 보인 접근은 오히려 역효과만 낳을 뿐이라고 생각했다. 그래함이 생각하기에 킹의 급진적인 전략은 인종 통합 운동에 힘을 싣고 있던 백인들을 자극해 그들이 운동을 지지하기는커녕 오히려 등을 돌리게 만들 뿐이었다. 그래서 그래함은 킹을 향해서 발언들에 "좀 제동을 걸라"라며 공개적으로 충고하기도 했다.

한편, 킹의 기념비적인 「나에게는 꿈이 있습니다」 연설이 울려 퍼졌던 워싱턴 시위행진은 그로부터 세 달 뒤인 1963년 8월 28일 수요일에 진행되었다. 링컨 기념관 앞 쇼핑몰에는 행진에 참여하고자 25만 명이 운집했다.

그래함은 그 현장에 없었다. 그 시각 그는 로스앤젤레스에서 전도 대회를 인도하고 있었다. 전도 대회 규모의 행사에는 1년 혹은 그 이상의 준비 시간이 들어가기 때문에 시위행진을 위해 전도 대회를 취소하는 것은 현실적인 선택지가 아니었다. 비록 대회 기간 중 하루 이틀 정도는 잠시 사역을 맡겨 두고 시위에 참석하는 것은 가능했을지도 모르지만 말이다. 어찌 되었든 그래함은 워싱턴 시위행진의 규모와 킹의 연설의 파급력, 혹은 그것들이 훗날에 얻게 될 상징적 의미를 예상하지 못했기에 시위에 모습을 드러내지 않았다. 그래함 같은 유명인사가 시위에 참석했다면 의례적으로 강단 위에 앉게 되었을 테니, 끝내 그는 시위에 참여하지 않았다고 보는 게 타당할 것이다. 어떤 이는 그래함이 킹을 지지하면서 강단 위에 앉아 있는 것 자체가 그에게 무척 버거운 일이었을 것이며, 이 것은 킹도 마찬가지였을 것이라고 추측했다.

그래함은 갈수록 대립 전략을 주장하는 킹의 모습을 결코 달 가워하지 않았고, 킹 역시 그래함의 접근 방식이 소심하고 효과적이 지 못하다고 생각했다. 그래함이 외부적으로 킹과의 긍정적인 관계 만 드러내었음에도, 이 두 거인들의 관계는 언제나 불안정해 보였다.

워싱턴 시위행진이 끝난 직후, 그래함은 다음 같은 의견을 피 력했다. "오직 그리스도께서 세상에 다시 오시는 날에야 앨라배마 에 사는 백인 어린이들과 흑인 어린이들이 손잡고 걸을 수 있을 것 입니다." 이러한 생각은 좌절과 희망을 동시에 이야기하는 그래함 의 복음주의 신학과 전적으로 일맥상통했다. 곧 사람이 저지르는 죄는 통제가 불가능하기에 좌절할 수밖에 없고, 이에 대한 궁극적 해결책은 결국 그리스도께 있다는 내용이었다. 하지만 이 발언은 그래함이 한창 혈기왕성하게 사역의 전성기를 지나던 시기에 했던 여타의 즉흥적 발언들과 마찬가지로, 하지 말았어야 했던 부적절 한 발언이었다.

인종 문제에 관한 그래함의 모습은 오래도록 고정되지 않은 채 이리저리 변화했다. 워싱턴 시위행진으로부터 한 달이 지난 1963년 9월, 4명의 KKK 단원이 버밍햄에 위치한 16번가 침례교회에 폭탄 을 터트렸다. 이 교회는 아프리카계 미국인들이 주로 출석하던 교회였고, 이 사고로 흑인 소녀 4명(한 명은 11살, 나머지는 14살이었다)이 목숨을 잃었다. 이러한 상황 속에서 그래함은 1964년 3월 20일, 주일 저녁 버밍햄에서 전도 대회를 개최해 달라는 요청을 받아들였다. 전과 마찬가지로 백인 시민 위원회로부터 살해 협박을 포함해 격렬한 저항을 받으면서도 말이다.

그렇게 전도 대회는 앨라배마 역사상 인종이 완전히 한데 어우러져 진행된 첫 주요 집회로 기록되었다. 전도 대회의 성가대 구성 또한 인종이 완전히 통합되었고, 당시 찍힌 성가대 사진은《뉴욕타임스》의 제1면을 차지했다. 당시 사진들에는 청중 스스로가 다른 인종들과 분리되어 앉은 흔적도 보이지 않았다. 한편, 버밍햄 전도 대회와 관련해 거의 주목받지 못했던 사실은 백인 소유의 지역 사업체들이 이번 인종 통합 예배를 지지했다는 것이다. 그 당시에는 인종 통합 예배를 지지했다는 이유만으로 사업체의 공공기물 파손을 당하거나, 그들 자신이 위협을 받기도 했었다.

정리하자면, 우리가 살펴보고 있는 당시 그래함은 계속해서 변화하는 세계 속에서 자신이 나아가야 할 길을 신중히 고민하고 있었다.

* * *

그런 와중에 그래함과 가까웠던 사람들─ 그가 존경하던 지인들과 사랑했던 가족 구성원들 ─은 인종 문제와 관련된 그래함의 여정을 더욱 복잡하게 만들었다. 그래함의 장인 L. 넬슨 벨은 1966년 「남 장로교 저널」에 기고했던 글에서 법적으로 '강제하는' 인종 통합 을 명백히 반대했고 시민 불복종을 비난했으며 민권 운동에 대항 했다.

그리고 앞서 살펴보았던 것처럼 그래함은 벨에게서 많은 영향 을 받았음을 인정했다. 이러한 영향력은 벨이 받았던 우수한 정 규 교육 그리고 그래함과 달리 신학적으로 반대되는 이들과 논쟁 하는 데 열심이었던 벨의 모습을 떠올리면 그리 놀라운 일은 아니 다.[70] 게다가 그래함은 거의 25년간 자신의 장인장모가 사는 곳에 서 얼마 떨어지지 않은 곳에 살았다. 그들이 저녁 식사를 함께하며 나눴던 대화의 내용들은 알려져 있지 않지만, '식사를 마치고 거실 에 마주 앉아' 나눈 대화의 소재 가운데 인종 문제가 있었을 것이 라는 추측은 합리적인 듯하다. 역사가 앤 블루 윌스Anne Blue Wills 의 말을 빌리자면, 그래함에게 벨은 북극성과 같은 사람이었다. 모 든 사안에 대해 그랬던 것은 아니지만 말이다.

한편, 20세기 중반 복음주의 진영에 가공할 만한 영향을 끼친 칼 F. H. 헨리는 인종차별 행위들을 비판했다. 하지만 그는 대부분 의 평등권 제정 운동은 너무 성급하게 일을 진행하려 한다며 이를 염려했다. 당대의 백인 복음주의 지도자들이 인종 문제에 관해 어

70_ 수년 동안 벨은 그래함의 신학에 문제를 제기했던 이들에게 다소 공격적인 답신 을 작성해 보내는 일을 담당했다. 사람들과 정면으로 대립각을 세우는 일이 그 래함의 방식이 아니었을뿐더러, 자신을 대신해 논쟁하려 드는 장인을 막는 것도 그에게는 쉽지 않았기 때문이다.

느 정도 통일된 입장을 지니고 있었는지에 대한 역사가들의 판단은 각기 다르다. 하지만 그 시대 백인 복음주의 지도자들이 대체로 인종 통합을 지지하기보다는 반대했다는 점에는 의심의 여지가 없다.

물론 이와는 반대 방향으로 그래함을 이끌었던 이들도 있었다. 그들은 그래함과 동역했던 두 명의 복음전도자로, 한 명은 하워드 존스Howard Jones였고 또 다른 한명은 캐나다 출신이자 그래함의 매제이기도 했던 레이튼 포드Leighton Ford였다. 이 둘은 그래함의 안목을 넓혀 준 인물들이었다. 그들은 미국인의 인종차별이 국내외 모두에서 그래함의 복음 사역을 방해하고 있음을 그래함이 깨닫도록, 또한 이를 공개적으로 인정하도록 도왔다.

타인의 내면을 파악하는 일이 불가능할지라도 그래함이 보여준 인종 문제에 관한 그의 몸부림은 그 안에서 선한 양심이 작용했을 것이라는 점을 시사해 준다. 오랜 기간 그래함과 함께 홍보담당자로 일했던 A. 래리 로스의 표현대로, '진실성'(어떤 일을 옳게 만드는 것을 넘어, 옳은 일을 직접 하는 것)이야말로 그래함의 한평생을 함축할 단어였으니 말이다.

그래함의 사회적 위치와 본능적인 보수성, 평화적인 기질 그리고 1960년대를 지나며 그가 경험한 여러 상충되는 압력들을 고려하면 그래함이 10년 혹은 그 이상의 세월이 지나고 나서야 인종 문제에 대해 확고한 입장을 지니게 되는 것은 그다지 이상한 사안이 아니다.

시민 평등권과 질서

1963년 11월 22일, 존 F. 케네디 대통령이 암살범이 쏜 총알에 쓰러지고 부통령이었던 린든 B. 존슨이 대통령직을 이어받았을 때, 진정한 의미에서 1960년대가 시작되었다. 갑작스러운 정권 교체만으로도 예상 가능한 당시의 혼란은 미국이라는 나라의 기반을 뒤흔들었다. 다른 사안들도 혼란스러웠지만, 특히나 인종 문제는 그 모든 사안들에 영향을 미쳤다.

새롭게 취임한 존슨 대통령은 특유의 강압적인 스타일로 지지 부진하던 의회를 밀어붙여 1964년 투표권 법안과 1965년 공공 주거 법안을 통과시켰다. 이 두 가지 법은 간단하게 '평등권' 법안이라는 이름으로 불렸고, 그래함은 이 두 법을 지지했다. 그래함은 이미 1957년 브루클린을 기점으로, 입법화만으로는 인종 평등을 이룩하는 데 충분하지 않지만 반드시 필요한 요소라고 여러 차례 공개적으로 말한 바 있었다. 또한, 그는 백인들도 조국의 법에 복종해야

함을 반복적으로 강조했다.

하지만 동시에 그래함은 범죄에 관한 법률을 보다 엄격하게 집행할 것을 요구했다. 이는 대부분의 백인 복음주의자들과 일부 흑인 복음주의자들도 주장하던 바였다. 역사가 아론 그리피스 Aaron Griffith는 그래함이 사역 중반기에 했던 많은 설교에서 범죄에 대해 자주 언급했다는 점을 발견했다. 예를 들어 1957년 매디슨 스퀘어 가든에서 행한 설교에서는 적어도 24번 이상 범죄를 언급했다. 또한 공립학교의 선생님들에게 교실에서 성경 구절들을 낭독할 것을 강력히 조언했는데, 이는 10대들의 비행을 막기 위해서였다. 그러나 1960년대 곳곳에서 벌어진 여러 위협은 이보다 더 강력한 조치가 필요하다는 것을 반증했다.

'법과 질서 운동'은 모든 인종들에게 적용되었기 때문에 원칙적으로는 인종차별적이지 않았다. 하지만 많은 백인들은 거리 폭력이 가장 주된 문제라고 여겼고, 그 대부분이 흑인들 때문에 벌어지는 것이라고 생각했다. 그래함은 왓츠에서 벌어진 폭동의 불씨가 좀처럼 잡히지 않던 1965년 8월, 이렇게 설교했다. "의회는 즉시 다른 모든 입법 행위를 멈추고, 우리가 로스앤젤레스에서 직접 목도한 시위와 폭력들에 대처할 새로운 법률을 고안해야만 합니다."

그리피스의 말을 빌리자면 "전에는 인격적 회심이야말로 범죄에 대한 이상적인 해결책이라 주장했던 그 복음전도자는 이제 생각을 바꾸어, 미국 거리에 가득한 무질서를 해결하기 위해 필요한 것은 바로 법이라고 주장했다."[71]

당연히 그래함만이 유일하게 사회 무질서의 해결책으로 법과 질서를 강조한 것은 아니었다. 머지않아 1970-80년대에 제시 잭슨 같은 진보적 아프리카계 미국인들도 마약과 총기 사건에 대한 강경한 조치들을 요구했다. 그러나 오랫동안 사회 병폐를 변화시키는 진정한 힘은 개인적 회심이라고 이야기해 온 백인 설교자가 어느 날부턴가 주장을 바꾸었다는 것은 사람들에게 다른 의미로 와 닿았다. 마치 그래함 자신 또한 그 문제의 일부라는 식으로 들린 것이다.

* * *

검증된 일화는 아니지만, 그래함에 따르면 언젠가 마틴 루터 킹은 그에게 자신을 마이크- 각별한 친구들만이 불렀던 킹의 애칭 -라고 불러 달라고 청한 적 있다. 하지만 이러한 그래함의 이야기에도 불구하고, 두 사람의 불안정했던 관계는 킹이 인종차별에 베트남전쟁까지 더해 무수한 비판들을 쏟아 내면서 더욱 흔들리기 시작했다. 그래함은 킹의 행동이 '충성스러운 흑인 군인 수천 명을

71_ 하지만 이 지점에서조차 그래함의 행동이 전적으로 일관된 것은 아니다. 그리피스는 1960년에 그래함이 케릴 체스맨에 대한 선처를 요청하는 운동에 참여했다는 점을 지적했다. 이 운동은 여러 차례의 폭행과 유괴에 대한 처벌로 1948년에 사형을 선고받은 체스맨이 이제는 교화되었다고 주장하며 진행되었으나, 실패로 돌아갔다.

모욕하는 것'이라며 그를 비판했다. 다른 이들도 마찬가지였다. 다른 민권 운동 지도자들, 아프리카계 주요 언론들 그리고 《워싱턴 포스트》와 《뉴욕타임스》도 킹의 연설을 비난했다. 《뉴욕타임스》는 킹의 발언들을 '안이하며 남을 비방하는 언사'라고 평가했다.

1968년 4월, 킹이 암살당했을 때 그래함은 호주에서 전도 대회를 인도하고 있었다. 킹의 죽음에 관한 소식을 듣는 순간, 너무 놀라 거의 넋을 잃고 말았다고 그래함은 당시를 회고했다. 빌리그래함 전도협회는 킹의 죽음을 추모하는 전보와 화환을 보냈다. 그리고 그래함은 이렇게 말했다. "킹 박사의 의견에 동의하지 않았던 많은 사람들도 그의 비폭력적 방식들에 존경을 표할 겁니다. … 전 세계 사람들에게 그는 가장 위대한 미국인들 중 한 사람이었습니다." 5주 후 미국으로 돌아온 그래함은 공개석상에서 마틴 루터 킹의 살해 사건은 '미국 역사상 가장 끔찍한 비극 가운데 하나'라고 이야기했다.

킹과 그래함 모두 사회적 죄와 개인적 죄가 만들어 내는 해로운 결과들을 뼈저리게 인식하고 있었다. 하지만 킹은 전자의 죄를, 그래함은 후자의 죄를 강조했다. 어쩌면 둘은 각자가 중요하게 여기는 죄의 실재에 너무도 몰두한 나머지 상대방이 강조하는 것 역시 중요하다는 사실을 받아들이지 못했던 것일지도 모른다. 이들은 서로를 바라보며 신실한 크리스천이 복음을 위해 행해야 할 일들을 상대방이 너무 많이 놓치고 있다고 느꼈을 것이다.

덧붙여 킹은 그래함이 미국 대통령들과 어울리면서 스스로의 잠재된 영향력을 낭비하고 있다고 생각했던 것 같다. 그래함 역시 사생활에서 킹이 저지른 중대한 결함들을 알고 있었으리라. 이렇게 두 사람 사이에 있었을 수많은 변수들에도 불구하고, 많은 사람들은 만약 두 거물들이 동역했더라면 어떠한 성취들이 이루어졌을지 상상해 보곤 했다.

*　*　*

1960년대 말과 1970년대 초 그래함이 보여 준 인종 문제에 관한 행보만큼 역사가들과 기자들 간의 의견이 오랫동안 첨예하게 갈라진 주제는 또 없을 것이다. 과연 인종 문제에 있어 그의 행적은 퇴행적이었을까 아니면 진보적이었을까? 일부는 그래함이 L. 넬슨 벨만큼이나 인종 통합을 꺼려했고, 그의 담임 목회자였던 W. A. 크리스웰만큼이나 인종 통합에 반대했다고 주장했다. 한편, 또 다른 일부의 사람들은 그래함이 하워드 존스나 레이튼 포드처럼 확실히 인종 통합을 지지했다고 주장했다.

최근 역사가 대런 도척Darren Dochuk은 인종에 관한 그래함의 양상을 보수와 진보라는 스펙트럼 위에 놓아서는 안 된다고 주장했다. 무엇보다도 도척이 지적하듯 그래함은 지역적 차원에서 인종 문제를 해결하려고 노력했다. 그는 목회자와 사업가들을 한 명씩 직접 대면하며 그들과 함께 일했고, 그 가운데 개인의 영적 회심으로 시작되는 인종 간의 화해를 계속 강조했다.

동시에 그의 접근은 지역 그 이상의 영역으로 뻗어 나갔다. 그 래함은 화해가 오래도록 유지되기 위해서는 시민 지도자들, 특히 경제 산업계의 노력이 필요하다고 확신했다. 흑인 노동자들의 취업 기회가 더욱 풍부해져야 했고 공정한 보상이 주어져야 했다. 인종 불평등의 피해자와 가해자 모두에게 강력한 개신교적 노동윤리가 적용 및 실현되어야 했으며, 그에는 스스로 자립할 수 없는 이들을 위한 아낌없는 기독교 자선도 포함되었다.

도척은 그래함의 확신들을 '시민 평등권의 대안적 형태'라고 불렀다. 그는 이것의 좋은 예시로 1965년 11월 휴스턴에서 진행되었 던 장기 전도 대회를 꼽았다. 이 전도 대회에서 그래함은 존슨 대 통령과 버드 존슨 영부인뿐 아니라, N. C. 크레인과 E. V. 힐과 같 은 그 지역의 영향력 있는 흑인 목회자들의 지원을 받았다.[72]

전반적으로 사역 중반기에 그래함이 밟았던 시민 평등권을 향한 노선에는 여러 맹점들이 있었다. 역사가 커티스 에반스Curtis Evans가 주목하는 것처럼, 가장 확연한 맹점은 어째서 중생한 사람 들이 스스로의 인종차별 행위들을 전혀 반성하지 않는가를 그래 함이 설명하지 않았다는 것이다. 또한 미국에서 회심을 경험한 그 리스도인의 비율이 인구 대비 가장 높은 지역으로 알려진 남부가 왜 그토록 가장 완강하게 인종 평등을 반대했는지 그 이유 역시 설명하지 않았다. 마지막으로 학교나 일터, 식당과 호텔 등 지역 곳

72_ 힐은 1961년에 로스앤젤레스로 이사했다. 하지만 도척에 따르면 '사회 개발 사업 을 감독'하기 위해 1960년대 후반에 휴스턴으로 돌아왔다.

곳에서 이웃 간의 인종 분리를 자행하며 시민 평등권을 무시하는 백인들보다, 길거리에서 시위행진을 하며 때로 약탈을 자행하던 흑인들을 더욱 비판했던 이유도 설명하지 않았다.

인종 문제에 관한 당시 그래함의 행적은 '이보 전진, 일보 후퇴'로 가장 잘 표현될 것이다. 혹은 그래함의 전기 작가 윌리엄 마틴William Martin은 이렇게 표현했다. "그래함은 인종 문제에 관해 대체로 깨어 있는 축에 속했지만, 그 문제의 해결을 선도할 만큼의 의식을 지니고 있진 못했다." 여기서 우리는 다시 한번 양쪽 진영 모두에 걸쳐 있는 그래함의 모습을 발견한다. 그 까닭은 부분적으로는 현실적인 이유들 때문이었고, 부분적으로는 그의 본능이 그를 그렇게 이끌었기 때문이다. 또 부분적으로는 양쪽 모두의 주장에 각기 다른 이점들이 있다고 생각하고 있었기 때문에 그래함은 어느 한쪽을 확실히 선택하기를 꺼려했다.

위대한 사회

빈곤 문제, 이 문제를 해결하기 위해 기독교인들은 어떤 도움을 줄 수 있을까? 그래함은 이런 전 세계적인 문제에 대한 변치 않는 두 가지 확신을 가지고 있었다. 첫 번째는 그가 평생 동안 지녀 온 생각으로, 전 세계가 수천 년에 걸쳐 서로를 학대해 온 데에는 많은 원인들이 작용했지만 그 근본적인- 나머지 다른 원인들을 떠받치고 있는 -원인은 인간의 타락한 마음이라는 확신이었다. 또한 타락한 마음은 탐욕이라는 독을 만들어 내니, 유일한 영구적 해결책은 그 독이 시작된 장소인 마음, 즉 내면의 뿌리부터 끊어 내는 것이라고 생각했다.

그래함의 두 번째 확신은 인류를 구원하시는 하나님의 사랑의 메시지가 사회 개혁으로 발현되어야 한다는 것이었다. 다시 말해 가난한 사람들에게 연민을 갖는 것뿐 아니라, 그들을 직접 돕기 위해 팔을 걷어붙이고 실제로 지갑을 여는 등 실질적인 노력을 행하는 것을 의미했다.

역사가 데이비드 P. 킹David P. King은 사회 개혁에 대한 그래함의 관점이 변하는 시작과 끝을 알 수 있는 두 가지 사건을 제시했다. 시작점에 해당하는 첫 번째 사건은 이와 같다. 1950년, 복음주의권의 인도주의 단체이자 그래함이 초기 의장으로 섬기기도 했던 월드비전World Vision이 창립된 직후, 그는 계획하던 신형 쉐보레 자동차 구입을 취소했다고 밝혔다. 그 비용을 월드비전 측으로 후원하기 위해서였다. 이 사건은 그 자체로 그리 대단한 일이 아니었지만, 아주 강력하게 복음주의적 설교와 그리스도를 위한 개인의 결단만을 강조해 오던 그의 변화를 알리는 중요한 신호였다.

두 번째 사건은 이와 같다. 첫 번째 사건으로부터 반세기가 지난 2005년, 당시 그래함은 그의 사역 인생에 있어 마지막 주요 전도 대회를 막 끝낸 시점이었다. 당시 《뉴욕타임스》 종교부 편집자였던 로리 굿스타인은 그래함에게 '문명의 충돌'이 현대 사회가 마주하고 있는 가장 심각한 문제라고 생각하는지 물었다. 굿스타인과 그녀의 독자들은 그래함의 아들 프랭클린 그래함이 그러했듯, 그래함 역시 이슬람 무장 세력의 발흥을 현대가 마주할 가장 심각한 문제로 여기리라 예상했을지도 모른다. 하지만 그는 그렇게 대답하지 않았다. 노인이 된 그래함은 현대 사회가 마주할 가장 심각한 문제는 다름 아닌 '굶주림과 기아 그리고 빈곤'이라고 답했다.

* * *

　　1970년대까지 그래함의 복음주의적 인도주의는 미국보다 해외
에서 더 강력하게 나타났다. 이러한 경향은 그래함이 개발도상국
들의 생활환경을 목도하면서 더 확연해졌으며, 그는 이를 위한 구
조적 접근은 해외에서 더 효과적으로 작용한다고 생각했다. 한 예
로 1950년대 인도와 아프리카를 순회하며 그래함이 목격했던 빈곤
의 현실들, 특히 어린아이들의 실태는 가난을 머리로 이해하던 그
래함의 태도를 가슴으로 공감하는 방향으로 바꾸어 주었다.

　　해외에서 더욱 빛났던 빈곤을 향한 그의 진지한 관점은 사역
초기에 형성되어 후반까지 유지되었다. 그래함이 초창기부터 월드
비전을 후원했던 이유는 그 기관의 방식 때문이었다. 그들은 전쟁
으로 황폐해진 지역의 고아 등 도움이 필요한 대상이 있다면 이유
여하를 막론하고 직접 구호했으며, 그래함에게 그 방식은 매우 효
과적으로 느껴졌다. 머지않아 그는 해외에서 직접 구호 사역을 하
는 다른 단체들을 공식석상에서 언급하거나 재정적으로도 후원하
기 시작했다. 그 단체들로는 전미 복음주의 협회의 세계 구호 위원
회, 국제 컴패션Compassion International, 빌리그래함 전도협회의 세계
긴급 자금, 그 후엔 사마리안퍼스Samaritan's Purse가 있었다.

　　대조적으로 국내 정세에서 그래함은 빈곤 문제보다 미국의 풍
요로움과 물질주의가 야기하는 끔찍한 결과들을 더 걱정했던 것
같다. 그는 애팔래치아의 '열악한 상황들'을 나열해도 해외에서 벌

어지는 절망적인 수준의 빈곤에는 견줄 수 없을 것이라 말하며, 세계의 고통에 대한 미국인들의 무관심을 비판했다.

이러한 발언은 한번에 두 가지 대상을 겨누는 검이었다. 한쪽으로는 미국 복음주의자들의 도움을 바라는 세계 여러 지역들의 암울한 빈곤 상황들을 가리키고 있었고, 다른 한쪽으로는 미국에서 가장 빈곤한 지역이라도 세계의 빈곤지역들과 비교해 보면 상대적으로 양호하다는 사실을 강조하고 있었다. 물론 그래함이 대놓고 그렇게 말한 적은 없었지만 이 발언에는 복음주의자들의 도움은 해외에서 더 유익하게 사용될 것이라는 의미가 내포되어 있었을지도 모른다.

* * *

하지만 1967년 어간, 그래함은 마음을 바꾸어 존슨 대통령이 미국 내에서 단행한 빈곤과의 전쟁에도 동참했다. 그는 성경을 다시 읽으면서, 가난한 자를 돌보라고 믿는 자들을 부르는 성경 구절을 100개도 넘게 발견했다.

그래함은 경제 기회 부서[역주- 빈곤 추방을 위한 여러 정책의 계획 및 실행을 담당하는 미국 행정부 부서]의 책임자였던 사전트 슈라이버Sargent Shriver와 공개적으로 협력했다. 그래함은 연방정부의 자금으로 진행하는 애팔래치아지역 관개 사업을 위한 순회에 함께했고, 이후 정부의 빈곤 퇴치 정책들에 대한 국민적 지지를 얻기 위해 제작된 PBS의 다큐멘터리 영화 〈이 산맥을 넘어〉Beyond These Hills에 슈라이버와 함께 등장하기도 했다. 또 국회에서 이 정책에 대한 지지를 호소하며 연설하기도 했는데, 이 연설에서 그는 이 정책이 무상 지원이 아니며 일하고 있는 가난한 사람들을 지원하기 위해 꼭 필요한 정책임을 강조했다.

하지만 빈곤 문제의 구조적 해결을 위한 그래함의 이러한 노력들이 일관되게 나타난 것은 아니었다. 특히 미국 내에서는 더 유동적이었는데, 1971년 샬럿에서 그래함의 사역을 기념하기 위해 열린 '빌리그래함의 날' 행사(이 행사에 대해선 뒤에서 자세히 살펴볼 것이다) 중 그가 했던 발언들이 그 대표적인 예시였다. 그래함은 이 행사에서 공개 연설을 하며, 자신의 부모님은 강인한 의지력으로 대공황 시절의 어려움들을 정부의 도움 없이 스스로 이겨 내신 분들이라며 자랑스러워했다. 빈곤 계층을 위해 국가가 도와야 한다고 말하면서 본인의 부모님은 개인의 노력으로 극복했다고 말한 셈이다. 이 발언이 논란이 되자 그래함은 그날의 발언을 사과했고 이후 다시는 이러한 잘못을 반복하진 않았지만, 이미 그의 주장은 타격을 입었다. 결국 사람들이 빈곤 문제에 관한 그래함의 입장을 정확히 파악하기 어려워했던 이유는 그의 일관되지 못한 몇몇 행동들 때문이기도 했다.

한편 이리저리 움직이는 입장 외에도, 비평가들은 그래함이 사회적 병폐가 발생하는 원인을 정확히 짚어 내지 못했을뿐더러, 제시한 해결법에는 그 자신조차 모호한 태도로 일관했다며 비난했다. 대부분 그래함은 이러한 외부 비판에 반응하지 않았지만, 이번에는 자신을 향한 비판에 답했다. 그는 특정 시기와 장소에 관계 없이 사회 문제들이 발생하고 있으며, 그 문제들은 하나의 뿌리에서 시작되었다는 사실이 더 중요하다고 주장했다. 또한 주류 교단 목회자들이 실제로 잘 알지 못하는 정치, 사회 문제들에 대해 전문가인 것처럼 행사한다며 그들에 대한 불만을 표시하기도 했다.

그러나 훗날 그가 자기 자신에 관해 덧붙인 설명처럼, 그래함 자신은 '여전히 변화의 과정 중에 있는 인물'이었다. 사회 정의라는 난제를 해결하기 위한 그의 접근 방식은 계속 변화되어 갔기 때문이다. 그는 즉각적인 안도감을 제공하기 위해 고안된 연민의식 위주의 프로그램에서 사회의 구조적 변화라는 더욱 깊은 차원의 변화가 필요함을 인식하는 방향으로 나아갔다.

* * *

1974년 1월, 그래함은 두 달 전에 발표된 「복음주의의 사회 참여를 위한 시카고 선언」Chicago Declaration of Evangelical Social Concern의 대부분을 지지한다는 의사를 표명했다. 이 역사적인 문서는 짐 월리스Jim Wallis, 리처드 마우Richard Mouw, 샤론 갤러거Sharon Gallagher와 같은 젊은 복음주의자들이 작성했으며, 경제 윤리와 평화 유지, 인종 간의 화해 그리고 성평등을 촉구하는 문서

였다.[73]

인도주의적 관점의 변화라는 측면에서 그래함이 내딛은 중요한 걸음들 중 하나는 1974년 여름에 스위스 로잔에서 개최된 세계 복음화 국제대회에서 그가 행한 발언이었다. 대체로 빌리그래함 전도협회가 기획하고 재정을 지원했던 이 대회에는 150개국 2,500명의 복음주의 대표자들이 모였다. 그래함은 그들 앞에서 국가들 간의 경제적 평등을 포함한 사회 정의 운동을 지지한다는 입장을 발표를 했다.

그때쯤 그래함은 빈곤과 질병, 기아와 같은 사회 병폐를 완화시키는 일에만 몰두하는 모습에서 벗어나, 문제의 원인 자체도 염두에 두는 방향으로 나아가고 있었다. 예를 들면, 그래함의 베스트셀러 가운데 하나인 1983년 출간작 『다가오는 말발굽 소리』 *Approaching Hoofbeats: The Four Horsemen of the Apocalypse*에서 그래함은 전쟁과 기근, 죽음과 거짓 종교 등 끔찍한 재앙들이 다가오고 있으며, 이는 그리스도의 임박한 재림을 나타내는 증표라고 이야기했다.

하지만 역사가 킹이 주목하듯이 그래함은 그 해결책으로 개인의 회심만을 제시하지 않았다. 오히려 그래함은 '구조적 노력들' 예를 들면, 부유한 국가와 가난한 국가 사이의 어마어마한 경제적 격차를 해소하기 위한 부채 탕감 같은 노력들도 강조했다. 심지어

73_ 그래함이 이 문서에서 유일하게 의문을 품었던 부분은 성평등에 관한 표현들에 있었을 것이다. 이에 대해선 후에 다룰 예정이다.

그래함은 '다른 사람들을 위해 미국인들이 삶의 방식을 좀 더 단순화시킬 필요'가 있음을 자각하라고 촉구하기도 했다.[74]

그로부터 3년 뒤인 1986년에 그래함은 미국 상원의회 개회기도 순서를 맡았는데, 그 기도는 다음과 같은 목회적인 표현으로 마무리되었다. "우리에게 정의를 위한 새로운 열정, 평화를 위한 새로운 열망, 연민과 진실에 헌신할 수 있는 마음을 주시고, 당신께서 우리와 우리 조국에 새롭게 바라고 계신 일들을 우리도 바라며 실천할 수 있도록 인도해 주시길 기도합니다." 이러한 기도의 내용은 그래함이 개발도상국들의 새로운 목소리를 단지 듣기만 한 것이 아니라, 그들의 목소리를 마음에 새기고 있었음을 방증하는 것일지도 모른다.

그래함이 보여 준 새로운 모습에도 불구하고 대부분의 비평가들은 끝까지 그의 변화를 인정하지 않았다. 그들은 사회 정의와 관련된 그래함의 발언들이 그리스도의 재림과 종말에 발생할 일들을 설명하는 데 딸려 오는 부속품일 뿐이라고 생각했다. 또한 그는 우리가 장차 올 세계에 집중한 나머지 이 땅에서 당면하고 있는 문제들의 해결에 대해 충분한 관심을 기울이지 못했다고 주장했다.

74_ 죄악 된 마음으로 인해 발생하는 부정적인 결과들 가운데 최악은 무엇인가에 대한 그래함의 답변은 세월의 흐름에 따라 변해 갔다. 1950년대에는 빈곤, 문맹, 공산주의, 청소년 비행이었고 1960년대에는 인종차별, 인구과잉, 성적인 방탕함이 그에게 가장 큰 사회적 문제였다. 한편, 1970년대에 그래함은 권태감과 자기중심성을, 1980년대에는 에이즈, 낙태, 환경오염, 핵전쟁을 가장 심각한 사회 문제로 꼽았다.

그래함도 이러한 비판을 들었다. 하지만 그래함은 종말에 대한 기대야말로 그리스도인들이 타인을 돕고, 그들을 위해 일할 수 있는 원동력이라고 말했다. 회심 중심의 선교뿐 아니라, 현재 우리가 살아가는 사회를 개혁하기 위한 노력도 포함해서 말이다. 그래함은 성숙한 그리스도인들이라면 이 둘 모두를 위해 노력해야 한다고 생각했다.

* * *

나이가 들고 세계에 산재해 있는 문제들을 직접 경험할수록, 그래함은 미국인의 이기심을 향한 비판의 강도를 점점 키워 갔다. 1973년 휴스턴 기자회견에서 그래함은 다음과 같이 이야기했다. "베트남전쟁이 우리에게 가르쳐 준 것은 우리는 전능하지 않으며, 미국은 하나님의 나라가 아니라는 사실이었습니다. 우리는 더욱더 겸손한 자세로 다른 나라들과 관계해야만 합니다. 우리의 역사에는 우리가 자랑스러워해야 할 많은 것들이 있지만, 동시에 우리가 부끄러워해야만 하는 것들도 많이 있습니다."

1980년대의 그래함은 1950년대 무렵 자신의 과거를 되돌아보면서 '미국적 삶의 방식이야말로 하나님 나라에 가장 가깝다고 생각하는 오류를 범했다'는 사실을 인정했다. "저는 타 문화권에 있는 사람들이 각기 다른 그들만의 방식으로 살아가고 있으며, 우리 삶의 방식이 우리에게 무척 중요하게 여겨지는 것처럼 그들도 마찬가지라는 사실을 알게 되었습니다."

나이가 들어 갈수록 세계의 여러 어려움을 바라보는 그래함의 관점은 계속해서 깊어졌고 넓어졌다. 1998년, 그래함은 '평화를 사랑하는 국가'인 캐나다가 미국인들의 모델이 될지도 모르겠다고 이야기하기도 했다. "캐나다는 다른 사람들의 일에 참견하지 않는 국가로 여겨집니다. … 반면 미국은 남의 일에 훈수 두길 좋아하는 사람들로만 구성된 듯합니다. 그들이 전 세계 어디에 있건 말입니다."

겉보기에 상반된 모습들을 동시에 지닌다는 것은 이제 그래함에게 쉬운 일이었다. 이러한 전략은 확실히 평화를 추구하는 그의 기질, 얼버무리는 태도, 실용성과 공정성 그리고 이 모두를 아우르는 양심 등 다양한 요소들과 만나 강화된 것이었다. 동시대 사람들이 개인적으로나 사회·정치적 견해에 있어 린든 존슨 대통령[민주당]과 그토록 가까웠던 그래함이 어떻게 로널드 레이건 대통령[공화당]과도 그토록 가까울 수 있었는지 쉽사리 이해하지 못한 것에는 그럴 만한 이유가 있었다.

역사가 사라 존슨 루블Sarah Johnson Ruble은 이렇게 말했다. "많은 사람들이 그래함을 알고 있었지만, 그래함 또한 많은 사람들을 알고 있었다." 그리고 자신이 알고 있는 그 사람의 다양하고 복잡한 정신세계를 자연스럽게 자신의 것으로 만드는 일은 그래함에게 어렵지 않은 일이었다. 그는 자신을 비추는 거울 속을 바라보기만 하면 되었다. 그 자신부터가 다양한 내면의 모습을 지니고 있었기 때문이다.

끝없는 전쟁

인종과 빈곤 문제에 이어, 그래함과 존슨의 중요한 단면을 알수 있는 세 번째 현안은 베트남전쟁이었다. 2차 세계대전이 진행되던 시기에 성인이 된 그래함 세대는 국가의 부름에 응답하는가의 여부로 각자 애국심의 크기가 평가되었다. 그 부름이 의미하는 바는 자명했다. 1960년대 말에 걸쳐 존슨 대통령과 닉슨 대통령은 (트루먼, 아이젠하워 그리고 케네디 대통령의 뒤를 이어) 동남아시아에서 발생하고 있는 가장 심각한 문제는 공산군의 침략이라고 강력히 주장했다. 이는 남베트남을 쟁탈하기 위해 북베트남 군대가 일으킨 끔찍한 정복 전쟁을 뜻했다.

당시 이러한 주장을 하는 이들은 존슨과 닉슨뿐이 아니었다. 대부분– 확실히 전부는 아니었지만 어쨌든 대부분 –의 영향력 있는 공인들은 주저하지 않고 '도미노 이론'을 받아들였다. 그들 중에는 맥조지 번디 국가안보 보좌관, (후에 국무장관이 되는) 헨리 키신저 국가안보 보좌관, 그리고 로버트 맥나마라 국방장관 등이 있었다. 도미노 이론의 주창자들은 만일 공산주의 침략자들을 저지하지 않으면 그들은 다른 나라들을 모두 잠식할 때까지 침략행위를 결코 멈추지 않을 것이라고 판단했다. 그들은 공산주의자들이 머지않아, 어쩌면 곧 하와이를 시작으로 코앞에 있는 섬나라 쿠바에 들이닥칠 것이고, 갈팡질팡하고 있는 인도 같은 나라의 충성을 얻게 될 것이라고 생각했다.

그래함도 이러한 도미노 이론에 동의했다. 하지만 그것이 그래함이 베트남전쟁을 지지하는 유일한 이유는 아니었다. 그의 동기에는 북베트남의 공산주의 침략에 대한 두려움뿐 아니라, 존슨 대통령에 대한 신뢰가 함께 있었다. 마치 그래함이 존슨 이전의 아이젠하워 대통령을 신뢰했고, 또 존슨의 퇴임 이후 닉슨 대통령을 신뢰하게 되는 것처럼 말이다. 침략의 두려움과 대통령에 대한 신뢰 가운데 어떤 동기가 더 강력했는가 하는 질문은 답할 수 없다. 왜냐하면 이 두 동기는 상호적으로 작용하며 강화되었기 때문이다.

우리는 앞서 공산주의에 대한 그래함의 생각을 이미 살펴본 바 있다. 하지만 대통령들, 특히 존슨에 대한 그의 신뢰 기저에 깔린 생각들이 무엇인지 함께 볼 필요가 있다. 우선 첫 번째로, 그래함은 대통령들이 무척 영리한 사람들이라고 생각했다. 영리하지 않고서야 그 자리에 앉지 못했을 것이기 때문이었다. 두 번째로, 대통령들은 대부분의 일반 국민들이 전혀 알지 못하는 외교적이고 지정학적인 기밀들을 알고 있는 사람들이었다. 그리고 세 번째로, 중요한 사안이 아니고서는 대통령을 믿어 주는 것이 마땅하다는 생각이 가장 중요한 요인이었다. 대통령이 일을 잘못하고 있음을 보여 주는 명백한 증거가 있는 것이 아니라면, 시민들은 대통령을 신뢰해야 한다고 그래함은 생각했다.

그래함은 자신을 포함해 대부분의 사람들은 베트남전쟁에 관한 여러 군사적·정치적 세부 사항들에 관해 아는 바가 없으니 그 모든 것을 인지하고 관장할 대통령의 결정을 따라야 한다고 여긴 것인데, 그래함에게 대통령들은 각별한 친구였던 탓에 공적인 사안을 개인적 친분과 분리시키는 일은 결코 쉬운 일이 아니었다.

* * *

1960년대 말 그래함은 몇 차례 신중하지 못한 발언을 했다. 이례적인 일이었다. 다른 상황에서 했더라면 문제가 없었을지도 모르지만, 당대 분위기 속에서 그 발언들은 분명 잘못된 메시지를 전달했다. 예를 들면, 1966년에 어느 설교를 통해 그래함은 베트남에서 목숨을 잃은 군인들의 수가 2,500명도 되지 않는다는 사실을 강조하고자 애썼다. 비록 그들의 죽음 그 자체가 이미 비극이지만, 전쟁에서 사망자의 수는 거시적인 관점에서 고려되어야 한다고 말했다. 왜냐하면 그 수치는 매 2주마다 미국 고속도로에서 사망하는 이들의 수와 같았기 때문이다. 그러니 누가 뭐라 할 수 있겠는가?

1970년, 베트남 미라이 마을에서 여성과 어린이를 포함해 500여 명의 비무장 민간인이 학살된 사건에 가담한 혐의로 윌리엄 캘리 William Calley 중위가 군사재판에 회부되었다. 그래함은 캘리뿐 아니라 그의 상관들도 책임을 물어야 한다고 주장했다. 그리고 동시에 어떤 면에서 이 사건은 인간의 죄악이 지닌 보편적인 특성을 보여준 사건이라며, 학살에 대한 책임은 모든 사람에게 있다고 말했다. 이러한 그의 발언들은 그래함의 의도와 다르게 캘리의 잘못을 변호하는 데 사용되고 말았다.

대체로 그래함은 공산주의자들의 계속되는 침략 위협과 이를 저지하기 위해 노력하는 대통령의 권위, 이 두 가지 요인에 집중했기에 베트남전쟁의 정당성에 크게 의문을 제기하지 않았다. 게다가 그래함은 전쟁을 반대하는 이들이 보이던 방탕한 생활, 단정치 못한 품행, 합법적 시위 절차를 무시하는 모습 그리고 미국 민주주의에 대한 고마움을 모르는 모습에 크게 실망하기도 했다.

이러한 점들을 고려해 볼 때, 1970년에 전쟁지역을 캄보디아까지 확대하고 성탄절에 북베트남의 수도였던 하노이를 폭격하기로 한 닉슨의 결정을 그래함이 지지한 것은 자연스러운 수순이었다. 아니, 더 정확히 말하자면 그래함은 대단히 많은 논쟁을 야기한 이 결정 자체보다 작전을 승인한 닉슨 대통령을 지지했던 것일지도 모른다.

1970년 5월 4일, 오하이오주에 있는 켄트주립대학교 캠퍼스에서 비극적인 사건이 발생했다. 당시 학생들은 전쟁을 반대하는 시위 중이었는데, 통제가 불가능해 보이자 오하이오주 방위군이 그들을 향해 총을 발포한 것이다. 이로 인해 4명이 목숨을 잃고, (평생 신체 마비로 고통받게 된 학생 한 명을 포함해) 9명이 부상을 입었다.

발포 사건이 발생한 지 한 달이 채 되지 않았던 5월 28일, 그래함은 녹스빌 테네시대학교에서 개최된 전도 대회에 닉슨 대통령을 초대해 그에게 인사말을 전하도록 했다. 닉슨은 당연히 이를 기쁘게 수락했다. 왜냐하면 그래함의 초대는 닉슨 자신과 행정부에 대한 그래함의 굳건한 신뢰를 대중에게 보여 줄 수 있는 좋은 기회였기 때문이다. 안타깝게도 그래함은 총격 사건으로 인해 사회가 혼란한 가운데 대통령을 초대하는 것이 과연 적절했는가에 대해 어떠한 의문도 품지 않았다. 이후 그 초대가 당파적인 행동이 아니었냐는 논란이 일자 이를 완강히 부인했다. 그해는 선거가 없는 해로, 닉슨은 선거 중이 아니었다는 것이 그 이유였다.

그날 밤 네이랜드 경기장엔 7만 5,000명의 참가자들이 모였다. 그날 집회에서는 놀랄 만큼 상호 대조되는 광경이 펼쳐졌다. 그래함이 닉슨을 소개하려 하자, 경기장 안에 있던 닉슨을 반대하던 1,500명 중 일부가 존 레논의 〈평화에게 기회를 주세요〉Give Peace a Chance를 부르며 열을 지어 경기장에서 퇴장하기 시작했다. 그럼에도 그래함이 계속해서 대통령을 소개하자, 남아 있던 300명이 "이것은 정치다! 정치를 그만하라!"라며 연호하기 시작했다. 이내 그들의 구호는 그 자리에 있던 닉슨을 지지하는 이들의 응수와 맞물려 뒤섞였다.

닉슨의 발언은 간결했다. 하지만 그의 발언은 그래함을 향한, 그리고 자신이 국가를 위해 행했던 선행을 향한 찬사로 가득했다. 그래함은 기본 매너를 강조하며 시위자들을 조용히 시키고자 했다. 그는 시위자들에게 시위는 미국의 민주주의 전통에 포함되는 행위이지만, 타인의 권리를 방해해서는 안 된다고 분명히 말했다.

시위대는 무사히 해산했으나, 그 파문은 오래도록 지속되었다. 한 학생 신문은 당시 그래함의 집회가 코끼리(공화당) 한 마리가 등장하며 완성된 서커스라고 지칭하며 비아냥댔다. 그리고 대부분의 세속 언론은 닉슨을 초대한 그래함의 판단에 대해 강한 유감을 표명했다. 그것은 복음을 정치화한 행동이었을 뿐 아니라, 켄트주립대학교 총격 사건이라는 사회적 아픔에 공감하지 못한 행동이기 때문이었다. 여러 면에서 언제나 그토록 상황에 민감하게 반응했던 그래함인데, 많은 사람들을 곤혹스럽게 만든 닉슨에 관해서는 어떻게 그토록 둔감한 모습을 보일 수 있었던 걸까?[75]

75_ 이 사건의 후일담은 그 자체의 시사성이 적지만, 미국의 종교 지형에서 그래함이 차지하고 있는 위치에 관해 여러 함의들을 담고 있다. 그다음 날에도 집회 현장에는 비교적 작은 규모의 또 다른 소란이 생겼다. 그러자 당시 그래함 전도 대회의 상담 요원은 그중 한 젊은 남성에게 다가가 하나님과의 관계에 대한 대화를 나누기 시작했다. 우리는 주변과 몹시 대조적이었을 이 두 사람의 모습이 어떠했을지 상상해 볼 수 있을 것이다. 몇 분이 지나고, 그 젊은 남성은 강단 앞쪽으로 걸어 나와 결신 카드에 서명했다. 물론 그 이후의 이야기에 대해서 아는 바가 없다. 하지만 이 이야기를 통해 그래함 전도 대회에 참석한 이들 중 누구도 그래함으로 인해 정치관을 바꾸지 않았지만, 그들 모두 그래함을 통해 정치를 뛰어넘는 신앙에 관한 이해를 품게 되었으리라 추측해 볼 수 있다.

　　　　　　　　　　＊　＊　＊

　'미국 명예의 날'Honor America Day 행사는 바로 이러한 정황 속에서 열렸다는 점을 염두에 두어야 한다. 이 행사는 녹스빌 전도대회가 끝난 몇 주 뒤인 1970년 7월 4일, 워싱턴 D.C.의 내셔널 몰의 잔디밭 위에서 개최되었다. 행사가 열리기 전에 그래함은 "이 행사는 하나님과 국가에 대한 사랑과 경의를 표하기 위해 기획되었습니다"라고 이야기했다.[76]

　그리고 그래함은 바람대로 종교계와 정치계 전반에 걸쳐 지지를 얻어 내는 데 어느 정도의 성공을 거두었다. 몰몬교인이자 '호텔 왕'으로 불렸던 J. 윌러드 메리어트가 행사의 핵심 주최자였고, 메이미 아이젠하워, 휴버트 험프리, 린든 존슨 그리고 해리 트루먼 같은 다양한 인물들이 후원 위원회의 명예회원으로 참여했다. 넬슨 록펠러와 H. 로스 페로 그리고 리처드 닉슨 대통령까지 이 행사를 지지했다.

　행사에 필요한 자금은 여러 협력 후원자들과 평소 그래함을 후원해 오던 신뢰할 만한 이들의 후원으로 충당되었다. 이들 가운데 J. 하워드 퓨와 《리더스 다이제스트》 설립자 드윗 월레스 그리고 그곳에서 오랜 기간 편집자로 일했던 호바트 D. 루이스가 포함되어 있었다.

76_ 뒤이은 문단에 등장하는 '미국 명예의 날' 관련 세부사항들의 상당 부분은 역사가 케빈 크루즈(Kevin Kruse)의 연구를 참고했다. "추가 참고 자료 목록"을 보라.

행사는 크게 두 부분으로 나뉘어 진행되었다. 오전 행사는 그 래함의 기조연설과 함께 링컨 기념관에서 진행되었고, 저녁 행사는 워싱턴 기념탑에 있는 내셔널 몰로 장소를 옮긴 후 밥 호프의 사회로 진행되었다.

오전과 저녁 행사는 각각 1만 5,000명과 35만 명의 참석자 수를 기록했다. 행사는 전국적으로 방송되었고 시청자 수는 수백만 명에 달했다. 이날 방문객들이 이룬 장사진은 미국 중서부지역의 티 테이블용 책자에서 오려 낸 장면 같았다. [역주- 당시 행사 참석자들은 대부분 백인들이었다는 사실을 비유적으로 표현하는 것으로, 미국 중서부지역은 백인 거주 비율이 높으며 그곳 티 테이블 위에 자리할 책자 속 사진에는 백인들이 등장할 확률이 높기 때문이다] 역사가 케빈 크루즈Kevin Kruse는 이렇게 지적했다. "행사에 다양한 배경을 지닌 이들이 참석했다는 주최 측의 주장에도 불구하고, 실제 참가자들은 압도적으로 중산층에 해당하는 중년의 백인들이었다." 크루즈는 계속해서 《볼티모어 선》 소속 기자의 기억에 남을 인상적인 표현을 빌려 이렇게 말했다. "행사에 참여한 흑인들의 수는 알래스카에서 마주칠 수 있는 흑인들의 수보다 더 적었다."

팻 분은 청중들과 함께 국가를 부르면서 오전 행사의 포문을 열었고, 케이트 스미스는 〈하나님 미국을 축복하소서〉God Bless America를 불렀다. 랍비 마크 타넨바움은 레위기 25장을 봉독했고, 앞서 언급한 바 있던 영향력 있는 아프리카계 미국인 목회자인 E. V. 힐은 참석자들을 대표해 기도했다. 그래함의 연설 이후에는 몬시놀 풀턴 쉰이 축도를 했다. 축도 중 쉰은 서부 연안지역에 자유의 여신상과 유사한 '책임의 여신상' 설립을 위해 기도했다.

저녁 행사에는 레드 스켈톤이 국기에 대한 맹세를 낭송했고, 다이나 쇼어는 〈아름다운 나라 미국〉America the Beautiful을, 뉴 크리스티 민스트렐스는 〈이 땅은 당신의 땅〉This Land Is Your Land을 불렀다. 행사에 함께했던 다른 유명인들로는 잭 베니, 글렌 캠벨, 흑인 여배우 테레사 그레이브스 그리고 그래함과 가까운 친구였던 조니 캐시 등이 있었다. 그래함의 오랜 친구 지미 스튜어트는 행사 내용들이 녹음된 레코드판의 내레이터가 되어 주었다.

그래함은 「끝나지 않은 꿈」이라는 제목의 연설을 했다. 이 제목은 7년 전 동일한 장소에서 행해졌던 마틴 루터 킹의 연설 「나에게는 꿈이 있습니다」를 떠올리게 만들었다. 비록 그래함은 급진 우파보다 급진 좌파의 과도한 열정을 더 염려하는 듯 보였지만, 그는 연합의 필요성을 강조하며 이렇게 말했다. "오늘 이 자리에 모인 우리는 더 늦기 전에 모든 미국인들이 극단적 대립을 멈출 것을 호소하는 바입니다." 또한 '깨어 있는' 다수의 미국인들– 백인과 흑인, 강경파와 온건파, 부모와 학생, 공화당원과 민주당원 –에게 국가를 사랑하고 주요 국가 기관들을 지지해 줄 것을 촉구했다.

* * *

초당적 행사로 알려진 미국 명예의 날 행사에 그래함이 핵심적 역할을 감당했다는 사실은 그가 자신의 사역적 영향력을 베트남전쟁을 지지하는 데 사용한다고 생각해 오던 이들의 인식을 더욱 공고히 했다. 1970년 여름 훨씬 이전부터 생겨나기 시작한 이러한 사람들의 인식은 그 이후로도 오랫동안 남아 있었다. 그 결과, 비기독교 단과·종합대학교들의 강의 요청 횟수는 1967년과 1973년 사이 급격하게 줄어들었고, 1969년 베트남전쟁의 반대 기류가 강했던 뉴질랜드에서 말씀을 전할 때에도 그래함은 뉴질랜드 국민의 거센 비판에 직면해야 했다.

그래함에 대한 실망의 목소리는 평범한 사람들 사이에서도 커져 갔다. 《크리스채너티 투데이》 1972년 봄 호를 읽은 한 독자는 편집자에게 편지 한 통을 보냈다. 수많은 실망의 목소리를 대변한 이 편지에서 그는 그래함이 정부에 대한 자신의 영향력을 전쟁을 끝내는 일에 사용하지 않았다며 그래함에 대한 비난을 쏟아 냈다. 그 편지의 서명 칸에는 하버드대학교 신학대학원 소속의 학생 이름이 새겨져 있었다. 그 이름은 그랜트 왜커[편주- 본서의 필자 자신을 가리킨다]였다. 세월이 지날수록 나는 베트남전쟁과 관련된, 그리고 그래함의 입장과 관련된 여러 사안들은 당시 내가 생각했던 것만큼 단순하지 않다는 것을 깨닫게 되었다. 하지만 수천 명의 생명을 빼앗고, 점차 불분명해져 버린 대의들을 위해 모두에게 엄청난 아픔을 가져다준 이 전쟁을 그래함이 지지했다는 사실은 그에게 씻을 수 없는 오명을 남겼다.

한편, 그래함은 주류 교단 개신교인들과 정치적 진보 성향을 지닌 복음주의자들에게도 거센 비난을 받았다. 예를 들면, 주류 교단 소속의 유명한 뉴욕 리버사이드교회 목사였던 어니스트 T. 캠벨은 1972년에 「빌리 그래함에게 보내는 공개서한」을 발표했다. 비록 캠벨의 어조에는 한 사람의 목회자로서 또 다른 목회자에 대한 존중이 담겨 있었지만, 그는 그래함이 자신이 지니고 있는 대통령과의 특별한 관계를 선지자적 목적을 위해 사용하지 못했다고 비판했다. 그리고 이는 캠벨만의 생각이 아니었다.

이러한 비판들에 대한 그래함의 반응은 언제나 동일했다. 대통령과 자신은 정치에 관한 대화를 나누지 않는다는 것이다. 자신은 대통령들의 친구이자 목사이지, 그들의 군사적, 정치적 고문이 아니라고 선을 그은 것이다. 더욱이 사람들은 그래함이 대통령과 사적으로 나눈 대화의 내용을 알지 못했다. 그가 대통령들과 대화를 철저히 함구했기 때문이었다. 만일 그래함이 그 내용들을 발설했다면(트루먼과 있었던 일을 기억하라), 그는 더 이상 대통령들을 만나지 못하게 되었을 것이었다. 이러한 해명에도 비평가들의 비판은 계속되었고, 그래함은 자신의 입장을 바꾸지 않았다.

그래함이 개신교와 가톨릭 진보주의자들, 진보적 복음주의자들 가운데 어느 쪽에서 더 많은 비난을 받았는지는 답하기 어렵다. 하지만 진보적 복음주의 진영의 정기 간행물들, 예를 들면 《아더 사이드》Other Side와 《포스트아메리칸》Post-American- 후에 《소저너스》Sojourners로 다시 발간된 -과 같은 간행물에는 계속해서 그래함에게 해명을 요구하는 글들이 실렸다.

진보적 복음주의자들이 그래함에게 보인 반응은 1950년대 후반 근본주의자들이 그래함에게 보인 반응과 유사했다. 이것은 일종의 애증이었다. 그들은 존슨과 닉슨을 향해 그래함이 보인 지지 의사는 두 대통령들이 베트남전쟁을 진행하기 위해 자행했던 거짓말들까지도 그가 지지하고 있다는 인상을 주고 있다고 말했다. 그러면서 이렇게 말했다. 근본적인 측면에서 우리 같은 복음주의자인 당신이 어떻게 베트남전쟁이 기독교적 가치에 위배된다는 사실을 인지하지 못하느냐고 말이다.

평화로 가는 뒤틀린 길

1970년 초의 그래함은 당대 수많은 다른 미국인들이 그랬듯이 베트남전쟁에 대해 재고하기 시작했다. 그 동안 많은 미국인들이 전쟁에 대한 생각을 바꿔 왔음에도 그래함은 지금껏 자신이 견지해 온 입장이 잘못되었다고 솔직하게 고백하지는 않았다. 그러나 전쟁을 반대하는 진영이나 찬성하는 진영 모두 설득력 있는 주장을 갖고 있다는 점은 인정했다. 그래함은 둘 중 어느 쪽도 택하기 어렵다고 말했다. 그래서 너무도 복잡해 하나의 입장을 견지하기 어려운 이 사안에 더 이상 관여하지 않고 중립적으로 서 있고자 노력했다.

이러한 변화는 마음 한구석에 이전부터 자리 잡고 있던 생각이 점차 커진 결과일지도 모른다. 1968년, 그래함은 닉슨과 함께 대통령 선거에 출마할 부통령 후보로 베트남전쟁을 반대하던 오리건

주 상원위원 마크 햇필드를 추천했다.[77] 물론 결과적으로는 전쟁을 열렬히 찬성하던 메릴랜드의 주지사 스피로 애그뉴가 부통령 후보로 선정되었지만 말이다. 이후 닉슨은 애그뉴의 선정은 이미 정해져 있던 결론이 아니었고, 자신은 그래함의 조언을 따르고 싶었다며 상황을 해명했다.

그래함이 햇필드를 부통령 후보로 지지했던 주된 이유가 그의 전쟁 반대 의사 때문이었는지, 아니면 복음주의 침례교인으로서의 열정적인 신앙 때문이었는지는 분명하지 않다. 확실한 것은 대통령들과 정치에 대해 이야기하지 않는다는 그래함의 반복된 주장은 아무리 좋게 봐도 현실을 호도하는 주장이었다는 사실이다.[78]

전쟁에 대한 그래함의 모호한 태도는 그의 명성에 큰 흠집을 냈다. 그 때문에 그래함은 바람이 부는 방향으로만 돛을 편다는 인식[역주- 주체적인 선택 없이 대세에만 편승하려는 행위]이 확산되었다. 존경받는 뉴스 진행자였던 월터 크롱카이트와 에릭 세바레이드가 그랬던 것처럼, 새롭게 등장한 증거 앞에서 사람이 자신의 입장을 바꾸는 일은 충분히 있을 수 있는 일이었다. 하지만 그러한 증거에도 불구하고 모호한 태도를 견지하는 것은 완전히 다른 이

77_ 후에 우리는 그래함이 닉슨에게 전쟁을 반대하는 인물은 아니었지만 그렇다고 강경파도 아니었던 조지 H. W. 부시(George H. W. Bush)를 추천하는 모습을 보게 될 것이다.

78_ 공정히 말하자면 그래함은 때로 대통령들과 거시적 의미의 정치적 사안들에 대해선 이야기를 나눈 적이 있다고 인정하기도 했다. 하지만 그는 구체적인 정책 혹은 전략 이야기는 아니었다고 말했다.

야기였다. 무엇보다 그래함은 영적인 영역에서 이러한 태도를 호되게 꾸짖기까지 했다.

한편, 1968년에 파리에서 시작된 평화 협정 논의는 얼마 지나지 않아 삐거덕거리기 시작했다. 미국인 전쟁 포로들을 귀환시키겠다는 베트콩의 약속을 닉슨이 불신했기 때문이었다. 결국 닉슨이 대규모 군사력을 전쟁에 투입시키겠다고 협박하며 긴장 상황을 조성한 1973년이 되어서야 협정은 다시 논의되기 시작했다. 그리고 그래함은 모든 상황에서 닉슨을 지지했다.

그래함은 미국이 남베트남을 지원해야 할 도덕적 의무를 지닌다고 주장했다. 이 격렬한 전쟁을 안전하고 명예롭게 끝내기 위해서 그래야 한다고 생각했던 것이다. 남베트남은 전쟁에 열심이었고, 미국이 자신들을 지지해 줄 것이라는 확신을 갖고 있었다. 미국이 이러한 신뢰를 저버린다는 것은 미국의 도덕적 결함을 시사하는 것이었다. 그렇다면 이후 누가 미국을 신뢰할 수 있겠는가?

1973년 3월, 마침내 닉슨과 키신저가 파리 평화 협정에 서명함으로써 베트남전쟁은 공식적으로 종결되었다. 그리고 예상할 수 있듯, 그래함은 닉슨의 정치력에 찬사를 보냈다. 미군의 철수가 진행되고 그는 베트남전쟁을 확고히 지지하는 쪽에서 중립으로 입장을 바꾸었다는 사실 외에 전쟁에 관해 많은 말을 남기지 않았다. 그리고 그저 지정학적 사안들은 너무 복잡하며 자신의 이해를 뛰어넘는 사안들이라고 말할 뿐, 입장을 바꾼 이유에 대해서 많은 설명을 하지 않았다.

* * *

1989년 그래함의 명성은 또다시 타격을 입게 된다. 정보 공개법을 통해 그해 세상에 공개된 문서들은 그래함과 닉슨 대통령이 베트남전쟁에 관해 적어도 한 번은 논의한 적이 있음을 확실히 증명했다.

때는 1969년으로, 당시 그래함은 13쪽에 달하는 편지를 대통령에게 보냈다. 그 편지에는 동남아시아에서 사역하는 미국인 베테랑 선교사들이 베트남전쟁을 종결시킬 수 있는 방법을 논의한 결과가 상세히 기록되어 있었다. 선교사들은 미국이 전쟁에서 힘을 좀 빼고 더욱 전략적으로 전쟁을 진행해야 한다고 말하면서, 10만의 병력을 베트남에서 철수시키고 부패를 엄중 단속하며 선전에 힘쓰고 공군 부대와 특수 부대를 강화해야 한다고 주장했다.

그들의 조언 중에는 망명한 북베트남 사람들을 '북베트남을 폭격하고 침략하는 데' 활용하라는 조언도 있었다. 그래함은 여기에 "특히 그들로 하여금 강둑을 폭격하게 만들면 북베트남의 경제는 하루 밤새에 붕괴될 수도 있을 것이다"라는 말을 덧붙였다. 즉 선교사들의 의견에 대한 보고에는 분명 그래함 자신의 관점도 반영되어 있었던 것이다.

이 사실을 알게 된 비평가들은 경악했다. 그들은 만일 닉슨이 강둑을 폭격하라는 그래함의 조언을 따랐다면- 실제론 따르지 않았다 -100만 명의 사람들이 목숨을 잃었을 수도 있다고 주장했다.

그 주장이 사실이든 과장이든, 강둑 폭격은 분명 민간인들을 겨냥한 것으로 이는 제네바 협약을 어기는 일이었다.

강둑 폭격 권고가 발생시킬 여러 파문들을 그래함이 얼마나 잘 인식하고 있었는지는 분명하지 않다. 왜냐하면 3,000개 이상의 단어가 쓰인 그 편지에서 그의 조언은 고작 단어 15개뿐이었기 때문이다. 일부 그래함 지지자들은 평소 그의 성향대로 직면하고 있는 사안을 진지하게 숙고하지 않고 그저 가볍게 생각을 뱉은 것이라 믿었다. 그러나 비평가들은 그렇게 생각하지 않았고 이 사건은 그들에게 많은 공격의 구실을 제공했다.

1990년대에 이르러 그래함은 베트남전쟁에 대한 자신의 입장을 분명히 밝히지 않았던 것을, 그리고 전쟁을 확실하게 반대하지 않았던 것을 후회한다고 고백했다. 하지만 이것은 그리 선지자적인 고백이 아니었을 수 있다. 왜냐하면 1972년 대선에서 닉슨이 거둔 압도적인 승리는 당시 미국인들 과반수가 여전히 베트남전쟁을 지지하고 있었음을 보여 주었지만, 20세기 말에 이르러 그들의 대부분은 전쟁과 그로 인한 끔찍한 인명 피해를 후회했기 때문이다. 즉, 어떤 의미에서 그래함은 평범한 미국인들과 다를 바 없었다.

신화와 상징

　그래함의 명성이 최고조에 이르렀던 시기- 대략 1960년대 중반부터 1980년대 중반까지 -는 이야기의 진행을 잠시 멈추고, 대중들이 그래함을 어떻게 바라보았는지 생각해 보기에 좋은 지점이다.

　1960년대가 되면 사람들의 기억 속에 그래함은 다소 과장된 신화적인 존재로 자리매김하게 된다. 사람들은 그래함을 판단의 기준점으로 삼았고, 이는 비기독교인도 마찬가지였다. 이에 대한 예시들은 다양한 곳에서, 때로는 예상치 못했던 곳에서도 발견된다. 예를 들어 어떤 기자는 리비아의 독재자 무아마르 카다피가 때로 '무슬림들의 빌리 그래함'으로 불리곤 했다고 전했다. 2008년 PBS의 《아메리칸 익스피리언스》 특별판은 초월주의자 랄프 왈도 에머슨을 두고 오프라 윈프리와 빌리 그래함의 장점을 섞어 놓은 인물이라고 묘사했다.

　한편, 몇몇 사람들은 자신들이 그래함과는 다르다는 것을 보이기 위해 엄청난 노력을 기울였다. 예를 들어 마녀 시빌 리크는 사람들을 개종시키려는 빌리 그래함과 달리 자신은 다른 사람들에게 마법을 믿게 하려는 의도가 전혀 없음을 강조하며 이렇게 말했다. "저는 마법계의 빌리 그래함이 아닙니다."

사역 중반기에 해당되었던 이 시기 동안 그래함은 할리우드 스타와 같은 유명인 반열에 올라 있었다. 런던의 한 신문이 그를 '후광이 나는 찰스 아틀라스'라고 부른 데에는 그만한 이유가 있었다. 그래함의 가족 가운데 한 명은 애슈빌의 한 식당에서 식사하던 때를 회상하면서, 그 짧은 시간 동안 12명 이상이 그래함에게 다가와 사인을 부탁했다고 말했다. 그래함이 언젠가 말했던 것처럼, 그가 사역을 하면서 가장 힘들었던 점은 저녁에 외식하러 나갈 수 없는 것 혹은 사람들이 너무 많이 알아봐 길거리를 편하게 걸어 다니지 못하는 것이었다. 이에 그는 선글라스와 챙이 넓은 모자를 써서 얼굴을 가리고 다니기 시작했다. 그래함이 설교단 위에서 혹은 그 밖의 장소에서 한 모든 말들은 언론과 대중들 사이에서 자주 회자되었다. 그리고 1970년대가 되면서 그는 익명성과는 거리가 아주 먼 사람이 되어 있었다.

* * *

그래함의 명성에는 그의 외모도 한 몫 했다. 그래함이 세상을 떠났을 당시 《뉴스위크》의 존경받는 종교부 기자 케네스 우드워드는 그래함을 회고하는 글을 썼는데, 도입부는 이러했다. "그는 할리우드 배우처럼 잘생겼다." 레이철 졸과 조나단 드루는《AP 통신》에 기고한 그래함을 회고하며 우드워드와 비슷하게 글을 시작했다. "빌리 그래함 목사, 영화배우같이 잘생긴 외모와 대단한 매력을 소유했던 설교자…."

무엇보다 그래함 자신도 그렇게 생각했다. 그래함은 하나님께서 자신에게 주신 외모가 홍보적 가치를 지니고 있음을 알고 있었다. 조각 같은 턱, 파란 눈동자, 대체로 너무 길었던 엷은 갈색의 머리카락, 전문 운동선수처럼 185cm가 넘는 체격까지 그의 외모는 전반적으로 훌륭했다. 그래함은 자신의 몸매를 유지하기 위해 골프는 물론이고, 수영과 웨이트 트레이닝을 포함한 여러 운동을 하면서 엄격하게 자기 관리를 했다.

TV는 상시 대기 중인 그래함의 매력적인 미소를 모두의 안방까지 전달해 주었고, 이로써 그의 인지도는 더 상승했다. 비록 그래함을 사적으로 알고 있던 사람은 거의 없었지만 TV는 누구나 그에게 편하게 다가갈 수 있을 것처럼 보이게 만들었고, 사람들은 그를 친구처럼 생각했다. 여러 여론 조사들의 결과가 말해 주듯 수백만 명의 사람들은 그래함을 별다른 이유 없이 좋아했는데, 그들이 그래함에게 호감을 가지게 된 이유 가운데 분명 TV 화면에 비춰진 그의 친근한 이미지가 큰 비중을 차지했을 것이다.

그래함의 동료들은 하나님께서 사람의 외모가 아니라 중심을 보신다고 종종 이야기했다. 하지만 동시에 그들은 그래함의 외모가 지닌 홍보적 가치를 아주 현실적으로 인식하고 있었다. 한 그래함의 동료는 농담조로 "그래함의 잘생긴 외모가 사람들의 저항을 줄여 준다"라고 말하기도 했다. 또 다른 동료는 만일 그래함이 뚱뚱하고, 헝클어진 머리카락을 가진 사람이었다면 상황이 어떻게 변했을 것 같으냐고 질문을 받았다. 이에 그 동료는- 아마도 씩 웃으며 -다음과 같이 대답했다. "글쎄요, 그런데 그래함이 실제로 그렇지 않잖아요. 그래함이 그러지 않도록 주님께서 일하셨다는 게 중요한 것 같습니다."

그래함은 당대 통용되던 멋진 (백인) 미국 남성의 이미지에 훌륭히 부합하는 인물이었다. 한 기자는 그래함을 '전형적인 주연배우상'으로 묘사했다. 동일한 의미에서 워너 샐먼Warner Sallman의 유명한 「그리스도의 얼굴」Head of Christ이라는 그림 속에 등장하는 예수님의 외모가 사역 중반기의 그래함과 눈에 띄게 비슷한 것은 우연이 아니었다. 그래함이 순회 전도 사역을 시작했을 시기인 1940년에 발표된 이 작품은 복제품만으로 5억 장 이상 판매되었고, 미국인들- 혹은 적어도 중산층 미국인들 -은 그래함의 외면적 모습들을 참 좋아했다.

게다가 그는 옷도 잘 입었다. 전국을 돌아다니며 YFC 전도 대회에서 말씀을 전하던 시절의 그래함은 파스텔 톤의 정장과 현란한 넥타이 같은 화려한 복장을 즐겨 입었다. 하지만 1950년대 중반 그래함의 복장은 언제나 검정색 양복에 부드러운 색깔의 넥타이였다. 검정색 뾰족 구두와 풀을 먹인 하얀 칼라 그리고 소매에 달린 커프스단추로 그는 마치 깔끔하게 차려 입은 은행원처럼 보였다. 이러한 점에서 한 기자는 그를 '걸어가는 애로우 칼라 맨'Arrow collar man[역주- 탈부착이 가능한 셔츠 칼라를 판매하던 업체의 광고 모델들을 지칭하는 표현]이라고 부르기도 했다.

* * *

남자다움 역시 그래함의 이미지 중 일부였다. 물론, 매력이라는 개념만큼이나 남자다움도 문화적으로 정의되는 개념이다. 2차 세계대전이 끝난 직후의 남자다움이란 배우 말론 브란도와 조지 S. 패튼 장군처럼 마초적인 모습으로 대변되었다. 즉 터프 가이인 양 으스대는 남성들의 모습을 의미했고, 적어도 할리우드에서 남성다움이란 대체로 결혼이라는 테두리 밖의 카사노바다운 성적인 매력을 포함하기도 했다.

하지만 그래함은 으스대지도 않았고, 카사노바 같은 남성은 더더욱 아니었다. 자신이 초기부터 믿어 오던 교리적 입장들을 굳건하게 견지했던 사람이자, 이를 흔들리지 않고 설교했던 설교자였다. 그리고 이는 사회 현안에 대해, 특히 공산주의에 대한 자신의 입장을 표명할 때에도 동일했다. 그래함은 자신이 존경하는 '남자 중에 진짜 남자'라 여기는 이들에 관해서도 이야기한 적 있는데, 그들 중에는 필립 왕자, 마크 클라크 장군 그리고 그의 각별한 친구이자 사각 턱과 넓은 어깨를 자랑했던 베브 셰이가 있었다.

아놀드 파머와 무하마드 알리 같은 유명한 운동선수들과 함께 찍은 사진들은 그의 진열장을 아름답게 꾸미고 있었다. 그래함은 설교에서 군인과 운동선수들을 종종 언급했고, 그들 중 많은 이들은 게스트로 그래함의 전도 대회에 초대되었다. 그가 설교 중에 하는 여러 몸짓들에는 손가락으로 허공을 가리키거나 두 손을 앞을 향해 내밀거나, 군인처럼 곧게 서 있는 자세 등이 있었는데 이는 군인이나 운동선수 같았던 그래함의 체격에 잘 어울렸다.

그래함이 저술한 두 번째 책인 『당신의 아들을 전쟁터에서 보았습니다』I Saw Your Sons at War는 그래함이 1952년 한국전쟁 당시 전장을 순회한 이야기를 토대로 쓰였다. 이 책의 표지에는 헬멧을 쓴 두 명의 군인이 손에 소총을 쥐고 전투태세를 갖춘 채 언덕을 올라가는 그림이 그려져 있었다. 그래함은 결코 전쟁 그 자체를 예찬하지 않았지만, 전쟁을 통해 형성된 군인들의 절도에 대해선 경의를 표했다.

하지만 역사가 세스 다울런드Seth Dowland는 진정한 남자다움에 대한 그래함의 이해가 어떻게 변화해 왔는지를 정리했다. 그것은 어느 정도 그래함의 생각이 변화했기 때문이었고, 또 어느 정도는 그가 변화하는 문화의 흐름을 반영한 결과였다. 처음부터 그래함은 진정한 남자다움은 마초와 같은 대담함이 아니라 성적인 유혹에 대해 '아니오'라고 거부할 수 있는 능력이라고 말했다. 그래함은 자기 자신도 그러한 종류의 유혹들을 숱하게 받아 왔고, 특히나 오랫동안 집을 멀리 떠나 있을 때 더욱 그러했다고 거리낌 없이 고백했다. 하지만 그래함은 그러한 유혹에 굴복한 적이 단 한 번도 없었음을- 조금은 과하다 싶을 정도로 자주 -이야기했다.

이후에 살펴보게 되겠지만, 시간이 지나면서 그래함은 복음주의 교리와 미국의 공공 정책과 관련된 다양한 사안들에서 좀 더 유연한 입장을 가지게 된다. 그는 이러한 수용적인 태도를 보여 주는 것을 두려워하지 않았다. 온화한 원로의 모습으로 자기 자신을 나타냈고, 흔히 남자답지 못하다고 여겨지던 중재자적인 역할도 거리낌 없이 감당했다. 그렇게 그래함은 자신의 유연한 모습들이 복음주의 하위문화로 수용될 수 있도록 만들었다.

그리고 그래함은 마침내 직설적인 모습은 적을 만든다는 사실을 깨달았다. 동료나 결신자가 아닌 바로 적들을 말이다.

사계절의 남자[78]

2006년 뉴욕, 오랫동안 그래함의 홍보자문을 담당한 A. 래리 로스는 출애굽기의 장면을 빗대어 다음과 같이 이야기를 들려주었다. "그렇게 모세는 홍해를 어떻게 건너야 할지 궁리하며 자신의 홍보 담당자에게 자문을 구했다. … 그러자 홍보 담당자는 말했다. … '물가에 서서 지팡이를 들면, 바다가 갈라질 겁니다.' 그러자 모세가 되물었다. '진짜 바다가 갈라질까요?' 이에 홍보 담당자는 답했다. '저도 잘 모르겠네요. 하지만 그렇게 되기만 하면, 당신의 이야기가 구약성경 2장 분량으로 실리게 될 거라는 점은 제가 보장하죠.'"

이 짧은 이야기에는 홍보 담당자로서의 로스의 능력뿐 아니라, 그래함의 능력을 시사하는 바가 있다. 역사가 엘리샤 코프먼은

79_ 역주- 어떠한 상황에서도 침착하고 탁월하게 제 역할을 감당하는 전천후(全天候)의 사람을 지칭한다.

1949년과 2013년 사이의 그래함을 이렇게 평했다. "그래함은 미국-그리고 세계 -에서 가장 널리 알려지고 가장 많이 TV에 출연하고 사진이 찍힌, 인쇄 매체에 가장 자주 이름이 거론된, 미국인들 사이에서 그 이름이 가장 많이 언급되는 인물들 가운데 한 명이 되었다. 그리고 이렇게 될 수 있었던 가장 큰 이유는 대중매체를 능숙히 다루는 그의 능력 덕분이었다." 이 능력은 그의 사역 인생 전반에 걸쳐 발견되었으니, 코프먼은 바르게 지적한 셈이다.

* * *

그래함은 자신의 '상품'을 판매하는 일에 있어 TV가 얼마나 효과적인 도구가 될 수 있는지 충분히 이해하고 있었다. 라디오는 그래함이 그것을 활용하기 훨씬 전부터 이미 널리 사용되던 매체였지만, TV의 경우는 달랐다. 그는 1950년대에 TV를 활용하기 시작한 선구자였다. 1950년부터 1955년 사이에 미국 내 TV 보급률이 700퍼센트 증가할 것이라는 사실을 미리 알고 있었던 것도 아니다. 하지만 그는 직감적으로 TV를 사역의 도구로 활용했다.

몬시뇰 풀턴 쉰처럼 그래함도 전 미국인의 안방에 자신을 전달해 주는 TV의 헤아릴 수 없는 가치를 영리하게 파악하고 있었다. 가톨릭 기자 존 M. 스위니는 많은 사람들의 생각을 이렇게 정리했다. "다른 매체였다면 전달될 수 없었던 그래함의 인간적이고 겸손하며 친절한 면모가 TV 화면을 통해서 전달되었다."

라디오만 활용했던 찰스 풀러나 실내 스튜디오에서만 TV 방송을 진행했던 풀턴 쉰과는 달리, 그래함은 TV로 그 이상의 장면을 만들어 냈다. 그래함 전도 대회에 참석한 수많은 인파와 강단 앞을 향해 걸어오는 사람들의 기나긴 행렬을 보여 준 것이었다. 그 장면들은 그래함의 대규모 집회란 바로 이런 것이라는 하나의 규정이 되었고, 이 앞에서 비평가들은 더 이상 이를 비주류 근본주의자들의 일탈로 치부해 버릴 수 없었다.

그래함은 여타 다른 복음전도자들이 시도하지 않았던 방식으로 TV를 활용했다. 그래함은 자신만의 전국 방송을 시작했을 뿐 아니라, 대중 토크쇼에도 정기적으로 출연했다. 그 토크쇼 가운데 우디 앨런, 윌리엄 F. 버클리, 조니 카슨, 필 도나휴, 데이비드 프로스트, 머브 그리핀, 잭 파, 다이나 쇼어 그리고 래리 킹이 진행하던 프로그램들이 있었다. 그래함은 래리의 프로그램에 자주 등장했는데, 은퇴하던 시점에는 아마 프로그램 최다 출연자였을지도 모른다. 그 쇼에만 최소 25번 이상 출연했기 때문이다.

앨런과 킹은 무신론자였지만 게스트로 참석한 그래함의 말에 딴죽을 걸지 않았다. 그래함은 앨런이 던지는 가벼운 공격들을 능숙하게 받아쳐 냈고, 몇몇 질문들에는 그도 감명받을 만큼 꽤 좋은 대답들을 내놓기도 했다. 한 번은 앨런이 그래함에게 가장 좋아하는 십계명이 무엇이냐고 물었다. 이에 그는 일말의 주저함 없이 자신은 다섯 자녀의 아버지이기 때문에 제5계명(네 부모를 공경하라)을 특히 좋아한다고 답했다.

그래함은 TV 프로그램에 출연해 그의 트레이드마크인 밝은 미소를 자랑하며 진행자 못지않게 편안하고 재치 있는 모습을 보여 주었다. 특히 무신론자인 래리와 그래함은 서로에 대한 애정을 보이며 여러 대화들을 주고받았는데, 이는 점차 다원화되어 가는 사회에 걸맞은 모습이었다. 그는 터무니없는 가짜 뉴스와 가십들로 반대 진영을 비난하기 바빴던 여타 게스트들과 달랐다. 되려 그래함은 사람들이 알아채지 못하는 방식으로 복음의 핵심을 토크쇼 대화 속에 녹여 내려고 노력했다. 그 일을 너무나 매력적인 방식으로 해냈기에 누구도 그에게 반감을 보이지 않는 듯했다.

* * *

일반 대중 토크쇼에 이어 그래함은 특유의 태연함으로 비종교 간행물들도 섭렵했다. 그는 《코스모폴리탄》, 《패밀리서클》, 《내셔널 인콰이어러》 등 다양한 정기 간행물들에 글을 기고했고, 여러 도시에서 행한 그의 설교들은 정기적으로 신문에 실렸다. 앞서 다루었듯 《뉴욕타임스》에는 매디슨 스퀘어 가든에서 그래함이 진행한 첫 번째 설교 전문이 실리기도 했다.

그래함은 직접 집필한 기고문 외에도, 자신에 관한 기사를 작성하려는 기자들에게 기꺼이 협조했다. 역사가 앤 블루 윌스의 조사에 따르면, 그래함 관련 글이 실린 정기 간행물들은 60개 이상이었다. 그중 잘 알려진 시사 잡지들로는 《타임》, 《뉴스위크》, 《US 뉴스 & 월드리포트》가 있었고, 일반 잡지로는 《라이프》, 《룩》, 《TV 가이드》, 《새터데이 이브닝 포스트》가 있었다. 사실 위 잡지들은 그래함 관련 글이 실릴 만한 종류이니 말 그대로 어느 정도 예상이 되는 잡지들이다.

하지만 조금 뜬금없는 간행물에서도 그의 기사를 발견할 수 있었다. 전문직 관련 간행물들이 바로 그것들이었는데 그 분야가 정말 다양했다. 예를 들면 《아프리칸 챌린지》, 《캘리포니아 패어런트-티처》, 《포토라마》, 《프론티어 항공》, 《골프 일러스트레이티드》, 《골프 캐나다》, 《그리팅 카드 매거진》, 《건스 & 아모 매거진》, 《IGA 그로우서그램》, 《인슈어런스 세일즈맨 매거진》, 《밀링 앤 베이킹 뉴스》, 《모션 픽쳐》, 《미스터 아메리카》, 《마이 베이비》, 《내셔널 캔디 홀세일러》, 그리고 심지어 《플레이보이》 등이 있었다. 잡지 업계가 그래함에게 보인 뜨거운 관심에서 우리는 그래함의 일거수일투족까지 알고 싶어 했던 대중들의 심리와 그에 기꺼이 부응하려는 그래함의 모습을 확인할 수 있다.

* * *

그래함은 또한 각계각층의 유명인들과 함께 사진 찍히는 일이 많았다. 《결단》의 기념호에는 그래함이 가까이 지냈던 유명인들과 함께 찍은 사진이 여러 차례 실렸다. 그들 가운데는 무하마드 알리, 잭 니클라우스, 조 나마스, "베어" 브라이언트, 아놀드 파머,

제프 고든 같은 운동선수들과 세실 B. 드밀, 우디 앨런, 다이나 쇼어, 조지 번스, 로이 로저스, 데일 에번스, 조니 카슨, 월트 디즈니, 클리프 리처드 경, 밥 호프 등의 연예인들이 있었다. 또한 미디어계 유명 인사들로는 존 F. 케네디 주니어, 캐롤린 베셋케네디, 다이앤 소여, 래리 킹, 그레타 반 서스터렌, 폴 하비, 피터 제닝스, 케이티 커릭 그리고 데이비드 프로스트와 같은 이들이 있었다.

그래함의 가족들 또한 대중매체의 관심 대상이었다. 주일에나 꺼내 입을 법한 고급 옷차림을 한 그래함의 자녀들은 미국 중산층 백인 가정의 표준처럼 비춰졌다. 특히 루스는 특별한 관심을 받았다. 월스의 표현을 빌리자면 여러 기사와 사진 속에서 그래함은 '든든하고 강인한 가장'으로, 루스는 '(윽박지르는 존재가 아닌) 사랑스럽고 현숙한 존재'처럼 그려졌다.

잡지사는 사람들이 잡지를 사게끔 만드는 방법을 알고 있었다. 편집자들은 그래함의 사진을 한쪽 페이지에, 그리고 화려한 여배우의 사진을 그 옆 페이지에 배치했다. 다양한 장소에서 다양한 포즈로 찍힌 그래함의 사진들, 특히 유명인이나 대통령과 골프를 치고 있는 그의 모습이 담긴 사진들은 그가 사회의 엘리트들과 얼마나 가까웠는지 보여 주었다. 그들과의 만남을 통해 그래함이 물질적인 이득을 얻었음을 보여 주는 증거는 없다. 하지만 영리했던 그래함은 이러한 언론 노출이 자신의 사역에, 궁극적으로는 빌리그래함 전도협회에 재정적인 도움이 될 것이라는 점을 잘 알고 있었다. 또한 다른 이들처럼 그래함도 어느 정도는 자신을 향한 엄청난 관심을 분명히 즐기기도 했을 것이다.

* * *

그래함보다 앞서 그리고 그의 뒤를 따라 순회 복음 사역자의 길을 걸었던 많은 이들과는 달리 그래함은 언론과 좋은 관계를 유지했다. (뒤에서 살펴보게 될) 많은 논란을 초래한 1982년 모스크바 전도 대회를 제외하고, 그래함이 자신을 언론의 피해자라고 생각했던 적은 거의 없었다. 그는 기자들이 대부분 자신에 대해 공정하고 정확하게 전달한다고 이야기했다. 때로는 그렇게까지 정확하게 전달하지 않았으면 좋겠다고 생각했을 정도였다.

그래함은 허스트와 루스가 자신의 사역이 궤도에 오르는 데 중요한 역할을 했다는 사실을 기꺼이 인정했다. 그래함은 전문적으로 자신의 일에 최선을 다하는 기자들을 좋아했고, 기자들도 동일한 이유로 그래함을 좋아했다. 이러한 맥락에서 그래함이 개최한 기자회견들의 녹취록에는 '웃음'이라는 표기가 여러 번 등장할 정도로 현장은 활기 넘치고 친근한 농담들이 가득했다.

한 기자회견에서 있었던 일화가 이러한 분위기를 단적으로 보여 준다. 당시 그래함은 기자회견장에 있던 사진작가들과 방송국 관계자들을 향해 그들을 천국에서 보게 되면 좋겠다고 말했다. "천국에 여러분들의 사진기도 가지고 오세요"라는 재치 있는 말과 함께 말이다. 간혹 그래함과 그들 사이에 팽팽한 긴장감이 감도는 상황에서도 그는 한결같이 유머러스한 농담을 던지거나 혹은 개인적인 일화를 이야기하며 분위기를 좋게 만들었다. 그래함은 기자들이 제공하는 무료 홍보의 중요성을 잘 인지하고 있었고, 기자들은 유명인이 하는 이야기의 중요성을 잘 인지하고 있었다.

* * *

그래함이 사용한 또 다른 대중매체 활용법은 훨씬 적은 주목을 받았는데, 바로 그의 사역 전성기 시절에 활발히 행해졌던 학자들과의 교류였다. 그래함은 학자들을 대할 때 학술 전기를 포함한 여러 전기들, 다양한 종류의 신문과 시사 잡지들 그리고 지속적인 성경 연구를 토대로 얻게 된 정보들에 의존했다.

컬럼비아대학교의 저명한 역사가 리처드 호프스태터Richard Hofstadter는 퓰리처상을 받은 자신의 책 『미국의 반지성주의』에서 그래함을 반지성주의의 대표적 예시로 꼽았다. 호프스태터의 이러한 비판은 어떤 면에서 일리가 있다. 그래함은 신학교를 간 적도 없었고, 고학력자도 아니었기 때문이다. 유명 지식인들과 그들의 학술 자료를 자신의 설교와 책에서 간간히 언급하기도 했지만, 그의 아내 루스와 그의 연구 보조원들의 도움을 받은 것이 명백했고 그가 이를 주도적으로 깊게 연구했음을 보여 주는 증거는 적다.

그럼에도 불구하고 31살에 보스턴대학교를 방문했던 1950년 이래로 그래함은 지난 60여 년 동안 여러 단과대학교와 신학대학교, 종합대학교에서 수차례 초청을 받았다. 이 다양한 학술 기관들은 종교적 배경을 지닌 기관과 그렇지 않은 기관들을 포함해 개신교와 가톨릭 기관들, 주류 교단 소속이거나 복음주의 교단 소속의 교육 기관까지 무척 다양했다.

역사가 앤드루 핀스튜엔의 연구가 보여 주듯, 그래함이 초청받은 교육 기관 목록에는 세계에서 손꼽히는 곳들도 다수 포함되어 있었다. 하버드, 예일, 프린스턴, 브라운, 컬럼비아대학교 같은 아이비리그 대학교old ivies[편주- 명문 공립대학을 가리키는 public ivies 등에 견주어 볼 때 아이비리그는 더 오랜 전통을 자랑하는 명문이다]와 시카고, 버클리, 듀크, 노스캐롤라이나대학교를 포함한 연구 중심 대학교, 옥스퍼드와 캠브리지와 같은 영어권에서 가장 오래되고 유명한 대학교 그리고 '민주 사회를 위한 학생회'를 포함한 여러 정치활동 그룹들이 그 목록에 이름을 올렸다. 그래함은 18세기 조지 휫필드 이후 복음전도자로서는 처음으로 하버드 야드에 있는 메모리얼교회 강대상에 오르는 영예를 얻기도 했다.

그렇다고 해서 학계에 있는 모든 이들이 전부 그래함을 원했던 것은 아니었다. 1951년 가을 그래함이 노스캐롤라이나주 그린즈버러에서 전도 대회를 개최하고 있었을 때, 그 근방에 있던 듀크대학교의 신학부 학생회는 그를 초청해 복음전도 강의를 듣고 싶어 했다. 이에 해당 학생회 대표가 학과장에게 허락을 구했으나, 학과장은 그 결정을 교수 소집 회의에 맡겼고 투표 결과 16명 중 9명만이 찬성표를 던져 결국 강의는 성사되지 못했다.

그래함은 청중들의 회의적인 시선이나 적대적인 태도가 무서워 초청을 거절한 적은 없었다. 그는 어떠한 주제에도 구애받지 않고 기꺼이 말할 준비가 된 사람처럼 보였다. 달리 보면, 사실 그래함은 정말 순진하게 그 초청들에 응해 왔던 것이다. 비판적 학문의 세계에 대해 자신이 얼마나 무지한지도 충분히 인식하지 못한 채였다. 하지만 자신은 신학자나 지성인이 아님을 계속해서 인정해 왔다는 점에서 그는 스스로에 대해 꽤나 객관적으로 판단하고 있었던 것 같다.

그래함은 학자들의 전문 분야 앞에서 그들과 지혜를 겨루려 하지 않았다. 오히려 영리하게 그들을 자신의 전문 분야로 데리고 왔다. 그래함은 사람들이 살아가며 마주하는 난제들과 그들을 구원해 줄 신적인 능력의 필요성에 대해 학자들과 이야기 나눴다. 즉, 그래함은 교육 수준 혹은 여타 다른 배경과 관계없이 어느 곳에서든 모두와 함께 나눌 만한 가치 있는 좋은 소식, 곧 복음에 대한 대화를 그들과 나누었다.

그래함은 때로 자신을 향한 비웃음을 호의적인 웃음으로 잘못 이해했고, 이에 많은 학자들은 계속해서 그를 회의적인 시선으로 바라봤다. 어떤 이는 그래함이 기독교를 최소 100년쯤 후퇴시켰다며 그를 비판했다. (이러한 비판에 대해 그래함은 기독교의 모습을 딱 1,900년 전으로 되돌리고 싶다는 농담을 던졌다) 한편, 뉴욕의 유니온신학교의 저명한 사회윤리 교수인 존 C. 베넷John C. Bennett은 학생과 교수진들 앞에서 그래함이 한 강의를 듣고는 '자신이 예상했던 것보다는 괜찮은 혹은 걱정했던 것보다 나쁘진 않은 인물'이라고 그래함을 평했다. 그러곤 이렇게 이어 말했다. "그래함이 성공할 수 있었던 이유는 자신이 서 있는 곳에 따라 알맞게 말하는 법을 알고 있기 때문이네요."

설교자[빌리 그래함]와 교사들[학자들]이 나누었던 긍정적인 학술 교류들은 제법 인상적이다. 거의 다루어지지 않았던 자료들도 면밀하게 살폈던 핀스튜엔은 연구를 통해 수많은 저명한 학자들이 그래함을 직접 만나기 전부터 혹은 만난 이후 놀라울 정도로 그에게 마음을 활짝 열었다는 사실을 알아냈다. 이 학자들 가운데는 칼 바르트Karl Barth, 헬무트 틸리케Helmut Thielicke, 하비 콕스Harvey Cox, 크리스터 스텐달Krister Stendahl, 폴 틸리히Paul Tillich, 헨리 피트니 반 두센Henry Pitney Van Dusen 그리고 심지어 앞서 말한 존 베넷도 포함되어 있었다.

이들은 그래함의 진실성과 겸손함에 무장해제 되었고, 그의 재치와 매력에 감명받았다. 또한 이들은 자신들이 할 수 없는 일을 그래함이 해내고 있다는 사실을 인정했다. 그래함의 농담은 학자들의 마음의 문을 활짝 열게 만든 일등공신이었다. 한 예로, 그래함은 학자들에게 켄터키의 경마 경기에 자신의 노새를 내보낸 농부 이야기를 즐겨 들려주었다. 한 친구가 농부에게 그의 노새가 우승할 확률이 있겠느냐고 묻자, 그 농부는 말했다. "전혀 없지. 하지만 노새를 보게. 그래도 다른 말들과 함께 뛰고 있지 않나." 그래함은 특유의 환한 미소를 보이며, 바로 그 노새의 모습이 학자들 모임에 자신이 강사로 서게 될 때 드는 생각이라고 말했다.

1962년 하버드 법학 포럼에 참석한 교수진과 학생들 앞에서 강연을 하는 그래함의 사진에는 흥미로운 장면이 담겨 있다. 이 사진에는 두 모습이 담겨 있었다. 먼저 세련된 스포츠 코트와 검은색 바지를 입은 그래함이 수많은 사람들을 마주한 채로 강단에 편안히 서서 팔짱을 낀 채로 웃고 있는 모습이었고, 둘째로 대체로 미소를 짓고 있는 청중의 모습이었다. 그래함은 그곳의 상황을 더 없이 편한 상태에서 이끌었던 것이다.[80]

대부분 그래함은 언론과 학자들 간의 교류로 인해 지치거나 쩔쩔매기보다 오히려 그를 통해 활기를 얻었다. 어떠한 상황에도 대중과 언쟁을 벌이지 않는 그래함의 모습은 싸움에서 우위를 점하는 기독교 지도자의 모습으로 읽혔다. 게다가 매우 중요한 지점은 그 모습에서 사람들은 그래함이 스스로 선포하고 있는 메시지와 현대적 사고가 충돌하는 것을 전혀 두려워하지 않는다는 인상을 받았다는 것이다.

80_ 그래함은 1962년에서 1999년 사이 하버드에서 적어도 네 차례 강연을 했다. 그의 옷차림에 근거해 나는 이 사진이 1962년에 찍힌 사진일 것이라고 추정한다.

빌리그래함 '회사'

그래함의 광범위한 사역은 잘 정비된 조직[빌리그래함 전도협회] 인프라의 궤도를 따라 진행되었다. 회사Inc.는 그래함이 처음 협회 설립을 구상했을 때 마음속에 떠올린 첫 번째 이미지는 아니었을 것이다. 하지만 이는 협회와 적절하게 들어맞는 형태였고, 그래함의 신학을 받아들이지 않던 외부인들도 그의 사업적 역량에 존경을 표했다.

이러한 존경은 그래함의 사역 초기부터 시작되어 후반기까지 이어졌다. 하지만 그래함의 기업가적 기량이 가장 두드러졌던 시기는 중반기로, 그가 대중매체에 가장 자주 모습을 드러내던 시기와 일치한다. 이번 장면에서는 바로 그 시기, 1960년대 중반에서 80년대 중반기까지 대략 20년 정도 되는 기간을 살펴보고자 한다. 하지만 이 이야기의 핵심인 그래함의 사업가적 면모는 사실 전도협회가 설립되던 1950년에 시작되어, 그가 은퇴하는 2005년까지 변함없이 지속되었다.

설립 초기부터 빌리그래함 전도협회는 철저한 정직성과 현대적 효율성을 동시에 보여 준 기관이었다. 협회는 저술과 잡지, 영화, 라디오와 TV 프로그램 등 대중매체 출연, 기자회견, 시민과의 대화 그리고 물론 전도 대회까지 계속해서 확장되어 가는 그래함의 사역 영역 전부를 관리했다. 그러니 협회의 운영방식 노하우를 알아보기 위해 비종교 단체들의 대표들이 미니애폴리스까지 찾아오는 일은 부지기수였다.

1957년, 그래함에 대한 학술 전기를 저술한 첫 번째 작가이자 날카로운 비평가이기도 했던 윌리엄 G. 맥러플린William G. McLoughlin은 협회의 효율성에 찬사를 아끼지 않았다. 그리고 극히 드문 예외들을 제외하면, 현재까지도 국내외 역사가나 기자들은 협회의 일처리 능력에 대해 맥러플린과 동일한 입장을 보인다.

전도협회가 존재함으로써 미국 국세청 기준에 부합하게 재정 관련 업무들이 처리되었고 여러 업무들의 질서가 잡혔으며, 당시에는 생각지도 못했던 여러 생산적인 결과들을 얻기도 했다. 일례로 협회 책임자였던 조지 W. 윌슨George W. Wilson은 협회 본부를 몬트리트가 아닌 자신의 출신지인 미니애폴리스에 두었다. 그래함이 거주하고 있던 몬트리트와 미니애폴리스 사이의 거리 차는 자연스럽게 그래함이 협회에 관련된 세부사항을 하나하나 지나치게 살피지 않도록 하는 데 중요한 역할을 했다. 또한 트윈시티에 거점을 둔 덕분에 협회가 지역 기관이 아닌 전국적 (머지않아 국제적) 기관이라는 이미지를 갖게끔 했다.

2003년, 전도협회는 약 500여 명의 직원들과 함께 노스캐롤라이나주 샬럿으로 이주했다. 더 넓은 공간이 필요하기도 했고, 분Boone에 위치한 사촌 기관 사마리안퍼스Samaritan's Purse와 좀 더 지리적으로 가까워지길 원했기 때문이다.[81] 하지만 의도됐던 것이든 그렇지 않았던 것이든, 전도협회의 이주는 기관 내 사무 절차가 확립되고 대외적 이미지가 공고하게 세워진 후 오랜 뒤에야 진행되었다.

그래함의 모든 복음전도 사역에는 재정이 필요했고, 전도협회는 자금을 효과적으로 관리했지만 모금을 위한 광고는 거의 하지 않았다. 라디오, TV 방송들은 복음의 메시지를 가장 중요하게 다루었고, 후원은 상대적으로 거의 언급하지 않았다. 1996년에 실시된 TV 프로그램에 대한 조사에 따르면 제리 포웰과 로버트 슐러가 방송 시간 중 각각 17퍼센트와 13퍼센트를 후원 요청에 사용한 반면, 그래함은 2퍼센트만을 후원 요청에 사용했다.

전도협회의 후원 요청은 방송보다는 정기적으로 협회 소식을 담아 보내던 편지를 통해 수천 명의 사람들에게 전달되었다. 이 편지는 그래함의 설교와 유사한 형식으로 구성되어 있었다. 즉 이 땅위에서 발생하고 있는 다양한 세계적, 국가적, 개인적 위기들 앞에서 그리스도는 모든 위기들에 대한, 그리고 모든 사람들을 위한 해답을 우리에게 주신다는 내용이었다. 편지의 말미에는 "우리는

81_ 2000년에 그래함의 아들인 프랭클린은 빌리그래함 전도협회의 CEO로 부임했고, 2001년에 회장이 되었다.

여러분의 기도와 후원이 필요합니다"라는 말이 덧붙었다. 그리고 상대적으로 빈도수가 적었던 협회의 후원 요청 방식은 오히려 더 많은 후원이라는 결과로 이어졌다.

＊　＊　＊

한편, 그래함의 개인적인 재정 처리 방식도 정비되었다. 1950년 가을, 그래함은 애틀랜타에서 5주간 진행될 전도 대회를 위해 고향에 왔다. 그리고 이 당시 전도 대회에 대한 언론보도로 인해 그는 의도치 않게 하나의 조치를 취하게 되는데, 이것은 그가 취해 오던 여러 조치들 가운데 가장 가치 있는 행동 중 하나로 자리매김하게 되었다.

12월 초에 그래함이 전도 대회를 마치고 도시를 떠났을 때, 《애틀랜타 컨스티튜션》은 전도 대회를 보도하며 사진 2장을 신문에 실었다. 첫 번째 사진은 그래함이 웃으며 그를 공항까지 데려다 줄 자동차에 올라타는 모습이 담겨 있었다. 두 번째 사진은 첫 번째 사진 옆에 게재되어 있었는데, 전도 대회 때 모인 헌금으로 가득한 네 개의 가방을 들고 있던 안내원들의 사진이었다. 이 두 사진은 모두 사실을 보여 줬지만, 사진의 배치가 사람들에게 사실과는 다른 인상을 남겼다. 그 돈이 모두 그래함의 개인 소유가 될 것이라는 인상이었다.

이에 그래함은 두 가지 조치를 취했다. 첫 번째는 이제 막 설립된 빌리그래함 전도협회에서 감사가 완료된 재정 기록을 대중에 공개하는 것이었다. 이때부터 전도협회의 재정 내역을 살펴보고 싶다면 누구나 협회의 수입과 지출 금액 그리고 그 지출의 세부 내역까지 정확히 알 수 있게 되었다. 1952년 1월에 단행된 두 번째 조치는 그래함 자신을 포함해 협회의 모든 고위급 인사들의 연봉을 공개하는 것이었다.[82] 그래함의 경우, 당시 성공한 도심지역 목회자가 받는 수준으로 책정되어 1만 5,000달러를 받았다.

여기에서 우리는 몇 가지 사항들을 살펴볼 필요가 있다. 첫째로, 책정된 연봉이 공개되면서 그래함의 수입과 후원금은 상대적으로 구분이 가능해졌다[역주- 기존 복음전도자들의 재정 관련 폐해 중 하나는 그들의 봉급 금액이 전도 집회에 앉아 있는 청중들의 후원에 의해서 결정된다는 것이었다. 이에 많은 복음전도자들은 청중을 어떻게든 감동시켜 더 많은 후원을 받아 내고자 했다. 하지만 그래함의 조치는 이를 미연에 방지한 것이다]. 둘째로, 그래함이 1952년에 받은 연봉은 사실 많은 편이었다. 2018년 달러 가치로 환산하면 당시 그래함의 연봉은 약 14만 달러로 34살의 사역자에겐 상당히 많은 액수였고, 이

82_ 하지만 이에 관해 두 가지 조건들이 명시되어야 한다. 첫째, 고정 봉급제는 도급 계약 형식으로 일하고 있던 셰이에겐 적용되지 않았다. 강단 팀과 백스테이지 팀의 구성원들과 다르게 셰이에게는 계약서에 명시된 의무들 외에 그가 이행해야 할 의무사항은 없었다. 둘째, 그래함은 칼럼 기고료나 자신의 저서들 가운데 일부 인세를 받았고, 이는 그의 자녀와 손주들의 교육을 위해 지정 사용되었다. 내가 아는 한 그래함은 그 정확한 금액 혹은 산정 방식에 대해 언급한 적은 없다. 그가 세상을 떠날 어간의 시기, 대중에 공개되었던 그래함의 연봉 금액은 8만 2,190달러였고 그 외의 의료 지원금을 포함한 여러 혜택들도 받고 있었다.

에 그래함은 풍족한 생활을 누릴 수 있었다. 또한 그래함은 여러 선물들을 기꺼이 받았는데, 그 선물들에는 햇볕이 내리 쬐는 해변에서의 휴가비, 리무진 경비 지원과 골프장 사용권 그리고 그의 친한 친구들이 소유주로 있는 전 세계 홀리데이 인과 메리어트 호텔의 무료 숙박권 등이 있었다. 그는 결코 가난하거나 금욕적인 척하지 않았다. 성경의 선례를 따라 일꾼이 "그 삯을 받는 것은 마땅하다"라고 생각했다.

하지만 그래함이 누렸던 이러한 혜택들은 번영 신학을 주창하는 설교자들이 누렸던 혜택과는 분명 달랐다. 그는 전용 비행기와 조종사를 지원해 주겠다는 제안을 거절했고, 그것이 무료였든 아니든 호화로운 스위트룸에서 머무는 것도 거절했다. 그리고 이후 리무진 탑승과 골프도 완전히 포기했는데, 부유해 보이는 컨트리클럽 이미지가 생기는 것을 좋아하지 않았기 때문이었다(골프는 시간을 너무 많이 뺏는다는 이유 때문이었다). 실제로 루스 그래함이 언젠가 "빌은- 루스는 그래함을 '빌'이라고 불렀다. 장성한 어른인 그래함을 '빌리'라고 부르는 것은 조금 이상한 것 같다고 생각했기 때문이었다 -말 그대로 어떻게 하면 자신이 돈을 덜 받을 수 있을까 계속해서 고민했다"라고 이야기했다.

그리고 우리가 살펴봐야 하는 마지막이자 가장 중요한 사항은 그래함의 보수가 대중에게 완전히 공개되어 있었다는 것이다. 그래함은 여러 비평가들에게 온갖 분야에서 비판받았다. 그러나 개인적 이익 혹은 호화스러운 삶을 위해 재정을 유용했다는 비판을 받았던 적은 거의 없었다. 그래함은 어린 나이였지만 사역 초기부터 재정적 투명성이 무척 중요하다는 사실을 잘 알고 있었다.

* * *

협회 창립은 각 분야에서 크게 성공한 사업가들과 빈번하고 밀접한 교제의 기회를 그래함에게 가져다주었다.[83] 그들 중 상당수는 석유 사업으로 특히 텍사스에서 큰 성공을 거둔 이들이었고, 이들 가운데 시드 리처드슨, 글렌 맥카시 그리고 얼 핸카머가 있었다. 그 외에도 광고계의 월터 베넷, 식료품계의 하워드 E. 버트 주니어, 주택 인테리어계의 메리 C. 크롤리, 은광 채굴계의 H. L. 헌트, 중장비 개발계의 R. G. 르투르노, 호텔계의 큰손 J. W. 메리어트, 보험왕 존 D. 맥아더, 총기 제조계의 러셀 맥과이어, 신발 제조계의 W. 맥시 저먼, 서비스마스터의 최고경영자 C. 윌리엄 "빌" 폴라드, 《리더스 다이제스트》의 설립자 드윗 월레스 그리고 《타임》, 《라이프》의 창립자이자 소유주였던 헨리 루스가 있었다.

그래함은 또한 체이스 맨해튼 은행의 사장인 조지 챔피언이나

83_ 이들은 대부분 남성이었다. 그러나 주식회사 홈 인테리어스 & 기프츠의 설립자인 메리 C. 크롤리(Mary C. Crowley)는 중요한 예외였다. 그녀는 빌리그래함 전도협회 이사로 일했던 첫 번째 여성이었다. 그녀가 메리 케이 화장품사의 창업자인 메리 케이 애쉬(Mary Kay Ash)의 올케였다는 사실이 이사로 채택된 과정에 영향을 미쳤을 수도 있다. 크롤리와 애쉬가 운영하던 회사들은 모두 직접 마케팅 방식을 채택하고 있었는데, 이 자립적인 사업 정신은 그래함의 사업적, 영적 정신과 일치했다.

하버드대학교 회계 담당자 조지 베넷 같은 금융 전문가들과 강한 유대 관계를 만들기도 했다. 그리고 앞서 언급한 그 외에 다른 성공한 기업가들을 빌리그래함 전도협회의 이사회로 불러들였다. 그래함은 그들의 사업가적 감각을 존경했다.

존경할 뿐 아니라 그래함은 그들과 함께 있는 것 자체를 좋아했고, 이는 그들도 마찬가지였다. 그들은 많은 점에서 서로 닮아 있었다. 그들 중 대부분은 가난까지는 아니었으나 중산층 수준의 삶에서 지금의 성공을 일구어 낸 이들이었다. 이들 모두는 강한 의지와 원대한 비전 그리고 현실 세계에서 무언가를 성취하는 방법을 빠르게 발견해 내는 능력을 지니고 있었다. 또한 이들이 여러 차례 가졌던 골프 모임들이 보여 주듯이 스포츠를 좋아한다는 점도 중요한 우정의 동력이었다.

사람들에게 덜 알려진 사실이지만, 그래함은 자선 사업에 헌신된 이들, 특히 사회적 양심을 지닌 기독교 사업을 후원하기 위해 노력하는 이들을 존경했고 이것 역시 그래함과 그들의 관계에 중요한 요인이 되었다.

그래함은 허리케인 피해 구호 자금과 같은 특수한 사례들을 빼고는 대체로 큰 금액의 후원을 정중히 거절했다. 때문에 빌리그래함 전도협회 후원자 명단에는 여러 도서관들을 후원했던 앤드루 카네기 혹은 개신교 진보 진영의 여러 사업들을 후원했던 존 D. 록펠러 같은 거액 후원자가 없었다. 그래함이 몇 차례 이야기한 적 있듯, 그는 진심으로 거액 후원자들을 원하지 않았다. 그들의 존재로 인해 평범한 소액 후원자들의 의욕이 꺾일까 염려해서였다.

이에 빌리그래함 전도협회의 주요 후원자들은 재정적으로 부유했던 사람들이 아니라 중산층 노동자 계층의 사람들이었다. 정확한 수치는 알기 어렵지만, 1976년에 그래함이 했던 발언에 따르면 이들의 평균 후원 금액은 7달러(2017년 가치 기준 약 45달러)였고 대체로 자신들의 편지 속에 후원금을 넣어 협회로 보냈다.[84]

일반 대중이 보내온 꾸준한 후원은 아주 가끔 들어오는 거액의 후원보다 더 의미 있고, 또한 신뢰할 수 있는 재정의 원천이 되었다. 이와 관련해 그래함은 설교에서 기부가 기독교인이 그리스도와 동행하는 과정 가운데 일부라고 말했다. 기독교인들은 그들의 손과 지갑으로 말하는 사람들이기 때문이었다.

그리고 신뢰는 이 모든 것의 중심에 있었다. 물론 여러 재정적인 실수들이 없었던 것은 아니다. 하지만 개인의 뒷배를 채우기 위해 의도적으로 후원자들과 법을 속이는 스캔들은 빌리그래함 전도협회에서 결코 발생하지 않았다.[85]

84_ 1977년에 경영 관리인 조지 W. 윌슨은 평균 후원액은 한 편지당 10-12달러라고 말했다.

85_ 1977년 《샬럿 옵저버》는 빌리그래함 전도협회가 댈러스에 있는 협회 관련 기관의 재정 운용 정보를 제대로 공개하지 않았다고 보도했다. 하지만 협회 내 누구도 사적으로 이득을 취하지 않았고, 그 재정 운용 방식은 비영리단체의 세금 규정을 잘못 이해해서 발생한 일이었기에 법적으로 기소되지는 않았다. 하지만 그래함은 이를 깊이 뉘우치며 빠르게 실수를 바로잡고자 했다. 그리고 1979년 그래함은 모든 단체가 이와 같은 실수를 반복하지 않도록 복음주의 재정 책임위원회(Evangelical Council for Financial Accountability)의 설립에도 앞장섰다.

복음전도자 신분을 악용해 부정한 돈을 벌어들인 엘머 갠트리Elmer Gantry가 만들어 낸 이미지는 복음전도자들에게 사라지지 않는 하나의 멍에와 같았다. 하지만 그래함은 개인 재정 관리와 협회 관련 업무들을 정직하게 처리함으로써 이러한 부정적 이미지에 맞섰다. 즉 협회의 한 후원자의 표현을 빌리자면 그래함은 자신과 협회에 대한 후원을 신뢰라는 형태로 갚았다.

정치 권력의 위험성

1960년대 말부터 1970년대 초 무렵, 샬럿 농촌 출신인 그래함은 승승장구하고 있었다. 1971년 1월, 그래함은 캘리포니아주 패서디나의 대표 행사인 로즈 퍼레이드 토너먼트의 그랜드 마셜[역주-선봉에서 퍼레이드를 이끄는 이에게 부여되는 칭호]로 선임되었다. 당시 사진들에는 군중 앞에서 미소를 띤 채로 손을 흔들고 있는 그래함의 모습이 담겨 있었는데, 그 모습은 할리우드 스타 못지않게 매력적이었다.

그로부터 9개월 후, 그래함의 고향인 샬럿은 공식적으로 '빌리 그래함의 날'을 지정했다. 그날을 위해 샬럿시는 공립학교들에 휴교를 명령했고, 리처드 닉슨 대통령을 초대했으며 시내의 주요 도로에 빌리 그래함 파크웨이Billy Graham Parkway라는 이름을 붙였다. 그리고 그래함과 도시에 방문한 대통령이 함께 올라탄 행진용 차량을 따라 거대한 퍼레이드가 진행되었다.

할리우드 스타들은 빌리그래함의 날을 축하하는 전보들을 보내왔다. 이들 중에는 밥 호프, 로널드 레이건, 지미 스튜어트, 로버트 스택, 로렌스 웰크가 있었다. 레니에 왕자, 하일레 셀라시에, 윌리엄 웨스트모어랜드 장군 그리고 그래함의 오랜 친구인 아놀드 파머 같은 국가 지도자급 인사들도 전보를 보내왔다. 존 코널리, 샘 얼빈, 스트롬 서먼드 등 정치 지도자들은 직접 행사 현장을 방문했다. 닉슨 대통령은 그래함에 대한 찬사가 가득한 축사로 행사의 시작을 알렸다. 그래함은 빌리그래함의 날 수락 연설에서 자신은 이 모든 것들을 받을 만한 자격이 없다고 말했다. 하지만 언론은 그래함이 어찌 되었든 자신의 이름을 딴 기념일 제안을 거절할 만큼 겸연쩍어하진 않았다는 사실에 주목했다.

이러한 행사들에 등장하는 그래함의 모습은 그 역시 미국적 삶의 방식에 완전히 젖어 있다는 인상을 풍겼다. 그러나 복음을 전하는 설교자라는 자신의 근본적인 소명에 입각해 행사에 참여했음은 분명하다. 그가 TV 토크쇼 같은 대중매체에 출현했을 때도 외설적인 이야기는 절대 하지 않았고, 그의 개인적 삶 역시 흠잡을 데 없이 청렴했다. 또한 그 시기에 그래함은 인종차별, 물질주의, 군국주의, 범죄, 성적 부도덕과 같은 미국인의 개인적, 사회적 죄악들을 향해 선지자적 심판의 메시지를 지속적으로 전했다.

그럼에도 불구하고 언론과 그래함을 따르던 수많은 이들은 그가 미국의 풍요로운 삶에 선지자적 비판을 가하는 존재라기보다는, 오히려 그러한 유의 삶을 상징하는 존재로 인식하고 있었다.

그렇기 때문에 대중매체들은 전근대적이라며 그의 신학을 비판하기보다 20세기 미국이 주는 편안함과 권력에 취한 듯 보이는 그의 모습을 비판하는 데 더욱 열을 올렸다.

역사가들은 그래함이 닉슨을 집요하게 지지했다는 사실로 인해 그를 공정하게 기술하지 못한 측면이 있다. 하지만 그래함의 친구 중 한 명의 표현대로, 만일 닉슨이 자신을 향한 그래함의 신뢰를 '깨뜨렸다면' 그는 자신을 향한 미국 전체의 신뢰를 깨뜨린 것이기도 하다는 점을 기억할 필요가 있다. 왜냐하면 닉슨은 1972년 전국 일반 투표에서 미국 역사상 4번째로 큰 표차로 당선되었으며 선거인단 투표에서 매사추세츠(와 컬럼비아 특별구)를 제외한 모든 주에서 승리를 거머쥐었던 대통령이었기 때문이다. 또한 닉슨은 진보주의자조차 갈채를 보내는 개혁적 입법 및 조치들을 취했던 인물이었다. 그 가운데는 환경보호청을 설립하고, 공산국가인 중화인민공화국에 대한 외교적 개방 등이 있었다.

그러나 워터게이트 사건은 닉슨의 몰락을 초래했고, 이는 그래함에게도 큰 타격을 주었다. 워터게이트 사건의 세부적인 내용들은 이미 여러 차례 논의되었기 때문에 그 내용들을 여기에서도 반복할 필요는 없다. 다만, 우리는 워터게이트 사건에 닉슨이 연루되었음이 공개된 1973년 여름 이후의 상황들을 잠시 살펴보려고 한다. 워터게이트 사건의 세부 내용이 알려지자 대통령을 비난하던 세력은 그의 탄핵을 주장하기 시작했고, 대통령을 지지하는 세력은 아직 사건의 진위 여부를 결론지을 단계가 아니며 이런 상황에서 탄

핵은 말도 안 되는 것이라고 주장했다. 그래함은 후자에 해당했다. 그리고 대부분의 닉슨 지지자들이 옹호를 단념한 이후에도 그의 닉슨 지지는 계속됐다.

그래함의 이러한 태도에는 여러 요인이 작용했다. 우리가 살펴보았던 것처럼 그래함은 닉슨의 사고방식과 현명함, 그의 지식과 높은 도덕적 가치들을 존경했다. 또한 닉슨이 자라온 가정 배경 속 부모님의 퀘이커 신앙, 요컨대 그의 어머니가 지닌 복음주의 신앙을 높이 평가했다. 닉슨이 좀 더 자신의 신앙을 솔직하게 표현했으면 하는 바람이 그래함에게 있긴 했지만, 그럼에도 그래함은 닉슨을 이해했다. 그가 자신의 내면과 관련된 개인적인 이야기를 꺼내는 것을 무척이나 부끄러워한다는 사실을 알고 있었기 때문이다. 그리고 다른 사람, 특히 오래된 친구와 갈등을 빚는 것을 거북스러워하던 그래함의 성향도 계속해서 닉슨을 지지하는 요인으로 작용했다.

그래함은 자신에 대한 신뢰와 남을 향한 신뢰 모두를 무척 소중히 여겼던 사람이다. 그는 몇 년 후 닉슨의 비리에 대해 변명하는 듯한 발언을 했다. 닉슨의 잘못된 행동들은 그가 복용하고 있던 수면제의 영향 때문이며, 그로 인해 "마귀가 닉슨 가운데서 역사하게 된 것"이라고 말했다. 이러한 그래함의 개인적 성향과 그가 오랜 친구인 닉슨에 대해 가지고 있던 여러 기대들을 조합해 보면, 그래함이 왜 그토록 진실을 더디게 직면했는지 쉽게 이해할 수 있다.

시간이 걸리기는 했지만, 닉슨에 대한 그래함의 신뢰도 점차 무너져 갔다. 그 첫 번째 균열은 1974년 1월에 생겼다. 그래함은《크리스채너티 투데이》를 통해 범죄 사실과 관련된 증거는 부인할 수 없지만, 이 범행에 닉슨이 연루되어 있다는 확실한 증거가 없다고 주장했다.

그 후 4월, 한 폭로로 인해 워터게이트 사건의 진상을 밝혀 낼 '스모킹 건'이 된 테이프들이 공개되었다. 이 테이프들은 닉슨의 연루 사실뿐 아니라, 아마도 그래함이 더 심각하게 생각했을 닉슨의 거친 언행들도 적나라하게 보여 주었다. 처음에 그래함은 녹취록 읽기를 거부했다. 하지만 그다음 달 그는 마침내 녹취록을 읽었다. 그리고 녹취록을 읽으며 그의 악취 나는 언행들 때문에 구역질이 올라올 뻔했다고 말했다.

훗날 언론은 그래함이 정부의 중대한 비리 사실은 간과한 채 닉슨의 상스러운 언행이라는 사소한 문제에 집착한다며 비판을 쏟아 냈다. 하지만 이 비판은 반 정도만 타당했다. 그래함이 사안의 중대사를 잘못 판단했다는 점에서는 타당했지만, 허용된 언어를 사용하고 금지된 언어를 사용하지 않는 것이 미국 복음주의 문화에서 얼마나 중요한 일이었는지를 간과한 비판이었기 때문이다.

대부분의 종교 운동들이 그러하듯, 어떤 사람이 미국 복음주의 문화에 소속되어 있는지의 여부는 그들의 행동 방식을 통해 알아볼 수 있었다. 그리고 그 행동 방식에는 언어 사용도 포함되어 있었다. "이것 참"(Darn)[역주- Damn에 대한 대안으로 사용하는 가벼운 욕설]과 "세상에"(Gosh)[역주- God에 대한 대안으로 사용하는 표현] 등 완곡한 욕설들은 바람직하지는 않지만, 그래도 용납 가능한 표현들이었다. 하지만 명백히 세속적인 표현들은 금지되었다. 린든 존슨은 욕을 일상적으로 했고, 그래함도 이를 알고 있었다. 그러나 존슨은 욕을 하지 않는 척 행동하진 않았다. 닉슨과는 다르게 말이다.

닉슨은 자신의 종교적 정체성- 더 정확히 말하면 비종교적 정체성 -을 그래함 앞에서 정확히 밝힌 적이 없었다. 그러나 그래함과 함께 있는 자리에서 욕설을 사용하지도 않았다. 이렇게 닉슨이 자제하는 모습을 봐 왔던 그래함은 그가 정체성을 분명히 드러내는 복음주의자는 아니더라도, 최소한 철두철미하고 강직하며 고상한 사람이라고 생각했다. 더욱이 그래함은 자신이 사람 보는 눈이 있다고 생각하고 있었다. 하지만 닉슨이 그래함의 이러한 생각을 깨부순 것이었다. 그리고 다른 사람들과의 상호적인 관계를 통해 자신의 사역을 구축해 온 그래함에게 이 충격은 결코 작지 않았다.

미국인들에게 닉슨의 배신은 결코 용서할 수 없는 것이었다. 그러나 비리를 저지른 닉슨을 향해 망설이는 태도를 보인 그래함을 보는 미국인들의 반응은 천차만별이었다. 우리가 앞서 살펴보았던 것처럼, 그 반응의 한쪽 끝에는 노먼 빈센트 필이 있었다. 필은 닉슨 대통령이 가장 도움이 필요했던 시기에 그래함이 닉슨을 배신했다며 사적인 자리에서 그에 대한 혹평을 늘어놓았다.

《크리스채너티 투데이》는 중도적 반응을 대변했다. 편집자들은 그래함의 행동이 분명 유감스럽지만 타인에 대한 자신의 변함 없는 신의를 자랑스럽게 생각했던 그의 평소 모습들을 생각하면 이해할 만하다는 입장이었다. 그들은 그래함의 잘못은 선의에서 우러나오는 그의 순진함 때문이라고 말했다. 즉《크리스채너티 투데이》의 반응은 절제된 실망이라고 부를 수 있을 것이다.

그래함에 대한 반응의 맞은편 끝에는 주류 교단 소속 개신교인들과 세속 언론들이 있었다. 그들은 그래함이 1974년 1월까지도 여전히 대통령을 확고히 지지하고 있다고 생각했는데, 이는 그들의 기준에 있을 수 없는 일이었다. 일부 사람들은 닉슨의 비리 사실을 알고도 모르는 척하는 그래함도 결국 공모자라고 주장했다. 여러 대학교의 학생들은 그래함이 학교에 설교하러 방문했을 때 시위행진을 진행하기도 했다. 예를 들면 그래함이 1973년 듀크대학교 채플에서 설교하고 있을 때 몇몇 학생들은 밖에서 시위를 하고 있었다. 이에 채플 담당 목회자는 그래함이 옆문을 통해 건물을 빠져나갈 수 있도록 계획을 짜기도 했다.

* * *

그래함은 1997년 자서전 『빌리 그레이엄 자서전: 내 모습 이대로』에서 워터게이트 사건을 두 가지 측면에서 회고했다. 우선 닉슨과 자신이 나눈 우정의 깊이와 길이 그리고 워터게이트 이후 6년간 그 우정을 계속해서 유지하기 위해 시도했던 다양한 노력들을 강조했다. 그래함은 이러한 노력들이 자신만의 일방적인 노력이었다고 말했다. 하지만 신의로 가득했던 그래함은 닉슨이 자신을 피했던 것은 그가 자신을 지키기 위해서 그랬으리라고 추측했다.

그러나 한편으로, 그래함은 1974년 이후부터 닉슨을 당파적으로 지지했던 자신의 과거에 대한 후회를 표현했다. "그러한 당파적 지지는 정당 정치에 관여해서는 안 된다는 내면의 경고 음성을 약화시켰다"라고 그는 말했다. 그리고 그래함은 젊은 복음전도자들과 목회자들에게 자신과 같은 실수를 피하라고 조언했다.

이 길고 유감스러운 이야기는 그래함에게 여러 값진 교훈들을 주었다. 정치와 연루되는 일의 위험성 그리고 도덕적 판단 기준을 개인적 친분에 입각하는 것의 위험성이 그러했다. 1982년 하버드 대학교에서 그래함은 "정부 기관 자체는 정부 내에서 생명을 내던지며 일하는 이들보다 우선될 수 없다"라고 말했다. 청렴한 정권은 정부 자체 구조가 아니라 정부에서 일하는 사람들의 도덕성에서 비롯된다는 사실을 알게 된 것이다.

그래함의 이 발언은 닉슨을 염두에 둔 발언이었을까? 우리는 그 답을 알지 못한다. 우리가 아는 것은 닉슨이 저지른 악행의 결과와 그러한 닉슨을 끝까지 두둔하려 했던 그래함의 충직함은 어쩌면 그에게 발생했던 그 어떤 사건들보다도 유익한 것이었을지도 모른다는 사실이다. 이 경험을 통해 그래함은 당파 정치를 강단에 끌어들이는 것이 얼마나 위험한 일인지 분명히 깨닫게 되었다. 그러나 이후 수십 년 동안 그래함은 동일한 실수를 수차례 반복했다.

그 유혹은 너무 강력해서 그것으로부터 완전히 벗어난다는 것이 불가능해 보일 정도였다. 하지만 적어도 그래함은 그 위험성을 알게 되었다. 그리고 불완전하나, 그 유혹에서 벗어나기 위한 시도를 하게 되었다.

카터 그리고 레이건

1974년 8월, 리처드 닉슨의 뒤를 이어 제럴드 포드Gerald Ford가 대통령이 되었다. 포드는 어려서부터 복음주의 계통의 미국 성공회 교인으로 성장했다. 그의 아들 마이클 포드는 보스턴 근방의 고든 콘웰신학교의 학생이었다. 이 신학교는 초교파 복음주의 학교로 그래함은 이 학교의 설립의 중요한 역할을 한 인물이었고, 수년간 이사장으로 섬기기도 했다.

여러 배경적 요인들로 보았을 때, 그래함과 포드는 끈끈한 우정을 소유한 친구가 될 가능성이 높아 보였다. 대체로 비슷한 신학적 관점을 지니고 있었고, 정치적으로도 둘 다 온건 보수의 입장에서 공화당의 정치적 견해들을 지지했다. 그래함은 1976년 대선에서 지미 카터Jimmy Carter가 아닌 포드에게 표를 던졌고, 이후 낙선한 포드에게 안타까운 마음을 담아 편지를 보내기도 했다. 그래함은 선거 기간 동안 포드를 위해 지속적으로 기도했는데, "하나님께서 왜 우리에게 포드 후보님을 위해 기도하게 하시는지 잘 모르겠습니다"라고 말하기도 했다. 또한 두 사람은 성격도 비슷했다. 평화적이고 잘 웃으며 자신을 낮춰 남 웃기기를 잘했다. 그리고 자신이 지닌 원칙이 허용하는 한 포용적인 사람이었다.

그럼에도 이들은 가까워지지 않았다. 관계 자체가 틀어진 것은 아니었지만, 그래함이 닉슨과 가졌던 친밀한 관계가 포드와 형성되지 않았다. 포드는 자신의 신앙에 대해 잘 이야기하지 않는 인물이었지만, 그래함은 정반대였다.

한편, 1976년 미국 대선 시기에 중요한 사건이 하나 발생했다. 9월 초, 포드는 그래함에 전화를 걸어 미시간주 폰티액에서 열리는 전도 대회의 청중들에게 인사말을 전해도 괜찮을지 물어보았다. 이 전도 대회는 선거가 있기 2주 전인 10월에 개최될 예정이었다. 그래함은 포드의 부탁을 거절했다. 포드에게 인사할 기회를 준다면, 그의 선거 라이벌이었던 지미 카터도 초대해 그에게도 기회를 주어야 한다는 것이 거절의 이유였다.

사실 포드의 부탁이 그렇게 무리였던 부탁은 아니었다. 앞서 언급한 적 있듯, 부통령이었던 닉슨은 1957년 뉴욕 전도 대회에, 존슨 대통령은 1965년 휴스턴 전도 대회에 참석했던 적이 있고, 1970년 녹스빌 전도 대회 때는 그래함이 닉슨을 초대해 그에게 청중들 앞에서 발언할 기회를 준 적도 있기 때문이었다. 그렇기에 포드의 부탁을 거절한 그래함의 결정은 한 가지 사실을 시사한다. 즉 1976년 이전에는 그래함 자신이 대통령을 필요로 하는 경우가 많았지만,

이후에는 대통령이 그래함을 필요로 하는 정반대의 상황이 펼쳐진 것이다.

그리고 이 사건은 또 다른 의미에서도 중요했다. 그래함이 설교 사역에 당파적 지지를 끌어들이는 것이 얼마나 위험한지에 대해 진지하게 고민하기 시작했음을 보여 주는 공개석상에서의 첫 번째 증거였기 때문이다. 과거의 그래함이 말로만 그 위험성을 이야기했다면, 1970년대 중반의 그래함은 그 위험성을 마음 깊이 새기고 주의하기 시작했던 것이다.

* * *

만일 여러 공통점을 지녔던 그래함과 포드의 관계가 데면데면했다는 사실이 놀랍게 다가왔다면, 포드의 후임자이자 민주당 출신 대통령인 지미 카터의 경우에는 더욱 그러할 것이다. 포드 대통령과의 관계가 그러했듯이, 그래함과 카터는 서로를 향해 우호적이었으나 그 관계가 친밀했던 건 아니었다. 카터와 그래함 또한 앞서 말했던 지난 대통령들과의 친밀함을 형성하지 못했다.

포드와 마찬가지로 그래함과 카터의 여러 공통점들을 염두에 둔다면 이들의 데면데면한 관계는 사실 이해하기 어렵다. 두 사람은 일단 나이대가 비슷한 또래였고, 모두 미국 남부 시골 출신이었다. 이들이 성장한 지역은 650㎞가 채 떨어져 있지 않았다. 둘은 남침례교인들로 개인적 회개와 회심의 경험 그리고 그리스도에 대한 믿음을 강조하는 복음주의 신학도 공유하고 있었다. 카터는 주일학교 선생님으로, 그래함은 전 세계를 순회하는 설교자로 사역하는 활동적인 신자들이었다. 또한 시민 평등권에 있어 모두 시대에 어느 정도 앞서 있는 입장을 지니고 있었다(초기에는 그래함이 카터보다 앞서 있었지만, 후에는 카터가 그래함보다 앞섰다). 더욱이 두 사람 모두 아내가 강하고 지혜로웠고, 그녀들의 한결같은 지지는 인생의 여정에 떼어 놓을 수 없이 중요한 영향을 주었다.

그러나 차이점도 있었다. 카터는 뼛속까지 기술자였다. 미국 해군 사관학교에서 엔지니어로 훈련받은 그는 잠수함 장교로 복무했다. 또한 카터는 육체 노동을 즐겼던 농부였고, 그의 긴 일생 동안 그 일을 계속해 나가고 있다. 하지만 그래함은 그쪽으로는 일말의 관심 혹은 재능을 가지고 있었던 것 같진 않다.

더 중요한 점은 대통령에 당선되는 1976년 즈음 카터의 정치 성향은 그래함의 성향과- 극적이진 않지만, 분간할 수 있는 정도의 -차이를 보이게 된다는 사실이었다. 카터의 정치 성향은 중도 좌파에 해당한다고 할 수 있는 반면, 그래함은 중도 우파에 해당한 것이다. 또한 인종, 가난, 전쟁과 관련된 사안들에 대해 그래함과 카터는 대체로 비슷한 입장을 지니고 있었지만, 남녀평등 헌법 수정안Equal Rights Amendment에 관한 입장은 달랐다. 카터의 경우이 수정안을 찬성했지만, 그래함은 이 수정안이 불필요하다고 생각했다. 예외적인 상황과 사람의 경우를 제외하고 대체로 남자와 여자는 하나님께서 부여하신 역할들, 곧 구별되지만 상호 보완적인 역할들을 충실히 이행하고자 노력해야 한다고 생각했기 때문이었다.

낙태의 권리에 관한 문제에 있어서도 카터와 그래함의 입장은 달랐다. 중도 좌파적이었던 카터는 개인적으로는 가정 윤리에 입각해 낙태를 반대했지만, 공식적으로는 1973년 로우 대 웨이드 사건에 대한 필요시 법적 낙태를 허용한다는 대법원의 판결을 지지했다. 반면 중도 우파적이던 그래함은 근친상간, 혹은 산모의 생명을 지키기 위한 예외적인 경우를 제외하곤 어떠한 상황에서도 낙태가 허용되어서는 안 된다고 주장했다.

* * *

카터와 캘리포니아 주지사였던 로널드 레이건Ronald Reagan이 맞붙었던 1980년 미국 대선은 그래함과 관련된 그리 유쾌하지 않은 사건 하나를 수면 위로 올려놓았다. 이 사건은 그래함을 아주 열렬히 지지하는 사람만이 변호 가능한 그래함의 두 가지 모습을 밝히 보여 주었다. 또다시 자신의 약속을 어기고 여전히 당파 정치에 관여하는 모습, 더욱이 정직성과는 거리가 먼 이중성을 보이는 그의 모습이었다.

먼저 그 사건의 전후 맥락부터 살펴보자. 1979년 5월, 빌리와 루스 그래함은 지미와 로잘린 카터의 초대로 백악관을 방문했다. 이후 그들은 방문에 대한 보답으로 카터 내외에게 감사편지를 보냈다. 빌리가 구술한 내용을 루스가 받아쓴 편지였다. 그로부터 4개월 후였던 1979년 9월, 카터의 종교 부문 담당자였던 로버트 매독스는 카터에게 메모 한 장을 보냈다. 그 메모에는 며칠 전 그래함의 자택에서 그래함과 가졌던 멋진 만남에 대한 보고가 담겨 있었다. "그래함 박사께서는 대통령님에 대한 전적인 신뢰와 존경 그리고 사랑을 보이셨습니다. 박사께서는 대통령님을 전심으로 지지하고 계십니다. 매일 대통령님을 위해 기도하고 계신다고도 말씀하셨습니다."

하지만 이내 그래함의 이중적인 모습이 나타났다. 매독스의 메모 보고 후 얼마 지나지 않은 시점이었던 1979년 10월, 그래함은 여러 보수 진영 정치가들과 재계 인사들을 댈러스 공항에서 만났다. 선거에서 카터를 이길 수 있을 후보가 누구인지 정하기 위함이었다. 그로부터 1년 뒤인 1980년 9월에 그래함은 레이건 선거 캠프에 연락을 취해 자신이 레이건의 당선 가능성을 높이기 위한 모든 일을 다 하겠노라고 이야기했다. 그러나 그로부터 딱 11일이 지나고, 그래함은 로버트 매독스에게 보낸 편지에 이렇게 적었다. "아시다시피 주님의 도움으로, 저는 대선에 관여하지 않으며 지내고 있습니다."

여기서 우리는 레이건을 돕겠다고 이야기하는 그래함의 모습과 거의 동시에 자신이 대선에 관여하지 않겠노라고 약속하는 그래함의 모습을 한꺼번에 발견한다. 이론의 여지없이 그에게서 모순되는 두 모습이 함께 발견된 것이다.

이와 비슷한 이야기는 이미 20년 전 닉슨과 케네디가 맞붙었던 대선에서도 발생했었다. 앞서 우리가 살펴보았던 것처럼, 그래함은 케네디의 가톨릭교인 정체성을 대선에서 문제삼지 않겠다고 케네디에게 약속한 바 있었다. 하지만 그래함은 정확히 자신이 하지 않겠다고 약속한 그 일을 행했다. 닉슨과의 사적인 대화에서 자신과 함께 시간을 보내는 모습을 대중에게 보이라고 닉슨에게 자문한 것이다. 그러면 닉슨이 개신교인들의 표를 더 얻을 수 있게 될 것이라고 생각했기 때문이었다. 그래함은 이 대화들은 사적인 자리에서 나눈 것들이기 때문에 대중적 논의에 종교를 끌어들이지 않겠다는 자신의 약속을 위배하는 것이 아니라고 생각했던 것이 분명하다.

* * *

그래함이 카터보다 레이건을 더 좋아했던 이유가 정확히 무엇이었는지 분명하지 않다. 레이건은 할리우드 연예 산업을 대변하던 인물이었다. 물론 그래함은 그 산업 자체를 비판한 적도 없었고, 프랭크 시나트라나 로이 로저스, 데일 에번스처럼 연예계 인사들과 친구이기도 했다. 그럼에도 그래함은 이 산업에는 미국의 도덕적 가치들을 저해하는 여러 측면들이 있다고 생각했다. 또한 레이건은 이혼과 재혼을 한 인물이었고 그래함을 포함한 당대 대부분의 복음주의자들은 이를 탐탁치 않게 여겼다.

그럼에도 둘은 신앙 영역에서 여러 공감대를 가지고 있었던 것 같다. 레이건은 일리노이 딕슨에 있는 제자회 교단Disciples of Christ 소속 교회에서 성장했다. 이 교단은 주류 개신 교단들 중에서도 가장 진보적인 것으로 손꼽히는 교단이었지만, 레이건에게 큰 영향을 주었던 그의 어머니 넬은 강직한 복음주의자였다. 그녀는 주일학교에서 가르쳤고, 선교 단체를 이끌었다. 레이건은 청소년 시절에 자신의 회심을 고백하고 세례를 받은 뒤, 제자회 소속 학교인 유레카대학교에 입학하기 전까지 성실하게 주일학교 교사로 섬겼다.

로스앤젤레스로 이주하게 되면서 그는 할리우드제자회교회에 출석했고 그곳에서 활발히 활동했다. 그럼에도 레이건의 종교전기 작가 폴 켕거Paul Kengor가 확인한 바 그는 교회에 성실히 출석한 것은 아니었다. 하지만 그는 평생 동안, 특히 그의 인생 초기와 말년기에 경건 생활을 계속해 나갔다.

레이건이 낸시와 결혼한 이후, 이들 내외는 돈 무마우가 사역하고 있던 로스앤젤레스의 벨에어장로교회에 출석했다. 레이건과 무마우는 이내 절친한 평생지기가 되었는데, 이 사실은 중요한 의미를 함의한다. 충실한 복음주의자이자 목회자가 되기 전 UCLA의 유명한 미식축구 선수였던 무마우는 과거 미국에서 프로 선수로 활동하길 거부한 바 있었는데, 주일에는 경기를 하고 싶지 않다는 것이 그 이유였다.[86] 또한 그는 복음주의 파라처치 기관인 기독 체육인 협회Fellowship of Christian Atheletes가 설립되는 데 도움을 준 인

86_ 그렇게 해서 무마우는 주일에 프로 경기가 열리지 않는 캐나다에서 선수로 활동했다.

물이기도 했다. 그리고 우리가 앞서 살펴봤던 것처럼, 무마우는 헨리에타 미어즈의 동료이자 그래함의 친구였다. 정리하자면 레이건, 무마우, 미어즈 그리고 그래함은 모두 비슷한 생각을 지닌 친구들이었던 것이다.

레이건은 교단 신학과 관련된 세부 내용들을 거의 언급하지 않았다. 하지만 개인적으로도 국가적으로도 모든 일들을 친히 지도하시고 인도하시는 하나님의 손길에 대해 종종 언급했는데, 나이가 들어 갈수록 더욱 그러했다. 레이건은 공산주의와 맞서 싸우는 일은 정치적으로나 군사적으로 중요할 뿐 아니라, 종교적으로도 중요하다고 생각했다.

레이건은 하나님께서 미국을 '언덕 위에 빛나는 도시'(A Shining City on a Hill)로 세우셨으며, 따라서 미국은 하나님의 자유의 메시지를 전 세계에 전달해야 할 특권과 의무를 지닌 국가라고 생각했다. 또한 그는 그래함과 재림에 관해 대화 나누기를 좋아했다. 두 사람 모두 그리스도의 재림을 믿었지만, 그들이 믿었던 재림은 정책 결정에 영향을 줄 정도로 매우 임박한 형태의 것은 아니었다.

이러한 신앙적 공통점 외에도, 레이건이 지닌 대체로 중도 우파, 때론 그보다 더 우파 쪽에 기울어지기도 한 정치적 성향이 둘의 공통분모로 작용했음은 분명해 보인다. 그래함과 레이건은 모두 자본주의를 강력히 지지했고, 큰 정부[역주- 사회 및 경제 전반에 국가가 큰 통제력을 갖고 나서는 형태의 국정 운영 방식으로, '작은 정부'가 그 반대말이다]를 반대했으며, 직업 윤리와 강력한 군사 방어 전략을 강조했다. 또한 둘은 모두 부자 그리고 유명인들과 어울리길 좋아했다.

레이건의 취임식 후 몇 주가 지난 1981년 3월 30일, 정신 질환을 앓고 있던 존 힝클리 주니어가 워싱턴 힐튼 호텔에서 나오고 있던 레이건에게 총을 발사해 레이건(과 세 명의 다른 이들)이 중상을 입는 일이 발생했다. 사건 발생 30분 후, 레이건의 보좌관 가운데 한 명은 그래함에게 전화를 걸어 가능한 한 빨리 이곳으로 와 레이건과 그의 가족들을 위해 기도해 달라고 부탁했다.

그래함은 전용기를 타고 즉시 수도로 날아갔고, 그다음 날 낸시를 만났다. 정상급 지도자들과 나눈 대화를 다른 곳에서 발설하지 않는다는 규율로 인해 우리는 그래함이 낸시에게 건넨 말이 무엇이었는지, 그래함이 레이건 대통령을 만나긴 했었는지 알지 못한다. 하지만 그럼에도 이 사건은 둘 사이의 관계가 제법 가까웠다는 사실을 분명히 보여 준다. 이후 레이건은 병원 침대에서 그래함에게 전화를 걸어 자신을 암살하려다 실패한 그 남자를 용서해 줄지 여부를 논의하기도 했다.

(우리가 이후 살펴볼) 한 가지 예외를 제외하곤, 그래함이 레이건과 심각한 정치 이슈에 관해 많은 이야기를 나누었다는 증거는 거의 없다. 이는 확실히 그래함과 정치적 화두들을 자주 다루었던 존슨과 닉슨의 사례와 대조적인 모습이었다. 한편, 레이건의 아내인 낸시와 루스는 서로 친구로 지냈다. 낸시가 한번은 자신이 점쟁이를 찾아가 점을 본 적이 있음을 루스에게 이야기했을 때, 그 이

야기를 루스에게서 전해 들은 그래함은 그것을 결코 좋게 생각하지 않았지만 그럼에도 그녀를 판단하려 하지 않았다.

그래함과 레이건의 관계는 확대 해석될 가능성이 있다. 하지만 그들은 말로 설명할 수 없는 어떤 개인적인 매력을 서로에게서 느꼈고, 그 결과 어느 정도 친밀한 관계를 유지했다고 말하는 것으로 충분할지도 모른다. 존슨 그리고 닉슨과 맺었던 관계에서 발견되었던, 하지만 포드와 카터와의 관계에서는 발견되지 않았던 바로 그 매력 말이다. 후에 그래함은 이렇게 말했다. "레이건은 내가 지금까지 본 사람들 가운데 가장 매력적인 사람 중 한 사람이었다."

레이건 역시 그래함에 대한 찬사로 화답했다. 그래함이 1986년 파리에서 전도 대회를 개최했을 때, 레이건은 프랑스의 프랑수아 미테랑 대통령에게 그래함을 미국에서 '가장 명망 높은 종교 지도자들 중 한 사람'으로 소개했다. 그래함을 한번 만나 달라고 미테랑 대통령에게 요청하면서, 레이건은 자신과 이 '세계적으로 알려진 설교자' 그래함은 수년간 각별한 친구로 지내고 있다고 밝히기도 했다.

2004년에 레이건 대통령이 숨을 거뒀을 때, 낸시 레이건은 그래함에게 장례식 설교를 전해 달라고 요청했다. 당시 그래함은 80대 후반이었기에 노스캐롤라이나에서 캘리포니아까지 장거리 여정은 다소 무리였다. 그럼에도 그래함은 자신의 건강이 그때까지 괜찮다면 기꺼이 그리하겠노라고 말했다.

우리가 앞서 살펴봤던 것처럼 그래함에게는 지역 교회 목회자로서 사역하는 데 필요한 재능이 없었고, 그래함 역시 이 사실을 알고 있었다. 그러나 시간이 흐르면 흐를수록 그래함은 자신이 여전히 뼛속까지 목회자로 남아 있음을 보여 주었다.

4부

영향력 있는 원로

그래함과 국제회의[87]

그래함의 국제적인 대외 활동에 관한 이야기는 미국 내 활동 이야기보다 역사적으로 더 중요할지도 모른다. 왜냐하면 그래함의 전기 작가 윌리엄 마틴의 말처럼 그의 사역 결실들 가운데서도 '가장 오랫동안 그 영향력을 유지한 결실'들은 미국 밖에서 감당한 것들이기 때문이다. 국제 복음주의 연구의 대가인 역사가 멜라니 맥앨리스터Melani McAlister는 그래함이 숨을 거둔 이후 이렇게 말했다. "그래함보다 더 많은 선교사를 훈련시키고, 더 많은 TV 시청자에게 다가갔으며, 그와 견줄 만한 설교 사역을 감당한 이들은 존재한다. 그러나 그래함만큼 복음주의를 국제적 운동으로 변화시킨

87_ 이번 장면과 다음 장면에서 제시하는 많은 정보들은 『빌리 그래함: 미국인 순례자』Billy Graham: American Pilgrim에 실린 윌리엄 마틴의 글에 크게 의존하고 있다. 그의 글에는 그래함의 국제 사역에 관한 훌륭한 연구 내용이 담겨 있다.

인물은 존재하지 않는다."[88]

　이러한 마틴과 맥앨리스터의 평가를 뒷받침하는 증거들은 많이 있지만, 여기에서는 그중 네 가지만 간단히 살펴볼 것이다.

　가장 먼저 살펴볼 두 가지는 통계적 증거들이다. 첫째, 이미 서문에서 살펴봤던 것처럼 그래함은 미국과 캐나다를 제외한 70개국 이상을 직접 방문해 설교했으며, 방문은 하지 않았지만 설교가 위성으로 생중계된 국가들은 132개국에 달했다. 둘째, 그래함 전도 대회는 거의 절반가량 해외에서 진행되었다. 한 기자에 따르면 그래함 전도 대회는 미국에서 226회, 그 외 지역에서 195회 개최되었다.[89]

　남은 두 가지 증거들은 몇 가지 일화들이다. 셋째, 역사가 헬렌 진 킴Helen Jin Kim이 주목했듯, 널리 알려졌던 서울 전도 대회가 끝난 바로 다음 날에 그래함은 "세계 기독교의 중심이 아시아로 이동하고 있다"라고 추측했다. 넷째, 그래함의 삶이 끝나갈 무렵에 한 동료가 그래함에게 여러 성과들 가운데 어떤 일이 가장 크다고

88_ 만일 본서가 필요 이상으로 그래함의 북미 사역에 집중한다고 느껴진다면, 그것은 그래함의 사역적 통찰력이나 영향력의 범위가 국제적이지 못해서가 아니라 미국인 역사가로 훈련받아 온 나의 관심이 반영되었기 때문이다. 그래함이 소천했을 때, 나는 곧 《미국의 소리》(Voice of America)와 캐나다, 스코틀랜드, 잉글랜드, 호주, 독일 그리고 사우디아라비아에 있는 민·공영 라디오 방송에 인터뷰 요청을 받았다.

89_ 앞에서 언급했던 것처럼 '국가'라는 개념을 특정하기 어렵기 때문에 이는 대략적인 수치다. 게다가 전도 대회와 그래함이 설교만 한 행사 또는 그 모습만 보였던 행사들을 철저히 구분한 수치들도 아니다. 그럼에도 이 수치로 그래함 전도 대회의 개최 패턴을 알 수 있으며, 부록에 있는 그래함의 북미 이외의 지역 행사 목록과 비교해 봐도 70개 이상의 '나라들'에서 설교했다고 보는 것은 신뢰할 만하다.

생각하느냐 물었다. 이에 그래함은 일말의 주저함 없이 "국제회의 들"이라고 답했다. 그가 세계 복음화를 위해 유럽에서 개최한 국제 회의들 말이다.

가장 주목해야 하는 그래함의 업적들 중 하나는 세계 복음주의 운동을- 영적 열망들의 유동적인 집합체가 아니라 -'규정할 수 있는' 하나의 운동이 되는 데 중요한 역할을 감당한 것이다. 그리고 세계적 운동으로서의 복음주의는 로마 가톨릭, 주류 개신교, 은사적 오순절주의와 함께 21세기 세계 기독교를 구성하는 주요한 네 부류 가운데 하나가 되었다.[90]

우리는 쉼 없이 영역을 확장하려 하는 그래함의 성향이 사역 초기부터 나타났음을 익히 보았다. 대학을 졸업한 지 갓 3년이 지난 1946년에 그는 영국 제도와 더불어 비영어권인 유럽까지 가서 복음을 전하는 일에 용감히 뛰어들었다. 당시는 대부분의 미국인들- 특히 전쟁 시 군인으로 복무하지 않았던 이들 -은 비행기를 타 본 경험이 전혀 없던 시기였다. 하지만 젊은 그래함은 국내외를 오가며 음향 장비 준비나 운송, 문화적 차이 등 그곳에서 마주하게 될지도 모르는 여러 난항들에 관해서는 그다지 신경 쓰지 않았던 것 같다.[91]

90_ 많은 역사가들은 이 네 가지 집단에 동방정교회와 후기 성도교회 전통(몰몬교) 까지 함께 언급한다. 하지만 동방정교회와 몰몬교는 이들에 비하면 그 규모가 훨씬 작다.

91_ 두말할 것 없이 루스는 그래함의 지경을 넓히는 일에 중요한 역할을 했다. 그녀는 장거리 이동을 일상처럼 받아들였던 것 같다. 중국에서 자라나 북한 기숙학교에서 생활했고, 이후 일리노이에서 교육을 받은 후 평생의 거처를 노스캐롤라이나 서부에 마련했으니 말이다.

전 세계를 복음화하겠다는 그래함의 포부는 특히 1960년대와 그 이후에 현저히 나타났는데, 이 포부는 크게 두 가지 형태로 표출되었다. 첫 번째로 그래함과 빌리그래함 전도협회는 여러 국제회의들을 조직하고 자금을 지원했다. 둘째로 전 세계 도시들에서 잇따라 전도 대회를 개최했다. 우리는 앞으로 세 장면에서 이 주제들을 각각 다루게 될 것이다. 먼저 국제회의들을 살피고, 그다음 국제 전도 대회들을 살펴볼 것이다. 그리고 마지막으로 그래함의 국제적 노력들이 중요한 이유에 대해 논의하며 그가 지녔던 세계적인 영향력의 범위와 한계에 대해서 평가해 볼 것이다.

＊ ＊ ＊

다음으로 특별히 언급할 세 번의 국제회의를 주목해 보자. 바로 1966년 베를린에서 열린 세계 복음전도 회의World Congress on Evangelism, 1974년 스위스 로잔에서 열린 세계 복음화 국제회의International Congress on World Evangelization 그리고 1983년, 1986년, 2000년에 암스테르담에서 열린 순회 복음전도자 국제회의International Conference for Itinerance Evangelists다.

1966년에 그래함이 베를린에서 세계 복음전도 회의를 개최했을 무렵, 그는 이미 기독교 지도자들과 국제적 규모의 모임을 추진하는 것에 숙련되어 있었다. 지난 1946년에 스위스 베아텐베르그에서 첫 모임을 가졌던 YFC 국제기구를 설립하는 데 중요한 역할을 감당한 바 있었기 때문이다. 당시는 2차 세계대전이 끝나고 겨우 반년이 지났을 뿐인 시기라 유럽은 여전히 황폐했고 일반인들의 이동은 무척 어려운 상황이었다.

그뿐 아니라, 그래함은 1948년 암스테르담에서 개최된 세계 교회 협의회The World Council of Churches 창립 회의에 참관인 자격으로 참석했고, 1954년 일리노이주 에번스턴에서 열린 제2차 회의, 1961년 뉴델리에서 열린 제3차 회의와 뒤이은 대부분의 회의에도 참석했다.

그래함과 함께 1966년 베를린 세계 복음전도 회의를 이끈 인물들로는 《크리스채너티 투데이》의 편집장 칼 F. H. 헨리, 파크스트리트교회의 목회자 해럴드 존 오켕가 그리고 저명한 복음주의 성공회 학자이자 교구 사제였던 존 스토트John Stott가 있었다. 이들 외에도 대부분 서방 국가에서 온 1,200명의 신학자들과 복음전도자들이 베를린에 모였다. 그들이 모인 가장 주요한 목적은 과거 개신교 선교 운동의 복음전도 중심성 혹은 회심 중심성을 회복시키는 것이었다.

그래함은 베를린 전도 회의를 세계 교회 협의회와는 구별되는 조직으로 만들고자 노력했다. 그래함과 참석자들은 세계 교회 협의회가 사회 복음적 사안들에 경도되어 있다고- 완전히 그쪽으로 몸을 돌린 것은 아닐지라도 -판단했다. 이러한 판단에는 그럴 만한 이유들이 있었다. 세계 교회 협의회는 그들의 사회 복음적 목표들을 분명히 밝혔을 뿐 아니라, 그래함이나 그와 비슷한 신학적 정체성을 가진 이들을 대놓고 '그리스도의 뜻에 반기를 드는 이들'이라 부르며 조롱했기 때문이다. 하지만 베를린 국제회의에 모인 이들은 세계 교회 협의회의 대체재가 되는 것이 아니라, 협의회가 놓치고 있는 중요한 신학적 요소를 강조함으로써 균형을 맞추는 것이 모임의 목적이라고 주장했다.

그렇다면 베를린에 모인 참석자들은 협의회가 놓치고 있는 요소를 어떻게 제시했을까? 먼저 그들은 성경이 명령하고 있는 복음 전도의 진정한 의미는 개인 차원의 전도가 1순위고, 사회 차원의 전도는 2순위라고 확신했다. 그리고 계속해서 이 확신을 가장 중심적인 가치로 내세웠다. 둘째로, 이러한 확신이 현대에도 적실하게 작동한다는 점을 보여 주었다. 그들은 이 확신이 시대에 뒤떨어지기는커녕 오히려 세계적인 문제들을 분명히 다루고 있으며 그 근본 원인이 죄로 가득한 인간의 마음에 있음을 정확히 가리킨다고 이야기했다. 마지막으로 긴급성을 강조했다. 즉, 세부사항들은 명확하지 않을지라도 그리스도의 재림이 임박했음을 강조했던 것이다.

한편, 우리는 한 가지 사실을 더 주목해 볼 필요가 있다. 그것은 베를린 세계 복음전도 회의가 인종에 관한 성명을 발표한 것이다. 성명서는 모든 이들에게 신적인 용서와 구원이 필요하다는 사실을 강조한 뒤, 이렇게 말했다. "우리는 인종과 피부색의 차이로 사람을 동등하지 않다고 여기는 생각을 배격한다. 성경과 그리스도의 이름으로 우리는 세계 도처에서 발생하는 인종차별들을 규탄한다." 이러한 맥락에서 에티오피아의 황제 하일레 셀라시에Haile Selassie가 베를린 회의에 연사로 참석했다는 사실은 새로운 시대의 도래를 시사하고 있었다.

그래함과 베를린 회의 참석자들은 교단의 차이는 제쳐 두고, 뜻이 맞는 전 세계 기독교 지도자들과 친밀한 관계를 구축하고자 노력했다. 회의 참석자 1,200명 중 미국인은 200명뿐이었지만 거의 모든 참가자들은 고등 교육을 받은 백인 남성이었으므로 언어와 문화의 차이를 뛰어넘는 관계 형성이 상대적으로 쉬웠을 것이다.

* * *

다음에 살펴볼 국제회의는 로잔 국제회의다. 1974년 여름, 그래함은 세계 복음화 국제회의의 개최를 준비했고 필요한 비용의 대부분을 감당했다. 그 회의는 아름다운 호수의 도시 스위스 로잔에서 10일간 개최되었다. 《타임》은 이 행사를 '아마 가장 다양한 기독교 그룹이 참석했던 국제회의'라고 묘사했다. 역사가 마크 놀은 1974년 로잔 국제회의의 위상을 제2차 바티칸 회의에 견주기도 했다. '로잔 운동' 혹은 간단하게 '로잔'이라 불리게 되는 이 국제회의는 그래함 평생의 사역 결실들 가운데 가장 오래도록 그리고 가장 광범위한 영향력을 남긴 결실이었다.

로잔 국제회의는 베를린 회의와 유사한 점도 있고, 또 다른 점도 있다. 베를린 회의와 마찬가지로 로잔 국제회의는 세계 각지 복음주의 지도자들의 모임이었다. 하지만 로잔 국제회의 참석자들은 베를린 회의와는 확연히 달랐다.

로잔 국제회의에는 일곱 개의 대륙, 150개국에서 2,473명의 교회 지도자들이 참석했고, 그 외에도 1,300명의 참관인과 수백 명의 기자들이 그곳에 자리했다. 참석자들 가운데 백인은 소수에 불과했고, 본회의 강연자로 나선 여성은 코리 텐 붐Corrie ten Boom 한 명뿐이었지만, 전체 참가자에서 여성의 비율은 결코 적지 않았다.

"온 땅으로 그의 음성을 듣게 하라"라는 문구가 6개 언어로 적힌 현수막이 개회식 곳곳을 장식하며 감동적인 분위기를 자아냈고, 회의장 앞쪽에 설치된 거대한 세계 인구 현황 시계는 영혼 구원을 위해 남은 시간을 상징하며 긴박한 분위기를 연출했다. 첫날 저녁 모임이 끝났을 때 시계에 표시된 세계 인구는 16만 3,569명이 증가해 있었고, 마지막 날에는 180만 명이나 늘어나 있었다.

베를린 때와 달리 로잔 국제회의에서 그래함은 전면에 잘 나서지 않았으나 회의 안건을 제시하는 기조연설을 맡았다. 기조연설에서 그는 전 세계 복음주의 기독교인들에게 주어진 명령은 성경의 권위를 재천명하고 각 사람을 그리스도께로 인도하며, 사회적 책임을 감당하고 복음을 특정 문화와 동일시하려는 시도에 저항하는 것이라고 이야기했다. 더불어 로잔 세계 복음화 국제회의 참석자들이 보여 준 인종적 다양성은 '세계'라는 단어가 주는 풍성한 의미를 회의 이름에 내걸 수 있게 해 주었다.

로잔 국제회의는 새로운 인물 2명을 전면에 내세웠다. 존 스토트와 레이튼 포드Leighton Ford가 바로 그들이었다. 스토트는 영국 성공회의 복음주의 사제로서 국제적인 명성을 지니고 있던 인물이었다. 평생을 독신으로 산 스토트는 경건과 학식 그리고 절제된 생활 방식으로 존경받았고, 많은 이들이 그를 지성인을 위한 빌리 그래함이라고 불렀다. 런던 랭함 플레이스에 위치한 올소울스교회All Souls Church의 교구 사제이자, 50권 이상의 저서를 집필한 스토트는 후에 《타임》이 선정한 세계에서 가장 영향력 있는 100인 중 한 명으로 지목되기도 했다.

레이튼 포드는 우리가 이미 한 번 살펴보았던 인물이다. 캐나다 출신으로 그래함의 매제이자 강단 팀의 일원이었던 포드는 로잔 국제회의 개최에 중요한 역할을 감당했다. 1974년 첫 회의가 끝난 뒤 로잔 운동 집행 위원회는 그를 회장으로 임명했고, 그는 명예 종신 회장직을 얻게 되는 1992년까지 회장직을 이수했다.

로잔 국제회의는 복음전도에 있어 사회적 차원의 복음이 가진 역할을 새롭게 강조했는데, 특히 스토트와 르네 파딜라Rene Padilla, 사무엘 에스코바Samuel Escobar 같은 남미의 복음주의자들에 의해 주창되었다. 그 결과가 로잔 언약 제5항 "기독교인의 사회적 책임"에 반영되었는데, 사실 유명세에 비해 제5항의 비중은 전체 문서의 10%도 채 안 되었다. 그러나 그들의 노력이 빛났던 것은 그동안 사회적 차원의 복음이 지닌 중요성을 외면하던 미국의 복음주의자들도 여기에 동참했기 때문이다. 덧붙여 그들의 관습에 덜 얽매여 있던 포드 역시 로잔 운동이 이렇게 새로운 방향으로 나아가도록 하는 데 힘을 보탰다.

하지만 그래함의 생각은 달랐다. 물론 그래함은 그리스도께 돌이키는 참된 회심이 사회적 차원의 결실로 이어진다는 사실을 결코 의심하지 않았다. 변화된 마음은 변화된 행실로서 나타나기 마련이었다. 그러나 그래함은 애당초 세계적인 복음주의 지도자들이 로잔 국제회의를 개최한 주된 이유들 중 하나가 세계 교회 협의회가 등한시하던 전통적인 기독교의 메시지, 다시 말해 개인 차원의 복음전도를 강조하기 위해서였다고 생각했다. 그렇기에 이러한 관점은 로잔 국제회의가 아닌 다른 기관들에서 다뤄야 하는 관점이라 여겼고, 이 사안을 놓고 스토트와 많은 논의를 해야만 했다. 하지만 결국 스토트가 그래함을 설득시켰다.

로잔 국제회의는 「로잔 언약」Lausanne Covenant라는 이름이 붙은 짧은 문서에 로잔 운동의 목적들을 담았다. 그래함은 후에 이 문서를 "다음 세대 복음주의자들의 신학적 분수령"이라 불렀다. 그는 사진작가들 앞에서 언약에 첫 번째로 서명하는 모습을 보여 달라는 요청에도 승낙했다. 그래함이 로잔 언약에 서명한 것이 정말로 스토트의 말에 설득되어서인지 아니면 자신이 그 논쟁에 승산이 없다고 판단했기 때문이었는지는 확실히 답할 수 없다. 하지만 어떤 이유 때문이었든지, 그래함이 공개적으로 지지함으로써 로잔 언약은 대중에게 영향력 있는 문서가 될 수 있었다.

로잔 운동의 사명은 "온 세계를 위한 온전한 복음(a whole gospel for the whole world)"이라는 짧은 단어로 표현되었다. 역사가 대런 도척 Darren Dochuk은 다음같이 설명한다. "로잔 운동은 … 복음주의의 방향 전환을 보여 주었다." 또한 도척은 로잔 운동이 거둔 아주 많은 결실을 이렇게 요약한다. "로잔 국제회의는 복음주의자의 행동을 지탱해 줄 공통된 신학적 기반을 마련했다." 또한, 로잔 회의는 '선교사를 보내는 나라와 선교사를 받는 나라' 사이의 구분을 없앴다. 그리고 아마도 가장 중요한 성과는 바로 로잔 회의가 보여 준 겸손의 정신, 즉 '복음주의적 승리주의'가 아닌 '복음주의적 회개'에서 비롯된 겸손의 정신이었다.

20세기 후반과 21세기 초, 전 세계의 사회 참여적 복음주의자들은 로잔 언약을 그들의 마그나 카르타[대헌장]로 여겼다. 로잔 운동은 그래함 이후 세대를 대표하는 목회자 겸 신학자들 가운데 한 명인 릭 워렌에게도 큰 영향을 주었다. 또한 이 운동은 파딜라와 에스코바 같은 남미 복음주의 신학자들이 활동할 수 있는 플랫폼- 이자 그들이 더욱 큰 목소리를 낼 수 있도록 돕는 확성기 -이 되어 주었다.[92]

스토트, 그래함 그리고 다른 로잔 국제회의의 지도자들은 1975년 멕시코시티에 다시 모여 「1974년 로잔 회의, 우리의 선언」Our Mandate From Lausanne '74라는 후속 문서를 공들여 작성했다. 「우리의 선언」은 명백하게 개인 차원의 복음전도가 우선되어야 한다는 점을 표명했지만, 동시에 "기독교 지도자들은 복음전도와 사회적 책임에 대한 더 선명하고 균형 잡힌 입장을 지녀야 한다"라고 주장

92_ '로잔 회의'라는 명칭은 계속해서 사용되었다. 1989년 마닐라에서 열린 제2차 로잔 회의, 2010년 케이프타운에서 열린 제3차 로잔 회의처럼 말이다. 제3차 로잔 회의에 경우, 198개국에서 복음주의 지도자 4,000명이 참석하는 기록을 세우기도 했다.

했다. 사회적 책임의 측면에는 개발 지원, 제국주의 배격, 인구 폭발 문제 직면, 억압받는 자들의 해방 그리고 '세계 속에서 하나님의 일'을 감당하는 것이 포함되었다.[93]

* * *

1983년은 세 번째로 주요한 국제회의가 탄생한 해였다. 바로 암스테르담에서 열린 순회 복음전도자 국제회의로, 이 회의는 1986년과 2000년에도 개최되었다. 앞서 살펴보았듯이, 베를린 국제회의는 국제적 신학 플랫폼 형성을, 로잔 국제회의는 사회적 측면의 복음 강조와 함께 세계적 연대를 위한 플랫폼 형성에 초점을 맞추었다. 한편, 암스테르담 순회 복음전도자 국제회의는 베를린과 로잔에서 열렸던 회의들과 상호보완적이나, 분명 그들과 구별되는 목표를 지니고 있었다.

암스테르담 국제회의는 다음의 두 가지 목표를 지향했다. 가장 먼저, 암스테르담 회의는 복음전도 사역을 수행함에 있어 필요한 실질적인 지식 제공에 그 목적을 두었다. 그래함이 구상했던 훈련의 내용은 겉으로 보기에 일반적인 것 같지만, 실제로는 설교문

93_ 이 목록은 그래함이 한 지지자에게서 받은 편지를 인용한 것이다. 그래함은 「우리의 선언」에 '대부분' 동의한다고 말하면서도, 약간 얼버무리는 자세를 보였다. 어떤 부분을 동의할 수 없었던 것인지는 상상하기 어렵지만, 이러한 얼버무리는 모습은 반대의 표현이라기보다 그에게서 반복적으로 나타나는 습관에 가까웠다. 언제나 해석의 여지를 남기는 습관 말이다.

을 작성하는 방법, 사역 자금을 모금하는 방법, 순회 사역 계획의 실행 방식 등 무척 실용적이었다.

두 번째 목표는- 교회 지도자들이나 전문 선교사들이 아닌 -평범한 젊은이들을 복음 전파에 필요한 인재들로 양성하여, 그들이 그들의 지역에서 복음을 전하도록 하는 것이었다. 역사가 존 폴락John Pollock의 말을 빌리자면, 이들은 '복음의 보병들'로서 '그리스도를 증언하기 위해 오지로 가거나 인구가 밀집된 도심지역에서 복음전도 사역을 감당하는 이들'이었다. 즉, 암스테르담 회의는 순회 복음전도자들을 위해 기획된 회의였던 것이다.

세 차례 이루어진 암스테르담 국제회의는 그 규모와 다양성이 매우 놀라웠다. 1983년 회의에는 4,000명이, 1986년에 9,600명 그리고 2000년에는 1만 700명이 회의에 참석했다. 이들은 모두 10대 1의 경쟁률을 뚫고 참가자 자격을 얻은 이들이었다. 그래함은 40세 이하 지원자들에게 우선권을 주었고, 참석자의 70퍼센트 이상은 개발도상국 출신이 될 수 있도록 했다.

덕분에 암스테르담 회의 참가자들은 놀라울 정도로 다양한 배경을 가진 이들로 채워졌다. 제1차 암스테르담 회의엔 132개국의 참가자들이 참석했고, 회의 내용은 9개의 언어로 통역되었다. 제3차 암스테르담 회의 때 참석자들의 국적은 174개국으로 늘어났고, 통역되는 언어의 수도 15개로 증가했다. 암스테르담 회의의 여러 연합 단체나 기관들에서 훈련받은 사람만 해도 수만 명에 달했다.

로잔 국제회의도 그러했지만 특히 암스테르담 국제회의는 백인 남성으로 대변되던 복음주의의 이미지를 깨뜨리기 시작했다. 실상 그러한 이미지는 그래함의 서구식 외모가 실린 수많은 잡지 표지들이 지속적으로 생성해 내던 것이었다. 그러나 이 회의들은 다인종, 다문화, 다언어적 현실에 대한 그래함의 이해가 점차 더 깊어져 가고 있다는 점과 그래함의 마음과 발 그리고 지갑이 개발도상국들을 향해 있음을 여실히 보여 주었다.

이러한 맥락에서 암스테르담 회의에서 발생했던 한 사건은 시사하는 바가 크다. 1986년 암스테르담 회의 중 식사 시간에 빌리와 루스는 한 아프리카 출신 참석자 옆에 앉게 되었다. 그 당시에 대한 그래함의 기억은 암스테르담 회의가 지향했던 목표가 무엇이었는지를 함축한다. 다소 긴 내용이지만 이 인용은 그만한 가치가 있다.

옷차림으로 미루어 보아 그는 가난한 나라에서 온 것 같았고, 교육도 많이 받지 못한 사람처럼 보였다. "어디에서 오셨나요?" 내가 물었다. "보츠와나에서 왔습니다." 그는 여러 마을들을 대개는 걸어서 돌아다니며, 듣고자 하는 모든 사람들에게 그리스도의 복음을 전한다고 했다. "어디에서 공부하셨나요? 성경 학교를 다녔다거나 그 외 다른 도움이 될 만한 교육 기관을 수료한 적이 있나요?" 그가 대답했다. "글쎄요, 사실전 케임브리지대학교에서 석사 학위를 받았습니다."

대답을 듣자마자 그가 제대로 된 교육을 받지 못했을 거

라고 생각했던 나의 고정관념이 부끄러워졌다. 이내 나는 겸손
해질 수밖에 없었다. 비단 그가 나보다 훨씬 나은 교육을 받았
기 때문이 아니라, 다른 이유 때문이었다. 모든 사람이 부러워
하는 학위를 갖고 아직 미개발국가인 본국으로 돌아간다는 것
은 사실상 그가 정치권력과 사회적 지위 그리고 경제적 성취
같은 무한한 기회를 얻게 된다는 것을 의미했다. 하지만 이 남
자는 자신을 복음전도자로 부르신 그리스도의 소명을 따르는
일에 철저히 만족했다.

모든 위대한 지도자들이 그랬던 것처럼 그래함 역시 부족함을
많이 가지고 있었다. 그러나 그래함은 자신이 편협하다는 사실을
인정했고 극복하고자 노력했다. 그는 원대한 꿈, 용기, 의욕을 품었
으며 그 꿈을 실현할 수 있는 여러 재능들을 가지고 있었다.

국제 전도 대회

여러 국제회의를 견인한 그래함은 세계 각지에서 전도 대회 또한 이끌었다. 60년 동안 그는 여섯 개의 대륙, 70개 이상의 국가에서 대회를 개최했는데, 240만 명이라는 숫자를 기록한 1957년 뉴욕 전도 대회를 제외하면 가장 많은 참석자 수를 기록한 네 번의 전도 대회들은 모두 북미지역 밖에서 개최된 대회들이었다. 1954년 런던 전도 대회(200만 명), 1955년 스코틀랜드 전도 대회(260만 명), 1959년 뉴질랜드/호주 전도 대회(340만 명) 그리고 1973년 서울 전도 대회(320만 명)였다. 미국에서도 그랬듯 그래함의 국제 전도 대회들이 모두 성공으로 끝난 것은 아니었으며, 처참한 실패로 끝난 대회들도 간혹 있었다. 그러나 대체로 해외에서 개최된 전도 대회들은 그래함 사역의 주목할 만한 결실들 가운데 하나였다.

"해링게이" 전도 대회 폐막 후 딱 2년이 지난 해였던 1956년, 그래함은 처음으로 인도에 방문했다. 아이젠하워 대통령과 국무부

장관 존 포스터 덜레스John Foster Dulles는 그의 인도 방문에 응원을 보냈다. 인도 방문에는 두 가지의 동기가 작용했다. 하나는 그리스도의 복음을 전하기 위해, 또 다른 하나는 소련 공산주의 확산을 직면한 상황 속에서 미국적 민주주의라는 복음을 인도에 전하기 위해서였다. 3일간의 여정 동안 그래함은 마드라스에서 10만 명, 코타얌에서- 그 도시의 인구보다 2만 5,000명이 더 많았던 -7만 5,000명, 팔람코타에서 10만 명에게 설교를 전했다.

하지만 이내 그래함은 미국에서처럼 해외에서 사역적 결실을 맺는 것은 결코 쉬운 일이 아님을 배웠다. 그는 언제나 방문한 국가의 지도자들과 친밀한 관계를 맺는 데 능한 사람이었지만 이번에는 그렇지 못했다. 자와할랄 네루Jawaharlal Nehru 총리와의 접견은 어색한 분위기로 가득했고, 다른 문제들도 계속 튀어 나왔다. 네루 총리는 그래함이 개인 일기장과 집으로 보내는 편지에 인도 문화를 폄하하는 말들을 썼다는 소문을 듣게 되었는데, 이러한 불편한 상황은 그래함의 팀원 중 누군가의 발언으로 인해 더욱 심각해졌다. 그 발언은 만일 인도 사람들이 '소를 숭배하는 대신에 소고기를 먹는다면 더 행복해 질 것'이라는 내용이었다. 그래함은 이 발언에 대해 사과했고, 두 번 다신 타 문화 혹은 타 종교를 비판하지 않겠노라 다짐- 비록 완전히 지키지는 못했지만 -했다.

1960년에 그래함은 8주간 아프리카 10개국을 순회했는데, 이 순회는 상반된 결과를 낳았다. 먼저 북로디지아와 남로디지아(현재의 잠비아와 짐바브웨) 그리고 나이지리아에서는 아주 좋은 결실을 얻었다. 이 세 국가에서 열린 전도 대회의 참석자는 총 57만 명에 달했다. 윌리엄 V. S. 터브먼 대통령은 그래함을 라이베리아로 초대했고, 그곳에서 그래함은 그 나라에서 두 번째로 높은 시민 훈장을 받았다. 하지만 그곳에서 5일간 진행된 전도 대회에는 겨우 1만 3,000명만이 참석했다. 그리고 라이베리아 인접 국가인 가나에서 진행되었던 전도 대회의 결과 역시 실망스러웠다.

나이지리아와 수단의 무슬림들은 이슬람에 대한 그래함의 비판에 반발했고, 그 외 다른 국가의 토착 종교 숭배자들도 반감을 드러내긴 매한가지였다. 토착 문화를 배척하지 않겠다는 스스로의 다짐을 어겼던 그래함은 그에 상응하는 대가를 지불해야만 했다. 그 후, 그래함은 요르단과 예루살렘으로 이동했다. 예루살렘에서 그는 설교 승인을 얻었지만 오직 기독교인의 모임에서만 가능했고, 정부 당국은 유대인들과 함께하는 모임에선 예수에 대해 언급하지 말 것을 그래함에게 당부했다.[94]

그래함은 1962년 남아메리카 방문에서도 반대와 성공이라는 상반된 결과를 얻었다. 남아메리카로 출발하기 전, 그래함은 늘 그랬던 것처럼 대통령과 연락을 주고받았다. 당시 대통령이자 가톨릭 교인인 케네디는 이미 기독교인들이 어느 정도 존재하는 국가들에서 복음전도를 할 때는 특별한 주의가 필요하다고 그에게 조언했다. 그리고 케네디의 조언은 옳았다. 왜냐하면 그래함이 콜롬비아

94_ 1973년 다시 한번 진행되었던 그래함의 아프리카 순회 여정은 성공적이었다. 이것은 뒤에서 살펴볼 것이다.

와 파라과이에서는 가톨릭 지도자들의 강경한 반대에, 베네수엘라에서는 반미시위에 직면했기 때문이다. 브라질, 칠레 그리고 아르헨티나의 상황은 그보다 나았다. 그렇지만 결국 빌리그래함 전도협회는 5주간의 남미 순회에 대해서 상대적으로 말을 아꼈는데, 이는 순회의 결과가 부진했다는 것을 의미했다.

1972년 그래함은 인도에 다시 방문했다. 코히마에서 3일간 진행된 전도 대회에는 10만 명이라는 많은 인원이 참가했고, 인도의 새로운 총리 인디라 간디Indira Gandhi와 그래함은 이전 총리에 비해 우호적인 관계를 맺었다. 1977년에 인도를 다시 방문해 진행한 캘커타, 하이데라바드 그리고 마드라스 전도 대회도 1972년 때와 마찬가지로 좋은 반응을 얻었다. 그래함이 생을 마감했을 때, 인도인 기자 아쉬시 이트예라 조셉Ashish Ittyerah Joseph- 그의 아버지는 그래함의 인도인 통역사 중 한 명이었다 -은 이러한 논평을 남겼다. "그가 어디에서 전도 대회를 열든 못해도 10만 명 이상이 참석했다. 그래함은 지역 내 모든 교단들이 함께 마음을 모아 그의 방문을 원할 때에만, 모든 도시가 한 마음으로 바랄 때에만 그 지역에서 전도 대회를 개최하려 했다."

* * *

그래함의 사역 중반기에 진행된 뉴질랜드/호주 전도 대회는 적어도 대회 참석자 및 결신자 숫자 측면에서는 매우 성공적인 전도 대회들 가운데 하나였다. 1959년, 그래함은 4개월 동안 호주의 8개 도시 그리고 뉴질랜드의 3개 도시를 순회하며 말씀을 전했고, 이 순회는 도합 300만 명 이상의 참석자와 15만 명의 결신자 수를 기록했다. 그로부터 2년 후 그래함은 호주 전국 방송에도 출연하면서 호주에서 유명인사가 되었다. 그리고 한 성공회 사제의 평가처럼 그래함의 호주 방문은 '호주 교회 역사에 매우 중요한 사건'으로 기록되었다.

한편, 1968년과 1969년 시드니에서 열린 전도 대회들의 결과는 더욱 다양했다. 당시에도 그래함은 반대에 직면했는데, 이 반대는 그래함 자체에 대한 반감이라기보다 미국이 일으킨 베트남전쟁에 반대하는 성격이 더 강했던 것 같다. 하지만 이러한 환경 속에서도 1968년 시드니 전도 대회에는 8일 동안 50만 명이 참석했고, 11년 뒤인 1979년에는 3주 동안 49만 1,000명의 사람들이 참석했다.[95]

1973년 5월 30일부터 6월 3일까지 한국에서 열린 전도 대회는 여러 면에서 그래함의 국제 전도 대회 사역들 가운데 가장 중요한 사건이었다. 5일 동안 그래함은 도합 300만 명의 참석자들 앞에서 말씀을 전했고, 그중 7만 2,000명이 결신했다.

95_ 호주와 뉴욕에서 진행된 그래함의 사역은 그 두 나라가 지닌 세속성 때문에 여러 어려움에 지속적으로 직면했다. 그래함의 동료 복음전도자 레이튼 포드는 1987년 웰링턴에 있는 빅토리아대학교에서 말씀을 전하던 중 청중이 던진 썩은 계란과 토마토 세례를 받았다. 대학 신문은 포드의 실제 설교 혹은 저술에 대한 이해 없이 그를 반동성애, 반여성, 반지성주의자라고 비난했다. 이러한 유의 반대는 종종 발생했지만, 그럼에도 전도 대회는 지속되었고 참석자 수도 늘어갔다.

한국 전도 대회의 폐막 집회는 그의 사역을 통틀어 가장 큰 규모였다. 이 집회는 아스팔트로 포장되어 있던 도로 1.6㎞를 벗겨 만든 여의도 광장에서 진행되었다. 항공 측정에 따르면 총 112만 명이 뜨거운 여름날 그 비좁은 공간에 한데 모여 있었는데, 이는 의심할 나위 없이 역사상 가장 많은 인원이 밀집한 기독교 모임들 가운데 하나였다.[96] 집회 성가대의 숫자만 해도 6,000명에 달했다. 결신자들을 앞으로 나오라고 할 만한 공간이 없어 그래함은 결신할 청중들은 그냥 그 자리에서 일어나라고 말했고, 이후 1만 2,000장의 결신 카드가 집계되었다.

그래함은 그 순간의 중요성을 분명히 기억하고 있었다. 역사가 헬렌 진 킴이 전해 주듯, 그래함은 폐막 집회 다음 날 "서울 전도 대회 이후로 제 사역은 결코 이전과 같을 수 없을 겁니다"라고 말했다.

여러 수치들 외에도 한국 전도 대회에서 주목할 만한 특징은 아마도 그래함이 설교 시 사용한 여러 간결한 표현들 그리고 사람들의 이목을 집중시키게 만드는 절제되었으나 카리스마 넘치는 설교자로서의 존재감이었다. 그는 요한복음 15장 13절[97]을 중심으로 「하나님의 사랑」이라는 제목의 말씀을 전했다. 이 설교는 그가 30년 동

96_ 언급된 바 있듯이, 교황 요한 바오로 2세가 집전한 야외 미사들에 더 많은 사람들이 참석했을지도 모른다. 그러나 그 미사들은 그래함이 했던 것처럼 한 사람이 설교하는 방식의 행사는 아니었다.

97_ "사람이 친구를 위하여 자기 목숨을 버리면 이보다 더 큰 사랑이 없나니"

안 설교해 오던 주제의 반복이었기에 한국의 일부 목회자와 신학자들은 설교가 빈약하다고 생각했다. 하지만 바로 그것이 그래함이 의도했던 초점일 수 있다. 즉, 추상적인 신학 개념들로 복음을 복잡하게 만들지 말고, 가능한 단순하게 그 복음을 효과적으로 전하는 것 말이다.

폐회 집회 당시 무대 뒤쪽에서 찍은 사진 한 장은 한국 전도 대회를 대표하는 유명한 사진이다. 이 사진에는 그 끝이 보이지 않는 참석자들 앞에서 말씀을 전하고 있는 그래함의 모습이 담겨 있었다. 마틴에 따르면, 폐막 집회가 끝나자 그래함은 헬리콥터를 타고 집회 장소를 떠났다. 그리고 한국 전도 대회를 회상하면서 이렇게 말했다고 한다. "이 모든 것은 하나님께서 행하신 일입니다. 그 외에 이를 설명할 수 있는 방법은 없습니다." 그래도 그의 마음속에 적어도 티끌만큼의 개인적 성취감이 함께 있었음은 분명했다.

* * *

1974년 브라질 전도 대회의 결과들도 놀라웠다. 그래함은 리우데자네이루 마라카낭 축구경기장에서 열린 침례교 세계 연맹 폐막 집회에서 말씀을 전했는데, 22만 5,000명이 경기장을 가득 메웠다. 이는 당시 서반구에서 열렸던 그 어떤 복음전도 집회들의 참석 규모보다도 큰 것이었다. 브라질 전도 대회 준비 위원장은 그날의 집회를 TV에 중계되도록 준비했는데, 이 방송을 시청한 사람들은 1억 명 이상일 것으로 집계되었다.

1970년대 말 그리고 1980년대는 그래함이 동유럽 국가들과 소련, 중국, 북한에 방문했던 시기였다. 이 방문 일정은 1977년 헝가리 방문으로 시작되어 1978년 폴란드 방문, 1982년과 1984년의 모스크바 방문으로 이어졌는데, 이 방문들은 역사적으로 상당히 중요한 의미를 지녔다. 1984년 모스크바 방문은 대대적인 관심과 여러 논쟁들을 불러 일으켰던 1982년 방문에 대한 일종의 보상 같은 방문이었다. 이는 당시 그래함이- 소련 입장에서 -좋은 모습들을 보인 덕이었다(이에 대한 자세한 내용은 이후 살펴볼 것이다).

1984년 모스크바 방문은 일종의 도박이었지만, 그래함은 그 방문을 통해 엄청난 성공을 거두었다. 모스크바와 레닌그라드를 포함한 네 개의 도시에서 전도 대회를 개최할 수 있는 승인을 얻었고, 총 50회 이상의 설교를- 아마 그렇게 한 첫 번째 서양인이었을 것이다 -했다. 설교 과정에서 그래함은 종교인들이 전하는 메시지가 소련의 사회 질서를 위협하지 않는다는 점을 강조했다.

복음주의 개신교인들은 말할 것도 없고, 기독교인 인구 자체가 적은 동아시아에서 사역을 한다는 것은 특별한 도전이었다. 그래함은 일본의 여러 도시들에서 1956년, 1967년, 1980년 그리고 1994년에 전도 대회를 개최했는데, 이 대회들은 부분적인 성공을 거뒀다. 그리고 1988년, 그래함과 루스가 평생 동안 품어 오던 꿈 하나가 이루어졌다. 바로 중국에서 말씀을 전할 수 있게 된 것이다. 중국에서 성장한 루스에게 1988년의 중국 방문은 향수를 불러일으키는 방문이었다.[98] 17일간의 일정 동안 그래함은 중국 내 다섯개의 도시에서 전도 대회를 개최했고, 중국 총리 리펑을 1시간 동안 접견하기도 했다.

앞서 말했듯 그래함은 동·서유럽 국가들도 방문했다. 1977년 첫 번째 헝가리 방문은 엄격하게 통제된 상태에서 진행되었고, 상대적으로 적은 인원이 참석했던 전도 대회였다. 이와는 대조적으로, 다시 방문했던 1989년에는 정부의 통제가 확연히 줄어들었고, 10만 명에 달하는 사람들이 전도 대회에 참석했다. 당일 제출된 결신 카드만 해도 2만 7,000장으로, 그래함의 단일 집회 기준 가장 높은 숫자였다. 게다가 당시 집회는 공영 방송을 통해 방영되기도 했다.

그래함의 소련 방문들은 평생 사역 가운데서도 최고의 순간으로 손꼽혔다. 그래함은 1992년에 모스크바에서 말씀을 전해 달라는 초청을 받게 되었다. 그해는 공산주의가 붕괴된 이후 정확히 3년이 지났을 때였다. 마틴에 따르면, 그래함은 실내 올림픽 경기장에서 복음을 설교했으며 3일 내내 매일 3만 8,000명 이상의 청중들이 몰려들었다. 마지막 날 밤에는 참석자 수가 5만 명에 달했는데, 공간이 부족해 실외에서 함께했던 참석자 수만 2만 명이나 되었다. 당시 그래함의 방문은 모스크바에 있는 교회 150개, 그리고 전국

98_ 당시 루스에게 중국 방문은 첫 번째가 아니었다. 왜냐하면 루스는 형제들과 함께 1980년에 중국을 이미 방문한 바 있었기 때문이다. 세계를 일상처럼 돌아다니던 그래함과 루스에게 설교를 위한 중국 방문이 지닌 의미는 남달랐을 것이다.

에 흩어진 교회 3,000개의 지원으로 이루어졌다. 1992년 방문이 놀라운 점은 많은 참석자 수가 아니라, 그 전도 대회가 곰의 땅이라고 불리는 소련에서 진행되었다는 사실 그 자체였다.

1992년과 1994년에 그래함은 (루스 없이) 고립국가 북한에 방문했다. 그의 방문은 북한 정부의 승인하에 조선 그리스도교(개신교) 연맹과 조선 가톨릭 연맹의 초청으로 이루어졌다. 북한 방문 중에 그래함은 긴 시간 김일성 주석과 대화를 나누었고, 그의 방문 소식은 북한 국영 언론을 통해 대대적으로 보도되었다. 기독교인 어머니 밑에서 성장한 김일성 주석에게 그래함은 자신이 저술한 『하나님과의 평화』 한 부를 선물로 건네기도 했다. 북한에서 기존 형태의 전도 대회를 진행한다는 것은 거의 불가능한 일이었기에 그래함은 평양에 있는 개신교와 가톨릭 교회 총 두 군데에서 말씀을 전했다.

그래함이 1994년에 북한을 다시 방문했을 때도 1992년 방문과 유사한 방식, 곧 외교적 복음전도라고 불릴 수 있는 방식으로 일정이 진행되었다. 일부 미국 복음주의자들은 그래함이 억압적인 북한 정권의 손에 놀아났다며 거센 비판을 쏟아 냈다. 이에 대해 그래함은 그래함다운 반응을 내놓았다. "대화를 나누는 게 손해가 되진 않지요."[99]

99_ 그래함의 이러한 방문들은 훗날 프랭클린 그래함이 북한을 방문할 수 있게 된, 그리고 사마리안퍼스가 인도주의적 지원 사역을 북한에서 진행할 수 있게 된 초석이 되었다.

푸에르토리코는 물론 미국 영토에 속한 지역이지만, 전 세계에 복음을 전하기 위해 그래함이 행한 평생의 노력은 강력한 히스패닉 문화와 스페인어를 주로 사용하는 이 지역에서 시작되었다. 1995년 3월, 빌리 그래함은 푸에르토리코의 산후안에서 복음전파 방송을 송출했는데, 이 방송은 무려 10억 명- 당시 지구 인구의 5분의 1 -의 사람들에게 가 닿았다. 즉, 30개의 인공위성을 사용하여 전도 대회를 각기 다른 29가지 시간대에 속한 185개 국가의 3,000개의 장소에서 시청할 수 있도록 했으며, 그의 설교는 116개 언어로 번역되었다. 이로써 그의 사역은 기독교 역사에서 위대한 기술적, 언어적 성취를 이룬 사례들 가운데 하나가 되었다.

그래함의 국제 사역

그래함이 주도한 국제회의와 국제 전도 대회들에 관한 이야기는 좀 더 개인적 차원에서 조망해 볼 필요가 있다. 왜냐하면 그의 개인적인 모습들이 공적 사역의 토대를 형성했기 때문이다. 그래함은 사역 자체에 대해 대단한 열정을 지니고 있던 사람이었고, 누구도 이 점에 대해 이의를 제기하지 않을 것이다. 그러나 동시에 수많은 미국인들이 그러하듯 그는 이곳저곳 돌아다니며 모험을 즐겼던 사람이기도 했다. 한 동료가 "빌리는 호텔 객실을 좋아했다"라며 진심 섞인 농담을 할 정도였다.

좀 더 구체적으로 말하자면, 그래함은 명소를 둘러보는 단순 관광객이라기보다 진지한 여행가에 가까웠다. 동료들의 증언처럼 지역 명소나 자연 경관은 정말이지 그래함의 안중에 전혀 없었다(해안가나 노을은 제외하고 말이다). 오히려 한 국가의 수반부터 길거리에 있는 사람들까지 다양한 출신의 사람들과 교류하는 것을 즐겼다.

1930년대 중엽부터 그래함은 복음을 온 세계를 위한 메시지로 이해했고, 1940년대 중엽부터 그 스스로를 온 세계를 위한 복음 전달자들 중 한 사람으로 인식했다. 몰몬교의 창시자 조셉 스미스 Joseph Smith는 언젠가 자신을 '굴러다니는 거친 돌'로 묘사했다. 이 표현을 그래함에게 대입해 본다면, 미국의 남부 시골 출신다운 거친 면은 이내 사라졌지만 굴러다니는 행동은 그에게서 결코 사라지지 않았다고 할 수 있다.

미국 기자들과 마찬가지로 해외 기자들은 그래함이 어디를 가든 그것을 기사화했다. 이러한 보도들은 그래함이 마치 어디에나 존재하는 것처럼 보이게 했을 뿐 아니라, 기독교계에서 발생하는 거의 모든 일들이 그래함과 관계되어 있다는 인상을 주었다. 예를 들어 그래함은 1960년 나이지리아에 있는 어느 한센병 요양소에 방문했다. 윌리엄 마틴은- 신문기사에 근거해 -당시의 상황을 묘사하며 그곳에서 그래함이 자아냈던 감동의 한순간을 예리하게 포착했다. 어느 논평가의 말을 빌리자면 그것은 '비위가 약한 모습을 자주 보였던 설교자가 한 여성의 절단된 팔을 껴안고 그녀를 위해 기도하는 순간'이었다. 이런 예화 속에서 나타나는 그래함의 개인적인 행동들은 세계무대에서 그가 감당한 공적인 사역 스토리 안에 자연스럽게 스며들었다.

기자들만큼이나 사진작가들도 그래함의 사진을 찍기 위해 언제나 준비되어 있었다. 그래함이 찍힌 여러 유명한 사진들 중 일부에는 해외에 있는 그의 '일상적인' 모습들이 담겼다. 그중 1977년 캘커타에서 찍힌 것으로 보이는 한 장의 사진에는 (비록 사진 속 인물이 그래함인지는 분명하지 않지만) 카키색 바지에 오픈 셔츠를 입고 땅에 앉아 있는 그래함의 주위를 초등학생으로 보이는 시골벅적한 아이들이 둘러싸고 있는 모습이 담겨 있었다. 사진 속의 그래함은 아이들과 고개를 숙인 채 함께 기도하기 위해- 눈을 뜬 아이들도 있어 절반뿐인 성공이었지만 -애쓰고 있었다.

순회 사역으로 인한 잦은 이동은 그래함의 '실제' 용기를 알 수 있는 많은 일화들을 만들어 냈고, 이러한 이야기들은 사람들이 그래함을 더욱 좋아하게 되는 계기가 되었다. 비행기로 이동하는 과정 중 발생한 여러 크고 작은 사고들도 세월이 지나면서 점점 더 많이 생겨났다. 한번은 특히나 심한 난기류 때문에 고생스러웠던 비행- 당시 항공사는 에어 프랑스였다 -이 끝난 후, 한 기자는 그 상황이 무섭지 않았냐고 물었다. 이에 그래함은 이렇게 답했다. "확실히 긴장감 있더군요." 우리는 이 대답을 하는 그래함의 얼굴에 환한 미소가 가득했을 것임을 짐작할 수 있다.

* * *

국제 전도 대회들은 미국에서 진행된 대회들과 대체로 동일한 방식으로 진행되었다. 그래함은 미국에서의 경험을 토대로 효과가 확실히 입증된 방법들을 사용하려 했다. 세부사항들은 지역 조직

위원회에 맡겨야만 했지만, 그는 뒤에서 조용히 모든 일들이 계획대로 진행되고 있는지 점검했다.

사역의 그 어떤 사소한 부분일지라도 그래함에게 중요하지 않은 것은 없었다. 전도 대회가 열릴 지역으로 몇 개월 전, 때로는 1년 전에 미리 이동하는 선발팀과 그 가족들은 그곳에서 정기적인 기도 모임과 훈련 모임 개최, 대중매체 관계자와 사전 관계 형성, 대중 광고 진행 등 여러 일들에 착수했다. 때로 그래함은 현장에서 예기치 않게 발생할 일들을 대비하여 가는 곳마다 설교단을 가져갔고 상황이 허락된다면 음향 장치와 기술자들도 대동했다.

전도 대회의 구성 방식도 동일했다. 간증자들, 솔리스트들, 예술가 게스트들, 대규모 성가대, 그래함(필요할 경우, 그래함 대리 설교자)의 강력한 설교 그리고 집회 말미에 진행되는 결신자 초청 시간은 이미 미국에서 충분히 검증된 방식이었다. 미국 외 영어권 국가들에서 그래함은 미국에서 그랬던 것처럼 되도록 짧고 친숙한 표현들로 설교했다. 비영어권 국가들에서는 더더욱 가능한 한 간단히 말하고자 노력했다. 용이한 번역을 위해서였다. 그래함의 에너지 넘치는 설교 스타일, 특유의 재치 있는 입담과 과장된 동작들은 그대로였다. 그는 전도 대회가 진행되는 곳마다 그곳에 모인 청중들이 이례적으로 친절하고, 또 그 지역의 경관도 특히 아름답다는 말들을 늘어놓았다.

비영어권 국가에서 전도 대회를 진행하게 될 경우 그래함은 이미 이전에 동역한 경험이 있는 통역사들과 계속해서 일하려 했다.

일례로, 밥존스대학교를 졸업한 한국인 빌리 킴[역주- 김장환 목사]
은 그래함이 한국에서 전도 대회를 인도할 때마다 그의 통역을 맡
았던 인물이었고, 그 자신 또한 그래함의 통역으로 명성을 얻게 되
었다.

* * *

그래함의 마음 깊숙한 곳에는 한 가지 확고한 믿음이 자리 잡
고 있었다. 그것은 자신이 전하고 있는 복음은 미국인에게만 국한
된 복음이 아니라 모든 사람에게 적용된다는 믿음이었다. 그래함
은 해외 청중을 향해 자신이 백인 중산층 미국인이나 미국 대사
로, 혹은 그와 관련 목적들을 위해 이곳에 온 것이 아니라는 점을
누차 이야기했다. 오히려 모든 종류의 경계들- 국가, 문화, 민족, 인
종, 성별 -을 초월하는 복음의 메시지를 선포하는 사람으로서 그
자리에 섰다고 강조했다. 왜냐하면 성경은 그리스도 예수께서 어제
나 오늘이나 영원토록, 그리고 어디에서나 동일하시다는 사실을 우
리에게 약속해 주고 있기 때문이다.

그리고 그래함은 바로 그러한 복음을 전하는 일에 주목할 만
한 성공을 거두었다. 그래함이 세상을 떠났을 당시 인도 시리아 정
교회 대주교 조셉 마르 토마는 이렇게 말했다. "그래함은 다른 언
어, 다른 문화, 다른 인종의 사람들에게 예수님에 대해 설교했고
설명했습니다."

그럼에도 해외 청중들이 그래함에게서 미국적 모습들을 발견하는 것은 어쩔 수 없는 일이었다. 그 모습들은 다양한 방식으로 나타났다. 첫째로, 역사가 유타 발비에Uta Balbier의 말대로 많은 유럽의 대중들은 그래함이 비누를 판매하는 세일즈맨과 비슷하다고 생각했다. 즉, 그가 세일즈맨처럼 예수님을 '판매하고 있다'고 여긴 것이다. 우리가 앞서 살펴본 바 이러한 비판은 미국에서도 들었던 비판이었다. 하지만 그래함은 이것을 오히려 칭찬으로 받아들였다. 그는 웃으며 이렇게 말했다. "만일 당신이 세계 최고의 상품을 가지고 있다면, 자신이 가지고 있는 모든 수단을 활용해 그 상품을 판매하려 하는 게 당연하지 않나요?"

하지만 그래함은 예수님을 판매하는 그 행위가 '수량화'를 동반한다는 사실을 간과했을 가능성이 있다. 그것은 대단히 미국적인 태도로, 공격적인 마케팅과 숫자의 중요성 그리고 그 모든 중심에 있는 '늘 모자라고 부족하기에 계속해서 수와 양을 늘려야 한다'라는 하나의 인식을 내포하는 태도였다.

둘째로, 그래함의 복음주의는 그 내용은 오래된 것이나 새로운 형태로 표현된 것이었다. 복음주의는 18세기 영국과 스코틀랜드 그리고 미국 식민지에서 비롯되었지만 19세기를 지나면서 그 형태가 점차 미국적으로 변하게 되었다. 즉, 좀 더 개인주의화되었으며, 좀 더 정형화되면서 점차 수출하기에 용이한 형태가 되었다. 그리고 이에 더해 그래함은 복음주의를 더욱 현대적인 형태로 만들었다.

복음주의는 원래부터 예전, 신앙고백, 성례, 직제 혹은 양육 같은 요소들에 크게 제약되지 않던 운동이었다. 하지만 그래함을 통해 복음주의는 더더욱 폭 넓은 운동이 되어 갔다. 예정론, 침례, 방언, 성도의 휴거 등 개별적인 교파 특성들이 이 운동 안에서는 덜 중요한 것으로 여겨졌기 때문이다.

마지막으로, 대체로 그래함은 정치적 독립체로서 미합중국을 대변하는 인물로 비쳤다. 물론 그것이 그의 주된 이미지였던 것은 아니지만, 분명 피할 수 없는 대외적 이미지였던 것도 사실이다. 역사가 헬렌 진 킴은 정치적 의미에서 미국을 대변했던 그래함의 여정을 추적했는데, 그에 대한 한 예가 1973년 5월 그래함의 서울 방문이다. 서울에 도착하자마자 그래함은 자신이 미국 대통령이나 정부 혹은 정치적 이익을 위한 미국 대사로 방문한 것이 아님을 분명히 밝혔다. 오히려 자신은 오직 그리스도 예수의 대사로서 한국을 오게 된 것이라고 말했다.

그러나 헬렌 킴은 이를 이렇게 해석했다. "그래함은 하나님과 미국 모두를 대변하고 있었다." 서울에 도착하자마자 그래함은 주한 미국 대사 필립 C. 하비브를 만났고, 하비브는 그래함에게 곧 있을 저녁 만찬에 대한 중요한 기본 정보들을 전해 주었다. 그렇게 하비브가 주최한 저녁 만찬에 참석한 그래함은 청와대에서 박정희 대통령을 접견하는 시간을 가졌다. 그래함의 의사가 어땠는지는 알 수 없으나, 박 대통령은 그래함이 자신을 세계에서 가장 강력한 국가, 그리고 그곳의 대통령과 직통으로 연결해 주는 통로가 될 수도 있다는 사실을 너무나 잘 알고 있었다. 헬렌 킴의 해석은 이러한 이유 때문이었다.

* * *

그러나 그래함이 자신에게 씌워진 미국의 대표자 이미지를 벗어 던질 수 없었다면, 그는 대체 어떻게 미국 너머 세계무대에서 그토록 엄청난 성공을 거둘 수 있었던 것일까? 답은 명백했다. 그래함이 방문했던 많은 국가들이 지니고 있던 여러 요인들이 성공의 발판을 마련해 준 것이다. 해외 국가들 중에서도 그래함이 가장 성공적인 결실을 맺었던 국가들이 대체로 경제, 정치, 기술의 발전 단계가 미국과 비슷했다는 사실은 결코 우연이 아니었다. 바로 영국과 독일, 호주와 뉴질랜드 그리고 한국 같은 나라들이 그러했다. 반면 스칸디나비아 국가들처럼 그러한 단계가 미국보다 앞서 있다고 알려져 있거나, 미국보다 뒤처져 있다고 알려진 여러 개발도상국들에서 그래함의 사역은 상대적으로 적은 결실을 맺었다.

그래함이 방문한 각 국가들의 사회적 환경 분석은 다행스럽게도 본서의 범위를 넘어서는 거대한 연구 주제라, 본서에서는 다루지 않을 것이다. 하지만 이 주제는 우리를 또 다른 질문으로 인도한다. 그것은 그래함 개인이 지니고 있던 어떤 요인이 각기 다른 사회 환경 속에서도 그를 문화적으로나 영적으로 매력 있고 영향력 있게 만들었느냐 하는 질문이다.

그래함이 해외에서 그런 인물로 받아들여진 데는 그가 전한 메시지의 내적 요인과 외적 요인이 중요하게 작용했다. 내적 요인부터 살펴보자. 그래함이 전한 메시지는 아주 많은 이들에게 아주 빠르게 와 닿는 메시지였다. 왜냐하면 그는 교리와 실천적 내용들을 최소화함으로써 전달할 때 발생할 수 있는 심리적 저항을 최소화했기 때문이다. 세스 다울런드는 이 점을 강조하기 위해 다소 과장하여 다음과 같이 말했다. "그래함의 청중들은 그의 메시지를 통해 죄의 문제를 쉽게 해결될 수 있다고 배웠다. 왜냐하면 짧은 결단의 기도 한 번으로 죄로부터 구원이 주어지기 때문이었다."

더 중요한 사실은 다울런드가 이야기하듯 그들은 그래함의 메시지를 통해 현세의 영적인 행복과 내세의 영적인 기쁨이 스스로의 손에 달려 있다고 배웠다. 즉, 모든 것은 개인의 결정에 달려 있고, 결정은 주체인 사람에게 달려 있다는 것이다. 게다가 그들은 순간의 결정이 모든 것을 변화시킬 정도로 중요하다고 이해했다.

그래함이 전한 메시지의 외적인 요인들 곧, 그 메시지와 별개의 요인들도 그를 전 세계적인 인사로 만드는 데 한몫했다. 바로 그래함의 외모와 스타일, 그의 정직함과 겸손 그리고 집요함이었다. 그래함의 미국 사역을 성공으로 이끌었던 이 요인들은 국제 사역에서도 동일한 역할을 했다. 또한, 그래함은 미국에서 그리했듯이 해외에 있는 지역 교회들의 성장에도 관심을 기울였다. 그래함 전도 대회 팀이 대회가 열리기 전 수개월 전부터 일정 계획과 홍보, 기도 모임, 상담 요원 훈련 그리고 지역 목회자들과의 연계를 진행한 것도 이러한 관심의 일환이었다.

덧붙여 그래함은 종종 미국 대통령을 비롯한 고위급 정치 지도자들과의 관계에서 주어지는 지위상 이익을 보기도 했다. 물론, 항상 그랬던 것은 아니며 특히 닉슨 대통령의 재임 기간엔 그렇지 못했다. 하지만 대체로 그러한 혜택을 누렸다. 또한 그는 기본적으로 어디에서든 그 국가의 정부를 지지했기 때문에 지도자들 역시 그래함의 덕을 보기도 했다.

그래함도 지금까지 내가 한 설명들에 대해 어느 정도 동의하리라 생각한다. 그러나 동시에 이 설명들은 반쪽짜리라고 주장할 것이다. 그 나머지 반쪽을 설명할 명분은 분명하다. 그것은 메시지 그 자체, 곧 시간이 지나도 변하지 않으며 보편적인 인간의 필요 문제를 다루는 영원한 복음 그 자체가 지닌 능력이다.

그래함이 세상을 떠났을 때, 《월스트리트 저널》의 칼럼니스트 페기 누난Peggy Noonan은 필라델피아 교구의 가톨릭 대주교 찰스 차풋Charles Chaput의 발언을 인용했다. 차풋은 그래함이 가톨릭 교인뿐 아니라 전 세계의 기독교인에게 끼친 영향력을 정확히 포착하며 이렇게 말했다. "그래함은 다양한 배경과 차이점들을 지니고 있는 그리스도인들에게 닿을 수 있었고, 그리스도인이 지니는 공통된 정체성을 향해 메시지를 전할 수 있는 인물이었습니다." 이에 차풋은 그래함을 C. S. 루이스C. S. Lewis와 비교하면서 이렇게 말했다. "어떤 의미에서 그래함은 루이스의 '순전한' 기독교 같은 메시지를 전한 인물이었습니다. 다만, 미국 억양으로 전했죠."

확실히 많은 이들에게 그가 지닌 미국 억양은 그의 메시지보다 중요했다. 하지만 분명 그보다 더 많은 이들은 그의 억양을 통해 그가 전하는 메시지 자체의 능력을 전달받았다. 그들이 받은 건 메시지를 전하는 사람의 한계가 아니었다.

총력전이라는 죄악

전쟁에 대한 빌리 그래함의 생각은 전략무기 제한 협정Strategic Arms Limitations Talks, SALT이 대두되면서 점차 변화했다. 1972년 미국과 소련은 통상 'SALT'라고 불렸던 전략무기 제한 협정을 체결했다. 7년 뒤, 두 나라는 'SALT II'라는 별명이 붙은 추가적인 무기 감축안에 동의했지만 1979년 9월에 소련이 아프가니스탄을 침공하면서 미국 상원은 SALT II를 비준批准하지 않았다.

SALT가 있은 이후, 그래함은 미국과 소련에게 'SALT 10'[100]이라 스스로가 이름 붙인 협상안을 받아들이라고 요구했다. 그래함의 SALT 10은 '양국 간 증명 가능한 방식으로 대량 살상 무기들, 즉 핵과 생화학 그리고 레이저 무기들을 제거한다'라는 내용을 담고 있었다. 미국 상원은 SALT II를 동의하지 않았지만, 그래함은

100_ 그래함은 로마 숫자가 아닌 아라비아 숫자 10을 사용했는데, 그 이유를 설명하진 않았다.

양국 지도자들에게 SALT 10에 담긴 핵심 내용들을 수용하라고 재차 요구했다.

그래함의 이러한 모습은 정말 깜짝 놀랄 광경이었다. 우리가 앞서 살펴보았듯이, 사역 전반기 시절 그래함은 공산주의라는 적을 향해 한 치의 자비도 베풀지 않는 강경파의 모습을 보였다. 그랬던 그에게 무언가 변화가 생긴 것이다.

1970년대 말, 미국과 소련 간의 전쟁 위협이 갈수록 심해져만 가자 그래함은 이에 대해 공개적으로 발언하기 시작했다. 비단 핵무기뿐 아니라 모든 대량 살상 무기에 대해서도 언급했는데, 그는 각종 인쇄물과 대중매체 인터뷰들을 통해 꾸준히 (서로에게 신뢰를 주는) 핵무기 감축과 대량 살상용 '생화학' 무기의 폐기안을 주장했다. 역사는 하나님의 손에 달려 있는 것이므로 하나님께서 역사에 종말을 가져오시기 전까지 인류는 지구의 청지기로서 그 책무를 계속 감당해 가야 한다는 것이었다.

1978년의- 정확히 언제인지는 분명하지 않은 -어느 날 '국방부 군사 전문가들'이 몬트리트에 있는 빌리와 루스의 자택으로 찾아왔다. 그들은 핵무기 전쟁이 가져다주는 참혹한 결과들을 자세히 설명해 주었고, 그래함은 그 이야기에 몸서리쳤다. 정부 고위급 지도자들의 판단을 늘 존중해 온 그래함이었으니, 이번에도 그들이 전해 준 끔찍한 이야기를 진지하게 받아들였다.

한편, 그래함은 1978년 10월에 폴란드를 방문했다. 그는 여섯 개의 도시를 돌아다니며 가톨릭, 침례교, 루터파, 개혁파 교회에서 설교를 했다. 일정 중에 트레블링카, 아우슈비츠, 비르케나우에 있는 나치의 강제수용소에 들린 그래함은 방문 이후 그 장소들에서 발생했던 참사는 자신의 '마음과 생각' 속에 영원히 새겨져 있을 것이라고 말했다. 당시 찍힌 사진들에서 눈물을 흘리며 아우슈비츠를 떠나는 그래함의 모습을 볼 수 있는데, 그가 대중 앞에서 마음의 평정을 잃었던 극히 드문 사례였다.

1979년은 그의 중요한 변화들을 엿볼 수 있는 해였다. 그해 3월, 그래함은 《CBS 이브닝 뉴스》에 출연해 핵무기 경쟁이야말로 '미치고 어리석은 짓'이라며 맹렬한 비난을 쏟아 냈다. 확신에 가득 찬 목소리로 핵무기 시대에 평화를 보장할 수 있는 새로운 조치들을 이야기했고, 덧붙여 '젊은 시절 자신이 지니고 있던 강경파적 입장들'을 후회한다는 말도 남겼다. 즉, 그래함은 전국 방송에서 자신의 변화된 입장을 밝히면서 종교적, 정치적 우파들의 반대 속에서도 이것을 결코 굽히지 않을 것이라는 분명한 의지를 보여 주었다.

* * *

1979년 가을, 그래함은 헝가리에서 전도 대회들을 개최하게 되었다. 이 설교의 기회는 하늘에서 툭 떨어진 것이 아니었다. 1956년 헝가리 혁명이 실패하자 미국으로 이민 온 헝가리 태생 외과의사 알렉산더 하라치의 고된 협상의 결과물이었다. 그래함은 무척이나 복잡했던 이 협상의 과정을 통해 공산주의 정부와의 공조가 얼마나 어려운 일인지를 깨닫게 되었다. 하지만 동시에 이 과정에서 기존에 알려져 있던 것과는 달리 동유럽과 소련에도 종교 활동이 존재한다는 사실을 알게 되었다.

한편, 핵전쟁이라는 대재앙을 향한 그래함의 호소가 커지던 상황 속에서 러시아는 그래함을 이용할 절호의 기회를 엿보고 있었다. 그리고 그 일은 1982년 초에 발생했다. 그래함이 러시아 정교회의 총대주교로부터 그해 5월 모스크바에서 열리는 한 회의에 참석해 달라는 요청을 받게 된 것이다.

그 행사는 러시아 정교회 설립 1000주년 기념행사로 알려졌지만, 정교회는 그 행사를 '생명이란 신성한 선물을 핵이라는 대재앙에서 구하기 위한 세계 종교 지도자 회의'The World Conference of Religious Workers for Saving the Sacred Gift of Life from Nuclear Catastrophe라고 불렀다. 그래함은 초대 수락 여부를 놓고 무척 진지하게 고민했다. 이 사안은 위험 부담이 컸기 때문이다.

사실 그래함에게는 그 초대를 거절해야만 하는 충분한 이유들이 있었다. 가장 확실한 거절의 이유는 우선 그 행사가 누가 보아도 명백히 소련의 신뢰성을 선전하면서, 미국의 이중성을 비판하기 위해 교묘히 위장된 행사라는 것이었다. 소련이 평화를 위한 논의들을 선전하는 척하며 뒤에서 핵무기를 계속 비축하고 있다는 사실을 그래함도 너무나 잘 알고 있었다. 더군다나 주변사람들도 그래함을 뜯어말렸다. 레이건 대통령(얼마 뒤에 조금은 누그러졌지만)과 부시 부통령, 특히 소련 주미대사였던 아서 하트먼이 그의 소련행을 반대했다. 빌리그래함 전도협회의 몇몇 이사회 임원들도 참석하지 말 것을 촉구했고 그의 아내 루스도 마찬가지였다.

그러나 초대를 수락해야 할 충분한 이유들도 있었다. 가장 먼저, 현재는 공직에서 물러났지만 세계정세를 파악하는 일에 여전히 큰 신뢰를 받고 있던 두 명의 옛 정치 지도자인 리처드 닉슨과 헨리 키신저가 그 제안을 수락할 것을 강력히 권고했다. 특히 닉슨은 그래함에게 이 제안은 일생일대의 기회라고 말했다. 예상 외로 마크 햇필드와 제시 헬름스 상원의원도 제안을 수락해야 한다고 충고했다.

그 외에 다른 수락의 이유는 개인적인 것이었다. 1959년 무렵 관광 차 모스크바를 방문했던 그래함은 언젠가 복음전도자로서 이 땅을 다시 밟을 것이라고 스스로 다짐했다. 하지만 그와는 정반대되는 이유도 초대 수락의 동기로 작용했다. 1982년 4월, 여전히 초대의 승낙 여부를 고민하고 있던 그래함은 하버드 대학생들 앞에서 이렇게 말했다. 만일 자신이 평화 회의 참석을 위해 러시아에 가지 않는다면, 핵 파괴의 불길로부터 전 세계를 보호하려는 자신의 결연한 의지를 나 몰라라 하는 언론이 계속해서 자신을 그저 복음전도자로만 묘사할 것이라고 말이다.

게다가 (그래함 자신이 그렇게 말했던 적은 없었지만) 그래함의 뿌리 깊은 모험심이 그를 초대에 응하는 방향으로 이끌었음도 분명했다. 철의 장막의 반대편[소련]에서 발언할 기회를 얻는다는 것 그리고 그곳에 있는 사람들을 그리스도께로, 평화의 길로 인도할 기회를 얻는다는 것은 다른 어떤 복음전도자들도 지금까지 하지 못했던 일을 그가 해낸다는 뜻이었다. 또한, 그가 설교하게 될 그 나라가 세계에서 가장 강력하고 위험하며, 접근이 제한된 나라라는 사실 역시 그래함의 모험심을 자극하는 요인이었으리라.

* * *

1982년 5월 7일 금요일, 그래함은 모스크바 공항에 도착했다. 도착하자마자 그는 자신의 방문 이유 세 가지를 밝혔다. 첫 번째 이유는 러시아 정교회에 대해 배우기 위함이었고, 두 번째 이유는 소련에 있는 기독교인들을 만나기 위함이었다. 마지막 이유는 '어떻게 하면 소련과 미국이 온 세계를 좀 더 안전하고 살기 좋은 곳으로 만드는 일에 기여할 수 있을지'에 관해 '실재적인 통찰들'을 얻기 위함이었다.

그래함은 계속해서 '다자간 모든 종류의 핵무기를 감축할 수 있고 종국에는 핵무기를 금지할 수 있는' 방안을 찾길 희망한다고 말했다. 그러고는 선지자처럼 '만일 우리가 핵 위협이라는 대재앙에 책임 있게 대응하지 못한다면 하나님께서 우리를 심판하실 것'이라고 단언했다.

정교회가 주최한 세계 종교 지도자 회의는 5월 10일 월요일에 시작되었다. 회의 시작부터 그래함과 다른 미국인 참가자들은 미국의 군국주의를 신랄하게 비판하는 소련과 친소련 개발도상국 대표들의 발언을 들어야만 했다. 당시 그들은 모두 동시통역을 위해 헤드폰을 착용하고 있었지만, 행사가 진행된 지 얼마 되지 않아 그래함은 헤드폰을 벗었고 이 행동은 사람들의 이목을 집중시켰다. 사실 그래함 말고 두 명의 미국인 참가자들도 헤드폰을 벗었다. 그러나 세계에서 가장 유명한 설교자들 가운데 한 명인 그래함의 위상을 고려해 볼 때, 그의 행동이 내포하는 무게는 남달랐다.

다음 날이 되어 그래함이 연설할 순서가 되었다. 그래함은 단도직입적으로 핵무기 경쟁을 강력히 비판했다. 그리고 자신이 세계를 돌아다니며 만나는 사람들은 모두 두려움 속에서 살아가고 있다고 말했다. 그들은 굶주림과 질병, 환경오염과 같은 많은 위험들을 두려워하기도 했지만, 가장 큰 두려움은 초강대국 두 곳이 스스로 사고를 바꾸지 않는 한 언젠가 필연적으로 발발하게 될 핵전쟁이었다. 그 전쟁은 인류 문명뿐 아니라 지구 자체를 파괴할 것이기 때문이었다.

그래함은 계속해서 이렇게 말했다. "세계의 국가들이 '혼란과 파괴 직전의 상황'으로 치닫고 있는 듯합니다. 시간이 얼마 남지 않았습니다. 머지않아 이 파국 속에서 생존한 이들은 '인류 대부분의 이름이 실린 사망 기사를 작성'하게 될지도 모릅니다. 핵전쟁에 승자란 없으며, 오직 '가담한 모든 이들의 완전한 파멸'만이 있을 뿐임을 우리는 기억해야 합니다."

그래함은 미국과 소련을 휘발유가 가득한 웅덩이에서 성냥을 든 채 놀고 있는 두 꼬맹이에 비유했다. 그리고 세계가 처해 있는 여러 어려운 상황들을 해결하는 데 사용될 수 있음에도, 막대한 양의 소중한 자원을 국방비 확충으로 낭비하고 있다고 일갈했다.

"매일 수백만의 사람들이 굶주림과 가난 그리고 질병으로 생사의 갈림길을 오고갑니다. 그런데 세계 각국은 매년 거의 6,000억 달러에 달하는 돈을 무기를 구입하는 데 사용하고 있습니다. 만약 그 금액의 10분의 1이라도 장기적인 개발 정책들을 위해 사용한다면 매년 수백만의 생명을 구할 수 있을 것입니다."

이러한 상황은 미국과 소련을 포함한 크고 작은 모든 국가들에게 책임이 있다. 그래함은 어느 한 국가만 일방적으로 군비를 축소해야 한다고 요구하지 않았다. 국가의 안보, 지역 경찰 병력 그리고 군력 유지 같은 적법한 이유들로 책정된 국방비도 있기 때문이다. 오히려 그의 주장은 한 국가만이 아니라, 다자간 서로에게 신뢰를 주는 방식으로 모든 무기를 점차적으로 제거해 나가자는 것이었다. 만약 이러한 일을 시행해 나가지 않는다면 그 결과는 참혹할 것이라고 말했다. 홀로코스트 같은, 아니 그보다 더 파괴적이고 감히 예측할 수 없는 참사가 벌어지게 될 것이라고 말이다.

그래함은 상호 신뢰를 기반으로 국방비 축소를 위해 세부 계획을 세우기란 쉽지 않다는 사실을 알고 있었고, 자신은 그 분야의 전문가가 아님을 인정했다. 하지만 나아가야 할 방향을 제시해야 하는 것이 종교 지도자들의 의무라고 주장했다.[101] 그리고 그래

101_ 그래함은 평화를 위해 종교 지도자들이 취할 수 있는 구체적인 단계들을 개괄적으로 설명했다. 첫 번째는 개인적 회개를 포함해 모든 나라와 국민들의 회개였다. 두 번째는 '적대적인 발언들'의 중단이었다. 세 번째는 이념의 차이에도 불구하고 서로의 이야기를 정말로 귀 기울여 듣는 법을 배우려는 노력이었다. 네 번째는 '교육 교류와 무역 관계 그리고 관광' 등 서로를 개인적으로 알아 가는 방법들을 모색하는 것이었다. 그리고 다섯 번째는 이미 UN의 「세계 인권 선언」에 명시되어 있는 것처럼 종교 신자들의 권익을 존중해야 한다는 것이었다.

함에게 있어 국가들이 추구해야 할 궁극적인 목표는 모든 원자 폭탄, 수소 폭탄, 생화학 무기, 레이저 무기, 그 외의 모든 대량 살상 무기들을 보유하고 있는 모든 국가들이 이를 완전히 폐기하는 것, 다름 아닌 SALT 10이었다.

종교 지도자 회의가 시작되기 하루 전이었던 5월 9일 주일 이른 아침, 그래함은 모스크바에 있는 한 침례교회에서 말씀을 전했다. 그 후 오전 시간엔 (정교회) 대성당에서 말씀을 전했다. 침례교회에서 그래함이 전한 말씀은 주로 요한복음 5장 1-14절로, 예수님께서 서른여덟 해 된 병자를 치유하시는 본문이었다. 설교 과정에서 그래함은 로마서 13장 1-17절을 언급했다. 권세자에게 복종할 것을 그리스도인들에게 권면하는 본문이었다. 그래함에게 호의적이었던 한 기자에 의하면, 그래함의 의도는 성숙한 그리스도인이 된다는 것은 직장에서는 더 나은 근로자, 국가에서는 더 나은 시민이 되라고 강조하는 것이었다. 그것이 성숙한 신앙인들에게 나타나야 할 여러 표지들 중 하나이기 때문이다.

그러나 대략 1시간의 설교 중 고작 몇 초에 불과했던 이 언급은 후에 큰 논란을 불러일으켰다.[102] 그래함은 자신이 모스크바에서 했던 설교는 이미 이전에 5번이나 했던 내용이었고, 로마서 언급은 자신이 전하려는 메시지의 일부일 뿐이라고 말했다. 하지만 당시 설교문이 보여 주듯, 로마서의 구절들은 타자로 정리된 설교 개

102_ 당시 설교 개요에 그래함이 수기로 적은 메모는 다음과 같다. "법을 지킬 것. 로마의 법을 지킬 것. 로마에 대항하는 시위를 주도하지 말 것." 또 다른 수기 메모는 약자의 고난을 '도심지역에서 고통받는 사람들'에 비교하고 있었다.

요에 급하게 수기로 쓰인 것이었다. 현재까지도 그래함이 로마서 구절들을 모스크바 청중을 위해 따로 추가한 것인지, 아니면 보통 그러한 주제로 설교할 때 일반적으로 추가하는 구절들이었는지는 알 수 없다. 하지만 어떤 이유였든 그래함은 이후 그 발언을 후회했다.

그래함은 앞서 언급된 행사들 외에 다른 일정들도 감당했다. 마음이 내킨 것은 아니었지만, 시베리아 오순절 교인들을 찾아가 만나기도 했다. 그들은 소련에서 다른 나라로의 이주를 요구하며 소련의 미국 대사관 지하실에 몸을 숨기고 있었다. 이들과의 만남을 그가 내켜하지 않았던 이유는 그들이 그래함과의 만남을 정치적으로 이슈화시키려 한다는 사실(혹은 소문) 때문이었다. 그래함은 소련의 고위급 관리들과 사적인 자리에서 소련 내에서 유대인들이 억압받는 상황에 대해 논의하기도 했다. 그리고 이 과정에서 이스라엘로 이주를 원하는 그들의 바람에 힘을 보탰다.

소련에서 만족스러운 한 주를 보내고, 그래함은 런던으로 향해 1982년 템플턴상을 수상한 뒤 미국으로 돌아갔다. 그래함은 복음과 세계 평화를 위한 자신의 여정이 찬사를 받을 것이라고 확신했다. 하지만 현실은 그의 기대와는 달랐다.

모스크바 방문이 불러온 후폭풍

모스크바 방문의 후폭풍이 그래함을 덮쳤다. 일부 평론가들은 그래함이 행한 노력을 지지했다. 오랫동안 그래함을 신랄하게 비평해 온 《크리스천 센추리》도 군국주의에 맞서려 했던 그래함의 용기에 찬사를 보냈다. 유명한 복음주의 기자 에드워드 E. 플로우맨은 《새터데이 이브닝 포스트》에 게재한 기사에서 열악한 환경 속에서도 복음과 군비 감축이라는 대의를 드높이려 했던 그에게 갈채를 보냈다.

1982년 무렵 그래함으로부터 좀 더 독립된 목소리를 내게 되는 《크리스채너티 투데이》는 좀 더 신중하게 지지 의사를 밝혔다. 《크리스채너티 투데이》는 미국 내의 거센 반발에도 불구하고 누구도 알아주지 않는 고된 과업을 기꺼이 떠맡은 그래함이 칭찬받아 마땅하다고 평가했다. 그리고 모스크바에 있는 동안 그가 행한 발언과 행동들 또한 훌륭했다며, 방문 기간 중 문제와 실수가 없었던 것은 아니지만 그의 방문은 전반적으로 성공적이었다는 평가였다.

하지만 다수의 평가는 그와 정반대였다. 저명하고 평범한 수많은 복음주의자들, 그중에서도 미국과 영국의 복음주의자들은 그래함이 소련에 속아 넘어간 것이라고 생각했다. 예를 들면 기독 법률가 협회의 린 버자드Lynn Buzzard는 "그래함이 모스크바에서 행한 발언들은 재앙 수준이었고, 좋게 봐야 믿기 어려울 정도로 순진해 빠진 모양새다"라고 혹평했다.

세속 언론인들은 이보다 훨씬 더 거센 비난을 쏟아 냈다. 그들은 사정없이 반복적으로 그래함을 비판했다. 보수 논평가인 조지 F. 윌George F. Will은 그래함을 '미국의 가장 당혹스러운 수출품'이라 칭하며 독설했다.[103] 윌은 그래함이 참석한 종교 지도자 회의는 성직자들의 허영심과 순진함을 이용한 '거짓된 연극'이라 표현했다. 윌은 그래함을 비롯한 성직자들을 향해 "경건한 의도가 자신들의 무지와 무책임함에 대한 변명이 될 수 있는 것처럼 행동하지 말라"라고 말했다. 《뉴스위크》는 "빌리, 독재자에게 헌납하다"라는 제목의 기사를 게재했다. 《워싱턴 포스트》의 콜맨 맥카시는 많은 이들의 생각을 대변하며 이렇게 비판했다. "(소련에) 속아 넘어간 빌리 그래함."

그래함이 모스크바에서 행한 언행이 도대체 어떠했길래 그토

103_ 윌의 실제 표현은 "수갑은 미국의 가장 당혹스러운 수출품이 아니다"였다. 이는 명백하게 그래함을 가리키는 것이었다. 이 문장은 1982년 《워싱턴 포스트》의 한 기사에서 등장했다. 그 기사에는 "부디 그들이 그래함의 메시지를 순순히 받아들이지 않기를"이라는 강한 어투의 제목이 달려 있었다.

록 큰 논란이 발생한 것일까? 그래함은 모스크바에서 했던 많은 발언들을 후회했다. 예를 들어, 그는 모스크바의 토요일 저녁 예배에 참석한 이들의 수가 미국 샬럿의 주일 예배 참석자 수보다 많다고 말했다. 그리고 식사할 때마다 철갑상어 알을 대접받았다고 말하기도 했다. 두 발언은 모두 농담조로 한 이야기들이지만, 논란이 된 발언들 가운데 진지한 어조의 것들도 있었다. 그래함은 미국인들이 일반적으로 생각하는 것과 다르게 소련의 생활수준이 미국보다 더 낫다고 발언했다. 또한 소련에 머무는 동안 종교 탄압의 증거를 거의 발견하지 못했다고도 얘기했다.

한편, 소련에서 반체제 인사로 지목당한 기독교 인사들을 그래함이 공개적으로 돕지 않은 것도 거센 비판을 받게 된 원인이었다. 그는 자신이 그들을 은밀하게 도왔다고 주장했다. 하지만 그래함이 실제로 소련에서 그 사안의 해결을 위해 노력했는지, 했다면 그 노력이 무엇이었는지는 누구도 알 수 없었다. 더욱이 반체제 인사로 지목된 기독교인 집단에서도 그래함이 정말 일말의 도움을 주었다면 자신들의 주장이 소련에서 정당성을 얻어 여러 지원을 받게 되었을 거라며 격분했다.

사실 그래함은 예민한 사안들을 조용히 협의해 처리하는 것을 선호하던 사람이었다. 일례로 그래함은 유대인의 이주 권리와 자녀에게 히브리어를 가르칠 수 있는 권리에 대한 제약을 없애기 위해 보이지 않는 곳에서 수년간 동유럽권 국가들을 설득했었다. 하지만 이런 조용한 외교 방식을 모스크바에서도 고수한 결과, 언론의 거센 비난에 직면하게 된 것이다. 소련 내 종교적 소수 집단의 권리를 위해 싸우지 않았다는 혐의로 말이다.

　또한 그래함은 소련의 미국 대사관에 숨어 지내는 시베리아 오순절 교인들을 공개적으로 지지하지도 않았다. 그는 그들이 협상을 통해 합의를 도출하는 것이 아니라, 소련 당국과 싸우려고만 한다고 생각했기 때문이다. 게다가 그들은 종말에 관한 신학적 입장을 수용하도록 설득하는 것에만 관심을 기울이고 있다고 생각했다. 그러나 미국 내 많은 복음주의자들과 오순절 지지자들은 그래함이 반체제 인사로 지목당한 소련 내 기독교인들을 내팽개쳤다고 여겼고, 이는 소련 내 기독교인들도 마찬가지였다.

　그래함은 자신을 변호하기 위해 애썼다. 이 과정에서 그는 자신의 원칙, 곧 자신을 비판한 이들의 실명은 거론하지 않는다는 원칙을 지켰다. 다만 자신의 발언과 행위에 대한 몇 가지 해명을 내놓았다. 먼저, 그는- 뉴잉글랜드에서의 눈코 뜰 새 없이 바빴던 일정 직후에 이어진 -5일 반나절의 강도 높은 일정을 감당함에 있어 때로 부주의한 언행이 있었음을 인정했다. 하지만 언론은 현재 전후 사정을 고려하지 않은 채 문장 그대로만을 해석하고 있으며, 자신의 농담을 이해하지 못한 것이라고 말했다. 또한, 보이지 않는 곳에서 행한 자신의 노력을 못 본 체하고 소련에게 그저 좋은 '손님'이 되려 했던 자신의 바람도 무시했다고도 피력했다. 나아가 결코 이상적이지 않은 환경 속에서도 복음을 전하는 것이 하나도 전하지 않는 것보단 낫다며, 소련이 상대적으로 자유로운 환경이 되었을 때 다시 그곳에서 복음을 전하게 되길 바란다는- 훗날 이루어진 -소망도 덧붙였다.

게다가 그래함은 모스크바 방문이 성사되기 전에 진행된 사전 협상에서 이번 방문을 소련 정권을 비판하는 데 사용하지 않겠노라 약속했었다고 밝혔다. 이를 어긴다면 복음화와 군비 감축이라는 더 큰 목표를 이루는 것이 힘들어질지도 모를 일이었다. 더욱이 모스크바 방문이 있기 1년 전, 교황은 보이지 않는 곳에서 진행하는 조용한 외교의 유용성을 그래함 앞에서 강조한 바 있었고, 그래함은 그 조언을 마음에 새긴 상태였다.

그래함을 옹호하는 사람들은 그래함이 63세의 나이로 5일여 동안 숨 가쁜 종교·정치적 토론을 벌여야 했다는 점도 감안해야 한다고 이야기했다. 이런 맥락에서 한 기자가 그래함이 감당하고 있는 공적 사역의 무게를 교황의 것에 비견했다. "그래함 목사님, 당신은 어딜 가나 언론 앞에 벌거벗은 채 서 있는 분인 것 같습니다." 모두가 그의 말에 공감했으나, 가장 혹독했던 비평가들만은 끝내 공감하지 못했다. 그래함은 언제나 이러한 시련에 직면해야만 했다. 이에 대해 그는 시간이 지난 후에 이러한 말을 남겼다. "대형 교단은 저를 보호해 주지 않습니다." 이 발언은 그래함답지 않게 자신이 느끼고 있는 여러 부담들을 고스란히 표현한 이례적인 발언이었다.

* * *

　이윽고 어두운 구름들이 바람에 밀려나기 시작했다. 우리는 이미 그래함이 모스크바에서 미국으로 돌아오는 길에 런던에 들려 종교 부문의 템플턴상을 받았다는 사실을 알고 있다. 그래함은 언제나 그러했듯 자신이 받은- 당시 그 어떤 상보다 큰 액수였던 - 상금 20만 달러를 빌리그래함 전도협회로 보내 개발도상국의 복음 전도자를 지원하는 데 쓰이도록 했다.

　그래함의 지지자들은 얼마 전까지 난리였던 모스크바 방문 논란을 이내 잊어 버렸고, 그래함을 비판하는 이들은 사안에 관계없이 그를 계속해서 비판했다. 하지만 훗날 일부 기자들은 모스크바 방문과 관련해 자신들이 그래함을 향해 쏟아 냈던 부정적인 논평들을 철회했고, 사실상 사과했다. 존경받는 CBS 뉴스 진행자 댄 래더 또한 오랫동안 그래함을 강도 높게 비판해 온 사람들 중 한 명이었다. 하지만 9년 후, 자신의 생각은 틀렸고 그래함이 옳았다고 말했다.

　누군가는 비록 그래함의 일처리가 잘못되었다고 판단할지라도, 그의 모스크바 방문 자체는 분명 용기 있는 결정이었다. 이 결정으로 그래함은 그의 인생에서 가장 중요한 인물에게 호된 비판을 받게 되었기 때문이다. 적의 말을 듣지 않는 것은 쉽지만, 친구의 말을 듣지 않는 것은 어려운 법이다. 루스는 모스크바 방문을 강력히 반대했었고, 그녀의 반대를 무릅쓴다는 것은 그래함에게 거의 상상할 수 없는 일이었다. 그럼에도 그래함은 모스크바 방문을 강행했다.

세계의 군비경쟁을 억제시키려는 그래함의 노력이 가져온 장기적인 결과가 무엇이었는지 추측해 보는 것은 쉬우나, 정확히 측정하기란 어렵다. 분명해 보이는 사실은 그 노력이 짐 월리스Jim Wallis 같은 진보적 복음주의자들이 더욱 대담하게 활동할 수 있는 토대가 되었다는 점이다. 그리고 《크리스채너티 투데이》처럼 중도적인 주류 복음주의 집단은 세계적 정치 사안을 좀 더 신중히 평가하게 되었을 것이며, 보수적 복음주의자들- 혹은 근본주의자들 - 의 결심, 곧 세계 공산주의와 테러리즘에 타협하는 일은 없어야 한다는 결심을 더욱 강화하는 계기가 되었음은 확실했다.

한편, 그래함의 노력이 미국과 소련의 관계에 어떤 장기적인 결과를 가져왔는지를 파악하기란 더욱 어렵다. 그러나 이는 고민해 볼 만한 흥미로운 질문이다. 그래함은 미국 대통령에게 미약했지만 즉각적인 영향을 주었던 것 같다. 왜냐하면 그가 소련 방문을 마치고 미국으로 돌아온 지 딱 9개월이 지났을 때 레이건 대통령은 그의 임기 중 가장 호전적인 연설 하나를 했기 때문이다. 그 연설에서 대통령은 소련을 '악의 제국'이라 칭하며 비난했다.

하지만 5년 후, 레이건은 미국 외교 역사상 매우 대담한 변화를 일으킨다. 그것은 레이건 대통령과 소련의 지도자 미하일 고르바초프Mikhail Gorbachev의 혼신의 노력이었다. 그들은 양국의 핵무기를 감축함으로써 냉전 분위기를 완화시켰다. 그리고 머지않아 레이건 대통령은 베를린 장벽 근처 브란덴부르크 문 앞에서 "미스터 고르바초프, 이 장벽을 허무시오!"라고 외쳤다.

소련에서 행한 그래함의 사역- 1982년에 있었던 첫 번째 방문과 대단한 성공을 거둔 1984년 모스크바 전도 대회 -은 레이건 대통령이 냉전 종식이라는 꿈을 향해 나아가도록 영향을 주었을까? 이에 대해 레이건 대통령은 어떠한 언급도 남기지 않았다. 하지만 공산주의는 종교적, 이데올로기적, 군사적, 정치적 위협이라고 굳게 믿었던 그의 신념을 생각하면, 그래함의 사역이 레이건에게 일말의 영향을 주었을지도 모른다는 생각은 결코 터무니없는 생각이 아니다.

목사와 교황

그래함은 넓게는 가톨릭교인들, 좁게는 교황과 친밀한 관계를 맺으라고 주장한 첫 번째 핵심 개신교 복음전도자였다. 지난 400년 동안 개신교인들과 가톨릭교인들은 서로를 향한 깊은- 때로는 서로를 죽음으로 몰기까지 한 -적대감을 품고 있었다. 그런데 이 적대감이 2차 세계대전 이후 마침내 누그러지기 시작했다.

많은 요인들이 이 과정에 기여했다. 우리가 앞서 살펴보았던 1950년에 싹트기 시작한 그래함과 보스턴 대주교 (후에 추기경) 리처드 쿠싱의 우정도 그 가운데 하나였다. 그들은 친구로서 서로를 아꼈다. 개신교인이든 가톨릭교인이든, 기독교인들 사이에 영적인 갱신을 일으키길 바랐던 둘의 공통된 열망은 전통적인 갈등을 넘어섰고, 이는 사람들이 미국 남부 출신 근본주의자와 북부 출신 가톨릭 성직자가 만났을 때 벌어지리라 예상한 것과는 정반대의 모습이었다.

그래함은 시종일관 복음주의 개신교와 가톨릭 사이에는 큰 신학적 차이점들이 존재하며, 이 차이점들이 중요하다는 사실을 분명히 말했다. 하지만 그보다 둘의 공통점들에 집중했다. 역사가 맨디 맥마이클Mandy McMichael은 "그래함의 신학은 경계 없는 신학이 아니었다. 다만 유연했을 뿐이다"라고 말했다. 그래함은 그리스도의 구원하시는 능력에 대한 믿음이 기독교인들의 핵심 공통분모라고 단언했고, 이에 맥마이클은 이렇게 말했다. "[이러한] 그의 핵심 요소 신학은 다른 전통을 지닌 기독교인들과 함께할 수 있는 공간을 제공했다." 만일 그래함이 찰스 H. 하지Charles H. Hodge[편주-19세기 미국의 대표적인 장로교 신학자]나 아우구스투스 H. 스트롱 Augustus H. Strong[편주- 19세기 말, 20세기 초 미국의 대표적인 침례교 신학자]나 조직신학을 추구했다면, 다른 전통을 지닌 기독교인과 논의할 수 있는 여지는 훨씬 적었을지도 모른다.

무엇보다 그래함은 가톨릭 신학과 신학자들을 진지하게 대했다. 한번은 어떤 기자가 그래함에게 만약 교황이 그에게 성베드로 성당에서 설교해 달라고 부탁한다면 어떻게 할 것인지 물었다. 이에 그래함은 간단하지만, 진심을 담아 이렇게 답했다. "기꺼이, 감사한 마음으로 수락할 것 같네요. … [그리고] 한 1년 동안 공부해서 준비할 것 같습니다."

가톨릭교인 한 사람 한 사람과의 관계 그 자체에 중점을 둔 그래함의 태도 역시 개신교와 가톨릭을 연결한 중요한 요소였다. 수년간 그래함은 여러 가톨릭 지도자들과 관계를 맺어 왔다. 리처드 쿠싱 추기경, 프랜시스 스펠먼 추기경, 굉장한 인기를 자랑했던 가톨릭 TV 프로그램의 진행자 몬시뇰 풀턴 쉰, 노트르담대학교 총장 테오도르 헤스버그 그리고 로즈 케네디와 그녀의 사위 사전트 슈라이버을 비롯한 케네디 일가가 그러했다. 그래함은 설교에서 테레사 수녀의 삶을 예화로 이야기하거나, 존 뉴먼 추기경같이 저명한 가톨릭교인들의 이름을 거론하기도 했다.

＊ ＊ ＊

분명한 사실은 그래함이 보여 준 로마 가톨릭 교회와의 긍정적인 관계가 다른 복음주의자나 근본주의자들이 가톨릭교인에 대해 지니고 있던 모든 불신을 없애 주진 않았다는 점이다. 특히 근본주의자들은 그래함이 무려 가톨릭교인과 협력함으로써 복음의 진리를 타협했다고 비판했다. 게다가 전도 대회의 상담 요원들은 때로 그들이 받은 훈련 내용을 따르지 않고, 가톨릭 배경을 지닌 결신자에게 복음주의 개신교 교회에 나가야 한다고 강권하기도 했다. 또한, 1960년 대선 무렵 그래함이 한때 가톨릭교인 대통령의 탄생을 필사적으로 막기 위해 복음주의 지도자들과 단합했던 것도 분명한 사실이었다. 비록 그래함과 노먼 빈센트 필 사이에서 일어났던 세부 내용이 확실하게 밝혀진 것은 아니지만 말이다.

이러한 경계심은 가톨릭 쪽에서도 마찬가지였다. 노트르담대학교 총장 헤스버그는 미국에서 가장 유명하고 영향력 있는 가톨

릭 지도자였다. 그는 그래함을 친구로 여겼지만, 그의 정치 성향에
대해서는 불쾌감을 드러냈다. 헤스버그는 그래함이 사회적 차원의
복음 메시지를 너무 적게 전한다고 생각했다.

일반 가톨릭교인들은 그래함에게 보낸 많은 편지에서 그들의
담당 사제가 그래함 전도 대회에 참석하지 말라고 권고했다고 말
했다. 한 여성은 자신의 담당 사제가 그래함 전도 대회 참석을 금
했다고 말했다. 하지만 그녀는 다른 사제에게 "저는 어쨌든 대회에
갈 거예요"라고 말했는데, 이에 그 사제는 "저도 갈 겁니다"라고
답했다고 적었다. 해외에서는 그보다 더 심한 경우들도 있었다. 그
래함이 1981년 멕시코 비야에르모사에서 설교한 이후 그 지역 가톨
릭 지도자들이 그래함을 '비그리스도인'으로 규정해 버린 것이다.

하지만 1970년대 후반, 두 전통 간 관계 개선을 위해 계획된
에큐메니칼 회의들의 등장과 함께 그들의 관계는 의미 있는 진전
을 이루었다. 그래함은 1977년에 노트르담대학교 캠퍼스[역주- 노
트르담대학은 가톨릭 배경의 명문 대학이다]에서 5일간 전도 대회를 진
행하며 이러한 흐름을 더 발전시켰다. 그다음 해에 폴란드 가톨릭
교인들이 그를 교회로 초대했고 교황- 머지않아 요한 바오로 2세
로 추대되는 -카롤 보이타와Karol Wojtyla는 이를 승인했다. 그렇게
1978년, 그래함은 폴란드를 방문했다. 그곳에서 그는 공산주의에
저항하고 종교의 자유와 인권을 위해 싸우는 교회의 능력을, 그리
고 도덕적인 사회를 만들기 위해 종교적으로, 정치적으로 연대하는
가톨릭교인들의 힘을 직접 목도했다.

그래함은 다른 전통을 지닌 기독교인들에 대한 자신의 태도 변화를 곰곰이 되돌아보며 이렇게 말했다. "다른 기독교인들에 대한 태도에 있어, 현재의 저는 과거의 자신보다 훨씬 더 관대합니다. … 저는 제가 속한 남침례교 전통과는 전혀 다른 가톨릭, 루터파, 그 외 다른 전통 소속의 지도자들과 교제를 나누며 많은 유익을 얻었습니다. … 그리고 저는 제가 믿는 바와 정통 로마 가톨릭교인들이 믿는 바가 본질적으로 같다는 사실을 발견했습니다. … 우리는 이후 교회 전통과 관련된 몇몇 사안들에서만 이견을 지니고 있을 뿐입니다."

1982년, 많은 논란을 일으킨 모스크바 일정 이후 그래함은 밴쿠버에서 열린 기자회견에서 자신은 모스크바 방문 이전까지 러시아 정교회에 대해 아는 바가 거의 없었다고 말했다. 하지만 방문을 통해 그가 믿고 있는 모든 바를 정교회도 믿고 있었음을 발견했다고 증언했다. "[그들은] 제가 믿고 있는 것보다 더 많은 것을 믿고 있었을 뿐이죠."

* * *

그래함은 요한 바오로 2세를 바티칸에서 만났다. 교황과의 만남은 1981년, 1990년, 1993년 총 세 차례 이루어졌다. 그래함의 요청으로 이루어진 이 만남들은 화기애애했으나 격식을 차린 자리였고, 대부분 교황 접견이 그러하듯 만남 시간도 그리 길지 않았다. 그

둘이 저녁 식사를 같이 했다거나, 그래함이 대통령이나 다른 세계 지도자들과 그리했던 것처럼 교황과 골프 혹은 다른 여가 활동을 함께 즐겼다는 정황은 없었다.

그럼에도 그래함과 교황은 서로를 향한 분명한 애정을 지니고 있었다. 두 사람 모두 외향적인 사람들이었고, 겉치레가 아닌 진심으로 교류하길 원했다. 그래함의 증언에 따르면, 1981년에 그가 교황을 예방하고 나가려 할 때 교황은 그의 손을 꼭 쥐며 "우리는 형제입니다"라고 힘주어 말했다고 한다.[104] 그리고 이러한 유의 이야기를 공개적인 자리에서 밝히지 않았을 많은 복음주의자들과는 다르게, 그래함은 이 일화를 전 세계 수백만의 독자층을 거느리고 있는 《타임》에서 이야기했다.

2005년, 요한 바오로 2세가 죽음을 맞이했을 때 그래함은 그를 '지난 100년 동안 세계의 도덕성과 평화에 가장 지대한 영향을 미친 인물'로 평가했고, 이 평가는 전국 TV 방송 프로그램 《래리 킹 라이브》를 통해 전 세계에 전해졌다.

그래함과 요한 바오로 2세가 특별한 유대 관계를 맺을 수 있었던 이유는 쉽게 파악할 수 없다. 그러나 추측해 볼 순 있다. 우선 그래함은 자신과 교황이 언제나 '언론을 의식해야 하는 자리'에 있었다는 점에서 서로에게 동지애를 느꼈다고 말했다. 둘은 언

104_ 당시 교황이 취한 몸짓이 정확히 어떠했는지에 관한 의견은 상이하다. 어떤 주장에 따르면 교황은 그의 집게손가락을 그래함의 것에 걸었다고 하며, 또 다른 주장에 따르면 교황이 그를 따뜻하게 안아 주었다고 한다.

제나 언론의 감시를 받았고, 수많은 사람들에게 주목받는 삶을 살았다. 아주 조그마한 실수에도 아주 큰 대가를 치러야만 하는 자리였다. 또한 그래함과 교황은 공통적으로 세속주의를 큰 위협으로 인지하고 있었다. 그리고 무엇보다 그 둘은 말 그대로 서로를 그냥 좋아했다.

여러 전문가들은 요한 바오로 2세를 '사계절의 남자'라고 불렀고, 이는 그래함도 동일했다[역주- 서른다섯 번째 장면을 참고]. 두 사람에게는 그들을 비평하는 비판가와 그들을 싫어하는 적이 있었지만, 대부분의 기독교인들은 그 둘의 존재- 그리고 우정 -덕분에 세상이 더 나은 곳이 되었다고 말한다.

부시 1세, 클린턴 그리고 부시 2세

조지 H. W. 부시George H. W. Bush(부시1세)와 그래함의 관계는 린든 존슨과의 것과 비슷했다. 사실 두 대통령은 굉장히 다른 부류의 사람들이었다. 그들의 사회적 배경이나 재산의 규모, 받았던 정규 교육이나 지니고 있는 개인적 기질까지도 너무나 달랐다. 하지만 이러한 차이에도 불구하고 그래함은 이 둘 모두와 친구가 되었고, 그 사실은 놀라울 정도로 다양한 사람들과 관계를 맺을 수 있는 그의 능력에 관해 많은 시사점을 던져 준다.

부시의 전기를 저술한 존 미첨Jon Meacham에 따르면, 공화당 측 대통령 후보 선출을 놓고 닉슨과 로널드 레이건 주지사가 경쟁했던 1968년도에 그래함은 부통령 후보로 부시를 공개적으로 지지했다. 그리고 우리가 앞서 보았듯이, 마크 햇필드 상원의원을 또 다른 부통령 후보로 지지하기도 했다. 그래함은 그들이 분명 부통

령의 역할을 잘 수행할 것이라고 생각했다.[105]

부시 내외와 그래함 내외는 메인주 케네벙크포트Kennebunkport
의 해안 마을에 위치한 부시 부부의 별장에서 함께 휴가를 보내곤
했다. 이때 찍힌 유명한 사진은 훌륭한 설비를 지닌 부시의 모터보
트 위에서 함께 낚시를 하는 부시 대통령과 그래함의 모습을 담고
있다.

부시와 나눈 종교적인 교류에 대해서 그래함은 많은 말을 남
기지 않았다. 그러나 친구들의 증언에 따르면 부시와 그래함은 신
학적인 질문들을 함께 고민하며 시간 보내기를 좋아했다고 한다.
해안 마을과 바다라는 장소가 그러한 대화를 나누기 좋은 조용한
환경이 되어 주었는지도 모른다. 부시의 강권에 의해 그래함은 부
시 가족이 예배를 드리고 있던 케네벙크포트 소재 세인트앤성공회
교회에서 몇 차례 말씀을 전하기도 했다.

1990년 가을, 미국과 이라크 사이의 긴장감이 고조되면서 부
시는 전쟁을 고려하고 있었다. 그해 크리스마스이브, 그래함은 전
화로 부시에게 격려의 말을 전하며 제임스 러셀 로웰의 시 「현재의
위기」The Present Crisis를 인용했다. "어느 민족 누구에게나 결단할
때가 있나니 … 빛과 어둠 사이에서 선택하며 살리라."[편주— 찬송가
586장]

105_ 그래함은 선거 과정의 각기 다른 지점에서 부시와 햇필드를 지지했다. 닉슨이
　　대통령 후보 선출에서 승리하기 전에는 부시를 지지했고, 그 이후에는 햇필드를 지지
　　했다.

1991년 1월 16일, 부시 대통령이 이라크 공습을 시작하기 전날 밤에 대통령은 그의 아내 바버라 부시Barbara Bush와 함께하는 백악관 저녁 식사에 그래함을 초대했다. 저녁 9시, 부시는 양해를 구하고 자리에서 일어났다. 전국 TV 방송으로 중계되는 군사 결정에 관한 대국민담화를 발표하기 위해서였다. 그래함은 바버라와 함께 대통령을 기다렸다. 담화를 마치고 대통령이 돌아왔을 때, 그래함은 최소한의 사상자와 최단 기간으로 전쟁이 끝나며 주님의 뜻이 이루어지길 기도했다.

그다음 날 아침에는 상대적으로 언론에 덜 보도된 일정들이 진행되었다. 우선 두 사람은 버지니아주 포트마이어로 이동했다. 부시는 예배당에서 추도 예배를 드린 후 곧 전투에 참가할 군사 지도자들 앞에서 연설했고, 그의 부탁으로 그래함은 그들을 위해 기도했다.

기도에서 그래함은 때로 '평화를 위해 싸워야만 할 때가 있음'을 인정했다. 하지만 그는 다시금 전쟁이 짧고 피해가 적기를, 전쟁 이후 찾아올 평화가 오래도록 지속되기를 기도했다. 그리고 미국이 그들 스스로의 뜻이 아닌, 하나님의 뜻을 따르는 국가가 되게 해 달라고 기도했다. 그래함이 이 기도에서 아브라함 링컨의 집권 2기 취임 연설을 염두에 두었을 것 같진 않다. 하지만 기도에 담긴 핵심 원리는 링컨의 것과 동일했다. 하나님을 우리의 뜻에 맞추려는 것이 아니라, 우리의 행동을 하나님의 뜻에 맞추자는 것이었다.

당시 그리고 후대의 기자와 역사가들은 이 일련의 사건들에 관해 각기 다른 해석들을 내놓았다. 이 사건들은 부시가 자신의 정책을 정당화하기 위해- 그래함의 동의하에 -그래함의 사역적 명성을 이용한 사건들이었을까? 아니면 둘의 우정에서 비롯된 그래함의 목양 사역의 일환으로 생각해야 할까? 그런데 당시에 이상하리만치 거론되지 않은 또 다른 해석이 하나 있다. 그것은 그래함 스스로도 전쟁의 필요성에 동의했고, 그 전쟁을 지원하길 원했다는 해석이다. 어쩌면 위에 언급된 모든 해석들이 다 해당되었을 수도 있다.

* * *

부시 1세는 1992년 미국 대선에서 민주당 후보이자 아칸소 주지사인 빌 클린턴과 맞붙었다. 그래함은 거의 확실히 부시에게 표를 던진 것 같지만, 선거 과정에 자신의 영향력을 공개적으로 행사하지 않았다. 이번 선거에서 그래함은 적어도 닉슨 때와 같은 과오를 범하지 않았다.

그 무렵 그래함과 클린턴은 이미 오랫동안 알고 지낸 사이였다. 사실 클린턴은 그래함을 직접 만나기 오래 전부터 그에 대해 알고 있었다. 앞선 기억을 더듬어 보면, 13세였던 클린턴은 1959년 리틀록에서 열린 그래함의 인종 통합 전도 대회 참가자 중 한 명이었고, 그는 그 대회에서 인종평등의 가치를 담대히 지지한 그래함에게 큰 감동을 받았다[편주- 서른 번째 장면 참고]. 시간이 지나고 클린턴이 아칸소 주지사가 되었을 때, 그래함과 클린턴은 깊은 우정을 나누기 시작했다. 이 우정은 두 사람의 아내인 루스와 힐러리까지 이어졌고, 그들은 절친한 사이가 되었다.

1992년 미국 대선 이후, 그래함은 자신의 확고한 침례교 신앙을 당당히 밝히는 클린턴의 모습을 칭찬했다. 그래함과 클린턴의 빅맥 햄버거 사랑은 이 두 남자 모두 남부 출신이라는 사실과 그들의 겉치레 없는 성격을 보여 주었다. 후에 클린턴은 이렇게 말했다. "만약 당신과 그래함이 대통령 집무실 혹은 백악관 계단에서 함께 기도한다면 당신은 그가 대통령이 아닌, 당신이라는 사람을 위해 기도하고 있다고 느끼게 될 겁니다." 그렇게 그 둘의 관계는 계속해서 두터워졌다.

하지만 그래함은 자신과 클린턴이 '몇 가지 점에서' 생각이 다르다는 것을 인정했다. 이 모호한 언급이 가리키는 바는 아마 군대 내 동성애자에 관한 클린턴의 '묻지도 말고, 말하지도 말라' 정책[역주- 'Don't Ask, Don't Tell', 성소수자의 군 복무를 허용하고자 입대 지원자의 성정체성을 묻지 못하게 한 정책]이었을 것이다. 이 정책에 대한 불편한 심경을 보다 직접적으로 드러내지 않으려는 그래함의 모습에서 도덕적이면서도 정치적인 사안들을 다루는 그의 전형적인 태도를 엿볼 수 있다. 동성애에 관한 한 전통적 복음주의의 입장을 고수하고자 했던 그래함은 동성애를 중요한 문제로 여기고 이 문제에 지속적으로 관심을 가졌다. 그렇지만 동시에 그래함의- 비평가들은 회피적 성향이라 비판하는 -타고난 포용성으로 인해 그는 가능하다면 최대한 자신과 누군가를 구분 짓는 분명한 경계선을 그리지 않았다.

1990년대 후반, 그래함과 클린턴의 관계는 어떠한 사건을 계기로 다시 한번 대중의 관심을 받게 되었다. 그래함이 이 사건을 대하는 방식은 그의 성격의 여러 측면들을 드러냈고, 이로 인해 많은 이들의 칭찬과 비난을 함께 받게 되었다. 이 이야기는 클린턴 대통령이 백악관에서 일하던 한 젊은 여성과 부적절한 관계를 맺었다는 추문이 언론에 보도되면서 시작되었다. 사건이 있은 후, 힐러리 클린턴은 그래함에게 목회적 자문을 구했다. 둘이 나눈 구체적인 대화는 알려진 바가 없지만, 그래함이 힐러리에게 남편을 용서하고 결혼생활을 지키라고 당부했을 것은 거의 확실하다.

그로부터 얼마 지나지 않아, 그래함은 한 지상파 방송에서 다음과 같이 말했다. "우리는 대통령이 저질렀을지 모르는 어떤 실수나 그의 성격적 결함이 아니라 세계 각지에서 발생하고 있는 위기들을 더 중요하게 생각하며 이것에 더 관심을 기울여야 합니다. 왜냐하면 우리 중 누구도 완벽하지 않기 때문입니다." 이는 그래함의 목회적 발언이었고, 많은 사람들이 이에 동의했다. 하지만 이어서 그래함은 자신은 클린턴을 용서했다고 발언했다. "저는 인간이 본성적으로 연약하다는 사실을 잘 알고 있습니다. 그리고 그 연약함을 극복하는 것이 얼마나 어려운지도 알고 있습니다. 특히, 클린턴 대통령과 같이 혈기왕성한 젊은 남성에게 그것이 얼마나 더 어려운지도 말입니다. … 대통령은 대단한 매력의 소유자이기에 여성들이 그를 무척 좋아했을 거라고 생각됩니다."

이 발언 이후, 그래함에게 거센 비난이 쏟아질 것은 자명했다. 비평가들은 정작 범행을 저지른 클린턴은 자신의 죄를 인정하지도 않았는데, 그래함이 주제넘게 그의 죄를 용서하려 했다며 그를 맹렬히 비난했다. 칼럼니스트 아리아나 허핑턴은 그래함을 다음과 같이 쏘아 붙였다. "이게 당최 무슨 소리입니까? 남성 호르몬이 이 사건에 대한 변명거리라도 된단 말입니까?" 빌리 그래함의 이러한 발언들은 '대단히 실망스러운' 발언들이었다. 그래함은 자신의 발언들이 신학적으로도 문제가 있을 뿐 아니라, 성차별적인 의미를 내포한다는 사실을 인지하지 못했던 것이 분명했다.

* * *

2000년도 미국 대선에선 민주당 부통령 앨 고어Al Gore와 공화당의 텍사스 주지사 조지 W. 부시George W. Bush(부시 2세)가 맞붙었다. 앨 고어 부통령은 헌신적인 침례교인이었고, 실현되진 않았지만 사역자가 되리라는 생각으로 밴더빌트대학교 신학부에서 1년간 공부하기도 했다. 고어와 그래함은 오랜 기간 개인적인 우정을 나누는 사이로 지냈다. 하지만 그래함은 고어가 대통령 선거에 있어서 부시의 적수는 되지 못한다고 생각했다. 이러한 판단은 그래함의 정치 성향이 부시와 좀 더 가까웠기 때문이기도 했지만, 정치적 측면 외에 다른 이유들도 있었다.

1980년대에 부시는 알코올 중독과 씨름하고 있었다. 1985년 여름, 부시가 그래함과 함께 메인의 해변을 산책하고 있을 때였다. 그래함이 다정하게 그의 신앙에 관해 물었다. "하나님과의 관계는 좋은 것 같나요?" 부시가 답했다. "아뇨, 그러나 좋아지고 싶습니다." 부시는 스스로 더 나은 사람이 되고자 성경을 읽으려 노력하고 있다고도 덧붙였다. 이에 그래함은 '부드럽고 다정하게' 자기 개선 self-improvement은 좋은 목표지만, 그것이 성경이 말하는 핵심은 아니라고 이야기했다. "기독교의 핵심은 자기self가 아니라, 그리스도입니다."

그 후 오래지 않아 그래함은 부시에게 빌립보서 1장 6절이 적힌 리빙 바이블을 보내 주었다. "너희 안에서 착한 일을 시작하신이가 그리스도 예수의 날까지 이루실 줄을 우리는 확신하노라" 부시는 알코올 중독으로 암울했던 1년을 보낸 뒤 치료의 길로 들어서게 되었다. 후에 부시는 해변에서 그래함과 나눈 대화가 회복을 위한 길고 험한 여정의 시작점이었다고 고백했다.

그래함이 부시 일가에 미친 영향력은 다른 일화에서도 나타난다. 언젠가 아들 부시가 그의 아버지의 대통령 임기 중 백악관에 방문했을 때, 그는 어머니(바버라 부시)와 진지한 토론을 하게 되었다. 사람들이 천국을 가기 위해서 그리스도를 믿어야 하는가에 대한 토론이었다. 아들 부시는 반드시 그래야 하며, 이는 신약에서 분명히 강조하는 사실이라고 생각했다. 한편, 바버라는 타인을 섬

김으로써 하나님의 일을 하는 것 또한 중요하다고 반박했다.[106]

바버라는 이 논의를 매듭짓기 위해 그래함에게 전화를 걸었다 (이러한 모습에서 그녀가 그래함을 얼마나 신뢰하고 있었는지 알 수 있다). 바버라의 질문에 그래함은 아들 부시의 답변이 기술적으로는 옳은 답변이지만, 온 땅의 주인 되신 하나님께서 공평한 판단을 내리실 것임을 확신한다고 답했다. 즉, 예수 그리스도께서 구원의 유일한 길이 되심을 타협 없이 선포해야 하지만, 최종적인 결정은 하나님께 있음을 인정해야 한다는 말이었다.

후에 우리가 살펴보게 되겠지만, 그래함이 평생 동안 설교를 통해 밝힌 공개적인 입장은 아들 부시의 입장과 같았다. 하지만 기자가 사적인 자리에서 계속 이 문제에 대해 질문하자 그래함은 바버라에게 해 주었던 답변을 그들에게도 똑같이 들려주었다. 이 문제처럼 답하기 어려운 질문들에 대한 그래함의 진정한 입장이 어느 쪽이었는지 파악하기란 언제나 어려운 일이다.

* * *

그래함이 초당적 입장을 지키지 못한 안타까운 사례들 중 하나는 2000년 대선에서 발생했다. 선거가 있기 3일 전, 그래함이 부시 2세와 플로리다에 있는 한 식당에서 아침 식사를 함께한 것이

106_ 부시가 이 일화를 다른 곳에서 약간 다르게 말한 적이 있지만, 이 이야기의 핵심은 항상 같았다.

다. 사실 그 일 자체는 평범한 일이었다. 친구와 함께 식사하는 것이 비난의 이유는 아니니 말이다. 그러나 문제는 그래함이 사진기자들 앞에서 포즈를 취하고 부시와 함께 사진을 찍은 것이었다. 그래함은 자신의 행동이 당파적 선택을 암시할 수 있다는 사실을 생각하지 못했다. 이러한 순진한 모습은 일부 사람들에겐 도저히 이해되지 않는 일이었다.

9.11테러의 여파와 관련된 사안에 적극적으로 나선 것을 제외하면, 부시 2세가 집권하는 동안 그래함이 그와 공적으로 얽힌 경우는 적었다. 이 사실이 놀랍지 않은 이유는 그 시기에 그래함은 점차 노쇠해졌고, 루스의 병세는 위중했기 때문이다. 만약 부시의 이라크/아프가니스탄과의 전쟁이 그래함이 정신적으로나 신체적으로 좀 더 강건했던 시기에 발생했다면, 과연 전쟁에 대한 그래함의 반응이 어떠했을지 추측해 보는 것은 꽤나 흥미로운 일이다.

그래함의 과거의 모습으로 비추어 볼 때 그는 크게 난감해했을 것 같다. 그러나 한편으로 대통령이자 친구에 대한 굳건한 충성심, 그리고 적극적이진 않았으나 미국의 군사 행동에 대해 대체로 지지 입장을 견지해 온 전력이 그래함을 한쪽 방향으로 이끌었을 것이다. 하지만 핵전쟁의 위험성에 대해 커져만 가는 우려 역시 그를 반대 방향으로 끌어당겼을 것이다. 그렇게 이러지도 저러지도 못하는 상황 속에서 그래함이 과연 어떤 결정을 내렸을지, 우리는 알지 못한다.

그래함과 12명의 대통령

이쯤에서 그래함과 그를 거쳐 간 모든 대통령들 사이의 관계를 종합적으로 평가해 보는 것이 적절하지 싶다. 아마도 가장 주목할 점은 다름 아닌 관계 그 자체다. 미국 역사에서 약 12명에 달하는 현직 대통령들과 편한 관계를 맺을 수 있었던 종교인이 그래함 말고 존재했던가?

그래함과 그들의 관계는 모든 면에서 전무후무한 것이었다. 간혹 특정 대통령과 각별한 우정을 나누었던 몇 종교 지도자들이 존재하긴 했다. 예를 들면, 우드로 윌슨과 존 R. 모트, 존 F. 케네디와 리처드 쿠싱 같이 말이다. 빌리 선데이는 시어도어 루즈벨트, 우드로 윌슨과 저녁 식사를 함께한 적이 있으며, 나란히 금주법을 지지했던 허버트 후버 대통령을 친구로 생각했다. 그러나 이러한 기록들도 그래함과는 비교할 수 없었다. 과연 어느 위치의 어떤 사람이 그토록 많은 대통령들과 친밀감을 형성했던 그래함의 기록에 근접했다고 주장할 수 있을까?

인정하건대, 전기와 자서전에서 이름이 언급된 횟수가 그 사람을 얼마나 중요하게 생각했는지를 보여 주는 지표라면, 대통령들보다 그래함이 그들을 중요하게 여겼다고 말할 수 있다. 그리고 그것이 사실이었다.

대중적 지지- 그리고 그와 함께 따라오는 득표수 -의 측면에서 대통령들이 그래함과 관계하며 무엇을 얻을 것이라 기대했는지 정확히 알 수 없지만 한번 추측해 볼 수는 있다. 그래함을 싫어했던 이들까지 포함해 수많은 사람들은 그래함이 개인적인 삶에서 높은 도덕 원칙들에 입각해 살아가고 있다고 생각했다. 그렇기에 그가 대통령을 신뢰할 만하다고 판단했다면, 이는 대중 역시 대통령을 신뢰해도 된다는 일종의 메시지가 되었을 것이다.

또한, 그래함이 특정 사안에 대해 대통령의 입장을 바꾸었던 적도 거의 없었다. 그래함은 1973년에 군대를 이스라엘로 파견하려는 닉슨을 설득하거나, 그를 설득하는 데 도움을 주었을지도 모른다. 그러나 1968년에 햇필드와 부시를 부통령 후보로 만들려던 노력은 아무런 성과를 거두지 못했다. 확실히 그는 대통령들이 이미 하기로 마음먹은 일들에 고개를 끄덕이며 힘을 실어 주는 역할이었다고 보는 게 타당하다. 마치 아이젠하워 대통령이 1958년 리틀록에 군대를 파병하는 일을 놓고 그래함에게 '자문'을 구했을 때처럼 말이다. 하지만 대통령의 생각을 바꾸는 데 그래함이 그 이상의 역할을 했음을 보여 주는 증거들은 희박하다.

그럼에도 그래함은 거의 언제나 대통령들과 개인적인 친분을 맺었다. 이러한 모습을 낸시 깁스와 마이클 더피 기자는 "집 안에 있는 커튼처럼 그래함은 백악관에 속해 있었다"며 재치 있게 표현했다. 그래함은 존슨 대통령의 임기 마지막 날을 존슨 가족과 함께 백악관에서 보냈고, 바로 그다음 날 리처드 M. 닉슨의 첫 번째 취임식에서 기도 순서를 맡았다. 조지 H. W. 부시(부시 1세) 때도 마찬가지로 그래함은 백악관에서 그의 마지막 임기 날을 배웅하고, 다음 날 취임식 기도순서를 감당하며 빌 클린턴 대통령을 맞이했다.

그래함은 대통령과 함께 있는 상황을 전혀 두려워하지 않았다. 대통령 취임식에만 9번 참석했는데, 이는 19세기 초의 존 마셜 John Marshall 연방 대법원장의 기록과 맞먹는 횟수였다.[107] 만일 건강이 양호해 2001년 첫 번째 취임식 기도를 부탁했던 조지 W. 부시(부시 2세)의 초청에 응할 수 있었다면, 그래함은 마셜의 기록을 갱신했을 것이다.

그렇다면, 그래함이 그토록 많은 대통령들과 개인적인 관계를 맺을 수 있었던 이유는 무엇이었을까?

그래함과 빌리그래함 전도협회는 그리 생각하지 않을지도 모르지만, 가장 명백한 답은 그래함 그 자신이 대통령과의 관계를 위

107_ 마셜은 총 9번의 취임식에 참석했고, 6명의 대통령 앞에서 취임 선서를 했다. 그래함은 존슨, 닉슨, 레이건, 부시 1세, 부시 2세의 대통령 취임식 그리고 클린턴의 초임·재임 취임식에서 취임 기도를 했다. 게다가 존슨, 닉슨, 레이건의 경우 그래함은 취임식 이외의 다른 취임 행사들에도 참석했다.

해 노력했다고 보는 게 타당하다. 해리 트루먼을 위해 그래함은 여러 차례 만남을 요청하는 편지들을 보냈고, 만남을 성사시키기 위해 정치계에 있는 친구의 도움을 받기도 했다. 그는 워싱턴 D.C.에 가게 될 때면 대통령들에게 전화를 걸어 자신의 일정을 그들에게 알려 주었다. 그래함이 백악관에서 묵은 횟수는 셀 수 없이 많았는데, 어찌나 자주 묵었던지 한번은 그래함이 백악관에 묵고 있던 다른 방문객에게 자신이 쓰던 매트리스는 자신이 누웠던 모양대로 움푹 패여 있으니 그 침대는 피하라고 농담했을 정도였다. 존슨 또한 언제든 워싱턴 D.C.를 방문하면 백악관을 호텔이라 생각하고 머물라고 이야기해 주기도 했다.

그래함이 [대통령들과의 개인적] 관계를 위해 노력했던 이유는 부분적으로 그들로 인해 혜택을 입었기 때문이다. 물질적인 혜택은 아니었다. 물질적 혜택과 관련한 그래함의 부탁은 딱 한 번 있었는데, 그것은 빌리그래함 전도협회가 발송하는 대량 우편물들의 우편 요금을 인하해 달라는 것이었다. 더군다나 이 혜택은 다른 잡지사들도 누리고 있던 혜택이었으니, 물질적 수혜는 전혀 없다고 해도 무방하다. 그래함이 얻은 혜택은 좀 더 개인적인 것으로, 막대한 권력을 지닌 사람들과 가깝게 지내는 즐거움이었다. 그는 분명 (전도협회가 아닌 곳에서) 권력을 행사하는 것을 좋아하지 않았다. 하지만 확실히 권력을 행사하는 사람들과 함께 세간의 이목을 받는 것은 즐겼다.

이러한 개인적 혜택 외에 그래함이 대통령들과의 관계를 위해 노력한 또 다른 강력한 이유가 있다. 그래함 자신도 그 이유를 당당히 밝힌 바 있었는데, 그것은 대통령과 주지사 그리고 여왕들과의 관계가 복음 전파를 극대화시키는 데 도움이 된다는 것이었다. 유력 정치인들과 함께 골프를 치는 그래함의 모습은 그의 메시지에 신뢰성을 부여했다. 또한 그들과의 관계는 그래함에게 어느 정도 영향력을 주었다. 특히 그래함이 세계에서 가장 강력한 권력을 지닌 미국 대통령에게 영향을 끼칠 수 있다는 사실을 인지하고 있었을 타국의 지도자들을 만날 때 더욱 그러했다.

더군다나 그래함은 대통령들과의 만남 자체를 즐거워했다. 그들과의 만남이 담긴 사진들은 그래함이 지도자들과 다양한 방식- 저녁 식사, 골프 치기, 보트 타기, 수다 떨기 -으로 교제하는 것을 기뻐하고 있음을 분명히 보여 주었다. 또한, 빌리와 루스는 몇몇 영부인들과도 오래도록 우정을 나눴다. 특히 팻 닉슨Pat Nixon, 레이디 버드 존슨Lady Bird Johnson, 낸시 레이건Nancy Reagan, 무엇보다 바버라 부시Barbara Bush와 그러했다. 분명- 종종 루스도 함께 -그래함은 누구에게나 초대하고 싶은 유쾌한 손님이었을 것이다. 강대상보다 직접 만났을 때 더 확연히 드러나는 그의 재치는 그와의 만남을 더 가치 있게 만들어 주었다.

그런 경우는 거의 없었지만, 일부 기자들은 그래함이 개인의 재정적 이익을 위해 고위 관료들과의 관계를 악용했다는 혐의를 제기했다. 그러나 그보다 훨씬 많은 기자들은 그래함이 그 친밀한 관계로 인해 더 많은 대가를 지불해야 했음을 이야기했다. 바로 대통령의 정책들이 야기하는 도덕적 결과들을 향해 선지자적 목소리를 내지 못하게 된 것이었다. 선지자적 역할을 감당하지 못한다는 비난에 그래함은 민감하게- 그는 이러한 비난을 듣는 것을 극도로 싫어했다 -반응했다. 하지만 자신의 행동에 중대한 변화를 만들어 낼 만큼 민감하지는 않았고, 이러한 모습은 닉슨과 연루되어 큰 곤혹을 치르기 전까지 지속되었다. 심지어 닉슨 이후에도 그의 행동은 일관되지 않았다. 때문에 그래함은 많은 이들의 연구 대상이 되었고, 결과는 대체로 부정적으로 마무리되었다.

하지만 그래함과 대통령들의 관계는 과도하게 해석될 가능성이 높다. 그래함의 90번째 생일이 가까워지고 있던 2006년, 그래함은 대통령들과의 관계를 되돌아보며 이렇게 말했다. "그들은 험난한 인생을 살아 내야만 했습니다. 하지만 저는 그들 모두를 사랑했고 존경했습니다. 그들은 제가 결코 알 수도, 이해할 수도 없는 짐을 가지고 있었을 것입니다."

역사는 어떤 대통령을 다른 대통령보다 더 후하게 평가할 것이다. 하지만 좋든 싫든 그들은 모두 힘과 강한 의지 그리고 대중적 카리스마를 지닌 인물들이었다. 그리고 그래함도 이러한 특징들을 갖고 있었다. 실제로 그러했든 사람들이 착각했던 것이든 그래함 역시 대통령들만큼 강력한 인물이었기에 그들과 친밀하게 지내는 것이 가능했으리라, 우리는 쉽게 상상해 볼 수 있다.

미국인들의 목사

1941년 12월 7일과 2001년 9월 11일은 미국인들의 기억 속에 영토가 타국의 적들에 의해 가장 처참히 공격받은 날들로 남겨져 있다. 9월 11일, 테러리스트들이 뉴욕 세계무역센터 빌딩과 국방부 청사를 공격하고, 미수로 그쳤으나 워싱턴 D.C.에 있는 국회의사당까지 겨냥했던 사건이 발생했다. 진주만 공습처럼 세계 전쟁이 촉발된 것은 아니었지만 이 끔찍한 비극은 영상을 통해 미국인들에게 생생히 전달되었고, 미국을 안전한 나라로 여기고 있던 국민들에게 엄청난 정신적 충격을 안겨다 주었다. 그리고 이내 국가적 슬픔이 미국을 뒤덮었다.

9.11테러는 화요일 오전에 발생했다. 조지 W. 부시 대통령은 테러 발생 3일 후인 9월 14일 금요일, 워싱턴국립대성당에서 추모 예배를 열었다. 국교가 존재하지 않는 상황에서 이 미국 성공회 대성당은 미국인들의 마음속에 종교적인 중요성을 지니는 건물이었다.

그날 추모 예배에는 대통령 외에도 대성당의 주임 사제와 이슬람교 이맘, 유대교 랍비, 가톨릭 추기경, 주류 개신교 목회자 그리고 그래함 역시 참석해 추도사를 전했다.

추모 연설자로 그래함이 선정된 것은 당연한 일이자 피할 수 없는 일이었다. 복음주의 개신교는 미국 기독교 인구의 약 4분의 1을 차지하고 있었고, 복음주의자들 가운데 그래함만큼 인지도와 위상을 지닌 인물이 따로 없었기 때문이다. 또한, 82세의 깊은 연륜과 오랜 경험에 대중들이 존경을 표했던 것도 그가 추모 연설자로 선정된 이유였다.

게다가 그래함은 이미 한 번 그러한 역할을 수행했었다. 때는 6년 전으로 오클라호마시티 내에 있는 앨프레드 P. 뮤러 연방정부 청사에서 폭탄 테러가 일어났던 때였다. 이 사건은 정부가 폭정을 하고 있다고 생각한 남성 2명이 벌인 사건이었는데, 이 사건으로 인해 168명이 숨지고 680명이 부상을 당하게 되었다. 폭탄 테러가 있은 지 4일째 되는 날 빌 클린턴 대통령은 그래함에게 슬퍼하고 있는 희생자 가족들과 이 사건으로 인해 놀란 마음을 부여잡았을 국민들을 위해 몇 마디 위로의 말을 전해 달라고 부탁했었다.

워싱턴국립대성당에서 전한 추모사에서 그래함은 자신의 생명을 희생하면서까지 다른 이들을 구조하려 했던 이들의 영웅적인 모습을 추모했다. 그리고 이어서 이렇게 말했다. "이번 테러 사건은 인생의 덧없음과 불확실성을 우리에게 일깨워 주었습니다. … 우리는 우리가 언제 그들과 같이 영원으로 부름받게 될지 알지 못합니다."

좌우 진영의 신학자들과는 달리, 그래함은 이 비극을 신학적으로 설명하려 하지 않았다. 비극이 발생하는 이유는 오직 하나님의 신비 속에 숨겨져 있기 때문이다. 그래함은 오히려 청중에게 하나님께서 우리의 아픔을 이해하신다는 사실을 확신 있게 전했다. 하나님의 아들이신 예수님께서는 십자가 위에서 죽음의 고통을 직접 경험하셨던 분이시기 때문이다.

이러한 말들을 마무리 지은 후 그래함은 청중에게 선택을 촉구했다. 과거 셀 수 없이 많은 전도 대회들에서 그가 해 왔던 방식 그대로 말이다. 그는 두 가지 선택지, 더 큰 삶의 의미란 존재하지 않는다는 관점과 하나님께서 역사를 직접 주관하신다는 소망 중에서 하나를 선택하라고 요구했다. 그래함은 이 결정이 현재의 고통을 완화시켜 주진 않지만 상실 속에서도 의미를 발견할 수 있다고 믿는 자들을 도와줄 것이라고 말했다.

추모사의 약 4분의 3 지점을 지나고 있을 때, 그래함은 수사학적 변화를 주었다. 이는 그래함이 이전에는 거의 하지 않던 방식이었고, 그의 아들 프랭클린 그래함이라면 한사코 거부할 방식이었다. 그래함이 청중석에 앉아 있는 기독교인들만을 위한 발언을 이어 가기 시작한 것이다. 그래함은 말했다. "우리는 이 장엄한 워싱턴국립대성당 곳곳에 달려 있는 십자가 상징물들을 봅니다. 십자가는 기독교인인 우리에게 하나님께서 우리의 죄악과 고난을 이해하신다는 사실을 이야기해 줍니다."

이 행동이 뜻하는 바는 그곳에 있던 이들의 심기를 불편하게 하는 방식으로 기독교인들과 비기독교인들을 구분 짓는 것이 아니었다. 오히려 정반대로 추모사의 약 4분의 3을 모든 종교인들을 대상으로 전함으로써 다양한 종교가 공존하고 있는 미국적 현실에 대한 존중을 표현한 것이다. 그리고 나서 그래함은 남은 일부분의 시간을 통해 기독교인들이 누리는 기쁨에 관해 솔직하게 다루었으며, 기독교인 희생자들이 현재 천국에서의 삶을 누리고 있을 것이라고 이야기했다. 그리고 만일 다시 이 땅의 삶으로 돌아갈 선택권이 그들에게 주어진다 할지라도 그들은 천국에서 경험하는 기쁨으로 인해 이곳으로 돌아오는 선택을 하지 않으리라고 그래함은 말했다.

넓게는 미국 전체를, 좁게는 희생자들의 가족과 친구들을 위로하려는 그래함의 노력은 완전한 성공을 거두진 못했다. 천국에 대한 그의 발언은 세속 비평가과 일부 종교 비평가들의 분노를 초래했다. 《뉴 리퍼블릭》의 한 편집자는 이렇게 그래함을 비판했다. "그것은 위로가 아니라 모욕입니다. 우리는 어린아이들이 아닙니다." 비평가들은 그래함이 죽음이라는 형언할 수 없고 받아들이기 어려운 실재를 조심스레 다루지 못했다고 생각했다. 그럼에도 대부분의 미국인들은 받아들이기 쉽지 않았을 이 사건을 보다 큰 삶의 의미 속에서 생각할 수 있도록 도와준 원로 목회자에 대한 감사를 표현했고, 이들 가운데는 복음주의자가 아닌 이들도 다수 포함되어 있었다.

9.11테러 이후 여러 해 동안, 미국은 이슬람 또는 그들의 테러

에 대한 두려움으로 가득했다. 적지 않은 수의 미국인들이 주변의 무슬림 미국인들과 모스크들을 경계하는 활동들을 벌이기 시작하며 자신을 보호하고자 했다. 학자와 기자들은 반反무슬림 정서로 인해 촉발된 여러 사건들에 관해 논쟁했다. 누군가는 다양한 종교의 공존을 원칙으로 하는 미국 사회에서 반反무슬림 관련 사건들이 너무 많이 발생한다고 주장했고, 누군가는 미국이 당한 도발에 비하면 생각보다 적은 수라고 주장했다. 그리고 그 논쟁에 그래함과 그의 아들 프랭클린 그래함도 뛰어들게 되었다.

테러 발생 후 한 달이 지날 무렵부터 프랭클린은 이슬람을 비판하기 시작했다. 기자들 앞에서 직설적으로 "이슬람은 매우 악랄하고 사악한 종교입니다"라고 말한 것이다. 프랭클린은 무슬림들이 압도적으로 많은 나라에서 그리스도인을 박해할 뿐 아니라, 어린 소녀와 여성들을 억압한다고도 말했다. 그는 물론 이슬람 종교의 가르침 자체를 비판하는 것이지, 무슬림 개개인에 대한 것이 아니라는 점을 분명히 하려고 노력했다.

하지만 이러한 프랭클린의 발언은 즉각 큰 반향을 불러일으켰다. 많은 이들은 프랭클린이 이슬람이란 종교 자체에 대해, 미국을 위협하는 존재라는 점에서 바른말을 했다고 생각했다. 그들은 또한 정치적 올바름을 앞세워 '미국을 먼저 비난하는' 이념[역주- Blame America First, 대체로 보수 진영이 진보 진영을 비판할 때 그들은 '좌우지간 조국을 탓하고 보는 태도'를 가지고 있다고 규정하는 표현]을 수용하는 세력들에게 프랭클린이 굴복하지 않았으며, 이것 자체가 큰 용기를 보인 것이라고 생각했다.

우리가 이미 살펴본 것처럼 2005년 《뉴욕타임스》의 종교부 기자 로리 굿스타인은 빌리 그래함에게 서구 문명이 '문명의 충돌'을 향해 달려가고 있다고 생각하는지 물었다. 그래함의 대답은 "아니오"였다. "진정한 위기는 서구권와 이슬람의 간극이 아닙니다. 오히려 부를 누리는 자들과 굶주림, 기아, 질병에 시달리는 이들 사이의 간극입니다." 그해 말, TV 토크쇼 진행자였던 래리 킹은 그래함에게 질문을 던졌다. 이슬람을 악랄하고 사악한 종교라고 표현한 아들 프랭클린의 생각에 동의하느냐는 질문이었다. 이에 대한 그래함의 답변은 아버지로서 비탄한 심경을 담고 있었다. "글쎄요, 프랭클린은 자신만의 생각을 가지고 있고, 저도 저만의 생각을 가지고 있죠. 이 두 생각은 가끔 다를 때가 있습니다."

언뜻 보기에 그래함과 프랭클린은 뚜렷하게 구별되는 인물들 같으나, 자세히 보면 둘의 차이는 많은 사람들이 생각했던 것만큼 극명하지 않다. 1970년대에 프랭클린은 사마리안퍼스Samaritan's Purse 설립에 도움을 주었고, 이 단체는 머지않아 세계에서 가장 큰 인도주의적 구호 단체들 가운데 하나가 되었다. 사마리안퍼스는 자연 재해가 발생한 지역에 즉각적으로 반응하고, 보다 장기적인 관점에서 세계 각지의 질병, 가뭄 그리고 기근과 맞서 싸우는 단체였다.

사마리안퍼스가 지닌 가장 두드러지는 특징은 아마도 '묻지도 따지지도 않고 돕는다'라는 그들의 엄격한 원칙일 것이다. 구호

물품과 인력들이 현장에 도착하면, 자원봉사자들은 종교나 정치적 기준으로 도움의 대상을 가리지 않고 즉시 봉사에 나서 그들을 도왔다. 이러한 원칙은 무슬림이 다수를 이루는 국가들이나 크리스천이 다수를 이루는 국가들에서도 동일하게 적용되었다.[108]

2001년 10월, 빌리 그래함은 캘리포니아주 프레즈노에서 전도 대회를 개최했다. 한 동료에 따르면, 공항에 도착했을 때 그래함은 주최 측에게 가장 먼저 그 지역의 모스크로 데려다 달라고 부탁했다. 그러면서 미국 내 무슬림들이 받은 상처를 보듬는 일이라면 무엇이든지 하고 싶기 때문이라고 말했다.

하지만 그가 지역 모스크에 도착했을 때 그곳은 굳게 닫혀 있었고, 이맘도 그 자리에 없었다. 이것은 그래함이 지니고 있던 사회 개혁이라는 비전의 가능성과 한계 모두를 보여 주었다. 한편으로는 공감 능력이 이렇게 확장될 수 있음을, 다른 한편으로는 실제로 이맘과 만났을 경우 대중들 사이에서 빚어질 파급 효과까지는 그가 미처 생각지 못했음을 보여 주었다.

그날 저녁, 전도 대회에서 그래함은 진심을 담아 이야기했다.

108_ 사마리안퍼스는 또한 오퍼레이션 크리스마스 차일드 프로그램(Operation Christmas Child)[역주- 전 세계 가난한 국가의 어린이들에게 종이 상자에 담긴 선물을 전달하는 프로그램]으로 유명했다. 1993년부터 2019년까지, 장난감, 학용품, 개인 생활용품 등을 비롯한 1억 6,800만 개의 선물들이 160개 이상의 국가와 지역에 사는 어린이들에게 전달되었다. 하지만 사마리안퍼스 논란에 휩싸이기도 했다. 비평가들은 이 단체가 선물을 주는 것을 넘어, 이를 활용해 수혜자들에게 그리스도를 전하려 한다며 비난했다. 또한 프랭클린 그래함의 문화 전쟁에 대한 입장에 영향을 받고 있으며, 그들의 사역 역시 이러한 영향하에 있다는 비판을 받기도 했다.

「9월 11일 그리고 하나님의 사랑」이라는 설교에서 그래함은 다음과 같이 이야기했다. "현재 전 세계의 많은 이들이 테러리즘과 전쟁이 야기한 결과에 대해서만 이야기하고 있습니다. 하지만 그것 외에도 우리를 괴롭히는 다른 문제들이 있습니다. 질병, 가난, 인종차별, 증오, 고독, 에이즈, 실업, 이혼, 정신질환, 권태, 살인에 대한 통계들입니다. 세계는 9월 11일 이후에도 범죄를 그치지 않았습니다."

마지막까지 그래함은 일관되었다. 모든 고통의 진정한 원인은 죄라는 것이었다. "세계 모든 고통의 근원에는 죄가 있습니다. 그리고 오직 예수 그리스도만이 죄의 문제를 해결하실 수 있으십니다."[109]

109_ 2001년 10월 11일부터 14일까지 진행된 프레즈노 전도 대회는 도합 20만 명이 참석했고, 1만 5,000장의 결신 카드가 제출되었다. 지난 9월 워싱턴국립대 성당에서의 발언과는 비교할 수 없지만, 프레즈노 대회에서 그래함이 했던 발언들은 언론의 많은 관심을 받았다.

금이 간 명성

2001년 가을, 최절정에 오른 그래함의 명성은 그로부터 6개월 뒤쯤 급격히 곤두박질쳤다. 2002년 2월 28일, 미국의 국립 문서기록 관리청은 그래함과 닉슨, 닉슨의 수석 보좌관이었던 H. R. 홀드먼이 사석에서 나눈 대화가 담긴 녹음테이프들을 공개했다. 1972년 2월 1일 대통령 집무실에서 나눈 대화로 거의 30년 전에 나눴던 대화였다.

그들은 당일 있었던 여러 행사들에 관해 1시간가량 이야기를 나누었다. 문제는 닉슨이 유대인들이 미국 언론을 좌지우지하고 있다고 비난하면서 시작되었다. 그래함은 닉슨의 말에 맞장구를 치며 이렇게 말했다. "그리고 유대인들은 포르노 산업에 관여하고 있고, 대중매체로 질 나쁜 문화를 국민들에게 전달하고 있습니다." 그리고 얼마 지나지 않아 그래함은 이어서 말했다. "이런 언론 장악(stranglehold)을 중단시키지 않는다면, 미국은 끔찍하게 힘든 시간을 겪게 되고 말 겁니다."[110]

그래함의 발언들 가운데 가장 공격적인 발언은 그로부터 약 15분 뒤에 등장했다. "모든 유대인들이 대단한 건 아니지만, 제겐 여러 뛰어난 유대인 친구들이 있습니다. 그들은 제게 다가와 친절히 대해 줍니다. 제가 이스라엘(을 비롯한 여러 다른 일들)에 대해 호의적이라는 것을 알고 있기 때문이죠. 하지만 그들은 이 나라에서 유대인들이 하고 있는 일들에 대해 제가 어떻게 느끼고 있는지는 사실 전혀 알지 못합니다."

믿을 수가 없는 대화였다. 많은 비복음주의자들은 복음주의자들이 보여 온 이스라엘에 대한 전적인 지지를 오랫동안 의심의 눈초리로 지켜봐 왔었다. 즉, 겉으로는 지지하나 실은 그 속에 미국 유대인들에 대한 근원적인 적개심이 숨어 있다고 생각한 것이다. 그럼에도 그래함이 살아오면서 반反유대주의적 발언을 한 적이 있다고 단언할 수 있는 사람은 없었다. 오히려 그래함은 아바 에반, 메나헴 베긴, 골다 메이어 등 이스라엘 지도자들과 각별한 우정을 나누었고, 그들은 이스라엘에 대한 그래함의 신뢰할 수 있는 지원에 감사를 표했다. 그는 심지어 1973년 세인트루이스에서 열린 자신의 전도 대회에 메이어를 강연자로 초대하기도 했다(비록 일정이 겹쳐 메이어가 이 제안을 수락하지 못했지만 말이다). 더욱이 그래함

110_ 1994년에 발간된 『홀드먼의 일기』*The Haldeman Diaries: Inside the Nixon White House*에서 홀드먼은 이날의 대화를 짧게 언급하며 그날의 대화가 반(反)유대주의적 정서를 지니고 있었음을 시사했다. 그러나 그래함은 자신이 대통령에게 '유대인들'에 관해 부정적인 발언을 했다는 사실을 즉시 부인했다.

은 여러 유대인 친구들과 친밀한 관계를 맺고 있었다. 그 가운데는 미국 회당 협의회의 영향력 있는 위원장 랍비 마크 타넨바움, 로스앤젤레스 윌셔대로에 있는 큰 회당의 영적 지도자였던 랍비 에드거 포겔 매그닌이 있었다.

또한, 그래함은 수년간 유대인 협회로부터 다수의 상을 받아 왔다. 유대인과 기독교인 사이의 관계 증진에 있어 그래함의 공헌이 인정되어 수여된 상들이었다. 반反명예훼손 연맹이 1969년 수여한 자유의 횃불 상패, 미국 기독인/유대인 협회가 1971년에 수여한 국제 형제애 상, 그리고 미국 유대인 위원회가 종교 간 대화를 위해 수고한 이에게 수여했던 첫 번째 상이 있었다. 타넨바움은 이렇게 말했다. "지난 25년간 개신교와 유대교 사이에 있었던 관계 진전은 대부분 빌리 그래함 덕분에 이루어진 것들입니다."

그래함이 메시아의 정체에 관해 자신과 유대인들의 생각이 다르다는 사실을 계속해서 이야기했음에도, 많은 유대교 지도자들은 하나님과 미국, 도덕률을 강조하는 그래함의 태도를 높이 평가했다. 또한 그래함이 '유대인 전도를 위한 로잔 전략 회의'의 탄생을 주도한 것은 사실이지만, 이 회의의 방향은 유대인들에게 복음을 강요하는 것이 아니라 나누어 주기 위한 것이라고 설명했다. 이러한 차이를 유대인들이 그래함만큼이나 중요하게 생각하지는 않았을 수도 있다. 그럼에도 그래함은 다른 유대인들을 전도하려는 메시아닉 쥬Messianic Jew[역주- 예수님을 구세주로 영접하는 유대인들]에 대한 언급은 조용히 피했다. 그들의 전도 노력이 다른 유대인과 외부인들에게는 강압적인 행동으로 비추어질 수도 있었기 때문이다.

녹취록이 일으킨 충격이 그토록 컸던 원인은 그 내용이 그동안 그래함이 보여 주던 모습이나 발언들과 큰 차이가 있기 때문이었다. 1980년대까지 그래함은 무슬림과 다른 종교 소수 집단들에게도 미국 사회라는 거대한 용광로[역주— melting pot, 여러 인종과 사상이 한데 뒤섞여 있는 미국 사회를 묘사] 속에서 번성할 권리가 있음을 강조했을 뿐 아니라, 그들이 미국 사회에 가져다주는 유익에 대해서도 극찬한 바 있었다. 1989년 《구세군 회보》의 한 편집자가 그래함에게 미국의 이슬람에 관해 질문했을 때, 그래함은 자신이 무슬림 친구들에 대해 '깊은 존경과 관용의 마음'을 가지고 있다고 대답했었다. 그리고 이렇게 말했다. "왜냐하면 우리는 다원화된 사회를 살고 있기 때문입니다. … 우리는 더 이상 미국이 유대인과 기독교인들만의 사회가 아니라는 사실을 인정해야만 할 것입니다."

이러한 그래함의 발언은 흔치 않았지만 그렇다고 유일한 것은 아니었다. 배리 A. 코스민과 시모어 P. 라흐만은 그들이 저술한 『하나님 안에서 하나의 국가: 현대 미국 사회에서의 종교』One Nation under God: Religion in Contemporary American Society(1993)에서 뉴욕시립대학원이 1990년에 진행한 미국 사회 속 종교다원성에 관한 광범위한 사회과학 조사를 분석했다. 그래함은 이 책에 담긴 분석에 찬사를 보내며 이렇게 말했다. "이 연구는 편협해지고 있는 미국 사회의 개탄스러운 현실을 반전시키고 다른 전통에 속한 이들에 대한 참된 관용과 존경의 자세를 함양하도록 하는 데 크게 공헌할 것입니다."

* * *

공개된 녹음테이프들에 대해 대중은 즉각 불같이 거친 반응을 보였고, 그래함 또한 무척 당황스러워했다. 테이프에 관한 이야기를 처음 전해 들었을 때 그래함은 어떠한 반응도 보이지 않았다. 누군가의 악의적인 장난이라고 생각했기 때문이었다. 그래함은 자신의 한 보좌관에게 이렇게 말했다. "제가 그러한 말들을 했다는 것이 믿겨지지 않습니다. 그건 제 진심이 아닙니다." 하지만 머지않아 테이프에 녹음된 목소리가 그래함의 것이라는 사실이 분명해졌고, 이에 자신의 '발언들로 인해 상처 입은' 모든 이들에 대한 사과 성명을 서면과 구두로 발표했다.

그래함은 30년 전 그날 자신의 반反유대주의적 발언들은 당시 진심에서 우러나온 것이 아니고 이는 현재는 물론, 이후에도 그럴 것이라고 말했다. 그리고 그 발언들을 깊이 후회하고 있다고 했다. 그래함이 내놓은 유일한 해명은 대통령 집무실에서 미국의 대통령이 한 말에 맞설 용기가 없어 그저 그의 말에 계속해서 맞장구쳤다는 것이었다.

그래함의 발언들을 "용납할 수 없고, 변명의 여지가 없다"라고 말한 그의 딸 앤 그래함 로츠Anne Graham Lotz의 주목할 만한 예외를 제외하곤, 빌리그래함 전도협회의 관련자들은 모두 그래함을 옹호하고 나섰다. 프랭클린 그래함은 자신의 아버지가 말한 대상은 유대인 전체가 아니라 주요 언론들을 장악하고 있는 '소수의 엘리트 유대인들'이라고 설명하며 그를 변호했다.[111] 또한 많은 사람들이 공적인 자리에서 하지 말아야 할 이야기들을 사적인 자리에서는 한다고 덧붙였다. 그리고 빌리그래함 전도협회가 2007년에 개정해 재출간한 그래함의 자서전 『빌리 그레이엄 자서전: 내 모습 이대로』에는 이 사건과 관련된 언급이 담겨 있지 않았다.[112]

《크리스채너티 투데이》는 그래함의 회개에 집중했지만, 기고문에는 그래함이 당시 했던 발언들 가운데 가장 공격적이었던 발언- "유대인들이 이 나라에서 하고 있는 짓들을 제가 실제로 어떻게 느끼고 있는지는 [유대인들이] 알지 못하죠" -을 끝내 인용하지 못했다. 그럼에도 옹호자들조차 반박할 여지가 없을 정도로 충분히

111_ 2018년 그래함이 숨을 거뒀을 때, 프랭클린은 더 나아간 주장을 했다. 그는 자신의 아버지가 이야기한 내용의 핵심은 '할리우드와 언론- 특히 TV -의 악행과 욕설들이 사람들에게 악영향을 주는 것'이었다고 말했다. 그리고 그 업계에 종사하고 있는 이들 가운데 일부로서 '유대인들'을 언급한 것이지, 유대인 자체가 발언의 핵심이 아니었다는 것이다.

112_ 그래함의 자서전 초판은 1997년에 하퍼콜린스 출판사를 통해 출판되었다. 2002년에 녹음테이프가 공개된 이후 출간된 개정판이 빌리그래함 전도협회를 통해 출간되었다는 사실은 중요한 추측 가능성을 내포한다. 테이프 사건을 자서전에서 언급하지 않는다는 결정이 그래함 자신의 것일 수도 있지만 당시 그래함은 약 90세였고, 재출간은 내부인에 의해 진행되었다는 점이다. 혹자의 생각(혹은 바람)처럼 만일 그래함이 좀 더 젊고 협회 내에서 영향력이 있던 상황이었다면 그는 이 사건을 있는 그대로 솔직하게 언급했을지도 모른다. 그래함이 대인 관계에서 보여 주었던 모습처럼 말이다. 하지만 그래함의 일대기를 전시를 하고 있는 박물관(휘튼대학교 내의 빌리그래함 중앙 기록보관소, 샬럿의 빌리그래함 도서관, 그리고 워싱턴 D.C.의 성경 박물관) 중 어느 곳도 이 사건을 언급하고 있지 않다.

많은 그래함의 발언들이 인용되었다. 그리고 그래함의 발언에 대한 외부인들의 다양한 반응도 함께 실렸고, 그 가운데는 강력한 비판들도 일부 있었다.

그러고는 설립자인 그래함의 발언들은 단순히 공격적인 발언이거나 정치적으로 바르지 못한 발언이라기보다 '회개가 요청되는 도덕적 결함'이라고 말했다. 편집자는 뒤이어 말했다. "그래함의 회개는 우리에게 좋은 사례가 되었습니다. 우리도 마찬가지로 스스로의 (내면에 자리하고 있는 수많은) 편견들을 되돌아보고, … 이 편견들에 저항하고 이를 회개하며 [하나님께] 회복의 은혜를 구해야 합니다."

그래함의 죽음 직후 발행된 《크리스채너티 투데이》 빌리 그래함 추모판에는 그래함과 유대인에 대한 글이 실렸다. 전 선임 편집자였던 데이비드 네프가 기고했다. 네프는 평생 유대인들과 친밀한 관계를 이어 온 그래함의 모습에 초점을 맞추었지만, 녹음테이프 사건과 관련된 구체적인 내용들도 솔직하게 인정했다. 네프의 말처럼 그 사건은 '그래함의 명성에 지워지지 않는 얼룩'을 남겼다.

이 사건에 대한 세속 언론과 유대 언론의 반응은 두 가지로 나뉘었다. 첫 번째 진영에 속한 많은 언론들은 복음주의자들과 동일한 반응을 보였다. 즉, 그들은 이번 사건이 그래함의 명성에 큰 오점이 되었다는 사실을 크게 비통해하면서도, 변명하지 않고 잘못을 사과한 그래함을 용서했다. 결국 이 세상에 실수하지 않는 사람은 없으니 말이다.

한편, 첫 번째 진영에 속한 다른 이들은 녹음테이프 사건에 대해 다양한 해석들을 내놓았다. 역사가 엘리샤 코프먼은 TV 전문가이자 《올 인 더 패밀리》의 제작자였던 유대인 노먼 리어의 반응에 주목했다. 노먼 리어는 유대인들이 언론에 미치는 영향력에 대해 생각하더니─ 짐작하건대 장난스럽게 웃으며 ─이렇게 말했다. "그래함 목사님이 말씀하신 대로 정말 언론에 대한 유대인들의 영향력이 커졌으면 좋겠습니다." 한편, 문화역사학자 레나타 애들러Renata Adler는 그래함의 마음속에 잠재되어 있는 편견을 보여 주는, 혹은 그렇지 않을 수도 있는 발언들로부터 너무 대단한 의미를 도출하려는 것은 '어리석은 짓'이라고 생각했다.

반면, 두 번째 진영에 속한 언론들은 그 사건을 용서하거나 잊으려 하지 않았다. 나치의 유대인 학살에 기독교가 공모했던 것은 물론이고, 지난 2,000년 동안 유럽 기독교가 유대인들을 박해하며 남긴 깊은 상처들은 아직 아물지 않았다. 미국 내 반反유대주의적 태도와 관행들에 대한 기억들도 아직 생생했다. 일부 언론은 '발언으로 인해 상처 입은 모든 이들'에 대한 그래함의 사과는 전형적으로 진정성이 결여된 사과라고 여겼다.

그래함이 지구상 가장 유명한 기독교인들 가운데 한 명이라는 사실 그리고 수십 년간 공적으로는 유대인들에게 열린 태도를, 사적으로는 애정을 보여 왔다는 사실은 문제를 더 악화시킬 뿐이었다. 저명한 무신론계의 권위자 크리스토퍼 히친스Christopher Hitchens는 많은 이들의 생각을 대변하며 다음과 같이 역설했다. "많은 이들이 그래함에 대해 품어 온 '큰 편견에 사로잡혀 있는 사람이자 질 나쁜 거짓말쟁이이며, 무식한 반反유대주의자'라는 생각이 옳았음이 그래함의 발언들을 통해 입증되었다."

2009년, 유대인들에 관한 닉슨과 그래함의 대화가 담긴 또 다른 테이프가 공개되었다. 첫 번째 테이프의 바로 다음 해인 1973년 2월 21일에 있었던 대화였다. 그날 저녁에 닉슨이 자택에 있던 그래함에게 전화를 걸며 시작된 이 대화에서 그들은 여러 주제로 이야기를 나눴다. 그중 하나는 미국 내 유대인들이 그들을 기독교로 전도하려는 노력에 대해 과잉 반응한다는 내용이었다.

이 주제에 대해 몇 분간 대화를 나누었을 때, 그래함은 성경이 두 부류의 유대인들에 대해 가르쳐 주고 있다며 말을 이어 나갔다. 첫 번째 부류는 '사탄의 회당'에 해당하는 이들로 그들은 '음란 서적과 영화를 만들어 내는 이들'이라고 말했다. 그런데 두 번째 부류의 유대인들에 대해서는 누구인지 설명하지 않은 채 말을 멈췄다. 말하지 않아도 두 번째 부류는 첫 번째 부류와 다른 이들이라는 것을 닉슨이 이해했으리라 여긴 듯 보인다.[113]

일부 사람들은 이 두 번째 대화가 그래함이 계속해서 반反유대주의적 태도를 지니고 있었다는 명백한 방증이라고 생각한 반면,

---

113_ "보라 사탄의 회당 곧 자칭 유대인이라 하나 그렇지 아니하고 거짓말 하는 자들 중에서 몇을 네게 주어 그들로 와서 네 발 앞에 절하게 하고 내가 너를 사랑하는 줄을 알게 하리라"(계 3:9) 그래함의 사망 이후 공개된 1972년 대화의 또 다른 일부에 따르면, 그는 1973년에 그랬듯 1972년에도 대통령과 '사단의 회당'의 의미를 두고 이야기 나눴다. 나는 이 사실을 깨닫는 데에 역사가 마이크 헤르텐슈타인(Mike Hertenstein)의 도움을 받았다.

정반대로 생각한 이들도 있었다. 그러나 두 번째 대화는 많은 이들에게 알려지지 않았을뿐더러, 큰 논쟁적 사안이 되지도 않았다.

두 번째 테이프는 그래함과 유대인들과의 관계보다 그와 닉슨과의 관계라는 측면에서 더 큰 의미를 지니고 있었다. 역사가 스티븐 밀러Steven Miller가 이야기하듯, 두 번째 테이프는 그래함이 대통령의 '사설 고문단'[역주- Kitchen Cabinet, 대통령이 국정운영에 관한 충고를 들을 수 있으나 정치적 이해관계로 얽혀 있지 않은 가까운 지인을 지칭]의 일원이었다는 점을 보여 준 것이다. 더 나아가 두 번째 테이프는 어쩌면 그래함에게 정말로 대통령이 말하는 거의 모든 내용들에 동조하는 버릇이 있었음을 증명해 냈다.

* * *

그러나 그래함이 닉슨, 홀드먼과 나눈 대화가 공개된 지 3개월이 지난 2002년 6월, 반反유대주의적 발언들로 크게 비판을 받은 그래함을 구제해 주는 사건이 발생했다. 당시 그래함은 오래전부터 예정되어 있던 전도 대회를 위해 신시내티로 향했다. 신시내티는 많은 유대인 인구수와 히브리유니온대학교-유대 종교 연구소를 보유하고 있는 도시였다. 그래함은 전도 대회 기간 중 도시 전역을 돌아다니며 랍비들을 만났고, 자신의 발언에 대한 사과를 그들에게 직접 전했다.

어느 목격자의 말에 따르면 그래함이 그들을 만나기 위해 방으로 들어갔을 때, 방 안에 있던 랍비들은 모두 서 있었다고 한다. 그래함은 그들에게 앉아 주시라고 부탁하면서, 자신이 무릎을 꿇어야 한다고 말했다. 그는 랍비들에게 30년 전 자신의 발언들이 용서받을 수 없는 것이라고 말하면서도 용서해 줄 것을 그들에게 간청했다. 그리고 랍비들은 그래함의 이러한 모습에 박수를 보냈다. 이 이야기에는 랍비들의 너그러운 마음만큼이나 변명하지 않고 과거에 행한 발언들을 기꺼이 책임지려는 그래함의 모습이 아주 잘 담겨 있다.

그러나 여전히 이 이야기가 행복한 결말을 맺었다고 말하는 이들은 그래함의 열성적인 지지자들뿐이다. 왜냐하면 그래함의 각별한 친구이자 스스로를 세속적 유대인이라 묘사했던 래리 킹을 비롯해, 대부분의 유대인들은 이 사건으로 그래함에게 크게 실망했고, 이 실망감은 되돌릴 수 없을 정도로 깊었기 때문이었다. 이때 그들이 입은 상처는 언젠가 아물게 되겠지만 그 흉터는 결코 사라지지 않으리라는 것은 너무도 자명했다.

현대 미국

　문화 전쟁[역주- 미국 내 보수주의자와 진보주의자들이 동성애, 페미니즘, 인종주의, 예술 등 다양한 미국 문화를 놓고 벌인 치열한 논쟁 혹은 충돌을 지칭하는 표현]이 진행되고 있던 1970년대 후반 무렵, 그래함은 이 전쟁에 참여하지 않기로 마음을 먹은 상태였다. 그는 자신의 친구였던 제리 포웰이나 팻 로버트슨의 견해에 일부 동의한다고 밝혔지만, 동시에 그들이 가난과 빈곤의 문제에 대해선 충분히 이야기하지 않는다고도 말했다. 그리고 설령 그들이 고루 목소리를 냈다 할지라도, 설교자인 그들이 당파 정치에 관해 이야기해서는 안 된다고 생각했다.

　1981년, 그래함은 폭넓은 독자층을 거느리고 있던 《퍼레이드》 잡지와의 인터뷰에서 이와 관련한 뜻을 밝혔다. "저는 그들과 관련된 사람으로 비춰지고 싶지 않습니다. 저는 도덕을 지지합니다. 도덕은 성과 관련된 이슈를 넘어 인간의 자유와 사회 정의까지 포함합니다. 성직자로서 우리는 스스로가 파나마운하 소유권 문제나 군사비 확충 문제에 대해 무언가 이야기할 수 있을 만큼 그 분야를 잘 알지 못한다는 사실을 기억해야 합니다. 또한, 복음전도자들은 특정 당 혹은 인물의 입장과 밀접히 관련되어선 안 됩니다."

그래함의 이러한 발언들을 두고 역사가 케빈 크루즈Kevin Kruse는 그래함이 세상을 떠난 시기에 "그래함은 자신의 사역 일대기 중 절반에 해당하는 25년 동안 상황 판단이 빠른 정치권의 내부 인사로 활동하며 지냈습니다. 그리고 그보다 약간 더 긴 남은 절반의 시기 동안 자신의 과거를 속죄하며 보냈습니다. 우리는 이 두 모습을 모두 고려해야만 합니다"라는 평을 남겼다.

확실히, 그래함은 기독교 우파 진영이 문화 및 정치 영역에서 그들의 공간을 점차 확보해 가는 일에 일조했다. 그러나 도덕 정치와 당파 정치는 분명 다르다고 강조했다. 그래함에게 있어 도덕 정치란 대체로 국가의 장기적인 이익을 위한 것으로, 설교자도 그 목소리를 내야 하는 영역의 정치였다. 반면 당파 정치는 민주당 혹은 공화당의 단기적인 이익을 위한 것이기에 설교자는 이에 관해 자신의 공적인 목소리를 내서는 안 됐다. 물론 그리스도인으로서 각 개인은 정파적 의제를 달성하기 위해 노력할 권리와 의무를 지니고 있지만, 이는 오직 일반 시민의 위치에서 그리할 수 있는 것이었다.

도덕 정치와 정파 정치의 경계에 있어 그래함의 입장은 매우 모호했다. 그렇지만 그의 기준을 추측할 수 있는 몇몇 사례들을 제공했다. 예를 들어 그래함에게 인종차별에 대한 논의는 도덕 정치에 해당하지만, 파나마운하 조약에 관한 논의는 당파 정치에 해당했다. 그는 성실하고 진실한 그리스도인이라면 이 둘의 차이를 명백히 구분할 수 있으리라 생각했다.

＊ ＊ ＊

미국 대선이 있던 2008년의 어느 날, 공화당 상원위원 존 매케인John McCain과 공화당 주지사 세라 페일린Sarah Palin은 나이 든 복음전도자를 만나기 위해 몬트리트에 있는 산을 오르기 시작했다. 두 사람은 각각 공화당 대통령과 부통령 후보로 입후보한 이들로, 두 후보는 사진기자들을 대동한 상태였다. 그래함과 함께 그의 집 거실에 앉아 있는 모습을 사진으로 담아 갈 작정이었다. 그리고 언론들이 그 사진들을 분주히 보도할 것을 확신했다.

그래함과의 만남이 두 후보들에게 있어 복음주의 유권자들의 지지를 얻는 데 어떠한 영향을 주었는지 우리는 알 수 없다. 그렇게 선거일이 다가오고, 매케인과 페일린은 복음주의 유권자들로부터 압도적인 지지를 얻어내는 데 성공했다. 하지만 그 결과는 두 후보의 신앙적 요인이 아니라 그들의 정치적, 인종적 요인 때문이었을 가능성이 더 높다. 미국 성공회교인으로 자라난 매케인은 정기적으로 침례교회에서 예배를 드렸다. 그는 확고한 신앙을 지니고 있었지만, 자신의 신앙을 대중 앞에서 잘 이야기하지 않았다. 대조적으로 페일린은 자신이 가진 오순절주의 신앙에 관해 이야기하길 좋아했고, 때로 알래스카의 가정교회에서 보았던 축귀의식을 언급하기도 했다. 그리고 이러한 모습 때문에 그래함으로 대표되는 절제된 대중적 복음주의 진영은 그녀와 거리를 두게 되었다.

2010년 4월, 애슈빌에서 휴가를 보내고 있던 버락 오바마Barack Obama 대통령도 그래함을 보기 위해 그의 자택을 찾았다. 그는 현직 대통령으로서 그래함의 몬트리트 자택을 방문한 첫 대통령이었다. 방문은 재선이 있기 훨씬 이전인 그의 첫 임기 중반부에 이루어졌고, 따라서 그의 방문은 득표보다는 그래함에게 안부 인사를 전하기 위해서였다는 해석이 타당해 보인다. 그래함과 오바마는 35분간 대화를 나눴고, 그래함은 그에게 두 권의 성경책을 선물했다. 한 권은 오바마, 다른 한 권은 영부인을 위한 것이었다. 만남이 마무리될 즈음, 오바마는 그래함에게 허락을 구하고는 그를 위해 기도해 주었다.

오바마는 연합그리스도의교회United Church of Christ 교단에 속한 개신교인으로, 그 교단은 주류 개신 교단들 가운데 신학적으로나 정치적으로 제법 진보적인 편이었다.[114] 그럼에도 오바마는 자신의 기독교 신앙을 여러 차례 진정성 있게 고백했고 특히나 예수 그리스도의 죽음과 부활, 그의 완전한 신성과 인성에 대한 자신의

114_ 2008년 오바마는 시카고에 있는 트리니티연합그리스도의교회(Trinity United Church of Christ) 교인 자격을 철회했다. 알려진 바에 따르면, 그 교회의 목회자인 제레미야 라이트(Jeremiah Wright)의 정치적인 발언들을 두고 발생한 논란 때문이었다. 내가 아는 한 오바마가 그래함을 방문했던 시기는 오바마가 지역 교회 공동체에 다시 가입하지 않은 상황이었다.

믿음을 공개적으로 이야기했다. 그리고 많은 미국인들은 이러한 오바마의 신앙이 평화를 추구하는 그래함의 포용적 복음주의 신앙과 무척 비슷하다고 생각했다. 또한 두 사람은 또 다른 공통점을 가지고 있었는데, 그것은 그들이 개인 윤리와 재정적 투명성을 위해 노력한다는 사실이었다. 이는 워싱턴의 많은 정치인들이나 복음주의 설교자들이 보여 주었던 것과는 정반대의 모습이었다.

비록 많은 복음주의자들은 오바마를 계속해서 의심의 눈초리로 지켜보았지만, 오바마는 그래함과의 짧은 만남을 통해 매케인과 페일린이 함께 사진을 찍어 가며 얻어 낸 것보다 더 큰 존경을 대중들에게 얻게 되었을 것이다.

* * *

2012년 대선이 있기 전 여름, 노스캐롤라이나 주민들은 동성혼 문제를 놓고 격렬한 논쟁을 벌이고 있었다. 그 논쟁은 동성 커플의 결혼과 시민 결합을 인정하고 있는 주 헌법을 개정하자는 논의에서 시작되었고, 이 법안은 흔히 '개정안 1호'라고 불렸다. 그리고 노스캐롤라이나주에서 배출된 유명 복음전도자였던 그래함의 입장이 이 논쟁에서 무척 중요하게 여겨졌음은 당연했다.

여기서 우리는 잠시 동성애에 관한 성경의 가르침을 그래함이 어떻게 바라보고 있었는지 생각해 볼 필요가 있다. 이 이야기는 그래함을 따르는 이들이 (동성애적 지향이 아니라) 동성애적 행위에 관해 그에게 조언을 구하기 시작한 1960년대로 거슬러 올라간다. 그들의 질문은 추상적인 신학적 질문이 아니라, 일상생활에서 발생하는 실질적인 문제와 관련된 질문들이었다. "성인인 저희 아들이 게이입니다. 아들이 애인을 집으로 데려오는 것을 저희가 허락해야 할까요?", "둘이 한 침실에서 같이 지내는 것을 허락해야 할까요?"

빌리그래함 전도협회의 공식적 답변은 "아니오!"였다. 협회는 그 아들이 하나님께 용서를 구하도록 강권해야만 하고, 그 후 죄악 된 행위에서 벗어날 수 있도록 그를 도와야 한다고 이야기했다. 그리고 그래함은 이러한 입장을 고수했다. 문화적 흐름과 많은 복음주의자들의 입장이 점차 수용적인 방향으로 변해 갈 때에도 말이다.

그러나 1990년대의 그래함은 동성애 문제가 자신의 우선순위에서 낮은 위치, 사실상 가장 낮은 위치에 있다는 점을 분명히 했다. 그리고 자신의 전도 대회는 게이와 레즈비언들의 참가를 환영해 왔음을 강조하며, 마치 그들의 죄가 양심의 가책도 없이 날마다 저지르는 수많은 복음주의 기독교인들의 죄보다 질이 나쁜 것인 양 비판해서도 안 된다고 주장했다. 그래함은 기독교인들이 이혼과 혼전관계 문제 등 스스로의 잘못을 먼저 돌아봐야 한다고 말했다. 그리고 이렇게 물었다. "왜 교회는 다른 모든 것들은 제쳐 두고 동성애 행위에만 집착하는 건가요?" 그러면서 이 문제를 다룰 때는 무엇보다 사랑을 최우선적으로 고려해야 한다고 말했다.

2012년 대선이 있기 일주일 전, 빌리그래함 전도협회는 동성 커플들의 결혼과 시민 결합을 반대하는 '개정안 1호'에 강력한 지지 입장을 표명했다. 이 입장은 노스캐롤라이나 신문 14곳의 전면 광고를 통해 대대적으로 알려졌다. 많은 독자들은 그 광고에 담긴 입장이 동성애에 대한 그래함의 진심을 정확하게 반영하고 있다고 생각했다. 그렇기에 그래함이 숨을 거뒀을 때, 성소수자들을 대상으로 출간하는 격월간 잡지 《디 애드버케이트》는 그래함의 죽음 소식을 다음과 같은 표제와 함께 전했다. "그래함의 사망 기사들이 말하지 않는 사실: 복음전도자 빌리 그래함은 동성애혐오자였다."

하지만 또 다른 이들은 그 표명이 정말 그래함의 의지가 반영된 것인지를 의심하며 곧 그래함의 아들 프랭클린의 작품일 거라고 생각했다. 다시 말해 음성은 야곱의 음성이나 손은 에서의 손[여주- 창세기 27:22, 협회의 입장 표명이 그래함의 의지를 반영하는 것 같지만 사실 프랭클린의 생각을 반영하고 있음을 비유적으로 묘사한 것]이라고 여긴 것이다. 그들은 광고에 함께 실린 그래함의 사진이 최근(93세) 모습이 아니라 그보다 젊은 시절이었다는 점을 그 근거로 내세웠다.

많은 이들은 외딴 곳에서 지내며 나이가 들어 시력과 청력도 제 기능을 하지 못하고 있는 그래함이 동성혼 논쟁에 참여했다는 것 자체가 불가능하다고 말했다. 또한, 무엇보다 협회의 입장에 담긴 정신 자체가 수십 년 동안 보인 평화를 추구하는 그래함의 방식과 분명히 대조된다고 생각했다.

2012년 5월, 노스캐롤라이나 '개정안 1호'가 주민투표를 통과했다. 하지만, 논쟁은 수그러들지 않고 미국 전역으로 번져 나갔다. 그리고 논쟁은 그해 10월 연방 법원이 개정안 1호가 헌법에 위배된다는 판결을 내리고 나서야 비로소 진정되었다.

* * *

오바마 대통령과 공화당의 도전자 미트 롬니Mitt Romney가 맞붙었던 2012년 대선에서 그래함의 역할이 무엇이었는지를 규명하는 것은 너무나 어려운 작업이다. 선거 직전, 프랭클린 그래함이 이끄는 빌리그래함 전도협회는 어떤 광고 하나를 미국 전역 여러 신문들에 게재했다. 그 광고에는 큼지막한 그래함의 사진과 함께, 가정과 국가 안보 그리고 미국의 전통적 가치들에 대한 짧은 호소 문구가 실려 있었다. 광고는 이번 대선에서 어떤 후보가 이러한 가치들에 더 부합하는지 대놓고 이야기하지 않았지만 그것이 공화당의 롬니를 가리키고 있다는 것은 너무도 분명해 보였다.

그리고 그 광고는 노년의 그래함 역시 그렇게 생각하고 있다는 인상을 내비쳤다. 게다가 롬니는 선거가 있기 3주 전에 그래함의 자택을 방문했고, 같은 날 그는 애슈빌에서 지지자 대회를 열었다.

그래함은 2012년 대선에 영향력을 행사하려 하지 않았다. 적어도 공개적으론 말이다. 하지만 우리는 그래함이 롬리에게 투표했을 것이라는 합리적인 확신을 가질 수 있다. 사생활적으로 롬니가 오바마보다 더 낫다고 생각했기 때문이 아니라- 롬니와 오바마의 사생활은 모두 흠잡을 데 없이 모범적이었다 -경제, 사회, 정치적 사안들에 대한 롬니의 중도 보수적 입장 때문으로, 이는 대체로 그래함의 입장과 일치하고 있었다.

여기서 우리는 롬니가 몰몬교인이었다는 사실이 그래함에게 별로 문제가 되지 않았다는 것을 알 수 있다. 역사적으로 복음주의자들은 몰몬교인들을 다신교도 혹은 일부다처주의자로 여기며 못마땅하게 생각해 왔다. 하지만 그래함은 그렇지 않았다. 그래함의 여러 '가까운 친구들' 중에는 호텔계의 큰손 J. W. 메리어트, 밋 롬니의 아버지이자 미시간 주지사였던 조지 롬니처럼 몰몬교인들이 제법 있었다. 또한 수년간 그래함은 몰몬교인들을 개종해야 할 대상자로 지목하는 일을 피하고자 노력해 왔다. 이를 통해 우리는 그래함이 몰몬교인들은 신학적으로 크게 잘못되었지만, 그 때문에 그리스도를 향한 그들의 신앙 전체를 의문시하거나 그들과 개인적 관계를 피하는 것은 옳지 않다고 말하는 그의 입장을 알 수 있다.

* * *

애슈빌에서 열린 그래함의 95번째 생일 축하 행사에는 도널드 트럼프, 세라 페일린, 《폭스 뉴스》의 소유주 루퍼트 머독, 《폭스 뉴스》 진행자 그레타 반 서스터렌, 보수적인 노스캐롤라이나 공화당 주지사 팻 맥크로리가 참석했다. 당시 행사에서 발언했던 사람들 중 민주당 인사는 한 명도 없었고, 그래함의 가족들 중에서는 유

일하게 프랭클린만이 인사말을 전했다.[115]

무척 치열했던 2016년 대선은 그래함이 98번째 생일을 맞이했던 날에 치러졌다. 프랭클린 그래함이나 빌리그래함 전도협회 중 누구도 이번 대선에서 (빌리) 그래함이 민주당의 힐러리 클린턴과 공화당의 도널드 트럼프 가운데 누구를 지지하고 있는지 밝히지 않았다. 프랭클린은 강력하게 공화당 후보를 지지했지만 말이다. 그리고 이 사실은 그래함이 노년이 되었을 때도 여전히 대중에 대한 영향력을 지니고 있음을 시사했다.

좀 더 젊고 지적 활동이 활발하던 시절의 그래함이 (그의 아들 프랭클린 그래함과 다른 유명 복음주의·근본주의 지도자들이 보이는 모습처럼) 노골적으로 정치화된 현재의 복음주의 운동을 바라본다면 어떤 생각을 할까? 단언할 수는 없다. 하지만 1980년대와 1990년대 기독 우파 진영과 거리를 두려 했던 그래함의 노력들을 떠올려 본다면, 우리는 그의 생각이 어떠할지 충분히 짐작할 수 있다.

115_ 그래함의 오랜 친구였던 빌 클린턴 대통령도 초대 명단에 있었지만 결국 행사에 참석하지 못했고, 행사 당일 누구도 이 사실을 언급하지 않았다.

그래함 목사, 그래함 박사

오랜 세월 동안 사람들은 그래함에게 셀 수도 없이 많은 질문을 했다. 그 수를 정확하게 파악하긴 어렵지만, 사역의 연륜이 깊어지고 위상이 높아져 감에 따라 그래함을 향한 질문의 양은 계속해서 불어났던 것으로 보인다.

질문은 대체로 편지를 통해 이루어졌는데, 그 내용은 아주 거대한 주제에서 아주 사소한 주제까지 다양했다. 대부분의 편지들은 두 가지 공통점을 지니고 있었다. 첫 번째 공통점은 편지 작성자들이 그래함의 조언에 권위를 부여했다는 것이다. 그들은 그만큼 그의 생각을 중요하게 여겼다. 두 번째 공통점은 그래함이 자신에게 진실을 이야기해 줄 것이라고 굳게 믿었다는 것이다. 한 편지 작성자는 이렇게 말했다. "비록 목사님은 침례교인이시지만, 저는 목사님께서 저희에게 솔직한 답변을 주실 것임을 확신하고 있습니다."

그래함이 가장 많이 받은 질문은 아마도 신학과 관련된 질문들이었을 것이다. 이러한 유의 질문들은 신학교 교수들이 신학교에서 논하는 내용이 아니라, 일반인들의 고민이 녹아져 있는 것들이었다.

편지를 보낸 많은 이들은 그 어느 신학적 주제들보다도 다음 두 가지 주제로 인해 골머리를 앓았던 것 같다. 첫 번째는 용서받을 수 없는 죄라는 아주 구체적인 주제였다. 질문자들은 정확히 그러한 죄가 무엇인지 그래함에게 질문했다. 북서부지역에 사는 한 여성은 편지에서 이렇게 물었다. "제가 구원을 잃었는지 그 여부를 알고 싶습니다. 현재 제 마음엔 평화가 없는데, 제가 용서받지 못할 죄를 지었기 때문인가요?" 다른 이들도 비슷한 질문들을 던졌다. 다른 사람들을 말로 놀리는 것이 용서받지 못할 죄에 해당하나요? 성령을 모독하는 것은요? 마약이나 술에 다시 중독되는 것은 어떻습니까?

두 번째는 훨씬 보편적인 주제로 바로 구원의 확신에 관해서였다. 제가 하나님의 편에 속해 있음을 어떻게 확신할 수 있나요? 제가 구원받았다는 사실을 어떻게 알 수 있나요? 이 질문들은 모두 한 문장으로 귀결되었다. "제가 천국에 갈 수 있나요?"

신앙이 없던 과거로 돌아가고 싶은 유혹, 지속적인 정욕의 문제 그리고 뒤죽박죽이 되어 버린 삶의 우선순위는 많은 이들의 신앙 기반을 뒤흔들었고, 그 혼란한 상황 속에서 그들은 그래함에게 안심시켜 줄 것을 간청했다.

용서받지 못할 죄와 구원의 확신에 대한 질문이 편지에서 두드러지게 등장했지만, 편지 작성자들은 그 외에도 다양한 주제에 대해 그래함에게 질문을 던졌다. 미래의 불확실성에 대한 질문들도 자주 등장했다. 하지만 그래함에게 주식 시장의 미래나 대통령 선거 당선자가 누가 될지 등 일상생활 속에서 당장 발생하게 될 일을 묻는 사람은 거의 없었다. 오히려 사람들의 질문은 죽음 이후의 삶에 집중되었다. "죽음 후에도 회개할 기회가 있나요? 자살하면 구원받지 못하나요?"

미래에 관한 성경의 묘사만큼이나 과거에 관한 묘사에 대해 질문하는 이들도 종종 있었다. "성경은 므두셀라가 969세의 나이로 죽었다고 하는데, 실제 우리 나이로 969세라는 건가요?" 또 다른 열정적인 어떤 사람은 무척이나 논리적인 그래함조차 틀림없이 당황했을 만한 질문을 했다. "예수님께서 다섯 개의 떡과 두 마리의 물고기로 5,000명을 충분히 먹이신 이후에 그들은 식사를 어떻게 해결했나요?"

복음주의적 배타성으로 인해 고민하는 이들도 많았다. "유대인인 엘리자베스 테일러는 천국에 갈 수 있을까요?" 많은 이들이 던진 이러한 질문에는 하나의 주제가 숨어 있었다. 그것은 어떻게 해야 믿는 바를 증거하라는 복음주의적 사명을 그들 자신이나 증언의 대상이 되는 친구들을 난처하게 만들지 않으면서 완수할 수 있냐는 것이었다. 한 편지 작성자는 이렇게 질문했다. "몰몬교를 믿는 이웃에게 저는 뭐라고 말해야 할까요?" 또 다른 사람은 이렇게 질문했다. "가톨릭교인인 제 직장 동료는 가톨릭의 교리가 옳고, 제가 믿는 교리는 틀렸다고 주장합니다. 그녀에게 무슨 말을 해야 할까요?"

또, 많은 이들은 불공평해 보이는 하나님께 의구심을 품고 있었고, 그래함이 이 의구심을 해결하는 데 도움을 줄 수 있을 거라 믿었다. 한 질문자는 그래함에게 이렇게 물었다. "하나님께서 차별하지 않으시는 분이라면 어째서 어떤 사람들은 똑똑한 데다가 무슨 일이든 잘 해내며 살아가고, 다른 이들은 괜찮은 삶을 누리지도 못한 채 고통만 받으며 살아가는 건가요?" 또 다른 질문자는 그래함이 신뢰하던 도슨 트로트맨 중위가 뉴욕의 쉬룬 호수에 빠진 여자아이를 구하던 중 사고로 50세의 이른 나이에 목숨을 잃었다는 소식을 들었다. 이에 그는 이렇게 질문했다. "하나님께서 그를 지켜 주실 순 없었나요?"

스스로 '얼굴색이 무척이나 볼품없다'고 생각했던 한 여성은 자신이 도대체 무슨 죄를 지었기에 자신의 얼굴 색깔이 이런 것인지 그래함에게 물었다. "하나님께서 어째서 저에게 이토록 끔찍한 저주를 내리셨는지 이해할 수 없어요. 수많은 사람들은 더한 죄도 지으면서도 결함 하나 없이 살아가는데 말이에요." 그녀 외에도 비슷한 질문을 던지는 이들이 많았다. 역사가 헤더 바첵Heather Vacek의 표현처럼, 이들에게 그래함은 '개인적인 아픔을 토로할 수 있는 대중적 통로'였다.

몇몇 편지 작성자들은 대답하기 쉽지 않은 날카로운 질문을 던졌다. "목사님은 신약 성경에 언급된 모든 내용을 문자 그대로 믿으시나요? 아니면 신약 성경의 상당 부분이 비유라고 생각하시나요?" 또 다른 이들은 마음을 울리는 질문들을 했다. "제 남편은 30년간 행복한 결혼생활을 보내고 본향으로 갔습니다. 제 남편이 천국에서 지금 저를 볼 수 있을까요? 만약 그럴 수 있다면 무척 행복할 것 같습니다." 어떤 이들의 질문은 무척이나 솔직하면서도 애틋했다. "만일 사랑하는 아내를 암으로 죽도록 내버려 둔 예수님을 제가 용서하지 못한다면 어떻게 되나요?"

믿음에 관한 질문만큼이나 행위에 관한 질문들도 자주 등장했다. 무엇보다도 사람들은 결혼생활에 관한 지침을 놓고 고민했다. "기독교인이 무신론자와 결혼할 수 있을까요? 다른 인종을 가진 사람과의 결혼은 어떤가요? 사랑하지 않는 사람과 결혼하는 것은요?" 그들은 또한 난처한 가정 문제들에 관해서도 조언을 구했다. "불교에 빠진 저희 딸아이에게 뭐라 말해 줘야 할까요?" 비통에 빠진 또 다른 이는 그래함에게 이렇게 질문했다. "저와 피를 나눈 친족을 미워하는 것, 그들을 증오하는 것은 죄인가요?"

성性에 관한 하나님의 지침을 묻는 질문들도 많았다. 이론적인 단어 그대로의 혼전관계와 간음은 고려 대상이 아니었다. 현실의 삶 속에서 발생하는 일들은 이론보다 더욱 복잡한 양상을 띠고 있었기에 사람들은 그래함에게 질문했다. 수년간 불행한 결혼생활을 보냈다고 말한 어느 여성은 자신이 현재 어떤 기혼 남성을 열렬히 사랑하고 있고, 날이 갈수록 그에 대한 사랑이 커져 간다고 말하며 물었다. "어떡하죠?" 또 다른 여성은 자신의 남편이 아버지로서 자녀들을 양육하는 데 '철저히 무책임한 태도'로 방관하고 있다고 말하며, 다음과 같이 질문했다. "그러니 피임을 해도 괜찮겠죠?"

사람들은 신앙인으로서의 자금 사용에 관해서도 질문했다. "여러 선교지에서 재정 후원을 간절히 원하고 있는데, 크리스마스 선물을 나누는 것이 옳은 걸까요? 보험에 가입하는 것이 하나님을 신뢰하지 않는 행위인가요?"

직장생활과 관련된 질문들도 있었다. 한 질문자는 헌병으로서 범법자를 대하는 윤리에 관해 자문을 구했다. 또 다른 이는 기독교인이 '승무원'이 될 수 있는지 물었다. 또 다른 이는 실업에 대처하는 윤리적 기준들을 물었다. "50세가 넘어서 실직당했습니다. 이제 45세 이상인 저를 고용할 사람은 어디에도 없겠죠. 제 나이를 45세라고 속이는 게 죄가 될까요?"

많은 질문자들이 굉장히 일상적인 문제들에 대해서도 질문했다. "교회가 아닌 집에서 구원받아도 괜찮겠죠?" 중서부지역에 사는 한 여성은 그녀의 삶이 그녀가 살고 있는 집처럼 언제나 어수선했다고 고백하며 이렇게 물었다. "어떻게 하면 정돈된 삶을 살 수 있을까요?" 자신이 복층 아파트에 살고 있다고 소개한 남부지역의 어떤 여성은 이웃 주민의 자녀가 날마다 서랍 문을 시끄럽게 닫는다고 불평하며 이렇게 물었다. "조용한 걸 좋아하는 사람은 이 세상에서 저뿐인가요?" 때로는 속이 뻔히 보이는 질문들도 등장했다.

"나체로 진행되는 캠프에 가는 사람은 지옥에 가게 될까요?" 이런 질문도 있었다. "댄스파티에 가도 될까요? 나이트클럽이 안 된다면, 고등학교에서 열리는 건요?"

어떤 질문들은 일상적이지만, 대단히 윤리적인 담론을 다루고 있었다. 한 남성은 5살 된 아들을 '잔인하게' 구타한 자신의 친구를 어떻게 해야 할지 물었다. 중서부지역에 사는 한 여성의 장성한 아들은 게이였는데, 그 아들은 하나님께서 자신을 그렇게 만드신 것이라 주장했고, 그녀의 남편은 아들이 애인을 집에 데리고 오는 것을 용납하지 않았다. 이러한 상황 속에서 그녀는 물었다. "어떡해야 하죠?"

자주 있던 일은 아니지만, 그래함의 일부 지지자들은 때때로 사회적 차원의 윤리 문제들에 관해 질문하기도 했다. "저는 사형제도에 반대합니다. 그들이 혹 구원받게 될지도 모르기 때문입니다. 목사님의 생각은 어떠신가요?", "인종 통합에 대한 목사님의 진짜 입장은 무엇인가요? 대부분의 정치인들과 유명인들은 이것이 옳은 일이라고 말하면서도, 정작 교회나 공연에서 흑인 옆자리에 앉거나 자신의 백인 딸이 흑인 남성과 데이트하는 걸 원하지 않더라고요. 목사님은 어떠신가요?"

어느 쪽으로든 딱 부러지게 답하기 어려운 질문들도 넘쳐 났다. 많은 이들은 자살을 신학적으로 어떻게 바라보아야 할지를 놓고 고민했다. "정신병을 앓고 있는 이의 자살은 그 사람의 책임이 아니라고 목사님은 말씀하셨죠. 그렇다면 정상적인 그리스도인, 혹은 정신병까진 아니더라도 정신적으로나 정서적으로 불안정한 기독교인이 저지른 자살은 어떻습니까?"

중서부에 살던 한 여성은 무엇이 하나님의 뜻이고 무엇이 자신의 생각인지 구분하지 못하겠다고 말했다. 그녀가 한숨과 함께 그래함에게 던진 이 질문은 수많은 이들이 공감할 만한 내용이었다. "만약 하나님께서 우리가 '해야 할 일들'과 '하지 말아야 할 일들'을 리스트에 적어 우리에게 '항공 우편'으로 보내 주신다면 얼마나 좋을까요?"

그래함이 받은 질문들 중에는 괴짜라고밖에 표현할 길이 없는 이들의 질문도 있었다. 서부 해안지역의 한 남성은 편지에서 자신이 지난여름에 꾸었던 꿈을 회고했다. "지구에 살고 있는 인류의 무게로 인해 머지않아 지구의 균형은 무너지게 될 겁니다. 그리고 지구는 몇 년 안에 토성과 충돌해서 이 세상은 종말을 맞게 될 거예요. 그러니 목사님께서 칼럼에 쓰신 내용들은 잘못되었습니다." 이 남성은 질문을 던지기보다 그래함에게 잘못을 변론할 기회를 주고 있었다.

그래함을 유용한 교육 자원으로 생각했던 학생들도 있었다. 한 학생은 그래함에게 '메이플라워 서약에 대해 설명해 달라'고 부탁했다. 또 다른 학생은 그래함의 고향인 노스캐롤라이나에 관한 보고서 작성을 도와달라고 부탁하며 말했다. "제게 노스캐롤라이나주에 관한 사진과 책자들, 혹은 정보들을 보내 주세요." 그 학생은 보고서를 한 달 안에 제출해야 하기 때문에 시간이 촉박하다는 말과 함께 보고서 성적이 나오면 그에게도 알려 주겠다는 약속도 편지에 덧붙였다.

편지의 모든 질문들이 이처럼 진지했던 것은 아니었다. 일부 편지 작성자들은 그들이 의도했던 것은 아니었겠지만 편지를 읽는 그래함과 조수들의 얼굴에 미소를 짓게 했다. "천국에는 결혼이란 게 있나요? 만약 있다면, 지금의 아내와 또 결혼하는 건가요? 제 아내와 저는 여러 해 동안 평화로운 결혼생활을 보내 왔습니다. … 하지만 제 아내와 영원의 시간을 함께 보내야 한다는 건 상상이 가지 않네요. 한 십만 년 정도는 괜찮을 것 같은데, 영원을 버틸 수 있을지는 잘 모르겠어요." 아직 결혼하지 않은 일부 작성자들은 이러한 질문을 했다. "결혼할 여성을 찾을 때 성관계를 생각하게 되는 건 자연스러운 것 아닌가요?"

편지를 보낸 이들은 그래함이 그들이 보낸 편지에 직접 답장을 보낼 것이라고 생각했을까? 많은 이들은 분명 그리 생각했다. 한 10대 소녀는 자신이 다니는 교회 목사님은 너무 바빠서 자신의 질문에 답해 줄 수 없다고 생각했고, 대신 그래함에게 자신의 질문들을 적어 보냈다. 어떤 여성은 짧은 인생을 살아오면서 경험했던 여러 학대들에 관해 편지에 적어 내려가면서 '이 편지를 읽어 주어고맙다'는 인사를 그래함에게 건넸다. 그리고 그가 직접 답장을 보내 줄 것을 요청했다. 많은 이들은 그래함에게 전화를 부탁하기도 했다. 이들은 종종 편지에 전화번호와 통화가 가능한 시간을 함께 적어 두었다. 몇몇은 자신들이 보낸 편지를 조수나 루스, 클리프, 베브에게 떠넘기지 말고, 그래함이 직접 읽고 답장을 보내 달라고 구체적으로 부탁하기도 했다. 적지 않은 이들은 급박한 상황이기에 하루빨리 답장을 받길 바란다는 말을 남기기도 했다.

그런데 사실 편지 작성자들은 편지를 누가 읽게 될지 그다지 신경 쓰지 않았다. 그들이 이를 생각해 본 적이 없는 것인지, 아니면 정말 누가 읽든 상관이 없었던 것인지는 모른다. 어느 쪽이든 그들에게 중요했던 것은 그들이 존경하고 사랑하는 그래함에게 편지를 보낸다는 사실 그 자체였다.

그래함에게 기도를 요청한 편지 작성자들은 하나의 확신을 갖고 편지를 보냈다. 그 확신은 하나님께서 그래함의 기도를 들으신다는 확신이었다. 일부 사람들은 말 그대로 그래함에게 조언을 구하고자 편지를 보냈지만, 다른 이들은 자신들이 가지고 있던 죄책감을 없애기 위한 하나의 수단으로써 그래함에게 편지를 보냈다. 그 이후 자신의 삶이 실제로 변화되는지 여부와는 상관없이 말이다. 또한 그들은 뭐라 설명할 순 없지만 그래함이 자신과 안면이 있다고 느끼며 편지를 보냈다. 어떤 사람은 많은 다른 이들과 마찬가지로 이렇게 말했다. "저희가 만난 적은 없지만, 목사님은 저희를 알고 계시죠." 즉, 편지라는 통로를 통해 그래함은 그들을 자신의 삶에 들어오도록 했고, 더욱 중요한 사실은 작성자들도 그래함을 그들의 삶 안으로 들어오게 했다는 것이다.

지금까지 우리는 그래함이 편지를 통해 받았던 질문의 사례들을 살펴보았다. 그런데 편지 작성자들은 두 가지 중요한 주제들에 대해서는 그래함에게 질문하지 않았다. 첫 번째 주제는 시사 문제였다. 편지 작성자들 중 그래함에게 시사 문제, 정치나 경제 동향에 관해 구체적으로 질문한 사람은 거의 없었다. 극히 드물게 몇몇 사람들이 인종 통합 문제에 관해 질문하긴 했지만, 이는 말 그대로 극소수에게만 해당했다. 비슷하게 적지 않은 사람들이 일자리가 필요하다거나 더 나은 직장을 가지고 싶다고 말했지만 그 문제에 관한 실제 도움을 그래함에게 요구하지는 않았다. 만일 편지 작성자들 중 한 사람이라도 찢어지는 가난에 시달리고 있었더라도 그들은 그렇게 말하지 않았을 것이다. 그들이 인종 혹은 사회적 위치로 인한 차별로 소외받고 있었다 해도 마찬가지였을 것이다.

두 번째 주제는 신학 문제였다. 그래함이 받은 편지들에는 놀라울 정도로 여러 신학적 질문이 쓰여 있지 않았다. 앞서 우리가 살펴본 바 있듯, 일부 비평가들은 이런저런 교리들에 대한 그래함의 입장을 비판했다. 그러나 모든 것을 고려해 보아도 그가 받은 비판들은 결코 많은 편이 아니었다. 또한, 편지 작성자들 가운데 그래함에게 신조, 성례, 기적 혹은 신학자들이 논쟁하고 있는 여러 사안들의 신학적 근거를 묻는 이들도 거의 없었다.

그렇다면 수많은 미국인들이 고민하던 이 두 가지 중요한 주제들— 첫 번째는 '이 세상'과 관련된 주제, 두 번째는 '영적인 세계'와 관련된 주제 —이 그래함이 받았던 편지들에서는 거의 언급되지 않았다는 사실이 뜻하는 바는 무엇일까? 그래함에게 편지를 보낸 이들의 대다수가 이 두 주제와는 관련 없는 부류의 사람들이었을까? 아니면 이 두 주제들 자체는 그들에게도 충분히 현실적인 문제들이지만, 자리에 앉아 편지를 쓰고, 우표를 찾아 붙이고, 우편함에 가게 만들 정도로 긴급했던 것은 아니었을까?

그보다 더 중요한 질문은 이것이다. 이 사람들은 이 세상과 장차 올 세상에 관한 그래함의 생각을 알기 위해 편지를 써 보낸 것일까? 아니면 편지를 통해 자신들의 인생 이야기를 들려주고, 그들의 삶을 그래함과 공유하기 위해 편지를 써 보낸 것일까?

두 번째 기회

그래함은 역사의 종말이 임박했다고 자주 설교했는데, 종말에 관한 그의 설교는 암울한 날에 대한 두려움이 아니라 개인적으로나 사회적으로 우리에게 두 번째 기회가 있다는 희망을 주었다. 그래함이 교황 요한 바오로 2세만큼 세계 종교 지형에 변화를 가져왔다고 말하기는 어려울 것이며, 마틴 루터 킹만큼 미국의 정치 지형에 변화를 가져왔다고 말하기는 더더욱 어려울 것이다. 그렇지만 그래함은 종교와 정치 영역 모두에 분명한 발자취를 남겼다.

평생의 사역 동안 그래함은 크게는 이 세상의 종말에 관해, 좁게는 그리스도의 재림에 관해 설교했다. 빌리그래함 전도협회 설교 색인에서 '재림'이라 표기된 카테고리에 속하는 설교만 해도 37편이었다. 이 주제에 관한 그의 베스트셀러 두 권은 『불타는 세계』World Aflame(1965)와 『다가오는 말발굽 소리』Approaching Hoofbeats: The Four Horsemen of the Apocalypse(1983)이었다. 후자는 1992년과 2010년 그리고 2011년에 각각 개정되어 재출간되었는데, 2011년도에는 『폭풍이 몰려온다』*Storm Warning*로 제목이 바뀌어 출판되었다. 이 설교와 책들은 모두 종말과 재림에 주목했다.

하지만 그래함이 이 주제들을 '주목'하는 방식에 대해 설명할 필요가 있다. 그가 이에 관해 설교하거나 글을 쓰는 방식은 놀라우리만치 일반적이었다. 그는 논쟁이 지독하게 많은 주제인 세계가 종말을 맞는 방식을 둘러싼 여러 추측들에 별로 관심을 보이지 않았다. 대신 우리가 앞서 살펴보았던 것처럼 그래함은 성도의 휴거, 적그리스도의 존재, 대환난, 아마겟돈, 천년왕국 그리고 최후의 심판을 개인적으로 믿고 있었다. 하지만 이러한 주제들을 자주 설교하지 않았을뿐더러, 하더라도 구체적이지 않고 보편적인 측면에서만 이야기했다. 또한 그래함이 받은 수많은 편지들이 보여 주는 것처럼 사람들이 그래함의 메시지에서 관심을 갖고 감동을 받은 부분은 그러한 내용이 아니었다.

오히려 사람들이 집중했던 그래함의 메시지는 기독교 신앙이 개인과 미국이라는 나라(혹은 전 세계)에 어떻게 희망을 던지는가였다. 이 희망은 역사가 영광스럽게 완성되는 날이 임박했다는 성경의 약속에 근거해 있었다. 그래함은 "모든 눈물을 그 눈에서 닦아 주시니 다시는 사망이 없고 애통하는 것이나 곡하는 것이나 아픈 것이 다시 있지 아니하리니 처음 것들이 다 지나갔음이러라"[116]라는 하나님의 말씀이 성취될 그날이 다가오고 있다고 설교했다.

116_ 요한계시록 21:4

물 흐르듯 자연스럽게 사람들은 그래함의 메시지를 잘 받아들였다. 우리가 살펴봤던 것처럼, 긴 세월 동안 수많은 편지들이 미니애폴리스에 있는 그래함의 사무실로 쏟아졌다. 죄로 인해 뒤틀려진 인생, 파탄에 이른 결혼생활, 방황하는 자녀, 망가진 건강, 혼란스러운 감정 등 여러 이야기가 편지 속에 담겨 있었다. 그래함은 그들에게 대화와 설교, 「나의 대답」 칼럼들을 통해 이렇게 답했다. "제아무리 여러분의 삶이 심각하게 망가졌다 할지라도 그리스도께선 여러분들을 용서하시고, 여러분들에게 새로운 시작을 허락하십니다."

하지만 그래함이 말하는 복음의 약속은 현재 이 땅에서 겪는 시련들을 감내하고, 훗날 주님과 함께하는 복된 교제를 사모하도록 이끄는 믿음의 근거 이상을 내포하고 있었다. 그래함에게 감내하고 기다리는 것은 너무 수동적이었다. 그는 오히려 복음의 약속은 행군 명령 같다고 생각했다. 임박한 재림을 사모하는 삶이란 편안히 누워 기다리는 것이 아니라, 성령께서 공급하시는 힘으로 하나님의 일을 행하며 앞으로 나아가는 삶을 의미하기 때문이었다.

그래함의 가장 영향력 있는 설교 중 하나로 꼽히는 것은 1974년 로잔 대회의 폐회 설교였다. 이 「왕이 오신다」라는 제목의 설교는 장차 임할 세상을 다루고 있었지만, 거기서 더 나아가 현재 우리가 발 딛고 살아가는 이 땅에서의 행군 명령 또한 강조했다.

그래함은 질문을 던졌다. "우리가 살아가고 있는 이 세상과 왕의 다시 오심에 대해 생각해 보세요. 여러분과 저는 어떠한 종류의 사람이 되어야겠습니까?" 곧 이어 그는 열심과 헌신, 노력을 요청했다. 위험과 외로움, 부담과 위급함이 뒤따를 수도 있다고 했다. 하지만 담대함과 절제를 갖고 좀 더 단순한 삶을 기꺼이 살아가자고 제안했다. "우리에게는 기꺼이 자신을 부인하고 십자가를 지려는 의사가 있습니까? ⋯ 여러분들에게는 있으십니까? 저에겐 있을까요? 여러분, 왕께서 오십니다!"

개인적인 것이 정치적인 것이라는 말이 있듯, 그래함에게 개인적인 것은 곧 사회적인 것을 의미했다. 그래함은 기독교인들에게 개인적 구원의 차원을 넘어 우리가 살아가고 있는 사회가 직면하고 있는 정치·문화적 위기들에 직면할 것을 요청했다. 이러한 위기들이 역사의 마지막으로 다가가고 있다는 방증이라고 생각했기 때문이었다. 예를 들면, 1992년판 『다가오는 말발굽 소리』는 '공산주의의 붕괴와 함께 핵 위협은 줄어들었지만, 사람들을 현혹하는 악한 세력들의 그림자가 다가오고 있다'라는 부제목을 달고 있었다. 2010년 개정판의 부제는 '세계적인 불황, 테러의 위협, 파괴적인 자연재해와 같은 불길한 그림자들 앞에서 우리는 복음으로 되돌아가야 한다'였다.[117]

그래함은 세상이 직면하고 있는 미래는 엄숙한 심판의 날이지만, 동시에 영광스러운 희망의 날이라고 생각했다. 심판은 받아 마땅한 것이지만[역주- 다시 시작하고 돌이킬 수 있다는, 곧 두 번째 기회

117_ 이 책이 재출간된 2011년판에는 프랭클린 그래함이 책의 공저자로 실려 있었다. 이는 프랭클린이 함께 집필에 참여했거나, 적어도 그 책의 이전 판들을 만드는 과정에 그가 도움을 주었기 때문일 가능성이 높다.

를 제공하는] 희망은 오늘도 우리 곁에 있기 때문이다.

다시 시작할 수 있는 새날에 대한 희망은 미국을 구성하는 중요한 정신이었고, 그래함은 때때로 이를 은연중에 직접적으로 언급했다. 청교도들은 그들이 세운 미국이 "언덕 위의 도시"[118]와 같은 공동체가 되길 꿈꿨다. 혁명 이론가 토마스 페인은 "우리는 세상을 처음부터 다시 시작할 힘을 가지고 있다"라고 선언했고, 19세기의 미국 성결교 신자들은 2차적 은혜를 주장했다. 겁에 질려 떨고 있는 유럽인 이민자들에게 자유의 여신상은 '자유를 누릴 수 있는' 새로운 기회를 상징했다. 진보당, 뉴딜 정책, 공평 정책, 뉴 프런티어 정책, 온정적 보수주의 같은 여러 정치 운동과 정책에도 '우리는 할 수 있습니다', '함께하면 더 강하다', '미국을 다시 위대하게' 같은 슬로건에도 다양한 기원과 정체성을 가지고 있는 미국의 정신이 반영되어 있었다. 이 모든 것들이 미국인은 그들 자신과 미국이라는 나라 그리고 (종종) 전 세계가 새로이 변화할 수 있다는 메시지를 듣고 싶어 한다는 그래함의 신조와 일맥상통했다.

* * *

인종 문제를 바라보는 그래함의 입장 변화는 두 번째 기회라는 희망에 대한 기독교적 가르침을 어떻게 사회와 상처받은 개인

118_ "언덕 위의 도시(City on a Hill)"는 청교도들이 꿈꾸던 기독교적인 사회를 가리키는 표현이며, 그 출처는 마태복음 5장 14절이다.

들에게 적용했는지 보여 준다.

이러한 점에서 1973년은 중요한 해였다. 그해 3월, 그래함은 남아프리카공화국의 더반에서 말씀을 전했다. 4만 5,000명의 청중들이 운집했던 당시의 전도 대회는 남아공 역사상 최초로 인종 통합으로 진행된 주요 대회였다. 그래함이 아프리카에서 좋은 성과를 거뒀던 것은 이번이 처음은 아니었다. 1960년에 아프리카 9개국을 순방했을 때 그래함은 반복적으로 예수님은 흰색 피부를 가진 유럽인이 아니셨다고 선언했고, 인종 통합적 좌석 배치에 불응한 요하네스버그에서의 설교를 거절했다.

하지만 1973년 더반에서 그래함은 '흑인과 백인과 황인들, 부자와 가난한 자들', 곧 모든 사람을 향한 하나님의 사랑을 선포했다. 여기서 그는 그의 사역 전체를 통틀어 가장 강력한 표현들 중 일부를 사용했다. "예수님은 백인이 아니셨습니다. 흑인도 아니셨습니다. 예수님은 아마도 오늘 여기에 있는 일부 인도인분들과 매우 유사한 갈색 피부를 가지셨을 겁니다. 기독교는 백인들의 종교가 아닙니다. 그 누구도 여러분에게 기독교가 백인 혹은 흑인들의 종교라고 말하지 못하게 하십시오. 그리스도는 모든 사람들을 위한 분이십니다." 당시 전도 대회 영상에는 예수님이 백인이셨다고 주장하는 백인들의 인종차별을 강력하게 비판하는 그래함의 모습이 담겨 있다.

그래함이 더반 전도 대회에서 '아파르트헤이트'Apartheid[역주-과거 남아공의 인종차별 정책]라는 강력한 표현을 사용했느냐- 혹은 사용하지 않았느냐 -는 그 자체로 쟁점이 되었다. 그래함은 더반

전도 대회에서 말씀을 전하기 직전에 진행했던 TV 기자회견에서 아파르트헤이트를 언급하며 오래 지속될 수 없는 정책이라고 평가했다. 하지만 집회 설교에서는 그 단어를 말하지 않았고, 그래함이 더 위대한 변화의 포문을 열어 주길 바라고 있던 이들은 크게 실망했다. 이러한 맥락에서 그래함이 세상을 떠났을 때, 남아프리카 감리교 소속 (백인) 신학자 피터 스토레이Peter Storey는 "그래함이 전한 메시지들은 개인적 측면으로는 좋은 내용들을 담고 있었지만, 그 안에 세계의 사회정치적 현실들은 들어있지 않았다"라고 평가했다. 하지만 인종차별에 관한 그의 입장은 분명했기 때문에 더반에서의 토요일 저녁 집회 다음 날 발행된 어떤 주일 신문은 '아파르트헤이트, 종말을 맞다'라는 표제를 달고 있었다.

그로부터 일주일 후, 그래함은 요하네스버그에서 말씀을 전했다. 6,000명의 청중들이 모인 그 집회는 인종 통합 행사였고, 이는 요하네스버그에서 유례없던 일이었다. 그래함은 인종차별의 비극에 관해 설교했다. "마틴 루터 킹이 워싱턴에서 나누어 주었던 꿈이 실현될 날이 다가오고 있습니다. 모든 편견은 사라지고, 서로가 서로를 사랑하게 될 날 말입니다. 하지만 그날에 이르기 전까지 우리는 할 수 있는 최선을 다해 인간의 타락한 본성과 싸워야 하는 자리로 부름받았습니다."[119]

그래함은 계속해서 움직였다. 미국으로 돌아온 그래함은 역사

119_ 그래함이 요하네스버그에서 행한 설교의 전체 원고나 음성 혹은 영상파일은 남아 있지 않다.

적으로 중요한 1974년 「시카고 선언」Chicago Declaration of Evangelical Social Concern의 대부분의 내용을 지지한다고 밝혔다.[120] 이 선언은 '그리스도의 몸을 피부색으로 나누는 개인적 태도와 제도적 장치들을 계속해서 유지하면서 … 국내외로 인종차별을 행하고 있는' 복음주의자들을 규탄했다.

1982년, 모스크바의 한 정교회 대성당에서 그래함은 스스로 세 번의 중요한 회심을 경험했다고 말했다. 첫 번째는 그리스도께 돌이킨 회심이었고, 두 번째는 인종 평등으로 돌이킨 회심, 마지막은 핵무기 감축으로 돌이킨 회심이었다. 만일 누군가가 어느 것이 가장 중요하냐고 묻는다면 그는 분명 그리스도께 돌이키는 것이 가장 중요하다고 답했을 것이다. 그렇지만 '순혈 근본주의자'인 그래함이 고백한 나머지 두 회심도 그 자체로 큰 인상을 남겼다.

1991년 가을의 어느 눈부신 주일 오후, 그래함은 뉴욕의 센트럴 파크를 가득 메우고 있는 25만 명의 사람들 앞에서 말씀을 전했다. 이 집회의 규모는 그래함이 미국 내에서 진행한 전도 대회들 가운데 가장 컸으며, 센트럴 파크에서 진행된 행사들 중에서도 두 번째로 컸다. 데이비드 딘킨스 시장은 당시 전도 대회가 뉴욕 역사상 '가장 다문화적인 전도 대회'인 것 같다고 말했다. 어느 베테랑 기자는 당시 전도 대회 참석자들을 조사하고는 소수 인종의 참석

120_ 그래함은 무슨 이유로 「시카고 선언」의 전부가 아닌, 대부분을 지지했던 것인지에 대해 설명을 남기지 않았다. 그래함과 가까웠던 한 사람에 따르면, 그는 성평등에 관한 선언의 일부 표현들을 마음에 들어 하지 않았다고 한다.

비중이 전체 참석자의 절반에 이른다고 평가했고, 《뉴욕타임스》는 이 행사를 신문 1면에 보도했다.

그래함의 공식적인 사역 은퇴가 가까워 오던 1990년대 말경, 그래함은 침례교 세계 연맹Baptist World Alliance에 글을 기고하며 이러한 주장을 했다. "인종차별은 오늘날 우리 세계가 직면하고 있는 가장 심각하고 파괴적인 사회 문제일지도 모릅니다. … [인종차별은] 증오와 갈등 그리고 불평등이라는 쓸쓸한 결과만을 남기는 치명적인 독입니다." 1920년대 미국 남부지역에서 자라난 그래함이 이런 표현을 사용한다는 것은 사회 전체를 근본적으로 변화시키는 복음의 능력을 향한 그의 강력한 확신을 뜻했다.

인종 문제를 바라보는 그래함의 관점 변화를 과장할 필요는 없다. 왜냐하면 그래함은 인종 평등을 위해 거리 시위행진에 참여한 적이 없고, 교도소에 가거나 혹은 경찰견들과 대치한 적도 없기 (그리고 그렇게 하지 않은 것을 결론적으로는 후회한다고 말했다) 때문이다. 그렇지만 그는 자신만의 방식으로 평등을 위해 노력했다. 친구들의 반대를 무릅쓰고 인종 평등의 가치를 주장했고 인종 통합 전도 대회를 개최했으며, 이로 인해 거센 비난을 받기도 했다. 그럼에도 비평가들은 그래함의 노력은 충분하지 않다고 여겼고, 반대로 지지자들은 그는 자신의 여건 속에서 할 수 있는 최선을 다했다고 생각했다.

* * *

2005년 여름, 그래함의 마지막 주요 전도 대회가 뉴욕 플러싱 매도우즈에 있는 코로나 파크에서 열렸다. 7만 개의 접의자가 설치되었던 이 전도 대회는 수많은 이들에게 희망을 전달하기 위한 그래함의 노력을 상징적으로 보여 주었다. 그가 말하는 희망이란 죽음 이후의 삶뿐 아니라 지금 우리가 발 딛고 있는 이 세상 삶에서의 희망, 백인과 흑인의 관계에서 더 나아가 점차 다민족·다문화되어 가는 사회를 위한 희망이었다.

이 전도 대회는 1,400개의 교회 후원으로 진행되었고, 세계 각지에서 온 기자 700명의 눈을 통해 전 세계로 보도되었다. 하지만 이것이 전혀 놀랄 일이 아닌 이유는 당시 그래함은 미국 복음주의권에서 누구와도 비교할 수 없는 명성을 지닌 인물이었기 때문이다. 그래함의 전도 대회 설교를 현장 혹은 생중계 영상으로 들은 사람들은 3,500만 명- 당시 성인 미국인 6명 중 1명꼴 -이었고 3일간의 총 참석자 수는 도합 24만 2,000명에 달했다. 전도 대회가 개최되었던 플러싱 매도우즈는 당시 뉴욕에서 인종이 가장 혼합되어 있어 100개 이상의 언어가 사용되는 지역이었다. 따라서 전도 대회 상담 요원들은 아랍어, 아르메니아어, 한국어, 포르투갈어, 펀자브어, 러시아어, 타밀어, [표준] 중국어를 포함한 20개 이상의 언어로 그룹을 나누어 배치되었다.

빌 클린턴 전 대통령, 마이클 블룸버그 뉴욕 시장 그리고 뉴욕 상원의원이었던 힐러리 로댐 클린턴과 찰스 슈머가 강단 게스트들로 참석하여 둘째 날 저녁 집회를 빛냈다. 블룸버그는 이렇게 말했다. "뉴욕 시민들은 기독교 신앙에 감사하고 있습니다. … 뉴욕은 하나님을 자유롭게 예배하기 위해 온 이들에 의해 세워진 도시이니 말입니다."

빌 클린턴은 1959년 리틀록 전도 대회에서 그래함이 보여 준 인종 통합에 대한 의지가 자신에게 큰 감동을 주었다고 당시를 회상하며 이렇게 말했다. "인종 통합 집회를 열어 그래함에게 득이 될 것은 하나도 없었습니다." 우리가 앞서 살펴보았던 것처럼, 클린턴은 당시의 일들을 이전에도 여러 번 공개적으로 이야기했다. 그 전도 대회가 있은 지 거의 50년의 세월이 지났지만, 그날의 감동은 클린턴에게 여전했다. "사랑하는 그래함 목사님은 제가 아는 사람들 중 자신의 믿음으로 살아 내는 데 한 번도 실패하지 않은 유일한 분입니다." 경험 많은 《타임》 기자 마이클 더피Michael Duffy는 당시 그 자리에 함께 있던 다른 기자가 자신에게 속삭이며 했던 말을 기억했다. "클린턴이 무슨 말을 하고 있는 건지, 좀처럼 공감이 되지 않네요." 더피가 답했다. "기자님만이 아닙니다. 저도 마찬가지예요."

그래함이 플러싱 매도우즈에서 행한 마지막 공식 설교 세 편은 놀라운 신학적 비전을 내포하고 있었다. 그 설교에는 그가 오랫동안 이야기해 온 주제들도 물론 들어있었다. 인간의 죄에서 시작해 하나님의 용서로 끝나는 이야기 말이다.

하지만 과거와는 어조와 균형이 달라졌다. 1949년 로스앤젤레스 전도 대회 등 그래함의 초기 설교에는 형벌에 대한 주제가 두드러졌었다. 또한 미국 외부로는 공산주의 세력의 위협을, 내부로는 부도덕의 위험을 많이 언급했으며 그리스도의 임박한 재림에 대한 메시지는 심판에 대한 메시지로 이어졌었다.

하지만 세월이 갈수록 이에 조금씩 변화가 생겼다. 이르면 1964년부터 그래함은 자신의 생각과 태도에 생긴 변화를 인정했다. 그래함은 이렇게 말했다. "현재의 저는 십자가를 통해 우리에게 주어진 하나님의 사랑을 훨씬 더 강조합니다. 온 세계를 향해 '내가 너를 사랑한다, 내가 너를 사랑한다, 나는 너를 용서할 거란다'라고 말씀하시는 하나님의 사랑 말입니다." 그래함이 전도 대회 사역을 공식적으로 끝마치게 될 즈음, 그리스도의 임박한 재림이라는 개념은 대체로- '완전히'가 아니라 '대체로' -형벌에 대한 두려움이 아닌, 희망에 대한 약속을 의미하게 된다. 앞서 두 번째 기회를 우리에게 허락한다고 말한 그 희망이다.

시간이 지날수록 그래함이 설교 본문으로 채택한 구절들에도 다소 급격한 변화가 생겼다. 역사가 데이브 앤서니 슈미트Daved Anthony Schmidt와 앨리슨 브라운Allison Brown의 조사에 따르면, 그래함이 구약 성경에서 본문을 택한 비중은 1950년대에 33.5퍼센트였다. 1960년대에는 29.06퍼센트, 1970년대에는 25퍼센트, 1980년대에는 21.59퍼센트, 1990년대에는 17.05퍼센트 그리고 2000년대 이후 10년 동안에는 9.62퍼센트였다.

그래함의 신학적 비전의 확장은 복음에 대한 확신에서 자라났다. 이 복음은 전 세계에 있는 사람들에게 그들의 삶과 그들이 속한 사회를 갱신할 기회를 제공했고, 신학적 비전은 심오하면서도 단순했다. 그것은 길을 잃고 목이 마른 사람들이 메말라 버린 우물 속에서도 그리스도와 복음을 통해 신선한 물을 마실 수 있다는 것이었다. 이것이 바로 그래함이 전하고자 했던 희망이었다.

노련한 군인[121]

앞선 장면에서 정리했듯이, 그래함의 설교 본문에서 구약은 점차 줄어들고, 신약은 점차 늘어났다. 그리고 이러한 변화는 사역 말년의 그래함에게 나타났던 또 다른 변화와 관련이 있었다.

우선, 성경, 중생의 경험, 인간의 기원과 운명 등에 관한 그래함의 입장들, 설교의 내용이나 스타일 그리고 전달 방식에서 상당한 변화가 나타났다. 그래함을 따르는 이들의 인구통계학적 양상이나 전도 대회의 찬양, 복음주의권에 그래함이 미친 중도적 영향력에서도 분명한 변화가 있었다.

그러나 이것들을 살펴보기에 앞서, 신앙적으로나 사역적으로

121_ 이번 챕터는 다음 두 곳에 실렸던 나의 글들을 허락 하에 재구성한 것이다. 「Billy Graham and American Culture: Legacies」(in *Great Awakenings: Historical Perspectives for Today*, ed. David Horn, Peabody, MA: Hendrickson, 2017)의 86-99쪽 그리고 「The Remarkable Mr. Graham」(Christianity Today, November 7, 2016, http://www.christianitytoday.com/ct/2016 /november-web- only/remarkable-billy-graham. html).

거의 변화를 보이지 않았던 그래함의 모습을 먼저 다루고자 한다. 그래함은 변함없이 다음과 같은 신앙적 요소들을 무조건적으로 신뢰했다. 그는 성경을 그리스도인의 최종적 권위로 믿었으며, 그리스도의 죽으심과 부활을 구원의 유일한 방편으로 믿었다. 또한 중생 경험의 필요성과 긍휼, 자비, 선교 사역의 필요성 그리고 신자들에게 주어지는 궁극적 보상으로서의 천국, 불신자들에게 주어지는 최종적 형벌로서의 지옥에도 의심의 여지는 없었다.

한편 사역의 면면들도 거의 달라지지 않았다. 빌리 선데이나 에이미 셈플 맥퍼슨 등 이전 세대 복음전도자들과는 달리, 그래함의 공식 사역에는 마지막 순간까지 수많은 사람들이 몰려들었다. 사역 말기에 열렸던 전도 대회들 중에는 평생 사역 가운데 가장 많은 참석자 수를 기록했던 대회들도 있었다. 그의 사역적 영향력은 점점 커져 가는 듯이 보였다.

그래함의 트레이드마크로 여겨졌던 방송 프로그램《결단의 시간》도 TV와 라디오에서 계속해서 진행되었다. 비록 방송 횟수가 다소 줄어들었고, 내용도 조금 달라지긴 했지만 말이다. 그래함의 주요 간행물이었던 월간 잡지《결단》과 칼럼「나의 대답」의 내용과 형식은 크게 달라지지 않았고, 월드와이드 영화사 역시 이전처럼 장편 영화를 매년 제작했다.

그래함의 대표적 사역인 전도 대회들도 미국과 해외에서 계속되었다. 집회를 위한 세심한 준비, 상담 요원의 훈련 그리고 후속 방문들도 기존과 동일하게 진행되었다. 성가대의 감동적인 찬양, 게스트로 참석하는 유명 예술가들, 복음으로 변화된 저명한 인물들의 간증 등 집회 순서에도 큰 변화는 없었다.

그래함 전도 대회의 대표 이미지였던 그래함의 역동적인 설교와 그리스도께 삶을 드리는 결단의 자리로 청중을 초대하는 순서도 동일하게 진행되었다. 그래함의 설교 자체도 하나의 확립된 방식을 따랐는데, 국제적, 국가적, 사회적 그리고 개인적 위기들을 장황하게 설명한 뒤 그리스도께서 그 모든 위기들에 대한 단 하나의 궁극적 해답이 되심을 강조하는 방식이었다.

* * *

그럼에도 세월의 흐름은 많은 변화를 만들어 냈다. 그중에서도 우리는 그래함의 신앙적 변화들을 먼저 살펴보아야 한다. 그래함이 변화에 대한 기자들의 질문에 신앙적 변화를 가장 먼저 언급했기 때문이다. 실제로 변화가 있었던 신앙적 입장은 일부였지만 몇몇 부분은 그 차이가 상당히 컸다.

우선 복음주의 개신교인들에게 권위의 최종적 원천이었던 성경에 대한 그래함의 입장을 살펴보자. 알다시피 사역 초기의 그래함은 성경의 사실적 무오성에 대한 지지 입장을 명쾌하게 밝히거나, 사람들에게 엄격한 문자주의 해석을 요구하지는 않았지만, 그 당시 설교의 대부분은 성경의 사실적 무오성을 전제로 하고 있었다. 그러나 이내 그래함은 실용적인 관점에서 성경의 권위를 강조하기 시작했다.

성경은 역사하기에 진리라고 생각한 것이다. 다시 말해 그래함은 성경이 권위를 지닐 수 있는 까닭은 그 모든 세세한 내용이 역사적으로나 과학적으로 정확해서가 아니라, 약속한 바를 성취하기 때문이라고 판단했다. 사람들을 어떠한 오류 없이 그리스도께 대한 믿음으로 인도한다는 바로 그 약속 말이다. 또한, 최소한 정확하게 번역되고 타당하게 해석되었다면 성경의 사실적 정확성도 존재한다고 여겼다. 그렇지만 그에게 그것은 핵심이 아니었다. 오히려 그에게 있어 가장 핵심적인 사항은 성경이 실제로 역사하기 때문에 권위를 지닌다는 사실이었다.

초기의 그래함, 그러니까 그래함의 친구였던 찰스 템플턴이 몰고 온 고민의 시기 이후의 그래함과 사역 중후반기의 그래함은 두 가지 지점에서 차이가 있었다. 첫 번째 차이점은 사역이 점차 확장되면서 스스로 자신감이 생겼고, 이에 성경에 대해 묻는 기자들의 질문에 본인의 입장- 이 입장은 늘 복음주의자들 사이에 논란을 일으켰다 -을 분명하게 피력하기 시작했다는 것이다.

두 번째 차이점은 그래함이 자신이 속한 남침례교 안에서 발생했던, 그리고 결과적으로 1980년대 보수주의자들과 '중도주의자들' 사이의 분열을 야기한 성경 무오성 논쟁에 관여하지 않기로 결정한 것이다. 그래함은 2006년 《뉴스위크》에서 이렇게 말했다. "진실한 그리스도인들도 성경과 신학에 관한 세부적인 내용에 대해 다른 의견을 지닐 수 있습니다. 틀림없이요. … 저는 성경의 모든 점, 획 하나하나가 전부 하나님의 영감으로 쓰인 것은 아니라고 생각한다는 점에서 문자주의자가 아닙니다. … 시간이 지나면서 제 생각에 조금의 변화가 생겼죠."

그래함은 개인적으로 보수주의자들의 주장에 더 공감한다고 밝혔지만, 그는 만일 보수주의자들과 중도주의자들이 진정 그 논쟁을 끝내길 원한다면 논쟁은 언제든 끝날 수 있다고 주장했고, 또 그럴 수 있길 바랐다.

세월이 지나면서 그래함은 중생을 경험하는 새로운 방식도 받아들였다. 초기에 그는 '제자리, 준비, 출발'식의 경험을 주장했다. 다시 말해 자리에서 일어나, 무대 앞쪽으로 걸어와 결신 카드에 서명한 뒤, 교회에 출석하며 주변 이웃에게 복음을 전하는 패턴으로 이루어지는 중생의 경험이 그래함이 긍정하던 방식이었다.

하지만 시간이 지날수록 그래함은 사람들이 다른 방식으로 그리스도께 헌신할 수 있다는 사실을 이해- 아니면 적어도 더 자주 이를 인정 -하게 되었다. 그는 자신의 아내를 포함해 많은 개신교인들이 단회적인 결단의 순간을 경험해 본 적이 없음을 인정했다. 그들은 그저 언약의 자녀로 성장해 자연스럽게 기독교인의 정체성을 갖고 살아온 것이다.[122] 그러다가 한번쯤 열정이 첫사랑처럼 식는 것을 경험하고, 시간이 흐른 뒤에 다시 그리스도께 돌아오는 경우가 많다는 것을 그래함은 알고 있었다.

122_ 그래함은 연합개혁장로교회 교단 소속의 교회에서 성장했고, 남부장로교인들이 모여 사는 몬트리트의 한 지역에서 성인 시절의 대부분을 보냈다. 따라서 그는 루스처럼 신앙인으로 거듭나는 패턴이 장로교와 다른 교파 전통에서 많이 발견된다는 것을 일찍부터 알고 있었다.

중생으로 인해 나타나야만 하는 영적·도덕적 결과들에 대한 그래함의 생각에도 변화가 생겼다. 본래 그래함의 주된 관심은 언제나 개인적 회심이 절대적으로 필요하다는 것에 있었다. 따라서 이 주제에 대해서는 언제나 강조할 가치가 있다고 여겼다. 하지만 우리는 그가 사회 개혁을 위해 때로는 입법 활동까지 동반하는 의도적인 변화의 노력이 필요하다고 인정하게 되었음을 앞서 살펴본 바 있다.

인간의 기원에 관한 문제에 있어 그래함은 유신진화론자들과 이른바 창조과학자들의 싸움에 끼려 하지 않았다. 그는 자신이 문자 그대로 아담과 이브 그리고 에덴동산의 존재를 인정하는 전통적인 입장에서 편안함을 느낀다고 말했다. 하지만 시간이 흐르면서 그 이야기의 핵심은 사실성에 있지 않다고 강조했다. 진정한 핵심은 그 모든 일들 속에 운행하시는 인격적인 하나님이셨다. 이러한 점에서 어떠한 초자연적 개입도 기계적으로 배제해 버리는 자연주의자들의 전제는 복음주의적 기독교 신앙의 이해와 양립할 수 없다고 주장했다.

인류의 궁극적 운명을 이해하는 그래함의 관점 역시 달라졌다. 그래함은 더 이상 천국을 문자 그대로 '황금 도로를 산책하는 성도들이 있는 장소'로 묘사하지 않았다. 오히려 주님의 임재를 누리며 가족과 사랑하는 친구들, 심지어 반려동물들과 함께 지내는 곳 그리고 천상의 손으로 생산적인 일들을 행하는 장소로 묘사했다. 그래함은 천국에서 하게 될 생산적인 활동들이 구체적으로 무엇인지에 대해서 명확히 말하지 않았지만, 자신의 근면한 직업 정신이 천국에서 새롭게 쓰이게 되리라 믿어 의심치 않는다고 이야기했다.

천국에 대한 이해가 바뀌었듯 지옥에 관한 이해도 시간이 지남에 따라 변화했다. 그래함은 결코 지옥의 실재를 부정하지 않았으나 새로운 방식으로 다루었다. 초기에는 지옥을 묘사함에 있어 불, 유황, 영원한 고통 같은 공포스러운 표현을 사용했다. 하지만 곧 이러한 복음주의권의 오래된 묘사 방식이 성경적이지 않다고 생각했다. 그는 지옥이 하나님의 사랑에서 단절되는 것이라고 생각했다. 그것보다 더 끔찍한 것이 없다고 여겼기 때문이다.

그런데 유대인과 여타 비기독교인들의 궁극적인 운명에 관해 이야기하기를 꺼려했던 그래함의 모습은 큰 논란이 되었다. 이에 관해 기자들이 질문할 때면 그는 항상 이렇게 답했다. "모든 것은 하나님께 달려 있습니다. 저는 제가 하나님인 것처럼 말하고 싶지 않습니다." 예를 들면, 1978년 그래함은 《뉴스위크》와의 인터뷰에서 이렇게 말했다. "저는 멀리 떨어져 있는 국가의 이방인들에게 그리스도의 복음을 접할 기회가 주어지지 않는다면, 그들은 구원받지 못할 것이라고 믿어 왔습니다. 하지만 더 이상 그렇게 생각하지 않습니다."

《뉴스위크》와의 인터뷰가 있은 직후, 분명히 빌리그래함 전도협회로부터 압력을 받았을 그래함은 복음주의의 전통적 입장에 조금 더 가까운 성명을 발표했다. 그러나 그로부터 몇 십 년이 지난 후 그래함은 《뉴스위크》에서 말했던 내용을 다시금 반복했다. 2006년의 그래함은 이렇게 말했다. "모든 결정은 주님께 달려 있습니다. … 저는 그 모든 것들을 추측하고 싶지 않습니다. 저는 하나님의 사랑이 완전하다는 것을 믿습니다. … 저는 [하나님께서] 그들이 어떠한 위치에 있든지 모든 사람들을 사랑하신다고 생각합니다."

이러한 그래함의 발언들은 우리를 어떠한 모순에 직면하게 만든다. 그래함은 사역의 시작부터 끝까지 설교에서 인간의 영원한 운명은 그리스도께 자신을 드리는 공개적인 결단에 달려 있다고 단언해 왔다. 하지만 대략 1970년대 후반부터 사적인 자리에서 그와 반대되는 이야기를 했다. 그는 어떻게 하나님께서 당신의 목적을 이루어 가실지에 대한 정확한 설명은 복음전도자를 비롯해 다른 누구도 할 수 없다고 말한 것이다.

이 명백한 모순을 정리하면 이렇다. 성경이 가르치고 있는 분명한 진리, 곧 천국에 이르는 유일한 길에 대해 선언하라. 그러나 우리가 하나님의 마음을 다 헤아릴 수 있다고는 생각하지 마라.

이러한 중대한 질문들에 관한 그래함의 입장을 정확히 파악하려 할 때마다 마주하게 되는 오래된 난항은 그가 사상가이기보다 실천가였기에 발생한다. 그래함은 이런 질문들을 직면하게 될 때에야 비로소 그에 대한 반응을 보였고, 공적인 자리에서 그래함은 이성을 따라 복음주의의 전통대로 설교했다. 하지만 누군가와 일대일로 만나는 사적인 자리에서 그는 전통에서 물러나, 자신의 가슴을 따라 이야기했다.

그래함의 사상적 유연성은 하나님의 일하심이 품고 있는 심오한 신비를 인간의 언어로 설명하기를 갈수록 꺼려한 그의 모습과 어울린다. 이러한 모습을 '원칙을 따르는 침묵'이라고 부를 수도 있겠다. 즉, 자신이 하나님을 대신해 말할 수 없는 사안에 대해서는 침묵을 지키는 것이다. 예를 들면 2001년 9월 14일 워싱턴국립대성당에서 그래함이 보여 준 원칙을 따르는 침묵을 생각해보라. 당시 그는 9.11테러 같은 비극이 일어난 원인은 하나님의 섭리 속에 감추어져 있다고 솔직히 이야기했다. 그로부터 약 4년이 지났을 때, 그래함은 허리케인 카트리나로 큰 피해를 입은 뉴올리언스에 방문했다. 이곳에서도 그는 이 비극에 사탄이 어느 정도 역할을 했을 수도 있음을 인정하면서도 그 원인을 단정 짓기를 원하지 않았다. "잘 모르겠습니다. 하지만 하나님께서 이를 허용하셨고, 거기에는 그분의 뜻이 있습니다. 어쩌면 우리가 이후에도 오랫동안 이해하지 못할 그분의 뜻 말입니다."

* * *

그래함이 행한 설교의 내용에는 일관된 신학과 교리적으로 변화된 내용이 공존하였는데, 설교의 스타일도 이와 유사한 이중성을 지니고 있었다. 그의 설교에는 어떠한 비꼼이나 암시도 없었고, 복잡하지 않았다. 그 장소가 어디였든지 단도직입적으로 설교하는 것이 그의 주된 방식이었다.

그런데 설교 스타일은 점차 신중해졌고, 종말론에서 멀어지는 방향으로 변화했다. 역사를 선과 악의 극명한 대비로 설명하던 경향은 점차 약해졌고, 대부흥이나 대재앙에 관해 이야기하는 경우도 줄어들었다. 세계인이 씨름하고 있는 고질적인 문제들을 다루는 것에 관심을 기울일수록 그래함의 설교에서 과장과 사실적 부정확함은 서서히 사라졌다.

그래함은 성경이 가르치는 바가 무엇인지 명확히 정의할 수 없는 문제들이나 격변하는 세계 속에서 신실한 크리스천으로 살아가는 방법이 무엇인지 알고자 할 때 직면하게 되는 딜레마들에 대해 이야기하는 데 점차 편안함을 느꼈다.

그래함의 설교 내용이나 스타일 외에 전달 방식에도 변화가 생겼다. 화려한 말들이 가득했던 초창기 방식은 사역 중반기에 이르러 사려 깊고 명쾌하며 적절하게 말을 멈추는 방식으로 변했고, 이후 노년기에 들어서면서 마치 할아버지가 이야기를 들려주는 듯한 방식으로 변했다. 그래함은 나이가 들면서 빠른 말하기 속도를 유지하거나, 강렬하게 설교할 에너지가 점점 약해졌음을 기꺼이 인정했다. 세월이 그래함에게 간결함의 아름다움을 가르쳐 준 것이다. 그래함의 트레이드마크와 같았던 40분 설교는 20분 이하로 줄어들었고, 성숙해진 메시지는 깊이 있는 전달 방식으로 이어졌다.

* * *

그래함 지지자들의 인구통계학적 특징들은 어떻게 변했을까? 일부는 비슷하게 유지되었고, 일부는 변화했는데 몇몇 요소는 상당히 큰 차이를 보였다. 앞서 언급했던 것처럼, 그래함의 전체 사역 기간 동안 지지자들 가운데 여성이 차지하는 비중은 약 60퍼센트로 무척 두드러졌다. 지지자들의 주된 사회적 지위 역시 (육체노동을 하는) 안정적인 노동자 계층부터 (서비스 직종에 있는) 하위 중산층까지로 언제나 유사했다. 그런데 지지자들이 사는 지역 비율과 시골과 도심 비율에는 약간의 변화가 생겼다. 수십 년 동안 상당수의 지지자들은 남부와 중서부의 작은 시골 마을 출신이었다. 그래함에게 편지를 보낸 이들은 아주 다양한 출신을 자랑했지만, 대체로 그들은 서비스 직종에서 근무하고 남부나 중서부의 작은 마을에 거주하면서 침례교회에서 예배를 드리는 고등학교 교육을 받은 백인 여성이었다.

하지만 이후 몇몇 인구통계학적 특징들을 살펴보면 사역 초기에는 거의 없는 것과 다름없었던 아프리카계와 히스패닉계 사람들의 비율이 눈에 띄게 증가했다. 또한, 전도 대회 당시의 사진들로 알 수 있듯이 수화를 사용하는 상담 요원들의 도움을 받아 전도 대회에 참석한 청각 장애인처럼 특별한 도움을 요하는 이들의 대회 참석 비율이 점차 증가했다. 지지자들의 소속 교단에도 변화가 생겼다. 침례교인이거나 감리교인이 절대 다수였던 과거와는 달리, 교단 배경은 침례교부터 다양한 주류 복음주의 교단과 오순절 교단, 놀랍게도 가톨릭까지 포함되었다.

무엇보다 참석자들의 평균 연령도 점점 낮아졌다. 그래함은 청소년과 20대 청년들이 전도 대회의 핵심 연령층이 되었다고 주장했다. 이러한 주장은 분명 과장─이자 그의 바람─이었지만, 집회 참석자들의 평균 연령층에서 보이는 대체적인 변화의 흐름을 잘 포착하고 있었다. 결신 카드에 적혀 있거나, 카드의 내용으로 추측해 본 결신자들의 나이 역시 참석자의 나이대가 점차 어려지고 있음을 분명히 보여 주었다.

좀 더 흥미로운 사실은 전도 대회의 찬양 스타일에 생긴 변화였다. 중년층이 좋아하던 복음성가는 점차 사라지고, 가볍고 경쾌한 업비트 사운드가 그 자리를 대신했다. 전통적인 복음성가와 발끝을 까딱이게 만드는 경쾌한 가스펠 찬양들 모두 젊은 세대를 겨냥한 음악 스타일로 새롭게 연주되었다.

사실 젊은 세대를 향한 그래함의 관심은 갑작스럽게 등장한 것이 아니었다. 빌 브라이트Bill Bright와 CCCCampus Crusade for Christ 가 주관한 전설적인 '익스플로우 72'Explo '72 행사는 조니 캐시, 크리스 크리스토퍼슨, 안드레 크라우치 그리고 크리스천 록의 '엘비스 프레슬리'라 불린 래리 노먼 등의 공연으로 채워졌다. 그래함은 10만 명 이상이 모인 그곳에서 여섯 번에 걸쳐 설교했다.

이후 수십 년간 그래함 전도 대회는 새로운 음악 스타일을 추구하는 예술인들- 예를 들면, 자스 오브 클레이, 디씨 토크, 마이클 스미스, 에이미 그랜트 -과 그들이 주도하는 록 음악, 경배와 찬양풍의 음악들로 채워졌다. 특히 젊은 세대를 위한 저녁 집회의 경우에는 더욱 그랬다. 그래함은 록 밴드들을 '자신과 젊은 세대를 연결해 주는 통역사들'이라고 불렀다. 그들이 다른 나라의 언어를 전해 주는 통역사들과 유사한 역할을 한다는 점을 통찰력 있

게 발견했던 것이다.[123]

분명 그래함은 개인적으로 셰이 세대의 묵직한 찬양을 선호했다. 하지만 모든 음악과 관련한 최종 결정권을 갖고 있던 버로우즈는 사람들이 원하는 것이 무엇인지 기민하게 파악하고 있었다. 그래함 자신도 인정했던 것처럼 그는 젊은 세대의 음악을 그리 좋아하진 않았지만 젊은 세대는 언제나 애틋하게 생각했다.

* * *

마지막으로 사역 말년의 그래함이 미국 복음주의에 끼친 영향에 대해 살펴보자. 누군가가 일반적인 현역 기간을 훌쩍 넘어서까지 은퇴하지 않고 있으면, 그는 자신이 만들지도 않았고 심지어는 지지하지도 않았던 사람과 기관, 운동에 연루되는 것을 피할 수 없을 것이다. 그래함의 공헌은 그러한 인생 말년의 불가피함 속에서 형성되고 정제되어 오래도록 지속되었다.

사역 말기의 그래함에게 나타난 변화들 가운데 대중매체에서 가장 크게 주목받았던 것은 아마도 (거의) 모든 종류의 기독교인들과 기꺼이 동역하려는 그의 마음이 꾸준히 커져 갔다는 점일 것이다. 그런 마음은 그들이 그래함이 전하고자 하는 메시지를 건드리

123_ 그래함과 젊은 세대를 연결해 주는 통역사로서 대표적인 음악인은 조니 캐시와 게이더 부부(Bill and Gloria Gaither)가 있었다. 또한, 내가 아는 한 록스타 보노(Bono)가 실제로 그래함의 집회에서 공연한 적은 없지만, 그는 공개적으로 그래함의 사역을 지지했다.

지 않는 한 유지되었다. 일례로, 플러싱 매도우즈에서 열린 2005년 전도 대회에는 82개의 교단들이 함께했다. 한 신문은 이를 두고 그들을 '본래 서로 협력하지 않은 것으로 알려진 교단들'이라는 인상적인 평가를 남겼다.

《뉴스위크》의 선임 편집자 존 미첨은 당시 그래함이 보여 주었던 정교한 균형을 정확히 포착하며 이렇게 말했다. "가장 좋게 평가한다면, 그래함이 대변한 기독교는 이러했다고 말할 수 있다. '복음에 충실하되 타인에게 관용을 베풀고 그리스도께 헌신하되 편협하지 않으며 양심의 자유를 존중하는 기독교.'"[124]

그래함은 또한 주류 문화 속에서 '신뢰할 만한 복음주의자'의 대표 상징이었으며, 이는 그의 또 다른 유산이었다. 그래함은 누가 봐도 어느 한쪽에 극단적으로 치우치지 않은 사람이었다. 그는 주류 문화의 가장자리에 머물고 있던 복음주의자들에게 공공영역 담론에 참여하는 방법을 가르쳐 주었다. 물론 격식을 유지하면서 말이다.

사람들이 그래함에게서 느낀 신뢰성은 어디에서 선을 그어야 하고, 어디에서 선을 긋지 말아야 하는지를 파악해 내는 그의 섬세한 감각- 이것은 본능에 가까운 듯 보인다 -에서 비롯되었다.

124_ 여기에서 이전에 이미 살펴보았던 사실 하나를 다시 한번 떠올릴 필요가 있다. 그것은 그래함이 지난 세월 몰몬교도, 유대인들과 개인적인 친분을 쌓아 왔다는 사실이다. 신학적인 차이가 너무나도 컸기 때문에 전도 대회에서 그들과 함께 일하려고 하지는 않았다. 하지만 그들을 비판의 대상으로 삼으려고도 하지 않았다. 되려 그래함은 그들과 관계를 좋게 유지해야 할 신학적, 문화적 이유들을 차분하게 찾았다.

자유주의자들은 그래함을 두고 진보성이라는 시대 흐름에 둔감한 고집 센 근본주의자로 간주했고, 근본주의자들은 그를 줏대 없이 이리저리 흔들리는 사람이라고 판단했다. 이 상반되는 평가는 어떻게 보면 둘 다 옳았고, 또 어떻게 보면 둘 다 틀렸다.

사역에 있어서 그래함이 지닌 천재성은 동시에 상반된 존재가될 수 있는 능수능란함에 있었다. 그래함은 대외적으로 어떤 사안을 다룰 때, 어떠한 희생을 치르더라도 반드시 지켜야 하는 타협 불가능한 핵심 주제를 다루는 횟수를 꾸준히 줄여 나갔다. 그러고는 다른 이들과 의견을 나눌 만한 가치가 있되, 어쩌면 생각을 재고하고 더 나아가 주장을 기꺼이 포기할 수도 있는 주제의 대화를 점차 늘려 갔다. 사역 말미에 이르자 그래함은 교회가 모든 것에 대해 특정한 의견을 가질 필요가 없다는 사실을 깨달았고, 이것을 그 자신에게도 동일하게 적용하였다.

다르게 표현하면, 그래함은 복음주의권을 향해 저울 개념의 중요성을 강조했다. 즉, 무엇이 정말 싸우면서까지 지켜 내야 할 중대한 사안인지 그 무게를 저울에 달아 보라는 것이다. 싸워야 하는 순간을 골라내라. 모든 일에 무분별하게 싸우려 하지 말라. 그리스도께서는 유흥이나 흡연으로부터 사람들을 구원하려 이 땅에 오신 것이 아니라, 삶을 변화시키는 은혜의 메시지를 나누기 위해 오셨으니 말이다.

마지막으로, 인생의 말년에 이르기까지 그래함은 복음주의 운동의 중심 역할을 감당해 왔다. 다른 복음주의 지도자들은 그를 기준으로 스스로의 복음주의 정체성을 파악했다. 그것은 다른 복음주의자들이 그를 그러한 존재로 여겼기 때문이기도 하지만, 그 자신이 의식적으로 그러한 역할을 추구했기 때문이기도 했다. 그래함은 모든 복음주의자들이 단일한 하나의 운동 안에서 연합하길 원했고, 연합된 복음주의자들이 시대의 변화라는 폭풍을 잘 견뎌 내 희망의 불빛이 되어 주길 바랐다.

그래함은 자신에게 발생한 여러 변화들의 중요성을 분명히 인지하고 있었다. "인생의 대부분, 저는 많은 영역에서 순례자였습니다." 1982년, 하버드대학교의 존 F. 케네디 스쿨[편주-하버드대학교 안에 있는 공공정책 전문대학원]에서 그래함은 청중에게 말했다. "[그러면서] 저는 제 신앙과 지금껏 전해 온 메시지들을 좀 더 깊은 차원에서 이해하게 되었습니다."

그로부터 10년 뒤, 그의 나이 83세에 그래함은 자신이 그곳에서 사용했던 '순례'라는 표현을 자세히 설명했다. "끊임없이 듣고, 변화하고, 자라나며, 성숙하는 것 … 그중에서도 인권과 인종 문제에 있어 그리했던 것입니다." 전체적으로 볼 때, 사역 말기의 그래함은 신학적으로 다른 입장을 지닌 이들에게 더 관용을 베풀 줄 알고, 정치적 당파성에는 더 회의적이며, 세계를 향해 사회 정의를 더 적극적으로 부르짖는 사람으로 성장해 있었다.

"미세스 빌리 그래함"

루스 벨 그래함Ruth Bell Graham의 대중적 이미지를 살펴보는 것은 빌리 그래함의 대중적 이미지를 이해하는 데 필수적이다. 우리는 앞서 언론이 1년 중 8개월가량을 집 밖에서 사역하는 그래함을 대신해 자녀와 가정을 충실하게 돌보았던 루스- '핑크빛 연인' -를 화두로 삼는 것을 얼마나 좋아했는지 알아보았다. 언론은 루스를 감상적으로 묘사하곤 했지만, 사실 그녀 자신은 감상적인 사람이 아니었다. 그녀는 이른바 '남부에서 핀 철의 목련'[편주- 전통적인 여성상에서 더 나아가 특유의 용기를 지닌 여성을 가리키는 표현]이라는 표현에 들어맞는 전형적인 인물이었다.

전에 살펴본 바 있듯, 그래함과 루스는 삶을 마감하는 그날까지 몬트리트 외곽 산꼭대기에 위치한 집에서 살았다. 이 집은 반세기 전에 루스의 구체적인 지시에 따라 지역의 숙련된 기술자들이 지은 집이었다. 루스는 주로 다섯 명의 자녀를 양육하는 책임을 감당했고, (대체로 덩치가 컸던) 반려동물들을 관리했다. 그녀는 에세이와 시를 쓰며 14권의 책을 내기도 했고, 그래함의 대표 신학서적인 『하나님과의 평화』의 제1, 2판 저술에도 중요한 역할을 해냈다.

루스는 명석한 인물이었다. 1953년에 처음 출간된 『하나님과의 평화』 서문에서 그래함은- 너무도 간략하게 -자신의 '든든한 버팀목이자 충실한' 아내가 이 책의 내용을 '여러 번 살펴봐 주었음'을 인정했다. 이후 1966년, 그래함은 루스가 이 책의 공저자임을 확실히 밝혔다. "이 책은 루스와 저의 공동 저술입니다."

1984년에 발행된 제2판 서문에서 그래함은 본서를 집필하는 데 그녀가 기여한 중요한 공헌에 대해 더욱 명확히 설명했다. 루스는 제2판에서 하나님의 놀라운 은혜를 더욱 강조했고, 불분명했던 제1판의 일부 내용들을 다듬었다. 루스의 전기 작가 앤은 이렇게 말했다. "루스는 1980년대 새로운 세대의 독자들에게 기독교의 메시지를 전달하고 싶어 했습니다. … '종교' 그 자체의 제도적 모습이나 추상적인 개념들을 강조하기보다 하나님, 예수님과의 인격적 관계의 중요성을 강조하면서 말이죠."

루스는 강인한 마음의 소유자였다. 『하나님과의 평화』 외에도 여러 책들을 저술한 그녀는 수많은 모임에서 때때로 그래함을 대신하거나 단독으로 강연을 진행했다. 루스는 누구에게 보이기 위한 것이 아닌 진정한 경건을 지니고 있던 사람이었고, 남침례교 목회자였던 그래함과는 별개로 그녀는 평생 남부장로교인으로 지냈다. 루스는 자녀들에게 "모든 일에 있어서 그저 동의하려고만 하지 말고, 그보다 나은 방향이 없는지 스스로 생각해 보면 좋겠다"라고 말하길 좋아했다. 그랬던 그녀이기에 루스는 단순한 삶을 살아갈 것을 요청하는 「로잔 언약」의 한 조항에 서명하기를 거부했다. 그녀는 자신이 지금보다 더 단순한 삶을 살아갈 수야 있겠지만, 다섯 자녀의 어머니로서 그리고 세계에서 가장 유명한 설교자의 아내로서 단순한 삶을 살겠다는 약속은 지키지 못할 약속과 같다고 생각했다.

또한, 루스는 기지가 뛰어났다. 루스의 명석함에 의심을 품었던 사람도 그녀의 기지 앞에서 그 오해가 눈 녹듯 사라질 정도였다. 이와 관련된 여러 이야기들이 있는데, 한번은 대체로 집 밖에서 지내는 남편 그래함과 이혼을 생각해 본 적이 없냐는 질문을 받았다. 이에 루스는 웃으며 이렇게 답했다. "네, 지난 35년의 결혼생활 동안 단 한 번도 이혼을 생각해 본 적이 없습니다. 다만 … 남편을 죽일까 생각한 적은 몇 번 있었지만요!"[125] 또 한번은 루스의 차가 집 근처 언덕 아래로 20m가량 추락하여 나무를 들이박은 적이 있었다. 아무도 다치지 않은 것을 확인한 루스는 먼지를 털고 일어나, 가족들이 나무 옆에 정지 표지판을 설치하도록 상황을 지휘했다. 인생의 말년에 그녀는 육체적으로 큰 고통 속에 있었지만 그녀의 기지는 여전했다. 그녀의 침실 문에는 표지판 하나가 붙어

125_ 한 기자가 노인이 된 루스에게 지난 결혼생활이 어떠했는지 물었다. 그래함이 루스 옆에 함께 앉아 있는 상황이었다. 루스는 웃음 지으며, "98퍼센트는 좋았습니다"라고 답했다. 이에 질 새라, 그래함이 즉시 루스에게 물었다. "아니, 남은 2%는 뭐였는데요?" 이후 다른 인터뷰에서 그래함은 "저희는 성향적으로 잘 맞는 사람들은 아니었지만 행복한 결혼생활을 보냈습니다"라고 말했다.

있었다. "나의 고뇌 아무도 모르리."

루스를 잘 표현하는 단어 중 하나는 '줏대'다. 언론은 언제나 루스를 비범하고 매력적이며 세련된 옷을 입고, 사람을 대하는 데 놀라우리만치 편견이 없는 여성으로 묘사했다. 실제로 몬트리트에서 이웃으로 지내던 퍼트리샤 콘웰Patricia Cornwell은 일반적인 관행을 거부하던 기인이자 미국에서 가장 유명한 추리소설가들 중 한 명으로, 루스는 평생 그녀와 절친으로 지냈다. 또한, 루스는 살인범으로 사형 선고를 받은 벨마 바필드Margie Velma Barfield를 관대하게 처분해 달라는 요청에 지지 의사를 밝히기도 했으며(비록 실패로 끝났지만 말이다), 사기 혐의로 기소된 짐 베이커 목사의 친구가 되어 주려고도 했다. 그리고 루스의 이러한 모습들은 그녀가 강인한 확신과 깊은 신앙의 소유자인 동시에, 천성적으로나 후천적으로나 보수적이면서도 관습이나 남부 복음주의 경건의 지루한 관행들에 얽매이지 않는 인물이라는 것을 분명히 보여 주었다.

루스의 이러한 줏대 있는 모습은 1975년 5월 노스캐롤라이나 메클렌부르크 카운티의 샬럿에서도 나타났다. 앞서 말한 루스의 친구이자 전기 작가이기도 했던 퍼트리샤 콘웰은 당시의 사건을 이렇게 설명한다.

당시는 포드 대통령이 샬럿에서 열린 메클렌부르크 독립일 기념행사에서 연설을 하고 있던 상황이었다. 루스는 통로 옆의 맨 앞줄에 앉아 있었다. 그런데 대통령 연설 도중에 반전단체 레드 호넷 메이데이 트라이브Red Hornet Mayday Tribe의 일원이던 28세 다니엘 폴

록Daniel Pollock이 상의를 탈의한 채 맨발로 경호를 뚫고 연단 앞을
향해 달려들었다. 그는 자신의 플래카드에 쓰여 있는 '부자를 눌
러 버리자'EAT THE RICH, '나를 짓밟지 말라'DON'T TREAD ON ME라는
문구를 외쳐 댔다. 그 순간 루스가 손을 뻗어 폴록의 플래카드를
빼앗고는 바닥에 내던졌다. 그는 그녀의 의자 앞에서 무릎을 꿇고
플래카드를 되돌려 달라고 요구했고, 루스는 그의 두 어깨를 토닥
였다. 이내 경찰이 와 그를 데리고 나갔다. 다음 날 전임 대통령 리
처드 닉슨은 루스에게 전화를 걸어 그녀의 당찬 행동을 기뻐했다.
그리고 폴록은 루스를 폭행 혐의로 고소했다.

콘웰에 따르면, 루스는 8월에 법원으로 출두하라는 소환장을
받았을 때 만일 자신이 50달러의 벌금을 내라는 판결을 받게 되면
차라리 감옥에 가겠노라고 선언했다고 한다. 그러자 루스의 지지자
들은 루스를 위해 대신 벌금을 내 주겠다고 말했다. 루스는 언론을
향해 폴록에게는 물론 시위할 수 있는 권리가 분명 있지만, 대통령
이 연설하는 동안은 아니라고 말했다. 왜냐하면 그것은 대통령의 연
설을 들을 다른 사람들의 권리를 침해하는 행위이기 때문이었다.

루스가 그저 자신을 토닥인 것뿐이었음을 폴록이 자백하면서
이 사건은 증거 부족으로 빠르게 기각되었다. 닉슨은 다시금 루스
에게 전화를 했고, 포드 대통령 역시 그로부터 2주 뒤 루스에게 전
화를 걸었다. 법정에서 나오는 길에 루스는 폴록에게 가죽으로 제
본된 리빙 바이블 한 권을 전해 주려 했지만 그는 이를 거절했다.
그리고 언론은 이 광경을 모조리 보도했다. 이로써 루스는 법적으

로나 사회적으로나 모든 전투에서 승리했다고 콘웰은 설명했다.

한편, 루스는 애슈빌 근방에 위치한 147만 평 규모의 휴양 컨퍼런스 센터인 더 코브The Cove를 구상했던 장본인이기도 했다. 1933년에 개관한 이 센터는 블루릿지산맥에 둘러싸여 있었으며, 그림 같은 숙박시설과 잘 정돈된 정원을 갖춰 고요한 정취가 묻어나는 곳이었다. 이 모두는 루스의 손길이 닿은 결과였다.

루스의 이야기는 그래함의 이야기에서 중요한 부분을 구성했는데, 그 사실은 루스에게 직접 혹은 그래함에게 보낸 편지에서 그녀에게 감사를 표하던 루스의 열렬한 팬들의 존재가 분명히 보여줬다. 루스의 중요성은 때로 공식적인 인정을 받기도 했다. 예를 들면 루스가 그래함과 함께 워싱턴 D.C. 국회의사당 로툰다 홀에서 받은 의회 명예 황금훈장처럼 말이다.

노년이 된 루스는 '미세스 빌리 그래함'이 된다는 것을 '독특한 종류의 십자가를 짊어지는 것'이라고 말하는 한편, 루스는 남편과 가정을 지지해 주는 아내와 어머니로서의 역할을 한치의 주저 없이 받아들였다. '아내'는 분명 루스의 정체성 가운데 하나였다. 그러나 동시에 그녀는 '루스' 그 자체로도 당당하게 존재했다. 세속 페미니즘을 수용하는 모습으로라기보다 오히려 그러한 페미니즘에 도전하는 모습으로써 그리했다.

정치적으로 그래함보다도 보수적이었던 루스는 평화를 위해 모스크바를 방문하겠다는 그래함의 의견에 반대했고 (여러 큼직한 예외들이 있지만) 사형제도도 지지했다. 그녀는 베트남전쟁을 반대하는 (적어도) 한 명의 시위자와 개인적으로 대치한 적도 있었다. 또한, 그래함이 가장 좋아한 언론사는 《CNN》이었던 반면 루스는 《폭스 뉴스》를 더 선호했다. 노스캐롤라이나주 몬트리트와 분근방에 있는 사마리안퍼스 국제 본부에서 오래 근무한 직원들은 오늘날까지도 프랭클린은 확실히 '루스의 아들'이라고 웃음 섞어 말한다.

루스는 그래함의 소명을 함께 공유했다. 그녀는 그래함에게 남부의 주류 장로교인들이 그가 형성하기 위해 그렇게나 수고했던 신흥 복음주의 운동의 발판을 제공하였음을 가르쳐 주었고, 그래함의 관점 또한 넓혀 주었다. 1920년과 1930년대에 중국에서 성장한 루스는 그곳에서 가난과 고통을 직접 목도했다. 이는 그래함이 성장해 오면서 목격했던 것들과는 전혀 다른 것이었다. 그들은 서로가 공유하고 있던 그 소명들을 위해 각기 다른 위치에서- 루스의 경우 대부분을 집 안에서, 그래함의 경우 대부분을 집 밖에서 -일했고, 이는 대가를 수반했다. 루스는 이를 이렇게 기록했다. "우리는 사랑받고, 사랑하는 시간을 확보하기 위해 애썼습니다. 물론 이 시간은 결코 오래 지속되지 않았지만요. 작별 인사를 나눠야 하는 시간은 계속해서 우리를 찾아왔습니다. 작은 죽음은 마치 닫히는 문과 같았습니다."

극심한 고통의 시간이 지나고, 그녀의 요청에 의해 생명 유지 장치를 뗀 루스는 2007년 6월 14일 숨을 거뒀다. 그녀의 87번째 생일로부터 4일이 지난 날이었다. 세부적인 내용들은 분명하지 않지만, 더 코브에 자신을 묻어 달라는 루스의 부탁이 지켜지지 않은 데에는 프랭클린 그래함이 일정 부분 역할을 했을 수도 있다. 그렇게 루스는 샬럿에 있는 빌리그래함 도서관에서 조금 걸으면 나오는 기념공원에 묻혔고, 그녀가 좋아했던 도로 표지판의 글귀가 그녀의 묘비를 장식했다. "공사가 끝났습니다. 그동안 인내해 주신 여러분들께 감사드립니다."

엘머 갠트리처럼 여러 물의를 일으키며 번영의 복음을 전하는, TV 전도자들이 세간의 주목을 받던 시대 속에서도 루스를 향한 그래함의 헌신과 충성은 변함없었다. 우리가 앞서 살펴봤던 것처럼, 언론은 그들의 결혼을 이상적으로 묘사하기를 좋아했다. 하지만 그래함과 루스는 그렇게 생각하지 않았다. 그래함에 대해 묻는 어떤 질문에 루스는 씩 웃으며 이렇게 말했다. "그이에게 싫증 났던 적은 없었습니다. … [하지만] 결혼 관계를 아름답게 꾸려 가는 일들이 때로 너무 고되게 느껴질 때는 있었습니다." 루스와 그래함은 자신들도 결혼생활 속에서 충분한 즐거움과 아픔을 경험해 왔음을 거리낌 없이 인정했다. 루스는 농담조로 이렇게 말했다. "만약 부부의 의견이 언제나 일치한다면, 반드시 한 명이 잘못하고 있는 겁니다."

물론 루스를 향한 대중의 관심은 그래함이 받은 것과는 결코 비교할 수 없다. 그러나 반대로 그래함을 향한 대중의 관심은 그녀를 향한 대중의 관심 없이는 존재할 수 없었다.

온화한 원로

그래함의 사역 인생은 급작스러운 일몰보다, 해가 천천히 그 모습을 감추는 기나긴 인디언 섬머[역주- 북미 및 북유럽의 늦가을과 초겨울에 맑고 따뜻한 날이 나타나는 기상현상]의 일몰처럼 천천히 그 마지막을 향해 갔다. 사실 그럴 만한 이유가 있었다.

70대, 심지어는 이를 훌쩍 넘는 나이까지 그래함의 모습은 여전히 근사했다. 큰 키에 군살 없는 체형, 파란 눈과 숱 많은 회색 머리카락, 백만불짜리 미소까지. 그래함은 미국 언론이 말하는 '노련하지만 여전히 남성미 넘치는' 이상적인 남성상에 썩 잘 어울렸다. 어느 기자는 "그래함은 나이 든 운동선수처럼 보여요"라고 말하기도 했다. 변함없이 안정적이고 듣기 좋은 바리톤 목소리와 독특한 남부 억양은 그래함의 이러한 이미지를 완성시켜 주었다.

《타임》 표지에는 그래함의 여전한 각진 턱, 하얀 터틀넥 스웨터와 활동성 있는 검은색 자켓으로 차려 입은 모습이 담겼다. 사진

위에는 다음과 같은 짧은 문구가 쓰여 있었다. "노년의 그리스도인: 75세의 빌리 그래함."

많은 사람들의 머릿속에 그래함은 늘 건재하고 세월이 흘러도 변치 않을 인물이었던 듯하다. 여러 잔병치레와 사건들이 존재했지만, 노년이 된 그래함은 계속해서 사역과 이를 위해 큰 에너지를 요하는 이동 일정들을 감당했다. 그는 적어도 1년에 100회 정도 야외 전도 대회의 일정을 소화해 냈다. 때로는 휘몰아치는 빗속에서, 때로는 엄청난 추위 속에서, 또 때로는 찌는 듯한 더위 속에서도 말이다. "수천 명의 군중들이 '경이로운 남자'의 메시지를 듣기 위해 뜨거운 더위도 불사하고 모여 있다." 1955년 《토론토 글로브 앤》에 실린 기사 제목이었다.

하지만 결국 그래함도 세월을 피해 가지는 못했다. 앞서 언급한 대로 그래함은 아들 프랭클린을 2000년에 빌리그래함 전도협회의 CEO로, 2001년에 회장으로 지명했다. 세월의 흐름 속에서 설교하는 그래함의 목소리는 점차 작아졌고, 설교의 속도는 느려져만 갔다. 사역의 막바지에 이르자 그의 설교는 설교라기보다는 난롯가에 모여 나누는 대화에 가까웠다. 그래함 또한 상대적으로 부담이 적은 실내 설교를 더 선호한다고 솔직하게 인정했다.

71세가 되던 1989년, 그래함은 파킨슨병 진단을 받았다(후에 이는 뇌수두증으로 판명 났다). 그로부터 6년 후 그는 토론토 전도 대회에서 설교하던 중 쓰러지고 마는데, 그럼에도 이내 병원 침대에서 일어나 대회 마지막 저녁 집회에서 설교하기 위해 7만 3,500명이라는 기록적인 군중이 모인 스카이돔으로 향했다.

《샬럿 옵저버》의 기자 켄 가필드가 바르게 지적했듯이 '미국 기독교의 아이콘과 같았던 이 설교자는 이제 좀 더 편하게 다가갈 수 있는 사람'이 되었다. 노년이 된 그래함은 여전히 자기 자신을 놀림의 대상으로 삼는 농담을 아주 잘했다. "여러분들, 파킨슨병에 걸리게 되면 무슨 일이 일어나는지 아십니까? 글쓰기와 읽기는 어려워지고, 설교는 더 길어지게 됩니다."

기자들은 자주 그래함의 은퇴 계획에 대해 물었다. 그때마다 그는 주님께서 놓아주시기 전까지 은퇴하지 않을 것이며, 아직 그때가 오지 않았다고 말했다. "아직 소명이 남아 있는데 어찌 은퇴하겠습니까?" 다른데서 그래함은 이런 농담을 하기도 했다. "많은 이들이 제게 이번 혹은 저번 전도 대회가 제 인생의 마지막 전도 대회냐고 묻곤 합니다. '그랬으면 하는 마음에' 말이죠." 하지만 건강이 계속 나빠지자 그는 어쩔 수 없이 은퇴할 수밖에 없었다. 공식적인 은퇴 발표나 은퇴 기념식은 없었지만, 2005년 전도 대회는 그래함이 이끈 마지막 주요 전도 대회가 되었다.

* * *

2007년 5월 31일, 그래함의 고향 샬럿에 설립된 빌리그래함 도서관의 개관 행사가 열렸다. 이날의 행사는 그래함의 굳건한 영향력을 보여 주었다. 당시 생존해 있던 3명의 전임 대통령, 조지 부시

1세와 지미 카터 그리고 빌 클린턴 모두 그날 행사에 참석했다. 이 셋 가운데 두 명은 민주당 출신, 한 명은 중도적 입장을 지닌 공화당 출신이었다는 점은 주목할 만한 가치가 있다.

행사에 참석한 대통령들의 발언은 모두 그래함에 대한 칭찬 일색이었다. 부시는 그래함을 '미국의 목사'로 표현했고, 카터는 대통령 재임 전과 재임 중 그리고 퇴임 이후에도 그는 신뢰할 수 있는 친구들 중 한 명이었다고 말했다. 그러나 어떤 의미에서 클린턴의 발언이 가장 중요했다. 클린턴은 영적으로 자신에게 '가장 큰 영향을 주었던 사람'이 바로 그래함이었다고 말하면서 그의 한결같은 친절함, 특히 아무도 보지 않는 사적인 자리에서까지 그가 보여 준 친절한 모습들을 회상했다.

그로부터 일주일 뒤인 2007년 6월 5일, 빌리그래함 도서관은 대중에게 공식적으로 개방되었다. 빌리그래함 공원 도로란 이름을 지닌 멋진 4차선대로 근방에 자리한 빌리그래함 도서관은 2만 4,000평 규모의 교외지역에 세워졌고, 도서관 안에는 그래함의 전 생애를 아우르는 전시물들이 들어서 있었다.

이 도서관은 사실 장서가 많지 않다. 소장하고 있는 장서라고는 빌리그래함 전도협회의 출판물들을 진열해 놓은 것이 고작이다. 또한 이 도서관에 비치된 그래함의 인생 전시물들은 당혹스럽게도 그의 가장 좋은 모습들만을 보여 줄 뿐이었다. 도서관의 외관은 전통적인 (상류층의) 곳간 같았고, 내부 도처에는 우유병 모양으로 생긴 화장실 세면대 등 곳곳에서 미국 남부의 시골 정취가 묻어났다. 이 도서관은 2018년기준 100만 명 이상의 누적 방문객들을 맞이했다.

　사회 각계각층의 유명인사들과 교류하는 그래함의 모습을 담은 포스터 크기의 사진들이 여러 장 진열된 공간도 있었는데, 그들 가운데는 보노, 마틴 루터 킹 주니어, 모하마드 알리, 엘리자베스 여왕 그리고 밥 호프도 포함되어 있었다. 이 사진들은 제 아무리 그래함에게 부정적인 방문객일지라도 인상적일 광경이었다. 반면 복음주의자들의 경우, 이 사진들을 보며 복음주의자로서 자긍심을 느꼈을 것이다.

* * *

　그래함의 나이가 90대에 이르렀을 때 그의 청력, 시력 그리고 체력은 급격히 나빠졌다. 마지막 설교를 런던에서 하길 바라던 그의 꿈이 이루어질 수 없으리라는 것은 모두에게, 또한 그 자신에게도 분명해졌다.

　『새로운 도전』*Nearing Home: Life, Faith, and Finishing Well*은 그의 삶 말년이었던 2011년에 출간되었다.[126] 이 저술에서 90대가 된 그래함은 육체의 노쇠함으로 인한 고통을 탄식하듯 인정하며 이렇게 말

126_ 빌리그래함 전도협회는 그래함이 90대이던 2015년 9월에 발간된 책, 『내가 있는 곳』*Where I Am: Heaven, Eternity, and the Life Beyond*이 그래함의 33번째 책이라고 홍보했다. 그래함의 보좌관들이 그에게 그 책의 내용을 읽어 주었을지 모르지만, 내부 증언에 따르면 이 책은 사실상 프랭클린 그래함(혹은 프랭클린의 지도하에 외부 저술가들)이 작성했을 가능성이 높다.

했다. "나이 듦의 도전과 마주하기 위해서는 정신적으로 강인해야만 합니다." 그래함의 지지자 중 한 사람은 '질병과 노화를 평안함 가운데 받아들이는' 그래함의 모습은 고통과 두려움 속에 노년기를 맞이하고 있는 이들에게 큰 위안을 주었다고 말했다.

나와 아내 캐서린이 그래함의 자택에 마지막으로 방문한 해는 2011년이었다. 당시 그에겐 안락 의자에서 몸을 일으켜 세우거나, 캐서린과 악수하는 일도 결코 쉽지 않았다. 그래함은 매우 부드럽게 말했다. "전 언제나 죽을 준비가 되어 있지만, 나이 드는 과정 자체는 준비되어 있지 않은 것 같습니다." 그로부터 얼마 지나지 않아, 그래함 가족들은 더 이상 방문객을 받지 않기로 결정했다.

그래함과 가장 가까운 동료이자 친구였던 셰이와 버로우즈는 50년 이상을 그의 곁에서 일했다. 셰이는 그의 마지막 20년을 그래함이 사는 곳에서부터 얼마 떨어져 있지 않은 몬트리트의 한 지역에서 살다가, 104세였던 2013년에 숨을 거뒀다.

그해 말, 그래함의 가족들은 그의 95번째 생일 축하 행사를 마련했다. 행사는 애슈빌 그로브 파크 인에서 열렸다. 저녁의 끝 무렵, 휠체어에 앉아 있던 그래함이 마이크를 달라고 요청했다. 마이크를 건네받은 그래함은 약간 떨어진 곳에 역시 휠체어에 앉아 있는 버로우즈에게 손짓하며, 부드러운 목소리로 그의 '모든 것'에 감사한다는 말을 전했다. 그가 행사에서 했던 유일한 말이었던 이 몇 단어는 공개석상에서의 마지막 발언이 되었다. 버로우즈는 93세의 나이로 2016년에 숨을 거뒀다.

우리가 지금껏 보아 왔듯, 그래함은 심오한 사상가나 유창한 설교자가 아니었다. 그러나 진지한 주제들을 사려 깊은 방식으로 다루었던 인물이었다. 말년에 몸이 점차 노쇠해 가자 그래함은 세월의 흐름에 대해 깊게 반추하기 시작했다. 한번은 60대 중반의 그래함에게 한 10대 청소년이 '그만큼의 나이가 되면' 가장 놀라게 되는 사실이 무엇인지 물었다. 그는 주저 없이 '삶의 무상함'이라고 답했다. 또 한번은 그의 기나긴 사역 인생에서 가장 놀라웠던 것이 무엇인지 묻는 질문에 대해 그래함은 '그 세월이 이토록 빠르게 지나갔다는 사실'이 가장 놀랍다고 이야기했다.

기나긴 삶의 여정은 그래함에게 중요한 교훈들을 가르쳐 주었다. "저는 여러분들이 여러분의 삶을 단순히 소비하는 것이 아니라, 결실을 맺기 위해 지혜롭게 사용하기를 권면하고 싶습니다." 한 무리의 청년에게 이야기했다. "우리 모두에게는 하루에 정확하게 동일한 시, 분, 초가 주어졌습니다. 차이점은 우리가 어떻게 [그 시간을] 구원하느냐에 달렸죠. … 여러분에게 주어진 시간을 허비하지 마시길 바랍니다. 여러분은 주어진 시간 전부를 중요한 날들로 만들 수 있습니다." 역사가 레너드 스위트Leonard Sweet의 말처럼, 그래함은 좋은 삶이란 '즐거운 시간'을 뜻하지 않는다는 사실을 알고 있었다.

그래함은 많은 사람들이 결코 피할 수 없는 죽음의 실재를 여러 말장난으로 회피하려 하는 점에 주목했다. 예를 들면, 묘지라는 단어를 추모공원으로 바꾸는 것처럼 말이다. 그러나 그는 죽음은 누구도 피해 갈 수 없는 문제라고 말했다. 또한 그는 세 가지를 이야기했다. 첫째로, "당신이 죽게 될 것이라는 사실을 받아들이십시오." 두 번째로, "죽음을 미리 준비하십시오." 그리고 마지막으로, "죽음 앞에서 하나님께 기도하십시오." 그래함은 그다지 자기성찰적인 사람은 아니었으나, 그렇다고 가벼운 사람도 아니었다.

사역의 말기까지 그래함은 자신의 죽음을 딱히 많이 생각하지는 않았던 것 같다. 그의 관심은 언제나 자기 자신이 아닌 바깥을 향해 있었다. 그에게 자신을 돌아보는 면모가 있었다 하더라도, 이는 그래함과 가장 가까웠던 이들만 알고 있던 모습이었다. 그리고 이러한 외부 지향성은 그의 쾌활한 성격으로 나타났고, 특히 대중들 앞에서 더욱 그랬다. 한번은 그래함이 래리 킹에게 이렇게 말했다. "제게는 슬픈 날이 그리 많지 않은 것 같습니다." 그래함은 전도 대회의 흥분이 가라앉은 후에 한적한 산골짜기 집으로 돌아갈 때 가끔 우울해할 때도 있다고 밝혔지만, 이러한 상태는 결코 길게 지속되지 않았다고 한다.

하지만 삶을 마감해야 할 시기가 다가오자 그래함은 마침내 '자신의 죽음'이라는 주제에 직면하게 되었다. 그는 죽음이 천국에서의 새로운 삶으로 향하는 문과 같다고 생각했다. "저는 그날을 고대합니다. 정말로 그렇습니다." 그는 자신의 90번째 생일이 다가오고 있던 어느 날 그렇게 말했다. "주님께서 '어서 오렴'이라고 말씀해 주실 그날은 제게 행복한 날일 겁니다. 주님께서는 제게 천국을 예비해 주셨습니다."

그래함은 죽어 가는 과정 그 자체는 달갑지 않음을 인정했다. "죽어 가는 이들에게 일어나는 여러 가슴 아픈 일들을 보아 왔습니다. 그런 일들은 전혀 달갑지 않습니다."

그럼에도 죽음 너머에 있는 천국은 하나님과 성도들 그리고 사랑하는 사람들과의 영광스러운 교제 장소였다. 천국에는 우리가 해야 할 여러 일들이 있으며, 그 일들은 오히려 우리를 힘 나게 해 줄 것이라고 이야기했다. "슬픔도 이별도, 아픔이나 죽음도, 분쟁이나 오해, 죄와 염려가 없는 그곳을 생각해 보세요." 심지어 그는 골프나 사랑하는 반려동물- 그리고 사람들을 행복하게 하는 모든 것 -이 천국에 있을 것이라고 추측했다.

* * *

그래함은 세상을 떠나기 전 마지막 6년을 조용히 집에서 보냈다. 몇몇 간호사들과 그래함을 보기 위해 정기적으로 찾아왔던 자녀와 손주 그리고 증손주들을 비롯한 가족 구성원들을 제외하고, 그는 적어도 대중의 시선과 떨어진 채 살고자 했다. 각계각층의 다양한 삶을 살아가는 수많은 사람들과 교류하며 평생을 살아온 그래함이었지만, 인생의 끝자락에서 그는 고독을 원했다.

그의 임종은 조용히 다가왔다. 어느 이른 아침, 그의 침대 곁에 있던 간호사는 그의 숨이 멎은 것을 발견했다. 100번째 생일을 8개월 앞둔 시점이었다. 9일 뒤에 그는 루스 곁에 묻혔다.

지난 2006년, 미국에서 가장 경비가 삼엄한 앙골라에 위치한 루이지애나주 교도소의 수감자 7명이 교도소 작업장에서 소나무 합판으로 그래함의 관을 제작했다. 이전에 루스의 관을 제작했던 것과 동일했다. 매트리스 덮개로 소박하게 안감 처리되어 있던 이 관의 가격은 고작 215달러였다. 수감자들은 관 앞면 위쪽에 십자가를 달았고, 그들 중 세 명은 관의 옆면에 그들의 이름을 새겨 넣었다. 관 제작을 담당한 주요 인물이었던 리처드 "그래스호퍼" 리겟은 살인죄로 종신형을 선고받고 교도소에 수감된 자였다. 그는 자신의 인생에서 '가장 뜻 깊은 일'이 그래함의 관을 제작하는 기회를 얻은 것이라고 말했다.

언젠가 그래함은 자신의 묘비에 '설교자'라는 딱 한 단어가 새겨졌으면 한다고 말한 바 있었다. 그의 가족은 이에 약간의 표현을 덧붙였다. 묘비에는 십자가 아래 다음과 같은 말이 새겨졌다.

빌리 그래함

1918년 11월 7일 – 2018년 2월 21일

주 예수 그리스도의

복음 설교자

요한복음 14:6[127]

127_ "예수께서 이르시되 내가 곧 길이요 진리요 생명이니 나로 말미암지 않고는 아버지께로 올 자가 없느니라"

그래함은 어떤 사람이었는가

그래함의 기나긴 삶의 여정이 끝난 이 시점에 독자들은 윌리엄 마틴이 던졌던 이 질문이 머릿속에 떠오를 것이다. "과연 그래함은 어떤 사람이었는가?" 질문은 어떤 성공과 실패의 사례들을 나열해 놓고 이를 대차대조표에 기입하는 방식으로 답할 수 있는 문제가 아니었다. 오히려 그래함의 삶에 변함없이 나타난 성향들에 대해 깊이 고찰해야 하는 문제였다.

그래함은 복합적인 인물이었다. 그는 다양한 상황에서 다양한 모습들을 보인 인물이었을 뿐 아니라, 여러 장점과 약점들을 동시에 지니고 있는 인물이었다. 그리고 지금껏 우리가 본서를 통해 살펴본 이야기들은 바로 그러한 명백한 장점과 약점, 그리고 여러 복잡한 면모를 지니고 있던 빌리 그래함을 조명해 주었다.

우리는 먼저 그래함의 약점들에 관해 살펴보려고 한다. 강점보다 약점을 먼저 살펴보는 이유는 어떠한 기준에서 봐도 약점의 수가 장점에 비해 적고, 쉽게 설명할 수 있기 때문이다. 빌리그래함 전도협회 홈페이지나 여러 공인된 저술들에서 그래함을 완벽한 인물로 묘사하는 것과는 대조적으로 실제 그래함은 여러 약점을 가지고 있었다. 그 약점들 중에는 나이가 들어가면서 사라진 것도 있고, 그래함이 평생 동안 고치려 노력했던 약점도 있으며, 끝내 그 스스로 인식하지 못하던 약점도 있었다.

첫 번째 살펴볼 그래함의 단점은 그의 고질적인 버릇으로 유명인사들의 이름을 거들먹거리는 태도였다. 심지어 그의 가장 가까운 친구들과 그를 따르던 이들마저도 이 버릇을 인정할 정도였다. 타인의 유명세를 거론하는 것은 남을 통해 자신의 정체성을 확인받으려는 행위다. 이러한 점에서 그래함의 정체성은 때로 주변인들에 의해 결정되는 듯 보였다. 일부 그래함의 옹호자들은 이 특징에 대해 그래함 자신이 농촌 출신이고 재력 있는 집안 출신이 아니며, 일류 대학은커녕 신학대학원을 다니지도 못했다는 콤플렉스로 인한 것이라며 설명(혹은 해명)하려 했다.

하지만 이것은 세계에서 가장 부유하고 가장 영향력 있는 권력자들과 어깨를 나란히 했고 18세기 조지 휫필드 이래 전무후무한 미국 설교자라 찬사받았던 그래함을 떠올리면 쉽게 납득되는 설명이 아니다. 그러니 유명인사들의 이름을 거들먹거리는 버릇의 원인을 규명하는 것은 무척이나 어려운 일이다. 때로는 단점을 있는 그대로 인정하는 것이 더 설득력 있다.

이 버릇 외에도, 그래함은 그들과의 우정에 쏟아지는 사람들의 관심을 즐겼다. 적어도 삼사십 년 동안 정기적으로 유력 신문과 잡지에 실렸던 그래함의 사진 속에는 정부 지도자들과 재계 혹은 연예계 인사들의 모습이 함께 담겨 있었다. 이러한 기사들이 그래함의 부적절한 정황들을 보여 주는 것은 아니지만, 그래함이 친구들의 명예를 함께 누리는 것에 대해 미약하게라도 거리낌을 느끼지 않고 있다는 것을 보여 주었다.

물론 자신의 명성을 즐기는 경우도 많았다. 역사가 마이클 해밀턴Michael Hamilton은 이 역설적인 모습을 정확하게 다음과 같이 묘사했다. "그래함은 대중의 관심을 끌기 위해 긴 일생을 보낸 겸손한 사람이었다." 심지어 그래함도 자신의 역설적인 모습을 알고 있었다. "교만이라는 것은 서서히 퍼져 갑니다." 그는 한번은 이렇게 홀로 되뇌었다. "제가 교만한 사람인지 겸손한 사람인지 정말 잘 모르겠습니다."

그래함은 자신의 이름이 전면 또는 중심에 있는 걸 좋아한 사람이기도 했다. 한 예로, 1954년 런던 전도 대회의 참석자 수를 걱정하던 그래함은 주최자 중 한 명에게 이렇게 말했다. "제 사진이 담긴 광고가 충분하지 않은 것 같습니다." 빌리그래함 전도협회가 1950년 창립했을 당시, 그래함은 분명 자신의 이름을 따 협회명을 짓는 것에 반대했다. 하지만 그의 이름이 협회를 지원하는 데 도움될 것이라는 루스와 사람들의 설득에 이를 받아들이게 되었다. 아마 그렇게 보는 게 맞을 것이다. 하지만 같은 논리로는 그의 아들 프랭클린 그래함을 설득시키지 못했다. 그래함만큼이나 인지도가 높았던 프랭클린 그래함이 월드비전World Vision에서 사마리안퍼스의 대표직을 이어받게 되었을 때, 그는 그 단체의 이름을 자신의 이름으로 바꾸지 않았기 때문이다.[128]

주목받기를 좋아했던 그래함은 자신이 잘 모르는 주제에 대해서도 거침없이 이야기할 준비가 되어 있었다. 우리가 앞서 살펴봤던 것처럼, 기자들은 크고 작은 사안들에 관해서 수시로 그래함의 입장을 물었다. 그래함 역시 이 질문들에 일상적으로 답했다. 그래함 전기 작가 마셜 프레디Marshall Frady가 바르게 지적했듯이, 그는 콩고의 문화, 공동 시장, 방공호의 유용성과 같은 다양한 주제들에 대해 '즉흥적이고 거침없이 자신의 생각을 이야기하는' 버릇이 있었다.

이러한 상황의 일정 원인은 분명 그가 아는 바가 거의 없거나, 아예 모르는 주제들에 관해 계속해서 그래함에게 질문했던 기자들에게 있었다. 단순히 생각하면 기자들은 신문이 팔리길 원했고, 그래함은 그들이 원하는 바를 이루도록 도와주었다. 하지만 말년에 가서는 그것이 자신의 잘못이었다며 스스로를 나무랐다.

또한, 그래함은 다른 사람들이 지닌 심도 깊은 견해에는 큰 관심을 두지 않았다. 하지만 이 점을 우리는 세심하게 살펴야만 한다. 왜냐하면 여러 사례들이 증명하는 것처럼, 그래함은 남의 말을

128_ 그래함의 대표 출판물과 디지털 매체들은 그의 이름을 따지 않고, 각기 다른 이름들로 지어졌다. 《결단》, 《결단의 시간》, 「나의 대답」 그리고 월드와이드 영화사처럼 말이다. 하지만 출판, 비디오 매체에서 그래함의 존재감은 너무나도 두드러졌기 때문에, 굳이 그의 이름을 앞세울 필요가 거의 없었다.

잘 경청하는 사람이었기 때문이다. 대학교에서 학생들과 질의응답 시간을 가질 때도 그들의 질문을 참을성 있게 끝까지 들어 주었으며, 비행기 옆좌석에 앉은 이들이 들려주는 인생의 우여곡절에 관한 이야기도 관심 있게 들었기 때문이다. 그래함은 또한 나이 많은 이들에게 특정 국가의 선교 역사에 대해서 묻는 등 자신이 배우고 싶어 하는 주제들에 대한 질문도 곧잘 했다.

그러나 개인이 지니고 있는 세계관에 대해서는 거의 질문하지 않았다. 특히 그들의 세계관이 그래함과 다를 경우에 더욱 그러했다. 예를 들면, 불교인들에게 그들이 지닌 믿음의 상급은 무엇인지, 혹은 세속주의자들에게 그렇게 된 이유가 무엇이었는지, 또는 복음주의 기독교를 떠나 다른 길로 향하게 된 이들에게 왜 그러한 선택을 했는지에 관해 물어보려 하지 않았다. 종교적인 대화에 있어서 그래함은 거의 언제나 듣는 쪽이 아니라 말하는 쪽에 있었다.

* * *

그럼에도 그래함이 지니고 있던 장점들은 그의 약점들을 훨씬 능가했다. 그를 비판하는 이들보다 따르는 이들이 많았던 데에는 그만한 이유가 있었다. 모든 측면에서 가장 괄목할 만한 성과는 역시 그래함 전도 대회에서 그리스도께 결신했던 300만 명의 사람들, 그리고 또 다른 그래함의 사역적 통로들을 통해 새로운 삶의 희망을 발견한 셀 수 없이 많은 영혼들이었다. 그래함 전도 대회의 참석자 수, 대통령들과의 친밀한 관계 그리고 여론 조사 결과들도 모두 대단한 성과들이었다. 하지만 그래함은 사람들을 그리스도께로 인도하는 일의 중요성에 비하면 그런 성과들은 작은 것에 지나지 않는다고 재차 주장했다.

사회·정치적 영역에서 그래함은 상반된 전적을 지니고 있었다. 여성 평등과 관련해 그는 시대에 뒤쳐져 있었다. 인종과 가난이라는 주제에 있어서는 당시 여타 복음주의권 동료들보다는 약간 앞서 있었고, 핵무기 감축이라는 사안에서는 훨씬 앞서 있었다. 복음주의권 밖의 기독교인들과 맺은 연합도 그가 훨씬 앞서 있던 주제 중 하나였다.

또 다른 그래함의 강점은 타고난 카리스마다. 어떤 면에서 카리스마는 그가 노력해서 얻게 된 강점이라기보다는 타고난 능력이자 자라온 안락한 삶의 환경 덕분에 형성된 기질에 가까웠다. 하지만 그래함은 이 카리스마를 개인의 이익이 아니라 복음전파 사역의 진보를 위해 사용하려 했다.

각계각층의 저명한 이들이 했던 말들은 그래함이 지니고 있던 카리스마를 각기 다른 각도에서 조명한다. 유명 컨트리 가수 바버라 맨드렐은 이렇게 말했다. "조니 캐시와 빌리 그래함이 당신이 있는 건물에 들어서기만 해도 당신은 그들의 존재감을 바로 느낄 수 있을 겁니다." 한편, 어떤 사업가는 그래함과 대화를 나누는 특권을 얻기 위해 1분에 100달러씩 지불하겠다고 제안하기도 했다. 남부 종교 역사계 최고 권위자로 인정받는 사무엘 S. 힐Samuel S. Hill

은 이렇게 말한 적이 있다. 자신은 그래함의 설교를 듣기 위해서는 건너편 도로도 건너지 않을 것이지만, 그래함과 개인적으로 대화를 나눌 수 있다면 눈 내리는 1km 거리도 걸어갈 것이라고 말이다. 물론 이러한 내용들은 모두 일화일 뿐이지만, 그래함의 삶을 연구하기 시작하면 비슷한 예화들이 계속해서 쌓이게 된다.

정직성은 그래함이 지닌 장점들 가운데 가장 유명한 장점 중 하나였다. 도덕적 결함으로 넘어진 복음전도자들의 수는 언론의 과장이 있었다는 것을 감안하더라도, 사람들이 복음전도자를 향한 의심을 거두지 못하게 할 만큼 충분히 많은 수였다. 하지만 그래함은 그의 공적 사역 70년간 늘 변함없이 도덕적인 모습을 보여 주었다.

「모데스토 선언서」Modesto Manifesto가 말하는 네 가지 지침, 곧 진실성, 순결성, 정직성, 협력은 그래함의 사역에 깊숙이 투영되었고, 이에 "그래함의 원칙들"이라는 또 다른 명칭을 얻게 되었다.

사람들은 이 원칙을 꽤나 엄격하게 받아들였다. 2017년 넷플릭스에서 방영된 가상의 에피소드를 본 어느 기자는 내게 전화를 걸어 질문 하나를 던졌다. 그 에피소드에는 영국 여왕 엘리자베스 2세가 그래함을 윈저성에 초대하여 그와 용서의 교리에 대해 이야기를 나누는 장면이 있었다. 그래함은 큰 접견실에서 여왕과 단둘이 마주본 채로 의자에 앉아 있었다. 기자는 이 장면을 거론하며 이렇게 물었다. "이 상황은 그래함이 '여성과 단둘이 있지 않겠다'라고 한 자신의 원칙을 어긴 것 아닌가요?" 이 질문은 그래함의 의

도와는 다르게 상식적인 범주를 넘어서는 영역까지 그래함이 이 원칙을 고수해야 한다고 사람들이 생각할 만큼 그의 정직성이 대중의 인식 속에 확고히 자리하고 있음을 보여 주었다.

그래함의 또 다른 장점은 60년 동안 사회의 도덕적 판단의 기준점 역할을 감당해 내는 능력이었다. 긴 세월 동안 그의 목소리는 권위를 지니고 있었다. 각 시대마다 각기 다른 화제들이 생겨났다가 이내 사라졌지만, 그 화제들에 대한 그래함의 생각은 변함없이 대중에게 영향을 끼쳤다. 어째서인지 그래함은 그 모든 화제들을 초월해 있는 사람처럼 보였다. 《크리스채너티 투데이》 편집자 테드 올슨의 표현은 이랬다. "각 시대마다 여러 사안들에 인용될 명언들을 남긴 사람은 많습니다. 그런데 그래함은 그러한 일을 50년 세월 동안 감당했습니다."

그래함은 세월의 흐름 속에서 굳건히 서 있는 진리에 집중하기보다 당파적이거나 문화 전쟁과 관련된 인기 있는 사안에 대해 발언하면서 이목을 집중시키는 일의 위험성을 알고 있었다. 알고 있다고 해서 그래함이 그 위험을 완벽하게 피했다는 것은 아니다. 그렇지만 피하고자 노력했고, 특히 노년이 된 그는 그 일을 놀라울 정도로 잘 해냈다.

노력은 그래함의 또 다른 장점이었다. 물론 그래함은 여러 사람들에게 많은 도움을 받으며 사역을 감당했다. 직원들, 협력 사역자들 그리고 무엇보다 다재다능한 그의 아내 루스의 도움 말이다. 또한, 그래함은 휴식 시간을 갖는 것이 중요하다는 사실을 알고 있었고, 이에 골프장에 정기적으로 방문하거나 햇살이 내리쬐는 해변으로 휴가를 떠나기도 했다. 하지만 그럼에도 60년 이상 수천 번 대중 설교를 하고, 셀 수 없이 많은 인쇄물들을 직접 혹은 타인에게 권한을 부여해 작성하며, 전 세계에 걸쳐 복음전도 사역을 감당하는 것은 그래함의 계속적이고 고된 노력 없이는 불가능한 일이었다. 전체적으로 보면 그에게 휴식은 단순 여가를 넘어서 재창조의 시간이었던 것이다.

그리고 그는 겸손했다. 사람들은 그의 겸손을 여러 비슷한 단어들- 성실성, 진정성, 진실됨 그리고 거짓 없는 모습 -로 자주 언급했다. 그래함을 만나 본 거의 모든 기자들과 역사가들은 그의 겸손에 대해 이야기했다. 심지어 그래함에게는 좋게 말할 것들이 거의 없다고 말하던 적대적인 이들 역시 그래함을 직접 만나 인터뷰할 때면 그의 놀랍고도 부인할 수 없는 겸손한 모습만큼은 늘 언급했다.

하지만 우리는 이 모습을 조심스럽게 바라봐야 한다. 그가 겸손의 완벽한 본보기는 아니었기 때문이다. 앞서 우리가 살펴본 그의 여러 단점들- 허풍, 유명인들의 이름을 거들먹거리거나 대중의 관심을 즐기는 모습 그리고 타인의 세계관들을 알고자 하지 않는 모습 -은 그래함이 때로 겸손의 길에서 벗어났다는 사실을 우리에게 알려 준다. 그래함의 한 동료는 진지하면서도 장난스러운 한마디를 남겼다. "주님께서는 때로 겸손의 길에서 벗어난 그래함을 돌이키시기 위해 그를 향해 회초리를 드셔야 했지만, 주님의 이러한 조치는 언제나 성공을 거뒀다."

하지만 여기서 겸손을 굴종적인 모습과 동일한 것으로 혼동해서는 안된다. 자기를 비하하는 방식의 노련한 유머는 그래함 스스로가 이뤄 낸 성취를 제대로 인식하지 않고는 먹히지 않았을 것이기 때문이다. 자신이 받은 정규 교육에 대한 그래함의 묘사가 그 대표적인 예시다. 비록 그래함은 신학교를 간 적 없었지만, 그는 1982년 졸업을 앞둔 고든콘웰신학교 학생들 앞에서 이렇게 말했다. "제가 여러분들께 말씀드릴 수 있는 거라곤 '여러 경험을 통해 배운 한두 가지 사실들'뿐입니다." 당시 촬영된 영상 속 그래함은 옅은 미소를 띠고 있었다.

그렇다면 우리는 어디에서 그래함의 겸손을 발견할 수 있을까? 내 생각에 우리는 이를 네 가지 모습, 즉 자신의 실수를 기꺼이 인정하려는 모습, 자기 자신에 관심을 두지 않으려는 모습, 받은 은혜에 감사하는 모습, 부르심에 순종하는 모습을 통해서 발견할 수 있다.

그래함의 여러 실수들은 그의 사역적 명성에 흠집을 냈다. 그래함도 이를 알고 있었고, 그 실수들에 대해 사과했다. 그래함이 세상을 떠났을 때, 지지자들은 그래함이 자신이 저지른 실수와 후회스러운 일들에 대해 기꺼이 토론하려 했다는 점을 반복적으로 이야기했다. 그래함이 자서전의 도입부를 50년 전 트루먼 대통령을 방문했을 때의 처참했던 과거로 시작했다는 것이 그 대표적인 예시였다.

노년의 그래함은 직접 말하거나 글을 통해 자신의 여러 과오에 대해 사과했다. 정치적 당파성의 위험에 빠졌던 일들, 너무 많은 시간 가족을 떠나 있었던 것, 읽고 공부하는 데 시간을 충분히 사용하지 못했던 것, 너무 많은 설교 초청에 응했던 것, 베트남전쟁을 반대하지 않았던 것, 인종차별에 대해 더 강력히 이야기하지 못했던 것, 언론에서 유대인들을 비방했던 것 그리고 닉슨과 관련된 일로 많은 이들을 실망시켰던 것들에 대해 사과했다. 심지어 그래함은 자신이 TV를 너무 많이 본 것에 대해서도 사과했다.

실수와 실패에 대한 그의 사과는 후회의 일반적인 표현이 아니었다. 오히려 구체적인 사안들에 대한 사과였다. 예를 들어, 1993년 그래함은 에이즈가 하나님의 심판일 수도 있다는 발언을 설교 중에 했다. 그로부터 2주 후, 당시 그 발언이 육체적으로 지쳐 있는 상태에서 잘못 나온 것이라 말하며, 이를 공개적으로 철회하고 이에 대해 사과했다. "제 발언에 대해 진심으로 사과드립니다." 그래함의 이 사과에는 지미 스와거트Jimmy Swaggart[역주- 미국의 복음전도자로 성추문이 불거지자 설교에서 범죄에 대한 용서를 구하며 눈물을 흘렸으나, 이후 또 다른 성추문에 휘말리게 된다]처럼 거짓 눈물이 없었고, 그저 자신이 저지른 잘못에 대한 분명하고 진실한 인정만이 있었다.

그래함은 또한 자기 자신에게 관심을 두지 않으려 했다. 우리는 공치사를 함에 있어 자기 자신을 전면에 내세우지 않고 자신과 함께 사역하는 이들에게 치사를 돌리는 그래함의 모습을 여러 차례 보았다. 그는 빌리그래함 전도협회 밖에서 영향력을 행사하려는 모습을 거의 보이지 않았다. 에이미 맥퍼슨의 국제사중복음교회처럼 교단을 만들거나, 오랄로버츠대학교 등 대학을 설립하지 않았고 팻 로버트슨의 크리스천 브로드캐스트 네트워크와 같은 미디어 제국이나, 프랭클린 그래함의 사마리안퍼스 같은 자선 단체, T. D. 제이크스의 포터스하우스교회와 같은 대형 교회를 설립하지도 않았다.

사람들은 자기 확신의 유혹을 다스리는 그래함의 능력에 지속적으로 주목했다. 그래함의 가장 가까운 동역자였던 한 사람은 이렇게 말했다. "자기 확신이 없었다면 그래함은 그가 감당했던 수많은 일들을 감당할 수 없었을 것입니다. … [그러나 그래함은] 자기 확신을 다스리는 법을 알고 있었습니다." 그래함의 조수들은 그래함이 그들에게 설교를 비평해 달라고 부탁한 적이 있었음- 조수들은 거부했지만 그래함은 집요하게 요청했다 -을 회고하기도 했다.

그래함은 자신이 도덕적으로 실수를 범하여 교회와 하나님의 영광에 누가 되지 않기를 바랐고, 하나님께서 당신께서 행하신 일들에 대해 마땅히 받으셔야 하는 영광을 자신이 취하지 않기를 열렬히 소망했다. 그와 함께 사역했던 이들이 입을 모아 했던 말처럼, 그래함은 반복적으로 "저는 그저 하나님께서 행하시는 일을 지켜보는 관중일 뿐입니다"라고 말하곤 했다.

언젠가 영국인 기자 데이비드 프로스트는 그래함에게 천국을 가게 되었을 때 하나님께 여쭙고 싶은 질문들이 있느냐고 물었다. "네. 너무 많습니다." 그래함이 답했다. "하나님께 제 삶에 있었던 여러 부끄러운 일들을 편집해 달라고 부탁드리고 싶습니다. 누군가 그 일들을 보게 되기 전에 말이죠."

그래함은 또한 항상 감사하는 사람이었다. 그는 받을 자격이 없는 자신의 삶에 허락된 은혜를 시종일관 인식했다. 종종 왜 그토록 많은 사람들의 관심을 받은 것 같으냐는 질문을 받게 될 때면, 그는 언제나 "저도 잘 모르겠습니다"라고 답했다. 그래함은 자신이 천국에 가게 될 때 주님 앞에서 여쭤보려 했던 첫 번째 질문은 '왜 주님께선 자신과 같이 아주 평범한 노스캐롤라이나 농촌 출신을 택하셔서, 전 세계의 수백만 명 앞에서 복음을 전하게 하셨는지'라고 말했다.

그리고 그래함은 루스의 존재에 대해 감사했다. 비단 그녀가 60년 이상의 결혼생활 동안 그래함 곁을 지켜 줬기 때문만이 아니라, 그녀는 그래함의 설교 준비를 돕고 솔직하게 그의 설교를 비평하고 (비록 종종 실패했지만) 그가 정치를 가까이 하지 않도록 도우며 다섯 명의 자녀를 양육하는 데 큰 책임을 도맡아 주었기 때문이었다.

본서에서 우리는 그래함이 자신에게 쏟아지는 찬사를 그것을 받아 마땅하신 하나님께로 돌리는 적은- 아주 적은 -사례들을 살펴봤을 뿐이다. 물론, 그래함의 이러한 모습은 복음주의자들의 학습된 사고·행동 방식으로 어느 정도 형식적인 면도 있었다. 하지만 그래함이 자신에게 돌아오는 찬사를 타인과 하나님께 돌리는 모습은 다양한 장소에서 매우 자주 나타났다. 따라서 오직 강경한 회의론자들만이 이를 단순한 가식으로 치부해 버릴 터였다.

그래함이 이 세상을 떠났을 당시, 그래함에게 우호적이지 않았던 《워싱턴 포스트》 기자 마이클 거슨Michael Gerson은 앞서 언급한 그래함의 핵심 성향을 다음과 같은 표현으로 잘 포착했다. "그래함에게 있어 신앙은 또 다른 목적을 이루기 위한 수단이 아니었다. 오히려 신앙은 그에게 상급 그 자체였다. 그에겐 또 다른 숨겨진 동기가 없었다. 그는 자신에게 주어진 은혜에 감사했고, 그 은혜에 사로잡혀 감사를 표현했다." 거슨이 옳았다. 언제나 그러했던 것은 아니었지만 그의 삶을 아우르는 주요한 주제는 분명 감사였다.

그리고 마지막으로, 그래함은 부르심에 순종했다. 역설적이게도— 달빛이 비추는 플로리다의 골프장에서 전설적인 경험을 통해 청년 그래함이 받아들인 —기독교 사역이라는 일반적 소명이 정확히 어느 시점에 복음전도자가 되겠다는 구체적인 소명으로 바뀌게 되었는지는 분명하지 않다. 하지만 일반적 소명을 받아들인 지 오래지 않았을 때, 아마도 YFC 사역 초기에 그래함은 하나님께서 자신을 다름 아닌 복음전도자로 부르셨다고 확신하게 되었던 것 같다. 그리고 복음전도자로 부르심을 받은 그래함에게 삶은 자신이 원하는 대로만 살 수 있는 것이 아니게 되었다.

소명에 대한 순종은 하나님께서 주신 소명을 감당할 능력을 주실 것이라는 확신으로 이어졌다. 이는 설명하기 어렵지만, 무척이나 중요한 사실이다. 그래함은 자신의 사역적 결실들을 결코 축소하거나 폄하하지 않았다. 왜냐하면 그러한 행위는 자신을 통해 하나님께서 성취하신 일의 규모를 축소하는 것이기 때문이었다. 그래함은 하나님이 누구신지 그리고 그분의 능력이 어떠한지 완벽하게 알고 있었다.

그래함은 올림픽 육상스타 에릭 리델의 말에 잘 부합하는 인물이었다. "하나님께선 제게 맡기실 소명이 있어 저를 이 땅에 보내셨고, 이에 저를 빠른 사람으로 만드셨다고 믿습니다. 육상 트랙 위를 뛸 때면 저는 하나님께서 기뻐하고 계심을 느낍니다." 이처럼 그래함은 하나님의 소명을 따르는 가운데 큰 기쁨을 느꼈다. 그래함 전기 작가 데이비드 에이크먼David Aikman은 소명에 대한 그래함의 결연한 순종의 모습을 놀랍도록 간결하게 잘 묘사했다. "그래함의 위대한 업적은 역경에 대처하는 모습이 아니라, 오히려 성공에 대처하는 모습이었다."[129]

그래함이 어떤 사람이었는가에 대한 솔직한 답변을 하기 위해서는 그가 지니고 있던 다양한 모습들을 한꺼번에 인정하는 자세가 필요하다. 왜냐하면 그래함은 사람들의 긍정과 부정 모두를 강하게 받았던 인물이었기 때문이다.

그토록 많은 사람들이 그래함에게 그렇게 많은 관심을 가졌던 이유는 무엇이었을까? 다소 평범했던 남부 시골 출신이 수많은 사람들의 악의에 찬 비난을 받았던, 그리고 그보다 훨씬 많은 사람들에게서 열렬한 찬사를 받는 아이콘이 되었던 이유는 무엇이었

129_ 더 정확히 말하자면 에이크먼은 이러한 그래함의 모습을 겸손으로 표현했다. 나는 그 모습을 겸손의 일부로 보지만, 그는 그래함의 겸손이 바로 소명에 순종하는 모습이라 표현한다.

을까? 이 짧은 전기가 풀어놓은 이야기들은 이 두 질문 모두에 대한 실마리들을 제시했지만, 그에 대한 확정적인 대답들을 내놓진 않겠다.

이와 같이 규명하기 어려운 모호함은 그래함이라는 인물이 지녔던 미스터리의 일부다. 만일 그래함이 이와 같은 논의에 대해 이야기할 기회가 있었다면, 그는 너무 보잘것없는 자신에 대해 너무 거창한 이야기들을 많이 하는 것 아니냐며 또다시 스스로를 낮추는 농담을 던졌을지 모른다. 하지만 이 농담은 자신이 해 왔고, 되어 온 모든 것들에 대한 부정이 아니었을 것이다. 오히려 자신의 평범했던 출생 신분을 기억해 달라는 일종의 요청이었을 것이다. 모든 외적인 증거들에 의하면, 빌리 그래함은 자신이 이룬 모든 성공의 유일하고 참된 원천은 자신이 아니라, 오직 하나님이시라는 사실을 잊지 않고자 부단히 애썼던 인물이었다. 그리고 그는 자신이 말했던 바대로 살아갔다.

그들은 그를 '빌리'라 불렀다

어린이들에게 빌리 그래함은 그들이 가진 두려움이나 희망을 터놓고 이야기할 수 있는 안전한 장소와 같았다. 그리고 이들이 보낸 편지들은 미국(그리고 세계)의 평범한 사람들의 감정과 생각을 들여다볼 수 있는 창문과 같았다.

어른들은 그들이 보낸 편지에서 일반적으로 그래함을 '그래함 박사님', '그래함 씨' 혹은 '그래함 목사님'이라 불렀다. 하지만 어린이들은 그래함을 보통 '빌리 그래함'으로 부르거나, 혹은 아주 빈번히 그냥 '빌리'라고 불렀다. 편지를 보낸 어린이들의 나이는 대체로 7살에서 11살 사이였으나, 5살 남짓한 나이의 편지 작성자들도 소수 있었다. 천진난만한 이 아이들의 편지는 그들의 삶에 그래함이 어떠한 위치를 차지하고 있는지에 관해 많은 이야기들을

들려준다.[130]

빌리가 거실 TV에 등장했을 때, 그는 아이들의 가족이 되었다. 그들은 그래함이 자신의 이름을 알고, 자신에게 직접 이야기하고 있다고 생각했다. 이에 그들은 그래함의 말에 귀를 기울였다. 많은 편지들은 어린이들이 가지고 있는 하나의 기대를 분명히 보여 주었다. 그것은 그래함이 답장을 보내는 일을 다른 이들에게 맡기지 않고 그가 직접 편지를 써서 보내 주리라는 기대였다. 또한 편지들은 그들에게 시간도 중요했음을 분명히 보여 주었다. 그들은 하루빨리 그래함의 답장을 받고 싶어 했다.

어른들이 그러했던 것처럼, 어린이들도 그래함이 자신들에게 진실을 말해 줄 것이라고 믿었다. 설리는 확신을 담아 이렇게 말했다. "저는 목사님께서 하시는 모든 말을 믿어요!" 힐튼 또한 마찬가지였다. 힐튼은 그래함에 대한 신뢰 속에 그에게 이러한 질문을 던졌다. "목사님은 프로그램에서 세상을 사랑하는 것은 죄라고 말씀하셨죠. 저는 동물들과 동물 세계를 좋아하는데, 이것도

130_ 본 장에는 내가 이전에 저술했던 기사들에 사용되었던 편지들의 몇몇 문장들과 예시들이 재사용되었다. 「미국 어린이의 목사」America's (Children's) Pastor(Katherine and Grant Wacker, Christianity Today, January 21, 2018, 84-85쪽)와 『미국의 목사』America's Pastor: Billy Graham and the Shaping of a Nation(Cambridge, MA: Belknap Press at Harvard University Press, 2014)의 277-280쪽에 해당하는 "Postscript A: Children's Letters"다. 비록 맥락에 맞게 첫 문장을 대문자로 바꾸긴 했지만, 우리는 편지의 내용을 정확히 그대로 옮겼고 이 가운데는 철자 오류들도 포함되었다. 우리는 아이들의 신원 보호를 위해 우리가 읽었던 200여 개의 편지 작성자들의 이름을 가장 흔한 이름들로 뒤섞어 사용했다. 그리고 편지를 작성한 아이들의 성별 균형은 놀랍도록 동일했다. 이 편지들의 출처에 관한 정보에 관해선 부록을 보라.

죄인가요?"

어린이들의 편지로 우리는 오직 어른들만이 신학적 질문들을 놓고 고민하는 것이 아니라는 점을 알 수 있다. 자신이 생각하는 바를 표현하는 방식은 서툴렀지만, 어린이들은 중요한 질문들에 관해 고민하고 있었다. 이들은 그들 자신과 온 세상의 시작과 끝에 관한 질문들을 놓고 씨름했다. 헬렌은 분명하게 이렇게 말했다. "저는 하나님을 사랑해요. 왜냐하면 만일 하나님께서 이 세상을 지으시지 않았더라면, 저는 이곳에 없었을 테니까 말이에요."

다른 신학적 주제들도 있었다. 어린이들은 선과 악이 존재한다는 빌리의 생각에 동의하고 있었다. 샘은 상세한 설명 없이 이렇게 말했다. "저는 하나님과 악마가 존재한다는 사실을 믿어요." 그 누구도 '인식론'이라는 단어를 사용하지는 않았지만, 어린이들은 앎에 관한 문제를 포착하고 있었다. 앨리스는 그 문제의 핵심을 이야기했다. "저는 하나님께서 진짜 계신 것이 아니라면, 우리가 움직일 수 없다는 것을 알아요. 저는 그분이 제 안에 함께 계심을 느낄 수 있기 때문에 하나님께서 살아 계시다는 사실을 알고 있어요."

아이들이 신학을 기도라는 맥락에서 실체화시켰다는 것도 상당히 주목할 만한 일이다. 어린이들은 자신들이 느끼고 있는 감정을 편지에서 기꺼이 나누었다. 제인은 그래함에게 이렇게 말했다. "이전에 기도했던 게 있었는데요. 예수님께서 제가 기도한 그대로 이루어 주셨어요." 우리는 제인이 정확히 무엇을 기도했었는지 알지 못한다. 하지만 우리는 알린이 기도한 내용은 알고 있다. "어느 날 밤, 배가 아파 하나님께 기도했어요. 그리고 15분 만에 아픈 게 사라졌어요."

어린이들은 죄에 대해 부모들이 생각하는 것 이상으로 깊이 이해하고 있는 듯 보였다. 어른들은 죄와 죄의 발현에 대해 조심스럽게 이야기하려 했으나, 어린이들은 그렇지 않았다. 마르다는 말했다. "목사님이 악마에 대해 해 주신 이야기들이 전 좋아요 … 그 이야기들을 통해 저는 제가 많은 잘못들을 저질렀음을 알게 되었어요." 꽤 많은 편지에서 어린이들은 그들이 범한 죄들에 관해 아주 구체적으로 이야기했다. 작성자들 가운데 나이가 약간 더 많던 로이스는 이렇게 말했다. "[저는] 형편없는 사람이에요. 친구들과 함께 나쁜 말과 거짓말을 했거든요. 하지 말았어야 하는 일들을 저는 하고 말았어요."

어린이들은 개인적인 경험을 통해 기독교인로서의 삶이 어려울 수 있다는 사실도 알고 있었다. 에즈라는 자신의 이야기를 이렇게 들려주었다. "제가 9살이었을 때, 저는 제가 주님을 인격적으로 알고 있다고 생각했어요. 하지만 11살이 되었을 때, 사실은 그렇지 않다는 것 발견했고 기분이 무척 안 좋았어요. 저는 제가 크리스천이 아님을 인정하게 되었어요."

하지만 죄가 더한 곳에 은혜도 넘쳤다. 일부 아이들은 구원의 순간을 대단히 구체적으로 이야기했다. 헬렌은 이렇게 말했다. "저는 하나님께 제 삶을 1972년 3월 15일에 드렸어요." 사라는 구원받은 이후, 기쁨에 겨웠던 당시의 감정을 이렇게 설명했다. "너무 기뻐서 펄쩍펄쩍 뛰는 기분이었어요." 삶에 어떠한 어려움이 있어도 그리스도를 안다는 사실은 모든 것을 가치 있게 만들어 주었다. 또 다른 어린 영혼은 기쁨을 감추지 못하며 이렇게 말했다. "저는 모든 사람들을 사랑하지만, 예수님을 더 사랑해요."

어른들과 마찬가지로 어린이들에게도 신앙의 길에서 벗어나는 일들이 발생했다. 11살 산드라는 자신이 5살일 때 하나님의 사랑을 발견하고, "6살일 때는 구원의 계획을 알게 되었다"라고 말했다. 하지만 그 후 3년 동안 산드라는 방황하게 되었다. 그러나 은혜가 다시 임했고, 산드라는 다시 기쁨이 넘치는 삶을 경험했으며 이 소식을 그래함에게 알리고 싶어 했다.

어린이들은 그들이 그래함과 같이 복음을 친구들에게 전해야 한다는 사실을 알고 있었다. 하지만 그들은 그 일이 어렵다는 사실도 알고 있었다. 제이크는 말했다. "저를 위해 기도해 주세요. … 저는 여전히 복음을 전하는 게 두려워요." 그리고 전도는 일부 지역들에서 더욱 어려웠다. 어린 데이비드는 그래함에게 자신이 살고 있는 필라델피아에 와서 전도 대회를 열어 달라고 부탁했다. 초대의 이유는 설득력 있었다. "필라델피아보다 전도 대회가 필요한 도시가 또 있을까요?" 하지만 복음 전파의 어려움도 변명의 이유는 되지 못했다. 복음은 모든 사람에게 전해져야만 했다. 한 어린 친구는 이렇게 말했다. "하나님은 백인과 홍인, 흑인과 황인 모두를 사랑하세요."

반려동물은 그들에게 소중한 존재였고, 이에 그들은 빌리에게 반려동물에 관해 이야기했다. 어린이들은 무의식적으로 반려동물의 생명을 신학적인 용어로 설명했다. 한 소년은 행복한 소식을 그래함에게 알렸다. "저희 집 강아지가 얼마 전 기독교인이 된 것 같아요!" 반려동물들의 질병은 중요한 문제였고, 어린이들은 빌리가 도움을 줄 수 있을지도 모른다고 생각했다. 한 소녀는 자신이 키우고 있는 아픈 물고기를 위해 기도와 여러 노력들을 해 봤지만 차도가 없었다고 말했다. "어떡해야 할까요? … 답장 보내 주세요." 어른들과 마찬가지로 아이들도 그들이 사랑하는 반려동물들의 죽음 이후의 문제를 놓고 고민했다. 안드레아는 이 문제를 아주 간결하면서도 분명하게 말했다. "저는 저희 집 고양이가 천국에 갔으면 좋겠어요."

그리고 어린이들은 돈에 대해서도 말했다. 그래함 자신은 결코 돈에 관해 많은 말을 하지 않았지만, (이유는 모르겠으나) 어린이들은 그래함의 사역을 위해 돈을 후원하고 싶어 했다. 그리고 집안 일을 돕거나 좋은 성적을 받고, 혹은 그냥 잘 자랐다는 이유로 그들이 받던 용돈을 기꺼이 그래함에게 보냈다. 어떤 어린이가 말했다. "여기 제가 이빨을 뽑고 난 뒤에 받은 돈을 보내요."

하지만 돈을 보내겠다고 말하기는 쉬우나 실천하긴 어려웠다. 적지 않은 아이들이 그래함의 사역을 지원할 돈을 벌기 위해 그래함에게 도움을 요청했다. "혹시 주변에 새끼 토끼나 새끼 고양이를 키우고 싶어 하시는 분이 계시나요?" 편지를 보낸 어린이는 한 마리당 1.5달러를 받겠다는 말을 덧붙였다. 또 다른 아이는 자신의 돼지 저금통은 텅 비어 있다며, 이렇게 말했다. "돈을 보내고 싶은데 제게는 보낼 돈이 없어요. 추신, 대신 저희 엄마 돈을 보내요."

　일부 아이들에게 그래함은 롤 모델이었다. 그들은 그래함처럼 되고 싶어 했다. 몇몇은 그래함을 향한 동경을 넘어, 그와 동일한 직업적 소명을 갖겠다는 목표를 세웠다. 존은 편지에서 "제가 어른이 되면, 침례교단 목회자가 될 거예요. … 저는 백만 명 앞에서 설교하는 그날을 거의 매일마다 고대하고 있어요. … 저는 제2의 빌리 그래함이 되고 말 거예요." 또 다른 편지에는 대놓고 아부하는 한 아이의 말에 웃음이 절로 난다. "목사님이 53살이라는 게 사실인가요? … 제 눈엔 30살 정도로밖에 안 보여요."

　어린아이들은 그래함이 어쩌면 하나님의 가장 친한 친구일지도 모른다고 생각했다. 셜리는 궁금해하며 이렇게 물었다. "하나님은 잘 지내시나요?" 하지만 모든 아이들이 그래함과 하나님과의 관계에 대해서만 생각한 것은 아니었다. 찰스는 그의 어머니가 대신 보낸 편지에서 자신이 크면 대통령이 되고 싶다고 말했다. "어떤 대통령?" 어머니가 물었다. "예수님을 위한 대통령이요."

　집 혹은 학교로 그래함을 초대하는 문장들이 편지에서 대단히 자주 등장했다. "언젠가 저희 교회에 와 주세요"라는 전형적인 초대 문구였다. 적지 않은 아이들이 구체적인 도시 이름을 언급하며 그래함을 초대했다. 니콜라스는 말했다. "애틀랜타에 오시게 되면 저희 집에 와서 편히 주무시고 가세요." 또 다른 친구는 "보이시Boise에 한번 와 주세요"라고 부탁했다. 구체적인 방문 시기를 언급하는 경우도 있었다. 리디아는 결혼을 하게 되면 그래함이 주례 목사님이 되어 줄 수 있는지 질문했다. 어린이들의 초대는 그들의 문화적 배경을 보여 주었다. 누구도 그래함을 점심 식사 혹은 (근사하게 차려진) 저녁 식사에 초대하지 않았고, 많은 어린이들은 그래함을 (가벼운) 저녁 식사에 초대했다. "시간이 가능하시다면 저희 집에 오세요. 함께 가벼운 저녁을 함께 먹으면서, TV를 보면 좋을 것 같아요."

그래함은 무슨 일이 있어도 하나님께서 그들을 사랑하신다는 사실을 어린이들에게 상기시켜 주었다. 하나님께서 그들을 사랑하시는 한 가지 방법은 그들의 가족 관계를 회복시키시는 것이었다. 모리스는 편지에서 자신의 나이가 딱 12.85세라고 정확하게 밝히면서 이렇게 말했다. "목사님의 전도 대회 이후, 저희 아빠가 변했어요." 예배의 끝 무렵에 모리스의 아버지는 모리스와 그의 여동생과 남동생을 차례로 바라보며 이렇게 말했다. "나는 너희 모두를 사랑한단다. 빌리 그래함 목사님, 감사합니다."

그래함이 어린이들에게서 받은 편지들은 정말 말 그대로 감사 편지였다. 제니퍼는 이렇게 말했다. "어제 목사님을 통해 저는 기독교민Christerian이 됐어요." 스콧은 그래함에게 이렇게 말했다. "목사님 같은 사람을 두신 예수님은 운이 좋으시네요." 어린이들은 그래함에게 깊은 감사를 표했다. "하나님께서 목사님을 100살까지 살게 해 주셔서, 계속해서 하나님을 위해 복음을 전하게 하시길 기도하고 있어요." 케이트는 많은 아이들의 마음을 대변하는 말을 남겠다. "다른 사람이 목사님의 역할을 대신할 수 있기 전까진 절대 죽으시면 안 돼요."

어린이들이 편지를 끝맺을 때 사용한 표현들은 그들이 그래함에게 어떤 마음을 갖고 있었는지를 잘 보여 준다. "목사님의 친구", "안녕히 계세요", "감사해요", "축복해요", "목사님의 이름 모를 친구", "목사님의 열렬한 팬", "제가 하고 싶은 말은 이게 다예요." 끝맺음 표현들에는 종종 사랑이란 표현이 사용되었다. "많이 사랑해요", "사랑해요", "마음 가득 사랑을 담아." 하지만 가장 자주 사용된 표현은 단 한 단어, '사랑'이었다.

오마르는 자신의 어린 남동생에게 읽어 줄 책을 보내 달라고 '그래함 씨'에게 부탁했다. 그러곤 이렇게 편지를 끝맺었다. "예수님께 안부 전해 주세요."

그리고 빌리 그래함이 일생을 마감한 2018년 2월 21일 수요일 아침 7시 46분, 그래함은 오마르의 요청을 들어주게 되었다.

본서에 사용된 편지들[131]

　정확히 얼마나 많은 편지들이 미니애폴리스에 있는 빌리그래
함 전도협회 사무실에 도착했는지 아는 사람은 아무도 없다. 협회
가 이를 기록으로 남겨 두지 않았기 때문이다. 하지만 협회가 설립
된 1950년도부터 그래함이 은퇴한 2005년도까지 그래함이 받은 편
지의 수는 분명 수백 만 통에 달했을 것이다. 협회 관계자들이 회
고하듯, 전성기 시절에 그래함에게 보내진 편지들은 매일 아침 여
러 트럭들에 실려 도착했을 정도였기 때문이다. 모든 편지들에는
개별적인 답장이 보내졌는데, 이는 빌리와 루스가 사전에 동의한 표
준 문장들을 사용하여 조수들이 작성한 것이었다. 답장에는 빌리

131_ 본 부록의 첫 세 문단은 내가 이전에 작성했던 글을 각색한 것이다. 이전의
　　썼던 글에 관해선 다음을 보라. "Introduction: 'He Brought the Storm
　　Down,'"(in *American Pilgrim: Billy Graham, Religion, Politics, and
　　Culture*, (ed. Andrew Finstuen, Anne Blue Wills, and Grant Wacker,
　　New York: Oxford University Press, 2017), 1-2쪽

그래함이 도저히 모든 편지를 직접 읽을 수 없기에 조수들이 대신 편지를 보내지만, 답장의 내용은 그래함이 보증한다는 말이 적혀 있었다.

보관 공간과 보안을 이유로 협회는 거의 모든 편지들을 파기했다. 하지만 대체로 1940년대 후반, 1950년대 초반, 1960년대 초반 그리고 1980년대에 보내진 수천 통의 편지들은 어째서인지 파기되지 않고 보관되었다. 그 이유를 아는 사람은 없지만, 아마도 행정상 실수이리라. 어찌 되었든, 이 편지들은 대단히 소중한 정보들을 제공하고 있는 데 반해 체계적인 방식으로 이 자료들을 참고한 연구자는 드물다.

이 편지들에서 우리는 다른 곳에서 좀처럼 볼 수 없었던 그래함 지지자들의 면면을 몇 가지 살펴볼 수 있다. 인종적, 민족적 배경이 드러나는 이름(자말Jamal이나 나탈리아Natalia)도 있었고, 그들의 학력을 나타내는 표현(의학박사나 철학박사)이 있기도 했다. 시골에서 온 편지도 있었고, 일리노이주 애번스턴처럼 대도시의 부촌에서 온 편지 혹은 노스캐롤라이나주 채플 힐 같은 대학도시가 발신지인 편지도 있었다. 물론 이런 편지들은 비교적 아주 적은 양에 불과했다.

편지들은 가지각색의 크기와 모양, 종이 색상에 레터헤드[역주- 상단에 회사명이나 주소가 기입되어 있는 업무용 편지지 표식]가 있는 경우도 있었다. 하지만 다수의 편지들은 21.59cm×27.94cm 혹은 12.7cm×15.24cm의 표준 크기에 흰색 편지지였다. 그리고 컴퓨터로 작성된 많은 편지들도 있었지만, 대다수는 정성스레 직접 손으로 작성했고 이는 편지를 보낸 이들의 진지한 마음을 보여 주었다. 많은 편지들에는 사진이나 한 편의 시, 혹은 지역 신문에서 오려 낸 「나의 대답」 칼럼을 비롯한 여러 물건들이 동봉되어 있었다. 한 편지에는 심지어 결혼 반지가 들어 있기도 했는데, 해당 편지 작성자는 그래함이 이 반지를 자신의 결혼 관계가 회복될 때까지 보관해 주길 바랐다.

내가 이 편지들을 연구하고 사용한 방식에 대해 언급하는 것이 도움이 될지도 모르겠다. 나의 아내 캐서린 왜커와 나는 휘튼 대학교에 있는 빌리그래함 중앙 기록보관소에서 소장하고 있는 편지들 가운데 약 500통의 편지를 읽었다. 우리는 그 편지들을 무작위이지만 체계적인 방식으로 선별해 읽었다. 예를 들면, 한 소장품 상자 안에 있는 "A" 폴더의 편지들을 읽고, 또 다른 소장품 상자 안에 있는 "B" 폴더의 편지들을 읽는 방식이었다. 그리고 우리는 120통의 편지에 대한 세심한 메모를 남겼다. 손 편지의 경우 해독의 어려움으로 인해 작업은 예상 외로 많은 시간이 소요됐고, 이로 인해 가능한 시간 내에 우리가 읽을 수 있는 편지의 숫자는 한정되었다. 하지만 100통가량의 편지들을 작업한 이후, 우리는 편지들에 유사한 이야기가 반복적으로 등장한다는 사실을 발견했다. 그리고 이 이야기는 1,000통의 편지 혹은 소장하고 있는 편지 전부를 살펴본다 해도 아마 크게 변하진 않을 것이다. 우리는 또한 어린이들이 보낸 편지를 대략 120통 정도 읽었다. 우리는 이 편지들 역시 같은 방식으로 선별해 읽었다.

빌리그래함 중앙 기록보관소의 지침에 따라, 나는 편지 작성자들의 신원 보호를 위해 실명을 언급하지 않았다. 그러나 나는 적어도 편지 작성자들의 사회적 위치에 대한 암시를 주기 위해 대체로 두 개의 인구통계학적 표현들, 다시 말해 성별과 생애단계 혹은 거주지를 나타내는 표현들을 글에 포함시켰다. 편지 작성자들의 실명이 팻(Pat)이나 트레이시(Tracy)같이 한쪽 성별에 국한된 이름이 아니었던 경우가 일부 있었다. 하지만 우리는 사전에 여러 정보들을 통해 여성의 그래함 전도 대회 참석 비율이 남성보다 훨씬 높다는 것을 알고 있었고, 이에 인칭대명사가 필요할 경우 나는 여성 인칭대명사를 사용했다. 이를 제외한 나머지 모든 인구통계학적 표현들은 모두 편지에 입각한 사실들로, 지어 낸 것은 하나도 없다.

네 가지 추가적인 사항들은 주목할 만한 가치가 있다. 첫째, (맞춤법과 구두점의 사용이 잘못된 경우를 바로잡은 것 외에) 본서에 인용된 편지의 모든 내용들은 전부 정확하게 인용되었다. 가끔 작성자들의 손 글씨를 해독하고 줄임말들을 확실히 이해하는 게 어려웠지만 말이다. 둘째, 우리는 편지 작성자들의 일반적인 생각과 감정을 포착하는 일에 집중했다. 셋째, 우리는 빌리그래함 전도협회가 발간한 「나의 대답」에 실린 편지 내용들보다 원본 편지들이 더 중요하다는 점을 강조하고 싶다. 왜냐하면 「나의 대답」에 실린 편지의 내용은 다른 이의 손을 거친 것들이고, 이에 원본 편지가 본래 전달하고자 하던 내용을 파악하기 어렵기 때문이다. 하지만 「나의 대답」에 실린 편지가 원본 편지에 공통되게 가지고 있는 관심사를 분명하게 공유하고 있을 경우 나는 그 편지들을 사용했다. 마지막으로, 극소수의 경우지만 나는 결신자들이 상담 요원 혹은 연구자들에게 해 주었던 이야기들을 본서에서 사용했다. 나는 편집되지 않은 그들의 발언들을 기능상 편지의 내용과 동일한 것으로 여겼다.

어린이들이 보낸 편지들은 샬럿에 있는 빌리그래함 전도협회 본부에 소장되어 있다. 약 1,000통의 편지가 작성자의 나이에 따라 폴더별로 정리되어 있는데, 편지들은 종이 조각에 알아볼 수 없는 필체로 작성된 편지부터 흰색 사무용지에 (아마도 부모님의 손을 빌려) 컴퓨터로 정성스레 작성된 편지까지 무수히 다른 형태들로 작성되었다. 편지 대부분에는 매우 빈번하게 그림이나 그들의 사진이 동봉되어 있었다. 이 편지들은 대단히 소중한 자료들이며, 내가 아는 한 이 자료를 읽은 다른 역사가는 존재하지 않는다. 나의 아내 캐서린은 어린이들의 편지들을 연구하는 일 역시 도와주었다. 우리는 아이들의 신원 보호를 위해 우리가 읽었던 200여 통의 편지 작성자들의 신원을 가장 흔한 이름과 나이대로 뒤섞어 사용했다.

그래함이 설교한 국제 행사 목록

미국과 캐나다 밖에서 그래함이 설교 행사를 진행한 국가나 지역의 선별 목록 및 연대표

이 목록은 그래함이 미국과 캐나다 외부에서 설교했던 행사들이 개최된 국가들을 대부분 정리해 놓은 목록이다. 이 목록은 다음과 같은 몇 가지 이유들로 인해 확정적인 목록이라고 할 수는 없다. 첫째, 일부 국가들은 분리 또는 합병을 통해 국가의 정체성 자체가 변했다. 둘째, 일부 문화권들은 사용되는 기준에 따라 '국가들'로 간주될 수도 혹은 간주되지 않을 수도 있다. 셋째, 그래함이 설교한 행사들의 시간은 장기 전도 대회부터 단 하루 저녁에 개최된 집회까지 다양했다. 넷째, 그래함은 때로 협력 사역자들과 함께 설교 사역을 감당하기도 했다. 빌리그래함 전도협회는 (항상 그런 것은 아니지만) 때로 실시간 중계도 설교 행사로 간주했으나, 아래 목록들은 직접 대면 설교 행사들만으로 그 범위를 제한시켰다. 학자들과 빌리그래함 전도협회 소속 기관들이 정리한 다른 목록들은 내가 정리한 목록과는 다소 다른 면이 있다. 그럼에도 불구하고 각각 연대순, 알파벳순으로 배열된 아래의 목록들은 그래함의 해외 사역의 규모와 그 지속성을 전반적으로 설득력 있게 보여준다.[132]

연도별 첫 방문 국가 목록

1940년대
1946년: 영국, 스코틀랜드, 북아일랜드, 아일랜드, 스웨덴, 덴마크, 네덜란드, 벨기에, 프랑스, 웨일즈
1947년: 스위스

1950년대
1952년: 일본, 한국
1954년: 서 독일, 핀란드
1955년: 노르웨이
1956년: 인도, 태국, 홍콩, 필리핀

132_ 내 연구 조수인 맥스 페일러(Max Feiler)는 두 목록을 조사하여 정리하는 이 고된 작업을 감당해 주었다.

1958년: 바베이도스, 코스타리카, 과테말라, 자메이카, 파나마, 푸에
르토리코, 트리니다드, 멕시코

1959년: 피지, 호주, 뉴질랜드, 소련(러시아)

1960년대

1960년: 나이지리아, 루안다-우룬디(부룬디), 가나, 케냐, 남로디지아
(짐바브웨), 북로디지아(잠비아), 탕가니카(탄자니아), 에티오피아,
이집트, 요르단, 라이베리아, 브라질, 이스라엘

1962년: 아르헨티나, 베네수엘라, 콜롬비아, 에콰도르, 페루, 칠레, 파라
과이, 우루과이

1966년: 남베트남

1967년: 유고슬라비아(크로아티아)

1968년: 싱가포르

1969년: 오스트리아

1970년대

1970년: 포르투갈

1971년: 이탈리아

1972년: 이란

1973년: 남아프리카 공화국

1975년: 대만

1977년: 헝가리

1978년: 폴란드

1980년대

1981년: 바티칸 시국

1982년: 체코슬로바키아(체코 공화국), 독일 민주공화국(독일), 바하마

1984년: 소련(에스토니아), 루마니아

1987년: 중국

1988년: 소련(우크라이나), 니카라과

1990년대

1992년: 북한

국가별 방문 연도 목록

가나: 1960년

과테말라: 1958년, 1976년

나이지리아: 1960년

남로디지아(짐바브웨): 1960년

남아프리카 공화국: 1973년

네덜란드: 1946년, 1948년, 1954년, 1955년, 1971년, 1982년, 1983년,
　　　　 1986년

노르웨이: 1955년, 1978년

뉴질랜드: 1959년, 1969년

니카라과: 1988년

대만: 1975년

대한민국: 1952년, 1956년, 1973년, 1984년

덴마크: 1946년, 1954년, 1955년, 1965년

(동)독일: 1982년

라이베리아: 1960년, 1972년

루마니아: 1984년, 1985년

루안다-우룬디(부룬디): 1960년

멕시코: 1958년, 1975년, 1979년, 1981년

바베이도스: 1958년

바티칸 시국: 1981년, 1990년, 1993년

바하마: 1982년

베네수엘라: 1962년

베트남: 1966년, 1968년

벨기에: 1946년, 1974년, 1975년

북로디지아(잠비아): 1960년

북아일랜드: 1946년, 1947년, 1961년, 1972년

북한: 1992년, 1994년

브라질: 1960년, 1962년, 1974년, 1979년

(서)독일: 1954년, 1955년, 1960년, 1963년, 1966년, 1969년, 1970년, 1976년,

1990년, 1992년, 1993년

소련(러시아): 1959년, 1982년, 1984년, 1987년, 1988년년, 1991년,
　　　　　1992년, 1997년, 1998년

소련(에스토니아): 1984년

소련(우크라이나): 1988년

스웨덴: 1946년, 1954년, 1955년, 1963년, 1974년, 1975년, 1977년, 1978년,
　　　　1987년

스위스: 1947년, 1948년, 1955년, 1960년, 1968년, 1974년

스코틀랜드: 1946년, 1947년, 1954년, 1955년, 1961년, 1976년, 1977년,
　　　　　1991년

싱가포르: 1968년, 1978년

아르헨티나: 1962년, 1991년

아일랜드: 1946년, 1947년, 1972년

에콰도르: 1962년

에티오피아: 1960년

영국: 1946년, 1947년, 1948년, 1952년, 1954년, 1955년, 1959년, 1961년,
　　　1964년, 1966년, 1967년, 1969년, 1970년, 1971년, 1973년, 1975년,
　　　1976년, 1979년, 1980년, 1981년, 1982년, 1983년, 1984년, 1985년,
　　　1988년, 1989년, 1991년

오스트리아: 1969년

요르단: 1960년

우루과이: 1962년, 1998년

웨일즈: 1946년

유고슬라비아(크로아티아): 1967년

이란: 1972년

이스라엘: 1960년, 1969년, 1975년, 1995년

이집트: 1960년, 1975년

이탈리아: 1971년

인도: 1956년, 1972년, 1977년, 1980년, 1991년, 1994년, 1995년, 1998년

일본: 1952년, 1956년, 1967년, 1968년, 1970년, 1975년, 1978년, 1980년,
　　　1994년

자메이카: 1958년, 1978년

중국: 1987년, 1988년, 1992년, 1994년

체코슬로바키아: 1982년

칠레: 1962년

케냐: 1960년, 1976년

코스타리카: 1958년, 1994년

콜롬비아: 1962년

탕가니카(탄자니아): 1960년

태국: 1956년, 1980년

트리니다드: 1958년

파나마: 1958년

파라과이: 1962년

페루: 1962년

포르투갈: 1970년

폴란드: 1978년, 1981년

푸에르토리코: 1958년, 1967년, 1995년

프랑스: 1946년, 1952년, 1954년, 1955년, 1963년, 1970년, 1986년

피지: 1959년

핀란드: 1954년, 1984년, 1987년

필리핀: 1956년, 1977년

헝가리: 1977년, 1981년, 1985년, 1989년

호주: 1959년, 1968년, 1969년, 1979년, 1980년, 1984년, 1996년

홍콩(중국): 1956년, 1975년, 1988년, 1990년, 1994년

빌리 그래함에 관한 종합적인 참고 문헌 목록은 아직 존재하지 않는다. 그렇기는 하지만 일리노이주 휘튼대학교 내 빌리그래함 중앙 기록보관소(이하 기록보관소)는 수천 개의 1차, 2차 자료들을 소장하고 있으며, 소장 자료 목록은 온라인https://www.wheaton.edu/about-wheaton/museum-and-collections/wheaton-college-billy-graham-center-archives/에서 확인 가능하니 '빌리 그래함 관련 자료'Resources on Billy Graham란을 참고하라. 각 소장품들에 대한 링크들은 그래함 사역의 대단히 가치 있는 구체적인 영역들을 소개하고 있다.[133]

기록보관소는 그래함의 인생에 관심 있는 독자들에게 특히나 흥미로울 자료들을 소장하고 있다. 그 가운데는 그래함의 개인 자

133_ 본서를 집필하고 있을 당시(2019년 4월), 기록보관소에 있는 그래함 관련 서류들은 노스캐롤라이나주 샬럿에 있는 빌리그래함 도서관으로 이전 중에 있었다.

료들(일부는 아직 공개되지 않음), 1940년대 후반에서 1980년대 후반까지 그래함 지지자들이 그에게 보내온 수천 통의 편지들, 그리고 대체로 영문으로 된 수천 개의 잡지·신문 스크랩과 기사들이 있다. 또한 수백 장의 기자회견 원고들도 있는데, 이 원고들은 빌리그래함 전도협회(이하 전도협회)나 다른 이들에 의해 편집되지 않아 실제 그래함이 사용했던 표현들을 그대로 보여 준다는 점에서 대단히 귀중한 자료다. 또한, 기록보관소는 1,600개의 그래함 설교 오디오 녹음본과 그의 설교 노트 원본들을 소장하고 있으며, 이들 중 상당수의 자료들은 온라인에서도 열람이 가능하다. 설교 노트에는 그래함 개인에 관한 정보들은 거의 들어있지 않으나, 신학적 주제들과 당대의 여러 사안들에 대한 그래함의 생각의 흐름을 추적하는 데 꽤나 유용하다.

그래함의 회고록 『빌리 그레이엄 자서전: 내 모습 이대로』*Just as I Am: The Autobiography of Billy Graham*(두란노, 2002)와 2007년에 출간된 확대 개정판은 상세하면서도, 놀라울 정도로 자기 비판적인 내용들을 담고 있지만, 그래함의 영적인 생활에 대한 내용은 거의 없다. 어떤 면에서 그의 영적인 생활에 대한 내용은 그가 초기에 작성한 자전적 에세이 네 편에 더 많이 들어 있다. "I Was Born Again"(American Weekly, January 16, 1955), (3부로 기획된) "Billy Graham's Own Story: 'God Is My Witness'"(McCall's, April–June 1964). 나는 『미국의 목사』*America's Pastor: Billy Graham and the Shaping of a Nation*(Cambridge, MA: Belknap Press of Harvard University Press, 2014)의 162–164쪽에서 그래

함의 자서전(『빌리 그레이엄 자서전』)에 대한 여러 비평들을 개괄적으로 소개했다.

1947년과 2016년 사이에 그래함의 이름으로 출간된 33권의 책들은 대체로 신학적이며 설교적이고 경건을 위한 서적들이지만, 드문드문 그래함 개인에 관한 세부 정보들이 등장한다. 이 서적들의 목록은 전도협회 홈페이지(http://billygraham.org/about/biographies/billy%20-graham)에서 확인할 수 있으며, 이 가운데 그래함 개인에 관한 가장 많은 정보들이 담겨 있는 책은 『새로운 도전』Nearing Home: Life, Faith, and Finishing Well(두란노, 2011)이다.

그래함 사역 관련 통계자료들은 여러 면에서 혼란스럽다. 그러나 위에 언급한 기록보관소 홈페이지에 있는 정보들과 'billygraham. org.' 사이트 내의 'About', 'Biographies', 'Billy Graham' 카테고리는 통계자료들에 대한 연구를 시작하는 데 가장 좋은 시작점일 수 있다.

두 권의 사진집은 그래함의 사역에 관한 풍성한 사진 자료들을 제공한다. *Billy Graham, God's Ambassador: A Lifelong Mission of Giving Hope to the World*(Russ Busby, Alexandria, VA: Time-Life Books, 1999)는 그래함 공인 서적으로 대단히 귀중한 사진 자료들을 제공한다. *Billy Graham: A Life in Pictures*(Ken Garfield, Chicago: Triumph Books, 2013)은 앞의 서적에는 없는 사진들을 제공하며, 또한 그래함에게 호의적이었던 외부인의 관점에서 그의 삶에 관한 대단히 유용한 이야기를 들려준다.

그래함의 전기들은 아주 많다. 이 전기들의 관점은 그래함은 잘

못한 일이 없다는 식으로 칭찬을 연발하는 관점부터 잘한 일이라 곤 아무것도 없다는 식의 비판을 쏟아 내는 관점까지 아주 다양 하다. 이 양극단의 사례에 대해선 *Billy Graham: Man of God*, 3rd ed.(George Burnham and Lee Fisher, Westchester, IL: Good News, n.d.) 그리고 *The Prince of War: Billy Graham's Crusade for a Wholly Christian Empire*(C. Bothwell, Asheville, NC: Brave Ulysses Books, 2007) 이 두 책을 보라.

그래함 전기들 중 최고의 전기로 꼽히는 전기는 *A Prophet with Honor: The Billy Graham Story*(William Martin, New York: Morrow, 1991)이다. 존더반 출판사는 이 전기의 확대 개정판을 2018년, 그래 함이 세상을 뜨기 몇 주 전에 출간했다. 마틴은 이 전기를 어린이 용(Grand Rapids: Zonderkidz, 2013)으로도 출간했다. 비록 좀 오래된 글 이긴 하지만 윌리엄 마틴의 "Fifty Years with Billy"(Christianity Today, November 13, 1995)는 그래함의 삶을 한 기사 분량으로 개괄한 최고 의 글들 가운데 하나다. 마찬가지로, 『빌리 그래함: 미국의 순례자』 *Billy Graham: American Pilgrim*(아래를 보라)에 실린 마틴의 글 "God's Ambassador to the World"는 그래함의 국제 사역을 한 챕터 분량으 로 잘 요약해 냈다. 나를 포함한 모든 그래함 전기 작가들은 마틴 의 성실한 연구와 통찰, 그의 재치에 큰 빚을 졌다. 나는 그의 수고 에 감사하며 *A Prophet with Honor*의 제1판에 대한 "'Charles Atlas with a Halo': America's Billy Graham"(Christian Century, April 1, 1992, 336-41쪽)이라는 논평을 기고한 바 있다.

다른 그래함 전기들은 그래함의 성공적인 1949년 로스앤젤레스 전도 대회가 끝난 직후에 나타나기 시작했다. *Billy Graham: The Personal Story of the Man, His Message, and His Mission*(Stanley High, New York: McGraw-Hill, 1956)은 일관되게 그래함을 칭찬하지만, 그래함의 일화들이 지닌 중요한 요소들을 정확하게 포착한다. *Billy Graham, Revivalist in a Secular Age*(William McLoughlin, New York: Ronald, 1960)는 학자가 저술한 첫 번째 그래함 전기다. 비록 그래함을 향해 가차 없는 비판을 퍼붓지만, 기초적인 전기 정보들과 전도협회에 대한 상세한 분석을 풍부하게 제공한다. *Billy Graham, a Parable of American Righteousness*(Marshall Frady, Boston: Little, Brown, 1979)는 그래함과 미국 문화의 관계성에 대한 여러 통찰들을 보여 준다.

21세기에 들어서 여러 새로운 전기들이 출간되었다. 일반 독자를 위해 저술되어 상대적으로 짧지만 종합적인 전기들로는 *Billy Graham: A Biography*(Roger A. Bruns, Westport, CT: Greenwood, 2004)와 *Billy Graham: His Life and Influence*(David Aikman, Nashville: Nelson, 2007)가 있다. 두 전기 모두 문화적 측면에서만 그래함의 삶을 조망하지만, 브룬스는 그래함에 대해 좀 더 비판적이고 에이크만Aikman은 그래함에 대해 좀 더 호의적이다. *Billy Graham: An Ordinary Man and His Extraordinary God*(Lon Alison, Brewster, MA: Paraclete, 2018)은 그래함과의 오래된 개인적 친분에 근거해 여러 특별한 세부 정보들을 제공한다.

내가 저술한 『미국의 목사』는 어떤 면에서는 전기로 의도된 책은 아니지만, 그래함의 사역 일생을 관통하는 12개의 주제들을 살핀다. 나는 이 책에서 그래함을 둘러싼 상황에 집중했다. 그리고 어떻게 그래함이 그 시대를 형성했는지, 또한 어떻게 그 시대가 그래함을 형성했는지를 살폈다. 앞서 언급된 바 있듯이, 본서는 『미국의 목사』의 축약 버전이 아닌 완전히 다른 책이다. 본서는 상황에 초점을 두기보다 한 사람으로서의 그래함 자체에 초점을 둔다.

놀랍도록 다작하는 역사가이자 성공회 성직자인 존 폴락 John Pollock은 수년 동안 그래함(그리고 그 외 많은 기독교 지도자들)에 관한 공인 전기를 여러 편 저술했다. 그 저술들로는 *Billy Graham: The Authorized Biography*(New York: McGraw-Hill, 1966), *Billy Graham: Evangelist to the World; An Authorized Biography of the Decisive Years*(Minneapolis: World Wide Publications, 1979) 그리고 *The Billy Graham Story: The Authorized Biography*(Grand Rapids: Zondervan, 2003)가 있다. 이 책들에서 폴락은 일관되게 그래함을 매우 호의적인 시선으로 바라보지만, 그의 과오들에 대해 완전히 모른 체하지는 않는다. 또한 그래함 가족과 전도협회와의 오래된 친분을 토대로 다른 곳에서는 찾을 수 없는 상당히 많은 자료들을 제공한다. 그래함의 국제 사역에 대한 부분은 특히나 유용하다.

많은 전기들은 그래함의 사역의 특정한 측면들에 집중했다. 그중에서 특히나 잘 쓰인 네 권의 전기들을 출간 연도순으로 나열해 보면 다음과 같다. 『백악관과 빌리그래함』(CLC, 2009), *The Surprising Work of God: Harold John Ockenga, Billy Graham, and the*

Rebirth of Evangelicalism(Garth Rosell, Grand Rapids: Baker Academic, 2008),

Original Sin and Everyday Protestants: The Theology of Reinhold Niebuhr,

Billy Graham, and Paul Tillich in an Age of Anxiety(Andrew S. Finstuen,

Chapel Hill: University of North Carolina Press, 2009), 그리고 *Billy Graham*

and the Rise of the Republican South(Steven P. Miller, Philadelphia: University

of Pennsylvania Press, 2009). 『빌리 그레이엄의 리더십 비밀』(생명의 말씀

사, 2006)의 접근 방식은 전기적이라기보다 신학적 접근에 가깝지만,

중요도에 비해 거의 다루어지지 않았던 관리자로서의 그래함을 예

리하게 분석한다.

다음의 추가적인 저술들도 살펴볼 가치가 있다. *One Nation*

under God: How Corporate America Invented Christian America(Kevin

M. Kruse, New York: Basic Books, 2015)는 그래함의 전기는 아니지만, 그

래함에 대한 언급이 너무 자주 등장해 그래함의 사역 전반기에

관한 중요한 측면을 다루는 전기와 유사한 역할을 한다. 기자

이자 역사가인 마이크 헤르텐슈타인은 자신의 글 "Billy Graham

& the Synagogue of Satan"(Medium, July 28, 2018, https://medium.com/@

mikeh_50175/billy-graham-the-synagogue-of-satan-681360ae5b99)에서 그래

함과 닉슨이 유대인들에 관해 나눈 첫 번째와 두 번째 대화에 관

련된 새로운 자료들을 제공한다.

그래함에 대한 신문 기사와 학위 논문 챕터들은 너무도 많아

서 열거하기 어렵다. 하지만 다음 여섯 개의 자료들은 특별히 주

목할 만하다. "Selling Soap and Salvation: Billy Graham's Consumer

Styled Revival Meetings and the Reshaping of German Evangelicalism in the 1950s"(Uta Balbier, Amerikastudien/American Studies Quarterly 59, no. 2, 2015), "'One Way': Billy Graham, the Jesus Generation, and the Idea of an Evangelical Youth Culture"(Larry Eskridge, Church History 67, no. 1, 1998, 83-106쪽)의, "Gospel of the 'Orient': Koreans, Race and the Transpacific Rise of American Evangelicalism in the Cold War Era, 1950-1980"(Helen Jin Kim, PhD diss., Harvard University, 2017, http://doi:10.2307/3170772)의 4장, "American Evangelical Christianity: An Introduction"(Mark A. Noll, Malden, MA: Blackwell, 2001)의 3장(The Significance of Billy Graham), "Great Souls: Six Who Changed the Century"(David Aikman, Lanham, MD: Lexington Books, 2003)의 1장(Billy Graham-Salvation), "The Big Tent: Billy Graham, Franklin Graham, and the Transformation of American Evangelicalism,"(Peter J. Boyer, New Yorker, August 22, 2005, https://www.newyorker.com/magazine/2005/08/22/the-big-tent).

문집들은 특정 목적들에 유용하다. 그래함에 대한 개인적 회상들은 그의 다양한 성격과 신학적 입장들 그리고 사회적 위치 같은 주제들을 아우른다. *Chicken Soup for the Soul: Billy Graham & Me, 101 Inspiring Personal Stories from Presidents, Pastors, Performers, and Other People Who Know Him Well*(Amy Newmark, Steve Posner, and A. Larry Ross, Cos Cob, CT: Chicken Soup for the Soul, 2013)을 보라. 다양한 주제들에 대한 그래함 자신의 견해를 수합한 모음집들도 유용하며,

그중에서 가장 유용한 것은 *Billy Graham and Bill Adler, The Wit and Wisdom of Billy Graham*(New York: Random House, 1967)이다. 이 문집은 *Bill Adler: Ask Billy Graham*(Nashville: Nelson, 2007, 2010)으로 개정 후 재출간되었다.

그래함 이야기는 그의 아내 루스 벨 그래함, 그리고 (루스보단 덜하지만) 그의 자녀들을 빼놓고는 논할 수 없다. 오랫동안 인정받아 온 루스 전기로는 *Ruth: A Portrait; The Story of Ruth Bell Graham*(Patricia Cornwell, Garden City, NY: Doubleday, 1997)이 있다. 비록 콘웰은 훈련받은 역사가가 아닌 유명 추리소설 작가지만, 이 양질의 전기는 많은 정보들을 제공한다. 루스 자신의 목소리가 담긴 저술로는 *Footprints of a Pilgrim: The Life and Loves of Ruth Bell Graham*(Nashville: Word, 2001)이 있으며, 이 책에는 루스의 딸 지지 그래함 차비진의 해설도 담겨 있다. 그래함의 딸 루스와 아들 프랭클린은 각각 *In Every Pew Sits a Broken Heart: Hope for the Hurting*(Grand Rapids: Zondervan, 2004)과 *Through My Father's Eyes*(Nashville: Nelson, 2018)를 통해 각기 다른 어조와 내용으로 그들 자신과 가족에 대한 자전적 설명을 제공한다.

내가 저술한 네 편의 저술들이 그래함 연구자들에게 도움이 될지도 모르겠다. 나는 『미국의 목사』와 본서에서 이야기할 몇몇 생각들을 다음의 글들에서 시험적으로 다루었다. "Billy Graham's America"(Church History: Studies in Christianity and Culture 78, no. 3 (2009), 489-511쪽)에서 다룬 내용들은 'ChristianHistory.Net' 홈페이지(November

4, 2009, https://www.christianitytoday.com/history/2009/november/billy-grahams-america.html)에 압축적으로 소개되어 있다. "The Billy Pulpit: Billy Graham's Career in the Mainline"(Christian Century, November 15, 2003, 2쪽과 26쪽)에서 나는 그동안 덜 연구되었던 주제인 복음주의 전통 밖에서의 그래함의 영향력을 살펴보았다. *Religion and the Marketplace in the United States*(ed. Jan Stievermann, Philip Goff, and Detlef Junker, New York: Oxford University Press, 2015)에 실린 "Billy Graham, Christian Manliness, and the Marketing of the Evangelical Subculture"라는 글에서 나는 그래함이 자신의 이미지와 메시지를 전달하는 방식에서 활용된 성性 역할을 특별히 살펴보았다. 마크 놀을 기리는 에세이집 *Turning Points in the History of American Evangelicalism*(ed. Heath W. Carter and Laura Romiger Porter, Grand Rapids: Eerdmans, 2017)에서 나는 "Rising in the West: Billy Graham's 1949 Los Angeles Revival"과 "A Straight but Thorny Road"라는 글을 통해 성공적이었던 그래함 전도 대회의 기원과 그 영향력에 대해서 검토해 보았다.

연구되지 않았거나 덜 연구된 그래함 사역 관련 주제들을 다루는 선구적인 연구들은 *Billy Graham: American Pilgrim*(Andrew S. Finstuen, Anne Blue Wills, and Grant Wacker, eds., New York: Oxford University Press, 2017)에서 발견할 수 있다. 그래함 연구자 13명의 글이 실린 이 저술은 그래함에 대한 고정관념에서 벗어나 정밀한 분석들을 제공한다. 본 저술의 기고자로는 마가렛 밴드로스Margaret Bendroth, 이디스 L. 블럼호퍼Edith L. Blumhofer, 엘리샤 코프먼Elesha Coffman, 대

런 도척Darren Dochuk, 세스 다울런드Seth Dowland, 커티스 J. 에반스 Curtis J. Evans, 앤드루 핀스튜엔Andrew Finstuen, 켄 가필드Ken Garfield, 마이클 해밀턴Michael Hamilton, 데이비드 P. 킹David P. King, 윌리엄 마 턴William Martin, 스티븐 P. 밀러Steven P. Miller, 그리고 앤 블루 윌스 Anne Blue Wills가 있다. 본서의 거의 모든 페이지에는 이들의 면밀한 연구와 새로운 상상력의 흔적이 새겨져 있다.

그래함이 숨을 거둔 2018년, 그를 추모하며 그의 삶과 유 산을 되돌아보는 글들이 쏟아졌다. 그 가운데 가장 통찰력 있 고 균형 잡힌 네 편의 저술들은 다음과 같다. "America's Preacher: Remembering Billy Graham"(Kenneth L. Woodward, Commonweal, February 23, 2018, www.commonwealmagazine.org/america's-preacher), "I Saw Graham Preach to Hundreds of Thousands—but I'll Remember Him for a Very Different Reason"(Ken Garfield, Charlotte Observer, February 21, 2018, www.charlotteobserver.com/news/special-reports/billy-graham-life/ article201410924.html), "'America's Pastor': Evangelist Billy Graham Dead at 99"(Tim Funk, Charlotte Observer, February 21, 2018, https://www. charlotteobserver.com/news/special-reports/billy-graham-life/article201269154. html) 그리고 "Billy Graham, 99, Dies; Pastor Filled Stadiums and Counseled Presidents"(Laurie Goodstein, New York Times, February 21, 2018, www.nytimes.com/2018/02/21/obituaries/billy-graham-dead.html).

이에 더해, 곧 발간될 이디스 블룸호퍼의 그래함 전도 대회의 음악에 관한 책과 앤 블루 윌스의 루스 벨 그래함 전기는 그래함 연구에 중요한 공헌을 하게 될 것이다. 이 두 권의 저술 모두 어드만스 출판사에서 출간될 예정이며, 루스 전기의 경우 종교 전기 시리즈의 일환으로 출간된다. 이 두 저술 모두 본서에 담긴 나의 생각에 큰 영향을 주었다.

《크리스채너티 투데이》의 빌리 그래함 추모판(Christianity Today, April 2018, https://www.christianitytoday.com/ct/2018/billy-graham/)은 그래함의 삶과 유산에 관한 26편의 글들을 수록하고 있다. 어쩌면 당연하게도 그 글들은 (학술적으로나 일반적으로나) 그래함에 대한 비판을 거의 제기하지 않았다. 그러나 그래함을 진지하게 연구하는 이들에게 유용한 수많은 통찰들과 가공되지 않은 자료들 그리고 특별한 정보들이 포함되어 있다. 추모판에 수록된 마이클 S. 해밀턴의 저술 "How a Humble Evangelist Changed Christianity as We Know It"은 짧은 분량이지만 그래함의 생애를 개괄적으로 묘사해 주는 최고의 글이다.

2차 세계대전 이후 넓은 의미의 복음주의 지형에 관한 연구들은 아주 많다. 미국 복음주의에 대한 연구들 가운데 *The Evangelicals: The Struggle to Shape America*(Frances Fitzgerald, New York: Simon & Schuster, 2017) 그리고 *The Age of Evangelicalism: America's Born-Again Years*(Steven P. Miller, New York: Oxford University Press, 2014), 이 두 저술은 미국 복음주의 전체를 명쾌히 조망하면서도 그래함을 상당 부분 다룬다. 세계무대에서의 미국 복음주의에 대한 연구로는 *The Kingdom of God Has No Borders: A Global History of American*

Evangelicals(Melani McAlister, New York: Oxford University Press, 2018) 그리고 *The New Shape of World Christianity: How American Experience Reflects Global Faith*(Mark Noll, Downers Grove, IL: InterVarsity Press, 2009)를 참고하라.

마지막으로 앞서 언급된 것을 제외한 그래함과 관련된 나의 일부 저술들은 그의 생애와 유산을 연구하는 이들에게 유용하리라 생각한다. 이 저술들을 연대순으로 나열해 보면 아래와 같다.

『백악관과 빌리그래함』에 대한 서평인 "Presidential Preacher" (Chicago Tribune, August 18, 2007, Books section, 3).

"Billy Graham Was a Model for What Americans Wanted to Be" (Faith and Leadership: A Learning Resource for Christian Leaders, December 14, 2014, https://www.faithandleadership.com/grant-wacker-billy-graham-was-model-what-americans-wanted-be).

"'Unbroken'and Billy Graham"(Wall Street Journal, January 1, 2015, A13. http://www.wsj.com/articles/grant-wacker-unbroken-and-billy-graham-1420156042).

나의 빌리 그래함 연구에 대한 Randall J. Stephens, Mark Noll, Joel Carpenter, Heather D. Curtis, Amanda Porterfield, Catherine Brekus, Nathan O. Hatch, Kate Bowler, and Laurie Maffly-Kipp의 평가에 대한 나의 답변인 "Response"("Special Section: The Scholarship and

Career of Grant Wacker", Fides et Historia, Summer/Fall 2015, 112–119쪽).

"Response to Randall Balmer", "Response to Vincente Bacote", "Response to Kathryn Lofton"and "Response to Nathan Walton"(Book Symposium on America's Pastor, Syndicate Theology, May 2016, https://syndicatetheology.com/symposium/americas-pastor/).

"The Remarkable Mr. Graham"(Christianity Today, November 7, 2016, http://www.christianitytoday.com/ct/2016/november-web-only/remarkable-billy-graham.html).

Great Awakenings: Historical Perspectives for Today(edited by David Horn, Peabody, MA: Hendrickson, 2017, 86–79쪽) "Billy Graham and American Culture: Legacies".

American Pilgrim: Billy Graham, Religion, Politics, and Culture(edited by Andrew Finstuen, Anne Blue Wills, and Grant Wacker, New York: Oxford University. Press, 2017, 1–22쪽) "Introduction: 'He Brought the Storm Down'".

"Billy Graham and Christian Humility"(Faith and Leadership: A Learning Resource for Christian Leaders, April 4, 2017, https://www.faithandleadership.com/category/topics/news-ideas).

"Sixty Years Ago: Billy Graham's Madison Square Garden Crusade—an Interview with Grant Wacker."(TGC: The Gospel Coalition, May 15, 2017. https://blogs.thegospelcoalition.org/evangelical-history/2017/05/15/billy-grahams-madison-square-garden-campaign-60-years-later/).

"America's (Children's) Pastor"(With Katherine Wacker, Christianity Today, February 21, 2018, 84–85쪽, http://www.christianitytoday.com/ct/2018/ billy-graham/billy-graham-through-childrens-eyes.html).

"Billy Graham's Legacy for Christians, Evangelical and Otherwise." (Christian Century, February 21, 2018, https://www.christiancentury.org/article/ critical-essay/billy-graham-s-legacy-christians-evangelical-and-otherwise).

"How an Aging Billy Graham Approached His Own Death." (Washington Post, February 21, 2018, https://www.washingtonpost.com/news/ actsof-faith/wp/2018/02/21/how-an-aging-billy-graham –approachedhis-own-death/?utm_term=.c039d62b5e07).

"The Legacy of Billy Graham"(Herald Sun, February 21, 2018, https:// www.heraldsun.com/opinion/article201453109 .html).

"Leaving a Legacy"(Alabama Baptist, March 1, 2018, 1 and 3).

현대 사회 속에서 우리가 마주하는 현실은 너무도 복잡다단합니다. 무엇 하나 명확하지 않고, 단순한 해결 지점을 발견하기 어렵습니다. 아마도 그러한 복잡함이야말로 현대 사회의 핵심적인 특징일 것입니다. 그리고 이러한 현실을 살아가는 우리에게 좋은 전기는 소중한 선물입니다. 좋은 전기는 독자에게 손쉽고 단선적인 해답을 주지 않습니다. 오히려 전기는 온갖 역설로 가득한 현실과 한 개인의 복합적인 면모를 있는 그대로 우리에게 보여 줍니다. 그리고 바로 그 과정을 통해 전기는 우리에게 가장 적실한 통찰을 제공합니다. 그 통찰은 다양한 형태로 우리에게 찾아옵니다. 전기의 대상이 되는 인물과 그 인물이 속한 시대나 공동체 속에서 본받고 싶은 점이나, 비평하고 싶은 점을 찾게 되거나, 혹은 반성해야 하는 점을 직면하게 되거나, 이 모두와 마주하게 될 수도 있습니다.

그리고 빌리 그래함이라는 인물은 이와 같은 전기의 유익을 제대로 증명해 주는 인물입니다. 미국을 대표하는 복음전도자로서의 위상이나 미국을 넘어 세계 종교 지형도에 미친 그의 전방위적 영향력 때문만이 아닙니다. 오히려 그의 삶과 사역이 보여 준 여러 역설과 복합적 모습 때문에 그렇습니다. 그래함의 오랜 삶과 그의 방대한 사역에 대한 극명한 평가들(다수의 긍정적 평가와 작지만 무시할 수 없는 부정적 평가)은 그가 그만큼 다층적인 인물임을 알려 주는 증거입니다. 그래함의 이러한 극적인 복합성은 본서의 저자가 머리말에서 이야기하는 것처럼 그래함의 삶과 사역에 대한 이야기가 현대 사회를 살아가는 '우리에게 많은 것을 가르쳐 줄 수 있음'을 의미합니다. 그 어떤 인물의 삶이 우리에게 제공할 수 있는 것보다 더 많은 통찰을 제공함으로써 말이죠.

하지만 단편적이고 손쉽게 얻어지는 정보에 둘러싸여 있는 우리에게 좀 더 긴 호흡으로 통찰을 찾아낼 것을 요구하는 전기 읽기는 다소 어렵게 느껴질 수도 있습니다. 그렇기 때문에 우리에겐 탁월한 전문가가 필요합니다. 간결하지만 흥미롭고, 통찰력이 담긴 역사 서술을 제공하는 전문가 말입니다. 빌리 그래함 연구의 권위자로 알려진 본서의 저자 그랜트 왜커는 이러한 점에서 우리에게 적합한 전문가입니다. 왜커는 면밀한 역사 연구에 기초해 독자들에게 그래함의 복합적인 모습을 있는 그대로 전달하고자 노력합니다. 또한 큰 흐름을 따라 이야기를 진행해 가면서도 중간중간 독자들이 생각해 볼 수 있는 지점을 짚어 주고 흥미로운 정보나 사례들을 들려주어 본서를 읽어 내려가는 독자들의 여정에 즐거움을 더해 줍니다. 세심한 그의 인도를 따라 그래함의 이야기를 읽어 가노라면 어느새 독자 여러분의 머릿속에서 그래함은 딱딱한 글자 속에 갇혀 있는 위인이 아니라, 한 시대를 치열하게 살아간 인간 곧 칭찬받을 부분과 비판받을 부분을 함께 지니고 있는 다층적이고, 입체적인 인물로 그려지게 될 것입니다.

그러한 그래함과 마주하는 일은 본서를 읽는 그 자체만으로도 충분하겠지만, 그래도 본서를 번역한 사람으로서 독자 여러분들이 본서를 읽어 가실 때 주목하시면 좋을 것 같은 네 가지 지점을 간략히 말씀드리고자 합니다.

첫 번째 지점은 앞서 계속 강조했듯이 그래함이라는 한 개인과 그의 사역이 지니고 있던 역설들입니다. 결코 단편적이지 않은 그래함의 삶과 사역은 그와 마찬가지로 복잡하기 그지없는 우리의 실존과 삶을 들여다보게 해 줍니다. 그리고 그래함이 지닌 역설이 우리에게 던지는 메시지가 무언지 생각해 보며 본서를 읽어 나가는 것은 그 자체로 흥미로운 독서의 체험이 될 것입니다.

둘째로, 그래함의 공적인 모습의 변화에 집중하는 것입니다. 긴 세월 속에서 많은 일을 겪으며 그래함의 공적인 모습은 변화를 거듭합니다. 그러한 변화를 어떻게 바라볼 것인가에 대해서는 독자분들마다 다르겠지만, 그래함이 변해 가는 과정을 추적해 가는 독자라면 누구나 그의 변화가 독자 개개인에게 던지는 메시지를 발견할 수 있을 것입니다.

세 번째로, 그래함의 사역 방식을 통해 우리 자신을 돌아보는 것입니다. 한국 개신교는 그 초기부터 미국 복음주의 개신교의 영향을 크게 받았습니다. 이러한 영향을 고려해 볼 때, 미국 복음주의 개신교인을 대변하는 빌리 그래함의 사역의 모습 속에서 한국 교회 사역의 모습을 발견하게 되는 것은 결코 우연이 아닐 것입니다. 이러한 점에서 우리는 그의 사역의 면면을 통해 우리 자신의 사역을 되돌아볼 수 있을 것입니다.

(복음주의 노선에 속해 계신 독자분들에게 특히 해당될 수 있는) 네 번째 지점은 복음주의 운동입니다. 복음주의 자체도 여러 갈래로 분화되어 있는 상황 속에서 현대 복음주의 그룹 형성에 지대한 영향을 끼친 그래함을 통해 복음주의 운동을 되돌아보는 것은 매우 의미 있는 작업입니다. 특히 그래함을 중심으로 현대적 의미의 복음주의 그룹이 형성되었을 당시 그 운동을 떠받치고 있던 기반과 그 중심 화두가 무엇이었는지, 그리고 그 기반과 화두가 오늘날 더욱 다양해진 복음주의 운동을 하나의 그룹으로 유지할 수 있는 중심축 역할을 감당할 수 있는지 등의 질문들은 본서를 한 개인에 대한 전기 그 이상으로 읽어 내는 데 도움이 되리라 믿습니다.

끝으로 본서를 번역할 수 있는 기회를 주신 선한청지기 관계자분들께, 특히 기획과 편집 과정에서 큰 수고를 해 주신 박주신 목사님께 이 자리를 빌려 감사의 인사를 드립니다. 그리고 번역 과정 중에 여러 도움과 조언을 주었던 에든버러에서 만난 영미권 친구들(아담Adam, 칼Karl, 차오Chao)과 늘 따뜻한 격려로 응원해 주셨던- 에딘버러에서 함께 공부하는 -형님들(김동혁, 이재국, 임만세, 장승엽, 장재경)과 그 가족분들께도 감사를 드립니다. 마지막으로 든든한 버팀목이자 헤아릴 수 없는 사랑의 공급처가 되어 준 가족들에게 마음을 다한 감사를 전합니다.

2020년 12월
서동준

〈인물 색인〉